Klaus von Schilling

Medien, Kultur und Gesellschaft

SAXA

Skripte Interkulturelle Germanistik

Herausgegeben von
Andreas F. Kelletat (Germersheim)

Band 3

Klaus von Schilling

Das politisch-soziale System der Bundesrepublik Deutschland

Ein Landeskunde-Kompendium

Teil 3
Medien, Kultur und Gesellschaft

SAXA Verlag
Köln

Bibliografische Information der Deutschen Nationalbibliothek

Die Deutsche Nationalbibliothek verzeichnet diese Publikation in der Deutschen Nationalbibliografie; detaillierte bibliografische Daten sind im Internet über http://dnb.d-nb.de abrufbar.

Bitte besuchen Sie auch www.saxa-verlag.de

© Copyright 2007 by SAXA Verlag, Köln

Alle Rechte, insbesondere das Recht der Vervielfältigung und Verbreitung sowie der Übersetzung, vorbehalten. Kein Teil des Werkes darf in irgendeiner Form (durch Fotokopie, Mikrofilm oder ein anderes Verfahren) ohne schriftliche Genehmigung des Rechteinhabers reproduziert oder unter Verwendung elektronischer Systeme verarbeitet, vervielfältigt oder verbreitet werden.

Umwelthinweis: Dieses Buch wurde auf chlorfrei gebleichtem Papier gedruckt.

Umschlaggestaltung: SCHÖCK, Szekszárd (Idee: Janne Haubold)

Druck: SCHÖCK, Szekszárd
Printed in Hungary

ISBN 978-3-939060-10-9
ISSN 1864-1997

Inhaltsverzeichnis

Vorwort zum dritten Band 7

1.	Öffentlichkeit und Medien	19
1.1	Begriffsbestimmung, historischer Hintergrund und politisch-kulturelle Funktion	19
1.2	Geschichte der Medien und der Pressefreiheit	34
1.3	Rechtliche Stellung	43
1.4	Medienlandschaft	52
1.4.1	Presse	53
1.4.2	Das duale System der öffentlich-rechtlichen und privaten Funkmedien	56
1.4.3	Medienkonzerne	63
1.5	Medien und politische Kultur	65
2.	Kulturgeschichte und Kulturstaat	73
2.1	Kulturbegriff, Kulturgeschichte und das kulturstaatliche Selbstverständnis	73
2.1.1	Kulturkonzept und Geschichte – Von der Aufklärung zum romantischen Konzept des Kulturstaates	82
2.1.2	Kultur und Gesellschaft im bürgerlichen Deutschland	102
2.1.3	Kulturelle Widersprüche in der Weimarer Republik und im Dritten Reich	112
2.1.4	Kulturelle Identität von der Nachkriegszeit bis zur Studentenrevolte	117
2.1.5	Der kulturelle Wandel seit den 1980er Jahren	130
2.1.6	Der Kulturstaat als Verfassungsauftrag	145
2.2	Bildungssystem	151
2.2.1	Bildungsbegriff und Bildungsfunktion	151
2.2.2	Rechtsstellung und Finanzierung im Bildungsbereich	157
2.2.3	Schule, Ausbildung und Beruf	161
2.2.4	Forschung und Wissenschaft	164
2.3	Kunst- und Kulturförderung	166
2.3.1	Geschichtlicher Rückblick	166
2.3.2	Öffentliche Kunst- und Kulturförderung	171
2.3.3	Private Kulturfinanzierung und Kultursponsoring	174

3.	Gesellschaft und Gesellschaftsstrukturen	179
3.1	Vorbemerkung zur Begrifflichkeit	179
3.2	Knapper Aufriss zur Sozialgeschichte der modernen Gesellschaft	186
3.3	Bevölkerungsstruktur und materielle Lebensbedingungen	194
3.3.1	Verwerfungen in der Bevölkerungsstruktur	194
3.3.2	Entwicklung der materiellen Lebensbedingungen	199
3.4	Soziale Ungleichheit: Klassen- und Schichtenstruktur	206
4.	Sozialstaat und soziale Demokratie	227
4.1	Begriff und Geschichte	227
4.2	Prinzipien und System der sozialen Sicherheit	241
4.2.1	Allgemeines zum System der sozialen Sicherung	241
4.2.2	Einzelne Bereiche der sozialen Sicherung	245
4.3	Reformdiskussion zur Krise und Zukunft des Sozialstaates	260
5.	Geschlechterverhältnis, Ehe und Familie	272
5.1	Soziale Ungleichheit zwischen den Geschlechtern	275
5.2	Ehe und Familie	282
6.	Soziologische Beschreibungsmodelle und kulturelles Selbstverständnis	297
6.1	Ältere Beschreibungsmodelle	300
6.2	Neuere Beschreibungsmodelle	309
6.2.1	Risikogesellschaft	309
6.2.2	Erlebnisgesellschaft	317
6.2.3	Wissens-, Informations- oder Kommunikationsgesellschaft	331

Schlussbemerkung	348
Bibliographie	351
Lexika	351
Öffentlichkeit und Medien	352
Kultur	352
Gesellschaft	354
Kulturelles und gesellschaftliches Selbstverständnis	356

Vorwort zum dritten Band

In der Geschichte der bürgerlichen Gesellschaft können drei Ausformungen des grundlegenden Modells der Demokratie unterschieden werden, jeweils zurückgebunden an eine Dimension des umfassenden Komplexes: die *politische*, die *gesellschaftliche* und die *kulturelle* Seite. Obwohl zu je selbständigen Systemen ausdifferenziert, bleiben Kultur, Gesellschaft und Politik aufeinander bezogen und verleihen dem Ganzen erst die nötige Tiefenschärfe. Man kann sie auch als Perspektiven verstehen, die aus einem vielschichtigen Gebilde einzelne Bezirke ausgrenzen. Die drei Dimensionen unterscheiden sich durch die Weite der Ausdehnung, welche der demokratische Gedanke jeweils erfährt, und beugen sich wechselnden Ansprüchen, denen die Idee zu genügen hat. Gemeinsam ist ihnen die Unterstellung einer Gesellschaft der Freien und Gleichen, die sich zueinander solidarisch verhalten; als Ziel gilt – wie im ersten Band des Kompendiums ausgeführt – die Verwirklichung von Autonomie und Identität, und zwar auf der kollektiven und individuellen Ebene. Dies begründet ein starkes normatives Moment; und das wiederum kann zum Maßstab der kritischen Beurteilung erhoben werden.

Der gesamte – die verschiedenen Seiten miteinander verknüpfende und stützende – Komplex war als *bürgerliches Politik- und Kulturmodell* vorgestellt worden, wie es für das Zeitalter der *Moderne* prägend geworden ist, und hatte konkrete Gestalt in der *bürgerlichen Gesellschaft* angenommen; ihr entsprach eine säkulare Kultur und das Politikmodell der Demokratie. Der politische Teil des Projekts wurde, nachdem es sich seit dem 18. Jahrhundert langsam in Europa und Amerika durchgesetzt hatte, im 20. Jahrhundert als *westliches Modell* in die ganze Welt exportiert, in vielfältigen Brechungen und mit sehr unterschiedlichem Erfolg.

Man kann darüber streiten, ob sich der Grundtypus im Westen selbst nicht mittlerweile aufgelöst hat oder durch Varianten ersetzt worden ist, deren Differenz zum Vorbild so groß ist, dass von Gemeinsamkeit nicht mehr gesprochen werden kann; in diesem Sinne ist seit einiger Zeit von der Postmoderne die Rede, die als neue Konstellation die ältere bürgerliche Moderne ersetzt habe. Doch haben, wie der genauere Blick zeigt, die Grundstrukturen des bürgerlichen Modells sich erhalten und prägen deren wechselndes Erscheinungsbild noch immer, ja geben Ansprüche vor, an denen die diversen Ableitungen zu messen sind. Die Postmoderne bleibt in ihrem Kern modern – so heute weitgehend der intellektuelle Konsens –, sie lockert die internen Bindungen, hat sich ein buntes Kleid zugelegt und folgt in ihrer rasanten Schnelllebigkeit und schicken Oberflächlichkeit den Zwängen einer neuen Zeitlichkeit. Zwar erscheint sie einerseits als zynisches Derivat, das die Versäumnisse der Moderne hervorkehrt, indem sie einer sprichwörtlich gewordenen Beliebigkeit und dem blanken Hedonismus huldigt, doch kann sie andererseits auch optimistisch als zu sich selbst gekommene Moderne begriffen werden, so insbesondere Zygmunt Bauman (geb. 1925). Keineswegs entkommt sie deren Vorgaben, sondern bestätigt sie. – Soll an dem alten Modell selbst oder dessen neueren Ableitungen Kritik geübt werden, so ist dies nur – so zumindest scheint es – im Rekurs auf den Kern möglich und sinnvoll; das Zentrum, in dem die Fäden zusammen laufen, muss gesehen werden, wenn nicht einzelne Aspekte isoliert und ihrerseits hypostasiert werden sollen. Das Ganze erst – die Schnittstelle der sich überkreuzenden Linien – stellt die Kriterien bereit, an denen das jeweilige Erscheinungsbild zu messen ist. Das freilich gibt einen Anspruch vor, der kaum einzulösen ist. Solches Zentrum ist in den verschiedenen Gesellschaften und Kulturen unterschiedlich ausgerichtet – schon weil diese eine je andere Geschichte durchgemacht haben – und kann nur in seiner je besonderen Gestalt gefasst werden; hier geht es allein um die deutsche Variante, die freilich vor dem Hintergrund eines allgemeinen – europäischen – Ideals gesehen werden soll.

Lange Zeit – bereits seit Mitte des 19. Jahrhunderts – spielte die Vorstellung eine Rolle, das bürgerliche Modell müsse weiterentwickelt und könne überwunden werden; in den frühen sozialistischen Konzepten war das präsent, nicht nur bei Karl Marx (1818–1883) und Friedrich Engels (1820–1895), überlebte dann in unterschiedlichen Formen, auch des politischen Anarchismus, und mündete in die kommunistischen Projekte des 20. Jahrhunderts, die aber rasch, insbesondere im sowjetischen Einflussbereich, in einen undemokratischen Totalitarismus umgeschlagen sind. Ob solche Perversion zum diktatorischen Stalinismus im Ansatz des Modells angelegt ist,

Vorwort zum dritten Band

bleibt umstritten und kann sehr wohl bezweifelt werden. In Deutschland – und Europa – gelten heute alle Versuche, das bürgerliche Modell sozialistisch zu überholen, als gescheitert; und auch alle anderen Varianten haben zu keinem überzeugenden Ergebnis geführt, sodass diejenigen, die sich zur Demokratie bekennen wollen, weiterhin auf die bürgerlichen Ansätze zurückgreifen müssen.

Die Umrisse dieses Sozial- und Kulturmodells müssen nachgezogen werden, wenn die drei Ausformungen des Demokratiegedankens gewürdigt werden sollen. In solcher Zeichnung erhält das zu beschreibende Objekt den Status eines Idealtypus, also eines theoretischen Konstrukts, das zum einen der präziseren Erkenntnis dienen soll und zum anderen Ansatzpunkte für die Kritik benennen kann. Die begrifflich scharfe Zuspitzung liefert die Folie, vor der die historisch-konkreten Phänomene ihre Konturen gewinnen und kritisch bewertet werden können. Und nicht zuletzt öffnet solche Konstruktion den Weg für ein Verstehen, das ein fremdes Gebilde aufschließen soll, folgt also der kulturwissenschaftlich-hermeneutischen Intention, die dem Vorhaben des Kompendiums insgesamt zugrunde liegt. Das bürgerliche Politik- und Kulturmodell ist im ersten Band vorgestellt worden; hier seien die Ausführungen noch einmal kurz zusammengefasst, um den Rahmen herzustellen, vor dem die weitere Darstellung zu sehen ist.

Seinen ersten und schon prägnanten Ausdruck fand das Projekt der bürgerlichen Demokratie in den Verlautbarungen der Französischen Revolution; seitdem bestimmen deren Ideale – mit der Abgrenzung von einer vorbürgerlichen Welt – die Diskussionen der politischen Philosophie in Deutschland. Gewiss ist auch der revolutionäre Umbruch in Amerika von Bedeutung, doch waren die Geschehnisse in Frankreich von größerer Nachhaltigkeit. Dabei mag die unmittelbare Nachbarschaft eine Rolle gespielt haben und auch der direkte Austausch, der die Diskussion in Europa bestimmt hat; jedenfalls richtete sich der deutsche Blick auf Paris und nicht im selben Maße auf das ferne Amerika.

Für das Subjekt wird im bürgerlichen Denken eine *Autonomie* supponiert, die im gesellschaftlichen Leben über die Menschen- und Bürgerrechte garantiert sein soll. Solche Autonomie wird grundsätzlich auf zwei Ebenen erfahren und gelebt: Autonom ist *einerseits* das individuelle Subjekt, das sich aus den traditionalen und religiösen Bindungen, somit auch aus den Vorgaben der alten Gesellschaft gelöst hat, um das eigene Leben selbst zu bestimmen; die religiösen Bindungen werden nur noch im privaten Bereich anerkannt – und haben dort alle Rechte –, ihnen wird im säkularen Zeitalter aber keine übergreifende Verbindlichkeit mehr zugebilligt, vielmehr ist eine umfassende Toleranz gefordert, die unterschiedliche Vorstellungen und Identitäten nicht nur duldet, sondern achtet. Autonom ist *andererseits* das Kollektiv, meist emphatisch als „Volk" bezeichnet, das dann auch als Subjekt der Verfassung gedacht wird; im Gedanken der Volkssouveränität ist dieser Komplex angesprochen. Die Vorstellung eines kollektiven Subjekts ist notwendig, damit das individuelle Subjekt nach dem Zerfall der alten Bindungskräfte einen Halt findet, an dem es sich ausrichten kann, nicht im Sinne einer festen Größe, dem sich das Individuum zu unterwerfen hätte, sondern als Widerpart, zu dem es in eine Spannung treten und den es als den anderen Teil seiner selbst begreifen kann. Dadurch wird der individuellen *Identität* die Leere genommen, in welche es in der Beschränkung auf sich selbst zu fallen droht. Als politische Form, in welcher die doppelte Autonomie allein zu realisieren sei, gilt die Demokratie, ja diese erfährt ihre innere Rechtfertigung durch das Versprechen der Selbstverwirklichung, das sie gibt und das sie folglich auch einzulösen hat.

Das *politische Modell* der Demokratie beschränkt sich zum einen darauf, die Praktiken der Macht zu reglementieren und die Regeln festzulegen, wie Herrschaft ausgeübt und wie sie legitimiert werden soll; der Souverän – das Volk – regiert, indem er die Macht begrenzt und im Wahlakt delegiert. Deshalb gelten Wahlen als wichtigstes Kennzeichen der Demokratie. Man kann dies auch als formale Demokratie bezeichnen, die sich darauf beschränkt, die Spielregeln zu bestimmen, nach denen das politische Geschehen abzulaufen hat. Das ist die Funktion der Verfassung und des Verfassungsstaates. Der zweite Aspekt des politischen Modells – der doppelten Ausprägung des Autonomiegedankens folgend – ist die Sicherung der rechtlichen Bedingungen, unter denen der Einzelne leben soll; das sind die Menschen- und Bürgerrechte. Sie zu garantieren ist die zentrale Aufgabe; die Vorstellung folgt der Einsicht, dass die demokratische Idee den Gedanken des Rechtsstaates impliziert. Das Eine sei ohne das Andere nicht zu haben, wie insbesondere Jürgen Habermas (geb. 1929) dies mit Nachdruck betont hat, seinerseits sich auf eine lange Tradition seit Immanuel Kant (1724–1804) berufend. Die Ebene freilich, auf der beides miteinander verknüpft ist, bleibt abstrakt; die Autonomie des Einzelnen wird garantiert, dieser als moralisches Subjekt etabliert – als Bedingung der Möglichkeit von Selbstverwirklichung – und formal-rechtsstaatlich

Vorwort zum dritten Band

abgesichert, doch die Ausgestaltung seiner Individualität, einschließlich der Einbindung in das Kollektiv, ist Sache der Menschen selbst und vollzieht sich im konkreten Leben der Gesellschaft.

Das *gesellschaftliche Modell* der Demokratie weitet das politische Selbstverständnis in den gesellschaftlichen Bereich aus und begreift soziale Partizipation, über welche der Einzelne seine Autonomie realisiert, als zentralen Aspekt, ohne welchen ein Selbst nicht verwirklicht werden könne. Das politische Selbstverständnis der Gesellschaft in Gestalt des Sozialstaats bildet einen Kontrapunkt zum Rechtsstaat, der dem autonomen Ich gesellschaftlich Rückhalt geben soll; die Zivilgesellschaft ist das Terrain, in welchem die Menschen ihre Autonomie zeigen und ihre Identität entwickeln. Das Ich ist nicht ein abstraktes Konstrukt, das formal gesichert werden muss und als ökonomisch Handelnder Geschäfte abschließen kann, ansonsten aber im Leeren angesiedelt ist, sondern gewinnt seine Konturen in der lebendigen Gesellschaft, im sozialen Verband, der es trägt und anerkennt. Konkret ist das Subjekt nur im Kollektiv, als Angehöriger einer Schicht, als Teilhaber an einer Gemeinschaft und als Akteur im sozialen Umfeld. Sollen auch hier die Bedingungen der Demokratie gelten, mit den Postulaten von Freiheit und Gleichheit, so müssen die entsprechenden Vorgaben in den Bereich der Gesellschaft ausgeweitet werden. Gesellschaftliche Achtung und Anerkennung, die Humanität erst gestatten, müssen gesichert und Bedingungen geschaffen werden, die auf Solidarität beruhen. Das fordert die soziale Ausgestaltung der Demokratie und hat seit dem späten 19. Jahrhundert das liberale Grundmodell des Rechtsstaats – mit der Sicherung des Eigentums – zum Sozialstaat erweitert; man hat gar vom sozialdemokratischen Jahrhundert gesprochen, das diesem Ansatz mit großem Ernst und einigen Erfolgen gehuldigt habe. Fraglos impliziert dies auch, dass Eigentum umverteilt werden kann, indem Steuern erhoben und Sicherungssysteme aufgebaut werden, die den Einzelnen in Fällen der Not und der Schwäche, etwa bei Krankheit oder im Alter, zu stützen haben. Das sind die klassischen Felder der Sozialpolitik. Und daraus kann auch folgen, dass die Prozesse im wirtschaftlichen Bereich nicht allein Sache der jeweiligen Eigentümer sind, sondern allen daran Beteiligten Mitbestimmungsrechte zugestanden werden müssen. Über diese Ausweitung des sozialen Aspekts der Demokratie in die Felder von Betrieb und Wirtschaft hat es im vergangenen Jahrhundert heftige Auseinandersetzungen gegeben, die keineswegs abgeschlossen sind, sondern angesichts der Globalisierung neu entbrennen. Die

Vorwort zum dritten Band

Gewerkschaften haben sich für solche Mitbestimmung eingesetzt und in Deutschland einen langen Kampf ausgefochten, bei dem sie teilweise erfolgreich waren, aber auch bittere Niederlagen einstecken mussten; das war im zweiten Band dargestellt worden. Welche Forderungen sich aus diesem Aspekt der Demokratie in Zukunft ergeben können, ist Gegenstand einer offenen Diskussion, die in der Gesellschaft – nicht nur unter Wissenschaftlern und Intellektuellen – auf das größte Interesse stößt; sie ist keineswegs abgeschlossen und dürfte in der unmittelbaren Zukunft von erheblicher Brisanz sein. Die soziale Dimension der Demokratie zu verwirklichen ist eine Forderung, die heute von den Sozialstaatsanhängern gegenüber den Verfechtern des Neoliberalismus erhoben wird. Die Globalisierung und der Markt, die unausweichlich sein mögen und in der Regel auch nicht in Frage gestellt werden, seien nur zu rechtfertigen, so die Forderung, wenn sie den Gedanken der sozialen Demokratie wach hielten. Frei – also autonom – könne der Einzelne nur sein, wenn alle frei seien bzw. ihnen ein Mindestmaß von Freiheit zugestanden werde, nicht nur formal, sondern in der sozialen Realität selbst.

Die *kulturelle Dimension* der Demokratie geht von einem anderen Ansatz aus und fragt danach, wie Identität unter demokratischen Bedingungen ausgebildet werden könne; sie unterstellt, dass die Identität der Einzelnen sich nur in kommunikativen Prozessen realisiert: Was ich bin oder sein möchte, bestimme ich über die in der Gesellschaft geführten Diskurse, an denen ich beteiligt bin und an denen ich mich ausrichte; dabei trete ich in eine Spannung zu einem Ganzen – oder auch nur Teilganzen – der kulturellen Gemeinschaft, das in den Diskursen präsent ist, wenn auch gebrochen, in unzählige Facetten aufgesplittert und auf diversen Ebenen angesiedelt. Die vorbürgerliche Gesellschaft hatte dieses Ganze ohne die Beteiligung der Einzelnen entworfen: Es war zum einen in den Religionen vorgegeben, die sich in Gestalt der Kirchen ein Privileg gesichert hatten, das Deutungsmonopol in allen kulturellen Angelegenheiten, das über Jahrhunderte nicht angetastet wurde; zum anderen war jenes Ganze im Kosmos der ständisch organisierten Gesellschaft vordefiniert und durfte nicht befragt werden. Das Individuum fand seine Identität, indem es den Vorgaben der Tradition und der Kirche folgte und sich in die gegebene gesellschaftliche Ordnung fügte, auf welcher Ebene immer. Die bürgerliche Gesellschaft setzte dagegen – auch gegen die nach Kant „selbst verschuldete Unmündigkeit" – die Autonomie, die dem Einzelnen die Verantwortung auch für seine Identität überträgt und ihm abverlangt, diese selbst zu entwickeln und unter den Vorgaben der Vernunft zu vertreten. Der individuellen Identität gehört ein starkes kollektives Moment an, das nicht zu überspringen ist, als Schicht gleichsam einer umfassenden Identität; denn die individuelle Identität ist in das kollektive Feld eingebunden und realisiert sich nur in diesem. In den Debatten, wie sie seit der Aufklärung geführt wurden, standen die Fragen nach der individuellen Selbstbestimmung und nach der Identität des Kollektivs, meist gefasst im Begriff der Nation, unmittelbar nebeneinander; immer wurde vorausgesetzt, dass sie sich wechselseitig bedingen und nicht unabhängig voneinander beantwortet werden können. Was der Einzelne sei, könne nur gesagt werden, so die grundlegende Prämisse, wenn zugleich gesagt würde, als was sich das Kollektiv verstehen will – bzw. als was der Einzelne das Kollektiv entwirft, dem er sich zurechnet, auf welche Weise immer. Die Vermittlung von individuellem und kollektivem Selbst kann als kulturelle Identität angesprochen werden; solche Vermittlung ist in den kommunikativen Akten zu leisten und in langen, meist kontrovers geführten und nicht abschließbaren Debatten reflexiv aufzuarbeiten. Die These unterstellt, dass kulturelle Identität nicht allein etwas Objektives ist, sondern sich in der Perspektive der Individuen realisiert, weshalb es sie in unendlich vielen Ausformungen gibt und geben muss. Doch hat sie auch eine objektive Komponente, der nicht auszuweichen ist: Das Kollektiv kann nicht beliebig entworfen werden, sondern hat eine Eigenständigkeit, vor allem eine Geschichte, die nicht unterlaufen werden kann; geradezu herrisch verlangt diese nach Beachtung. Ein voll ausgebildetes Selbstbewusstsein als Demokratie wird eine Gesellschaft erst erlangen, wenn sie auch den kulturellen Aspekt in sich aufnimmt und diesen Fragen nicht ausweicht; denn sie entscheiden darüber, ob Selbstverwirklichung – das demokratische Telos schlechthin – in einem umfassenden Sinne möglich ist. Als Gefahr darf in spätmodernen Gesellschaften die Abdrängung der Identität in einen nur noch privaten Bereich gelten; denn dies stellt eine drastische Verkürzung dar. Das Moment des Privaten, der subjektive Pol, kann und soll nicht geleugnet werden – er ist von größter Relevanz, denn er verbürgt Autonomie –, doch bedarf es der Vermittlung mit dem Kollektiven, soll eine befriedigende und vertretbare Identität gefunden und verwirklicht werden.

Man kann den Sachverhalt auch so formulieren: Im Zentrum des bürgerlichen Politik- und Kulturmodells steht die doppelte Forderung nach *Autonomie* und *Identität*. Beide dürfen nicht als schlicht

Gegebenes verstanden werden, sondern erscheinen als Postulate, die es erst einzulösen gilt. Nur wenn dies gelingt, ist das Projekt der Demokratie erfolgreich. Während Autonomie primär im Rahmen der *Gesellschaft* zu realisieren ist, bleibt Identität auf die Kultur verwiesen, die wiederum an eine *Gemeinschaft* gebunden ist. Doch sind beide Seiten voneinander abhängig: Autonomie ist unter den Bedingungen der Moderne ohne Identität nicht zu haben, und Identität nicht ohne Autonomie; deshalb greifen die Komplexe von Gesellschaft und Gemeinschaft ineinander, und deshalb ist auch Politik von Kultur nicht zu trennen. Die wechselseitige Interdependenz macht die Angelegenheit schwierig, doch darf sie nicht beiseite geschoben werden, wenn ein umfassendes Bild des Demokratiegedankens entwickelt und die Frage des Gelingens gestellt werden soll.

Die drei Aspekte der Demokratie sind in der gesellschaftlichen Diskussion unterschiedlich weit entwickelt worden: Über den politischen Aspekt besteht in der Regel große Übereinstimmung, sodass in diesem Sinne von den meisten westlichen Gesellschaften als entwickelten Demokratien gesprochen werden kann; diese haben erstens die demokratischen Verfahren durchgesetzt und zweitens auch den Menschenrechten zum Durchbruch verholfen. Demgegenüber sind die sozialen und kulturellen Seiten des demokratischen Impulses häufig nur ansatzweise oder unzulänglich realisiert worden. Die soziale Verlängerung der politischen Demokratie hin zu einer *Sozialen Demokratie* – als Zielvorstellung, die über den bloßen Versorgungsstaat hinausgeht – ist ein immer noch umstrittenes Vorhaben, dessen Implikationen aber gesehen und diskutiert werden, so heute insbesondere von Thomas Meyer (geb. 1943), der dem Begriff und dem Projekt jüngst eine große Untersuchung gewidmet hat. Die kulturelle Dimension tritt demgegenüber erst langsam ins Blickfeld der Beteiligten; doch haben die Diskussionen zum Thema begonnen. Die kulturellen Defizite der entwickelten Moderne – greifbar in den flachen Identitäten und einer unübersehbaren gesellschaftlichen Labilität – haben die Notwendigkeit solcher Erweiterung ins Bewusstsein gehoben; und nicht zuletzt hat die Auseinandersetzung mit dem Islam zu einer Selbstbesinnung gezwungen. Im viel beschworenen *Kampf der Kulturen* sei das Eigene zu benennen. Soll das Selbst sich nicht im Beliebigen und Unverbindlichen auflösen, so muss es Konturen gewinnen. Und das bereitet erkennbar Schwierigkeiten. Die „deutsche Angst" dürfte kulturellen Ursprungs sein; die Vermittlung der individuellen und der kollektiven Seite der

Vorwort zum dritten Band

Identität ist eine Aufgabe, die – vor dem Hintergrund der Zerstörungen durch den Nationalsozialismus – nicht in der Weise gelingt, dass Vertrauen sich einstellte. Festigkeit aber setzt Vertrauen voraus. Demokratie ist als ein noch – oder stets – unvollständiges Projekt zu begreifen, das der Weiterentwicklung bedarf, wenn es einlösen soll, was es einst versprochen hatte.

Die soziale und kulturelle Seite des Komplexes soll im vorliegenden dritten Band des Landeskunde-Kompendiums angesprochen werden. Auf die Erörterung der theoretischen Grundlagen in der Einleitung und im Vorwort des ersten Bandes sei nur verwiesen, ebenso auf die Ausrichtung am Adressaten des ausländischen Germanistikstudenten und künftigen Deutschlandexperten (was den deutschen Leser natürlich nicht ausschließen soll, im Gegenteil); folglich kann auf Darlegungen zur Methodik und Zielsetzung hier verzichtet werden. Der politischen Sphäre waren die ersten beide Bände gewidmet, mit je unterschiedlichen Schwerpunkten: Nachdem zunächst der staatlich-juristische Bereich mit den verfassungsmäßigen Rahmenbedingungen im Mittelpunkt gestanden hatte, waren im zweiten Band die Akteure – die Parteien und Verbände – ins Blickfeld getreten. Jetzt soll die Sphäre des Politischen überschritten und die Linien in die Felder von Kultur und Gesellschaft ausgezogen werden. Davor aber muss – im ersten Kapitel – ein Aufriss des medialen Bereichs stehen, sozusagen des Vermittlungsglieds zwischen den Bezirken des Politischen einerseits und des Kulturellen und Sozialen andererseits, das die Diskurse ermöglicht und ihnen den nötigen Raum gibt. Die grundsätzliche Relevanz der Diskurse – des Diskussionszusammenhangs – für das demokratische Selbstverständnis wird heute allenthalben betont, insbesondere im Konzept der deliberativen Demokratie. Die Debatten setzen stets eine *Öffentlichkeit* voraus, ohne welche bereits seit dem 18. Jahrhundert Bürgerlichkeit nicht zu denken war; denn Gesellschaft und Kultur existieren eigentlich nur in den Diskursen, die über sie geführt werden. Deshalb ist das bürgerliche Konzept der Öffentlichkeit zu erörtern und begrifflich zu explizieren; anschließend sollen die *Medien*, wie sie in der Bundesrepublik eine Rolle spielen, dargestellt werden, einschließlich wiederum der rechtlichen Vorgaben und der historischen Bedingungen. In einem zweiten Schritt soll zunächst auf den *kulturellen Aspekt* eingegangen werden. Der in der Sattelzeit um 1800 entwickelte bürgerliche Kulturbegriff ist genauer zu entfalten und seine Geschichte in einem knappen Aufriss zu verfolgen; daraus ergibt sich das Selbstverständnis des de-

Vorwort zum dritten Band

mokratischen Staates als *Kulturstaat*. Dessen konkrete Ausformung in der Bundesrepublik schließt das Kapitel ab. In einem dritten Schritt ist das Selbstverständnis des *Sozialstaates* und der *Sozialen Demokratie* zu beschreiben, wiederum in seiner Geschichte und gegenwärtigen Ausprägung. Das setzt allerdings ein Bild der *Gesellschaft* voraus, das zuvor in einer knappen Skizze zu zeichnen ist, die empirische Deskription also der sozialen Schichten und Strukturen. Da ein solches Bild stets umstritten ist, muss auch auf die zugrunde liegenden Beschreibungsansätze eingegangen werden. Sodann ist der Sozialstaat selbst zu würdigen, in seinen Leistungen und seiner gegenwärtigen In-Frage-Stellung; ein eigenes Kapitel soll den Geschlechterverhältnissen sowie der Rolle und Geschichte der Familie in Deutschland gewidmet werden. – In einem letzten Abschnitt – der die Rolle eines abschließenden Kapitels einnehmen mag, auch wenn er kein Resümee darstellt – sollen die Diskussionen referiert werden, die zur Zeit über ein *gesellschaftliches und kulturelles Selbstverständnis* geführt werden. Dabei werden drei Ansätze näher vorgestellt: der Entwurf einer *Zweiten* oder *reflexiven Moderne*, der vor allem auf Ulrich Beck zurückgeht, das kultursoziologische Konzept der *Erlebnisgesellschaft*, wie Gerhard Schulze es entfaltet hat, und die Diskussionsansätze, die gegenwärtig unter dem Stichwort der *Wissens-, Informations-* oder *Kommunikationsgesellschaft* vorgetragen werden. Solche Überlegungen folgen einerseits stets der Einsicht oder Vermutung, dass das bürgerliche Modell zu einem Ende gekommen und ein neues Erklärungsmodell notwendig ist, um die heutige Gesellschaft und Kultur zu verstehen und begrifflich zu fassen, beharren aber andererseits darauf, dass wir in einer Übergangszeit leben und das Neue noch nicht vollständig sichtbar ist. Ja sie hoffen gar, dass der Übergang gesteuert werden könne, und unterstellen die Gegenwärtigkeit des bürgerlichen Modells noch im Prozess seiner Ablösung. Soll also der Übergang in ein nachbürgerliches Zeitalter beschrieben werden, so ist der Begriff des Bürgerlichen weiterhin notwendig, auch der dreifache demokratische Anspruch. Vielleicht hinterlässt dieser gar Maßstäbe, an denen zu messen ist, was jenem folgen soll.

Hervorgehoben sei zum Schluss noch einmal der kulturwissenschaftliche Ansatz, der den Status der Ausführungen festlegt: Da es darum geht, ein Verstehen zu ermöglichen und die Phänomene in Deutschland aus „fremder Perspektive" zu sehen, also von außen, muss zum einen Distanz gewonnen und zum anderen der hermeneutische Aspekt in den Mittelpunkt gestellt werden. Die grundle-

Vorwort zum dritten Band

genden Sinnrahmen und Deutungsmuster, die das Geschehen tragen, gilt es zu fassen und kritisch zu erläutern; gegenüber den materialen und empirischen Befunden soll ihnen ein Vorrang zukommen, auch wenn sie sehr disparat sein mögen, denn sie bilden die Grundlage jeden Verstehens und gestatten auch erst Kritik. Mithin sind auch die Antagonismen einer Gesellschaft zu sehen, die zugleich großen Reichtum und beträchtliche soziale Ungerechtigkeit hervorgebracht hat, ebenso die Brüche einer Kultur zu begreifen, die einerseits in eine oberflächliche Massenkultur abdriftet und ihr Genügen in Schlager, Pop und Hip-Hop findet, andererseits aber die Zumutungen einer avancierten Moderne aushält und goutiert, etwa in der Musik eines Hans-Werner Henze oder Wolfgang Rihm. Beides zusammen erst bildet das verstehensbedürftige Ganze. Und nicht zuletzt sind die Spannungen im politischen Staatswesen zu sehen, das voll Stolz behauptet, im demokratischen Paradies angekommen zu sein, und gleichzeitig einem Populismus der Mitte nachgibt, Politik auf Show und Infotainment reduziert. Die Fokussierung auf das Verstehen bedeutet, dass nicht die Deskription im Zentrum stehen darf, welche die Phänomene auflistet und die Oberfläche beschreibt, sondern dass die subkutane Ebene der Deutungsmuster anzusprechen ist, auf welcher Sinn hervorgebracht wird und auf welcher Kritik erst denkbar ist. Das heißt auch, dass die Darstellung sich nicht als geschichts- oder sozialwissenschaftliche begreift, welche empirisch-deskriptiv vorgeht, sondern dass sie hermeneutisch angelegt ist und die Akte der Sinnkonstitution ins Zentrum stellt. Und folglich sind die Identitätskonstruktionen von größter Relevanz, wiederum nicht die faktischen Identitäten, sondern die Muster der Konstitution, welche als ihr jeweiliger Untergrund begriffen werden können. Sinn und Identität stehen in einem unauflöslichen Zusammenhang; beide sind nur zu würdigen und zu analysieren, wenn sie in ihrer Interdependenz gesehen werden. Die Legitimität der Sinnvorstellungen und die Vertretbarkeit eines Selbstverständnisses bilden – gemäß dem hier zugrunde gelegten Kulturverständnis und -begriff – die Zentren der jeweiligen Kultur. Können jene Muster rekonstruiert werden, so hat eine Untersuchung, die sich als kulturwissenschaftlich ausweisen möchte, ihr Ziel erreicht.

Gleichwohl kann die Untersuchung in jenen kulturwissenschaftlichen Kernbereich selbst nicht vordringen; denn dies bedeutete, dass sie text- und diskursanalytisch anzulegen wäre, also auf die Texte selbst sich einließe, als dem Ort, wo die sprachliche Sinnkonstitution angesiedelt ist. Dennoch ist mit dem Ansatz der zugrunde gelegte Kulturbegriff hinreichend scharf beschrieben: Kultur wird nicht als Praxis begriffen, als das konkrete Handeln in der Gesellschaft, sondern als Bereich der Sinnrahmen und Interpretationen; dieser ist ohne Sprache nicht vorstellbar und hat in der Reflexion auf Geltung und Gültigkeit seinen eigentlichen Gegenstand. – Beide Ansätze – der empirisch-praktische und der diskursiv-hermeneutische – haben ihre Berechtigungen und sollen nicht gegeneinander ausgespielt werden, allein die jeweiligen Koordinaten sind zu benennen. Das Kompendium, das einen Überblick geben und ein Verstehen initiieren will, muss einen Mittelweg suchen; es ist weder historisch noch textanalytisch angelegt, sondern möchte die Ebene der Deutungsmuster und Identitätskonstruktionen gewissermaßen direkt ansprechen. Dies mag die idealtypische Konstruktion rechtfertigen, bedeutet aber zugleich eine gewisse Abstraktheit, sowohl gegenüber der empirischen als auch gegenüber der sprachlichen Ebene. Nicht zu leugnen ist, dass darin auch das Prekäre und Angreifbare des Versuchs liegt. Kann jedoch eine Orientierung gegeben werden, die hilft, ein hochkomplexes Gebilde aufzuschlüsseln – ohne einem Oberflächenverständnis zu verfallen –, so dürfte der Ansatz gerechtfertigt sein.

1. Öffentlichkeit und Medien

1.1 Begriffsbestimmung, historischer Hintergrund und politisch-kulturelle Funktion

Öffentlichkeit und Medien sind für die Demokratie von konstitutiver Bedeutung und bedingen sich wechselseitig: Medien setzen eine Öffentlichkeit voraus, welche den benötigten Aktions- und Kommunikationsraum herstellt, und Öffentlichkeit ist nur gewährleistet, wenn die Medien die in sie gesetzten Erwartungen erfüllen. Zwar haben die Medien keine unmittelbare Handlungs- und Wirkungsmöglichkeit und sind auch nicht institutionalisiert, doch ist die Politik auf sie angewiesen, da sie die Verbindungen zur Gesellschaft knüpfen und das Erscheinungsbild des Gemeinwesens insgesamt prägen. Aufgrund ihrer besonderen Funktion genießen sie den Schutz der Verfassung – als unaufgebbarer Bestandteil des demokratischen Staates selbst – und sind darin vom Bundesverfassungsgericht schon häufig bestätigt worden. In einem Freiraum angesiedelt, sind sie für jeglichen Wandel offen, entwickeln sich beständig fort und nehmen immer neue Formen an. So sterben Zeitungen und werden neu gegründet; die Sender streichen ganze Sendungen, verändern ihre Programmstruktur und stellen der Öffentlichkeit immer neue Angebote und Foren vor.

Schon die Parteien gehören nicht zu den institutionell verankerten Organen des politischen Systems, sondern bilden einen Bereich, der den politischen, von der Verfassung festgelegten Abläufen vorgelagert ist, und haben Vermittlungsfunktionen. Eine ähnliche Aufgabe erfüllen die Medien, doch aus einer fast entgegengesetzten Position heraus: Während die Parteien die Akteure bereitstellen und auf die Politik über ihre Programme inhaltlich Einfluss ausüben, auf diese Weise ein politisches Leben überhaupt erst gestatten, nehmen die Medien gegenüber der Politik zum einen die Haltung eines Berichterstatters und Beobachters ein, der das Geschehen kritisch zu

1. Öffentlichkeit und Medien

begleiten hat, zum anderen die eines Repräsentanten, der ein Ganzes als Hintergrund und Fluchtpunkt des politisch-kulturellen Lebens zu vergegenwärtigen und das je Besondere – was immer dieses sei: Ereignis, Urteil, Meinung etc. – darin zu spiegeln hat. Wenn Kommunikation das Herzstück der Demokratie ist und die öffentlichen Debatten das Forum bilden, auf welchem eine kollektive Identität entworfen und diskutiert wird, so stellen die Medien den Raum zur Verfügung, in welchem solche Debatten ablaufen, nicht nur dadurch, dass sie Beteiligungsmöglichkeiten gewährleisten, sondern auch dadurch, dass sie diese Repräsentationsfunktion wahrnehmen. Im intellektuellen Diskurs und in den Medien – werden sie nur weit genug gefasst und beziehen z. B. das Buch wie die Künste mit ein – hält das Kollektiv sich selbst einen Spiegel vor, in den jeder Einzelne blicken kann. Was er dort wahrnimmt, mag höchst unterschiedlich sein und auch die Konstruktion des Ganzen mag aus der Perspektive der Einzelnen je anders erfolgen; dass aber ein Gemeinschaftlichkeit unterstellender Fluchtpunkt – gerade in den äußerst heterogenen Brechungen – entworfen und vergegenwärtigt wird, ist für das System unaufgebbar, ja kann als *raison d'être* der Diskursöffentlichkeit selbst bezeichnet werden. Das gibt den Medien eine große Verantwortung und bindet jeden einzelnen Sprecher – selbst den höchst kritischen und gänzlich distanzierten Autor – in den gesellschaftlichen Kontext ein; er ist dann nicht nur als sprechendes Subjekt für sich und das von ihm Gesagte verantwortlich, sondern folgt einer gesellschaftlichen Verbindlichkeit bzw. supponiert eine solche in der Diskursgemeinschaft. Verbindlichkeit ist als quasi normatives Fundament in allen Debatten vorgegeben und zugleich einem ständigen Transformationsprozess unterworfen, folglich immer neu festzulegen und fortzuschreiben. Somit bildet die mediale Öffentlichkeit nicht allein die Sphäre, in welcher die Verständigungs- und Selbstverständigungsprozesse angesiedelt sind, sondern sie verkörpert geradezu das kollektive Subjekt und legt dessen Haltung und Habitus fest. Der Status eines solchen Subjekts ist höchst fragil, denn es ist nur in den unendlichen – und höchst widersprüchlichen – Brechungen präsent, die in den Diskursen erscheinen, also in der Rückbindung an die Einzelnen; die Notwendigkeit aber, ein solches Zentrum zu unterstellen und immer wieder neu zu konstruieren, ist der Lebensnerv der öffentlichen Debatte. Was eine Gesellschaft ist, wie sie ein Selbstverständnis formuliert, was also ihre Identität ausmacht, ist Gegenstand der Auseinandersetzungen; zwar wird solche Identität nicht ständig explizit ausgesprochen, immer aber

1. Öffentlichkeit und Medien

implizit vorausgesetzt, und sei es nur als verborgene Präsupposition, die jeder ernsthaften Rede vorausgehen muss und den Ort festlegt, von dem aus gesprochen wird.

Identität wird unter den Bedingungen der Moderne im Prozess der Kommunikation gewonnen. Ihr Medium sind die Diskurse, die durch ein grundsätzliches Paradox gekennzeichnet sind: Sie setzen solche Identität in demselben Maße voraus, wie sie sie auflösen und in neue Formen überführen. Die Teilhabe an der gesellschaftlichen Kommunikation gelingt nur, wenn die Sprecher über eine Identität verfügen und sagen können, wer sie sind, also ein Selbstverständnis formulieren, an dem sie dann auch gemessen werden können; und sie verlangt gleichzeitig eine Offenheit, die nicht auf bestimmte Resultate festgelegt sein darf und – ungleich riskanter – auch bereit sein muss, die vorausgesetzte Identität in Frage zu stellen und eine neue zu bilden, falls neue Erfahrungen und Argumente dies verlangen. Solche Flexibilisierung der Positionen ist umso stärker gefordert, als in hochkomplexen und multikulturellen Gesellschaften multiple Identitäten ausgebildet werden müssen. Wenn unterschiedliche Voraussetzungen die Verständigung erschweren, so kann die Reflexion auf ihre Konstitutionsbedingungen helfen und dann auch Toleranz erlauben, die stets an die Einsicht in diese Konditionen gebunden ist. – Diskussionen, die solche Offenheit nicht kennen, verkümmern zur sterilen Repetition der Eingangspositionen und erschöpfen sich rasch in bloßer Selbstbestätigung. Gerade das kollektive Selbstverständnis – an welchem das individuelle Selbstverständnis teilhat – erscheint als stets neue Projektion, ist also gleichzeitig Bedingung und Produkt der Diskurse. Auch in der Reflexion auf diesen Sachverhalt – die subkutanen Bedingungen und die faktischen Voraussetzungen – liegt eine zentrale Verpflichtung der Medien; gelingt das, können offene und freie Debatten geführt werden.

Ein entsprechend breites Modell der Demokratie, das die kulturelle und mediale Dimension in die begriffliche Bestimmung hineinnimmt und ihr theoretisch gerecht zu werden sucht, ist als *deliberative Demokratie* entworfen worden. Als deren zentrale Intention kann – neben den prozeduralen Aspekten der Beratschlagung und Entscheidungsfindung – die Selbstverständigung beschrieben werden. Die Art und Weise, wie eine Gesellschaft ein Selbst findet und ihre Identität formuliert, kann als Teil des demokratischen Selbstverständnisses begriffen werden, ja mag gar als das verborgene Telos des Gedankens selbst gefasst werden. Ein solcher Politik

1. Öffentlichkeit und Medien

und Kultur aufeinander beziehender Demokratiebegriff hat sich spät erst ausgebildet, zunächst nur in implizit gegebenen Annahmen, aus denen dann ein Konzept konstruiert oder rekonstruiert werden konnte; die explizite Integration in eine umfassende Theorie ist ein Projekt erst der letzten Jahre. Die philosophischen Wurzeln des Ansatzes liegen in der Aufklärung, die historischen Ursprünge gehen hinter diese zurück und verweisen auf einen Transformationsprozess, der bereits im 17. Jahrhundert eingesetzt hatte, als sich die Idee einer bürgerlichen Gesellschaft langsam herauszubilden begann. Deren Voraussetzung ist einerseits die Auflösung des überkommenen politischen Selbstverständnisses in der Gestalt der feudalen oder höfischen Gesellschaft und andererseits die In-Frage-Stellung der religiösen Vorstellungen, die das Terrain der Identität besetzt hielten. Die Erfahrung, dass beides nicht mehr selbstverständlich und jegliches Selbst ein Konstrukt ist, das zudem der Legitimation bedarf, führte in die Kultur der Moderne. Daraus ergaben sich lange Diskussionen, die seitdem – in Deutschland von der Klassik und Romantik über die lange Periode des Liberalismus im 19. Jahrhundert bis in die Gegenwart – geführt wurden; stets war die entscheidende Frage, was Kultur und Gesellschaft denn seien und wie ein entsprechendes Selbstverständnis formuliert werden könne. Öffentlichkeit wird dabei vorausgesetzt und bildet einen Hintergrund, ohne den die Debatten nicht geführt werden konnten; deshalb darf es auch nicht verwundern, dass die Verständigung darüber, was diese denn eigentlich sei oder sein solle, einen breiten Raum eingenommen hat und bis heute einnimmt.

Die Bezeichnung des neuen Politik- und Kulturmodells als bürgerlich mag irritierend sein, denn seine Idee ging nicht allein auf die soziale Schicht des Bürgertums zurück, zumal dieses als neue Formation sich erst allmählich aus dem älteren städtischen Bürgertum entwickelte, seit der Frühmoderne des 17. und 18. Jahrhunderts. Keine geringe Rolle spielten dabei der Adel und die Fürstenhöfe selbst, welche die Weichen in Richtung einer kulturellen Moderne stellten. Der aufgeklärte Absolutismus eines Friedrich II. in Preußen muss hier ebenso genannt werden wie der ähnlich gelagerte Versuch in Österreich unter Joseph II.; dort liegen die Wurzeln für die moderne Form eines Kulturstaates, der Ansätze für eine neue Form der Legitimation fand. Wenn die aufgeklärt absolutistischen Monarchen sich vermehrt der Kultur zuwandten und ihr einen Rang zubilligten, den sie zuvor nicht gehabt hatte, so bedeutete dies eben auch, dass die alten Legitimationsinstanzen ihre Kraft eingebüßt hatten

1. Öffentlichkeit und Medien

und ersetzt werden mussten. Der Rückgriff auf die Formen einer säkularen Kultur, welche schnell mit der Vorgabe einer neuen Öffentlichkeit und einer Verbindlichkeit fordernden Allgemeinheit verbunden wurde und sich damit deutlich von der alten repräsentativen Öffentlichkeit unterschied, war das Entscheidende. Und damit verbunden war die Vorstellung, dass in ihr das kollektive Subjekt eine neue Gestalt annehmen müsse, ja erstmals als solches überhaupt zur Diskussion stehe. Die Verknüpfung von Kultur und Nation geht darauf zurück und bestimmte die Diskussionen in der Folgezeit; Kultur wird an das unter dem Begriff der Nation gefasste Kollektiv gebunden und scheint dessen Wesen zu verkörpern. Wenn folglich eine „Naturwüchsigkeit" des kollektiven Selbst nicht mehr gegeben ist und Identität auch nicht mehr unter den unbefragbaren Voraussetzungen der Religion gedacht werden soll, als in der Gotteskindschaft begründet, sondern solche Identität sich in Kultur und Geschichte erst ausbilden und rechtfertigen musste, so war das ein revolutionäres Projekt; denn die Verfügung über das eigene Selbst war etwas Neues, das Freiheit implizierte und Autonomie voraussetzte. Der Gedanke war nicht schlicht antireligiös, verlangte aber von den Religionen eine reflexive Haltung, also die Vergewisserung ihrer Funktion im Prozess der individuellen und kollektiven Selbstfindung. Weil die christliche Religion – mit gewiss unterschiedlichen Akzenten in den Konfessionen – in die Diskussionen einbezogen waren, bedeutete die Entwicklung der säkularen Kultur auch nicht die Ablösung der religiösen Vorstellungen, sondern eine Verlagerung ihres Ortes, verbunden allerdings mit der Relativierung ihrer Verbindlichkeit. Die Verschiebung der Religion ins Private war begleitet von der grundsätzlich reflexiven Haltung, die ihr abgefordert wurde; sofern sie diese aufbrachten, konnten sie in der säkularen Kultur weiterhin eine Rolle spielen. Der Protestantismus, der ja bereits eine starke Subjektivierung der Religion bedeutet hatte, wurde dem in der romantischen – ihrerseits auf den Pietismus zurückgehenden – Gläubigkeit, wie etwa Friedrich Schleiermacher (1768–1834) sie gepflegt hat, wesentlich früher gerecht als der Katholizismus.

Dieser Ansatz – mit der Berufung auf Autonomie und der grundlegenden Verschränkung von individuellem und kollektivem Selbst – kann als bürgerlich bezeichnet werden; er beflügelte das Denken der neu aufstrebenden Schicht. Die Begriff des Bürgerlichen wird damit nicht als soziale Kategorie gefasst, sondern als kulturelle, die eine neue Form des – modernen – Selbstverständnisses be-

1. Öffentlichkeit und Medien

zeichnen soll. Das bedeutet auch, dass der Begriff nicht als Beschreibungskategorie für einen empirischen Sachverhalt dienen, sondern als Deutungskategorie im kulturellen Prozess fungieren soll. Und dies wiederum legt es nahe, den Begriff mit dem Aufstieg der neuen romantischen Hermeneutik in Verbindung zu bringen; auch die Entstehung des neuen Kollektivsingulars „Kultur" am Ende des 18. Jahrhunderts kann in diesen Zusammenhang gestellt werden. Darauf kann hier nicht eingegangen werden, allein der Horizont sei erwähnt, in dem der Sachverhalt zu sehen ist. Wird der Begriff als historischer gebraucht, so sollte genau zwischen der deskriptiven und interpretatorischen Verwendung unterschieden werden.

Seitdem solch kulturelles Selbstverständnis formuliert wird, spielt folglich das Konzept der Öffentlichkeit eine eminente Rolle; dieser Zusammenhang ist von der Forschung ausführlich diskutiert worden, wenn auch mit recht unterschiedlichen Akzenten. Das kann hier im Einzelnen nicht diskutiert werden; generell sei auf die Arbeiten von Hannah Arendt, Jürgen Habermas, Richard Sennett und jüngst T. C. W. Blanning verwiesen, die gewiss heterogenen Konzepten folgen, aber die grundlegenden Muster vorgegeben haben, denen die Diskussion bis heute folgt. Hier soll das Feld einer modernen Öffentlichkeit in drei – wiederum idealtypisch zugespitzten – Thesen umschrieben werden; jeweils werden die frühen Ansätze aus der Zeit des aufstrebenden Bürgertums in Richtung eines allgemeinen Modells der demokratischen Öffentlichkeit, wie es heute vertreten wird, ausgezogen.

1. Eine kritische Öffentlichkeit wird seitdem gefordert, d. h. dass über Politik gesprochen werden muss und sie zum Gegenstand der allgemeinen und öffentlichen Auseinandersetzung avanciert; gerichtet ist ein solches Selbstverständnis nicht zuletzt gegen die Arkan- oder Geheimpolitik der Höfe, welche Politik als Privileg der Fürsten angesehen hatte, an welcher die Bürger nicht zu beteiligen waren. Jetzt gilt Politik als Angelegenheit der Allgemeinheit; „unsere Sache" wird verhandelt und verlangt die grundsätzliche Teilhabe aller an allen Fragen von Gesellschaft und Politik. Die Forderung nach Öffentlichkeit war ein Kampfmittel des Bürgertums, das sich gegen die Herrschaft von Adel und Klerus durchsetzen musste und das neue Kollektivsubjekt der Nation als Einheit stiftendes Konzept gegen die ständisch, also hierarchisch gegliederte Gesellschaft ins Feld führte. Keineswegs immer unterstützten die Höfe die neuen Formen der Kultur, und noch viel seltener wurden die politischen Konsequen-

1. Öffentlichkeit und Medien

zen zugelassen, die sich aus dem kulturellen Ansatz ergeben mussten. Die Durchsetzung erfolgte in einem Kampf, der zwischen der alten und neuen Macht geführt wird, auch wenn die Frontlinien nicht immer eindeutig waren und erhebliche Verwerfungen aufwiesen.

2. Alle Angelegenheiten von Politik, Gesellschaft und Kultur werden einer allgemeinen Vernunft – dies ist die grundlegende Forderung der Aufklärung – unterstellt, sodass die religiösen und traditionellen Vorgaben nicht mehr unbefragt gültig sein können; alles kann zur Sprache gebracht werden und ist potenzieller Gegenstand der Politik. Auch die Machtausübung hat sich vor einer kritischen Öffentlichkeit zu legitimieren. Unterstellt wird der vernünftige und mündige Bürger, der seine Angelegenheit selbst in die Hand zu nehmen hat; alle Formen der Verfügung über die Untertanen werden verworfen. Der bürgerliche Staat „funktioniert" nur, wenn die Politik sich vor einem Forum der Vernunft zu verantworten hat: Wahlen sind gewiss von großer Bedeutung; dahinter steht aber auch die Hoffnung, dass Vernunft sich etablieren und so etwas wie Wahrheit sich durchsetzen werde, wenn nur das Volk und die Bürger an den politischen Dingen beteiligt seien. Der Satz von Thomas Hobbes *Auctoritas, non veritas facit legem* – Die Macht, nicht die Wahrheit macht das Gesetz – gilt es umzukehren: Vernunft, nicht Autorität soll Legitimität versprechen. Das führt zu einem Begriff einer Wahrheit, die sich nur über die beständige Reflexion auf die Bedingungen ihrer Konstitution legitimieren kann. Das Konzept setzt in der entwickelten Fassung, wie Jürgen Habermas sie heute vertritt, darauf, dass die Potenziale der Vernunft in den Akten der Kommunikation angelegt seien und sich in den gelingenden Verständigungsprozessen realisierten. Gerade weil der Aspekt der Kommunikation von solcher Bedeutung ist, rücken die Medien ins Zentrum, zunächst das Buch und die Zeitschrift, zu Beginn des bürgerlichen Zeitalters auch die Bühne, auf der die grundlegenden Fragen der Nation verhandelt werden sollen. Zu einem neuen Stellenwert gelangt das Publikum, das als Adressat der Öffentlichkeit gilt und bald die Funktion des Kollektivsubjekts übernehmen wird. Ein neues Nachdenken setzt ein, in dem darüber befunden werden soll, wie Kommunikation, Öffentlichkeit und Publikum zusammenwirken; im vorbürgerlichen Zeitalter war dieses Verhältnis noch nicht ein Gegenstand der Reflexion. Die *repräsentative Öffentlichkeit* gestattete kaum die Diskussion ihrer Grundlagen, die neue *bürgerliche Öffentlichkeit* fordert dies; das gibt ihr einen stark reflexiven Zug, der uns noch häufig begegnen wird. Dies bedeutet anderseits auch, dass die Politik dann in Gefahr ist, wenn die Kommunikation nicht mehr funktioniert,

1. Öffentlichkeit und Medien

wenn die Autonomie des Einzelnen und die grundsätzliche Vernünftigkeit nicht mehr gewährleistet sind, die Kommunikation folglich verzerrt ist. – Zwei zentrale, sehr ähnlich gelagerte Gefahren der modernen Demokratie können daraus erwachsen, der *Populismus* und der *Fundamentalismus*. Die Politiker unterstellen nicht mehr Vernunft und Autonomie, sondern reduzieren Politik auf Gefälligkeiten und die Befriedigung „unvernünftiger" oder irrationaler Bedürfnisse, d. h. solcher, die nicht vor dem Forum der Vernunft ihre Rechtmäßigkeit erweisen müssen. Diese Gefahr des Populismus ist nicht allein eine der Politiker, sondern auch eine Angelegenheit der Medien, die ihrer Aufgabe als kritischer Öffentlichkeit nicht nachkommen. Der Rückfall in vorrationale Verhaltensweisen aber erscheint als Fundamentalismus, der ebenso die vernunftgeleitete Moderne bedroht; solch Rückfall unterläuft die geforderte Reflexivität und verfehlt die säkulare Kultur, weil er sich der öffentlichen Diskussion verweigert und Wahrheiten glaubt unmittelbar verkünden zu können. Fundamentalistisch ist nicht nur der Rekurs auf eine rigide Religiosität, sondern auch das Ausweichen in andere Formen einer unbefragten Verbindlichkeit, etwa der Rückbezug auf die Rasse wie im Nationalsozialismus oder die Dogmatisierung bestimmter Heilslehren wie im totalitären Marxismus.
3. Schließlich ist dem Konzept der Öffentlichkeit ein Gegenpol zugeordnet, von dem es nicht zu lösen ist und auf den es bezogen bleibt: *Privatheit*. Unter den Vorgaben von *Autonomie* und *Identität*, als den beiden zentralen Vorstellungen des bürgerlichen Denkens, die sowohl vorausgesetzt als auch erst angestrebt werden, sind es die Privatleute, die sich zum Publikum versammeln und in der doppelten Gestalt von Gesellschaft und Gemeinschaft ein Kollektiv bilden, das dann auch die Aufgabe hat, jene Zielvorgaben zu sichern. Autonomie ist in der politisch gedachten Gesellschaft zu gewinnen, Identität in der kulturell verankerten Gemeinschaft (auf beide Konzeptionen wird in Kapitel 3 näher eingegangen). Alle politischen und kulturellen Vorstellungen aber sind an die Subjekte zurückgebunden und können nur realisiert werden, wenn sie durch diese vermittelt sind. Und Festigkeit gewinnen die Individuen nur, wenn sie über eine Sphäre verfügen, in der sie auch von den übergreifenden Verpflichtungen freigesetzt sind, eben jene Privatsphäre. Deren Bereich erstreckt sich sowohl auf die ökonomische Freiheit mit der Möglichkeit des Erwerbs von Privateigentum und der Akkumulation von Reichtum, was der Markt zu gewähren hat, als auch auf die Intimsphäre der Familie, wo Privatheit im engeren Sinne ausgelebt werden kann, auch unter den Vorzeichen von Liebe und Kindererziehung. Hier nimmt Privatheit dann vielfach die Form des Rückzugs an, der gestattet wird und als legitim gilt, solange er die andere Seite

1. Öffentlichkeit und Medien

nicht gefährdet, sondern ergänzt. Dieses doppelte Terrain bildet die Spielwiese, auf der der Bürger sich zu bewähren hat. Doch der Rückzug ins Private wird nur gelingen, so die grundsätzliche Vorstellung, wenn der Bürger zugleich einer Öffentlichkeit verpflichtet ist, die erst gestattet, das auszubilden, was als bürgerliches Selbst bezeichnet wird. Mithin stehen Politik und Kultur sowie Markt und Familie in einer Beziehung, die ein Gegenstück in den Gegensatzpaaren von Individualität und Kollektivität einerseits und Öffentlichkeit und Privatheit andererseits hat; nur wenn die Verhältnisse austariert werden können, im Sinne einer stimmigen Proportion, dürfte ein Selbst auszubilden sein, das den hohen Anforderungen gerecht wird. Darin mag eine Überforderung liegen, doch begründet dies die bis heute gültige Ambition des bürgerlichen Modells.

Die Öffentlichkeit und die mit ihr verbundene Vorstellung von Rationalität sind nichts Selbstverständliches; sie müssen hergestellt werden und bedürfen des Schutzes. Deshalb war die Forderung nach Öffentlichkeit politisch auch höchst brisant. Früh schloss sie das Verbot jeglicher Zensur ein; spät erst wurde dies gesichert. Der Begriff hat eine starke normative Seite. Zwar wird er auch deskriptiv verwendet und soll dann benennen, worin diese bestehe und wie sie praktisch realisiert werde, doch ist der normative Anspruch von größerer Relevanz. Dieser muss eingelöst werden, wenn das Projekt der Moderne verwirklicht werden soll. In diesem Bereich sind mindestens drei Komplexe von Wichtigkeit, die sich historisch unterschiedlich entwickelt und realisiert haben: Zunächst soll in Fragen der *Moral* eine Öffentlichkeit hergestellt werden, in welcher über das Verhalten und die sittlichen Konventionen zu sprechen ist; das ist der früheste Impuls der Aufklärung und daraus ergibt sich die große Zahl der *Moralischen Wochenschriften*, die genau dies zum Thema haben und die in England, Frankreich und Deutschland eine große Rolle spielen werden. Dazu treten sehr bald die Postulate einer *literarischen* – oder allgemein kulturellen – *Öffentlichkeit*, die zu schaffen ist und in der die ästhetischen Fragen des Geschmacks und der Künste zu klären sind; die Künste emanzipieren sich zum gleichen Zeitpunkt von den Vorgaben der Höfe und der Religion und werden ihrerseits autonom, was hier wiederum nicht verfolgt werden kann, aber doch – wegen der grundsätzlichen Parallelität – erwähnt werden soll. Gewissermaßen aus der Verschmelzung des moralischen und kulturellen Aspekts entsteht der *politische Bereich*, der das Gemeinwohl, den Gemeinsinn – der Verständigung über gemeinsame Sinnvorstellungen – und die gesellschaftliche

1. Öffentlichkeit und Medien

Organisation und Partizipation umgreift. An diesem breit gefächerten Ursprung ist bereits ablesbar, wie die kulturellen und politischen Bereiche sich ineinander verzahnen und auseinander hervorgehen.

Die normative Dimension läuft zudem auf die Forderung hinaus, dass nicht nur eine Öffentlichkeit hergestellt, sondern ein Publikum konstituiert werde, gleichsam als Inkarnation des gesellschaftlichen und kulturellen Gesamtsubjekts. Die Gleichsetzung der Öffentlichkeit mit dem Kollektivsubjekt ist nicht unproblematisch, denn zum einen bereitet die Annahme des Subjektcharakters durchaus Schwierigkeiten, weil die Fassbarkeit unmittelbar nicht gegeben ist. Und zum anderen tritt dieses Subjekt erkennbar in höchst unterschiedlicher Gestalt auf, ja zersplittert sich geradezu, sodass die Rede davon zumindest fragwürdig ist. Deshalb mag es sinnvoll sein, ein solches Subjekt als – notwendige – Projektion anzusehen, die immer neu vorgenommen werden muss und immer anders ausgerichtet ist. Dann ist die Hoffnung tragend, dass die Überlappungen so weit reichen, dass sie Gemeinsamkeiten begründen. Indes wäre ein solches Konzept nur empirisch konzipiert und hätte die faktischen Übereinstimmungen zum Gegenstand; doch gerade darin besteht sein Nachteil, denn Verbindlichkeiten sind so kaum vernünftig zu begründen und Verpflichtungen daraus nicht abzuleiten. Deshalb muss der Begriff normativ stärker unterfüttert werden; dies bedeutet, ihn als Postulat zu verstehen, das immer neu hergestellt wird und der fortwährenden Diskussion bedarf. Das kollektive Selbst gilt es erst herzustellen. Ein Kollektivsubjekt, das nur Konstrukt sein will und keine irgendwie beschaffene Substanzialität für sich reklamiert, wird jetzt zur Projektion, die notwendig ist, um die Debatten zu führen und Identitäten auszubilden. Verbindlichkeit gewinnt es in dem Maße, wie die Notwendigkeit seiner Konstruktion eingesehen wird. Dies impliziert einen Status grundsätzlicher Reflexivität und bedeutet fraglos eine Überforderung. Denn sowohl das kollektive Subjekt selbst als auch alle Formen von Verbindlichkeit sind nur im Prozess der Reflexion zu gewinnen und zu festigen. Freilich ist ein solches Postulat kaum hintergehbar und muss als eine der Zumutungen der Moderne begriffen werden.

Die Auffächerung in das faktische Subjekt einerseits – des Volkes oder des Publikums in seiner geschichtlich-konkreten Gestalt – und das immer nur unterstellte und als Projekt entworfene Konstrukt andererseits erlaubt wenig später die kritische Feststellung, dass das reale Publikum den normativen Erwartungen nicht entspricht, die

1. Öffentlichkeit und Medien

an es gerichtet werden, und dass die Vorstellung zum Ideal wird, dem man vergeblich hinterherlaufe. Bezeichnenderweise spielte diese Frage zu dem Zeitpunkt eine Rolle, als die Aufklärung als Epoche an ein Ende kam. Jetzt wurde konstatiert, dass sie nicht eingelöst habe, was sie versprochen hatte. Das Subjekt, in dem ein kollektives Selbst sich verwirkliche, sei real nicht gebildet worden. Bereits um 1800 äußern Autoren wie Johann Wolfgang Goethe (1749–1832) und Friedrich Schiller (1759–1805) sich in diesem Sinne, beides Denker, die nicht hinter die Aufklärung zurückgehen, sondern sie im Sinne der neuen Bürgerlichkeit vorantreiben und die hohen Normen der Vernünftigkeit gegen eine schlechte Realität einklagen wollen. Die Hoffnung, welche die Aufklärung beflügelt hatte, hat sich verflüchtigt, und das reale zeitgenössische Publikum wird einer scharfen Kritik unterzogen; denn die notwendige Bildung, die als Voraussetzung für die geforderte Konstitution als Subjekt angesehen wurde, habe das Volk gerade nicht erreicht. War die öffentliche Diskussion zuvor der Motor, der den Aufklärungsprozess in Gang zu halten hatte, und zugleich das Subjekt, das als Publikum die neue bürgerliche Gesellschaft zu tragen hatte – so noch bei Christoph Martin Wieland (1733–1813) und Immanuel Kant (1724–1804) –, so tritt an dessen Stelle jetzt ein „ideales Publikum", das nur ästhetisch zu postulieren ist, aber von der Wirklichkeit nicht gestützt wird. Das Kulturprogramm wird – insbesondere bei Schiller in *Über die ästhetische Erziehung des Menschen in einer Reihe von Briefen* von 1795 – zu einem Erziehungsprojekt, in dem das Publikum langsam zu bilden ist. Der Prozess, der in Deutschland um 1800 zu beobachten ist, bedeutet die Verlagerung der Reflexion in einen „idealen" – von der Realität abgehobenen – Raum der Kunst, der nicht an die konkrete Wirklichkeit zurückgebunden, sondern utopisch ist. Hier ist der Rückschlag deutlich greifbar, und das Projekt einer ästhetischen Veredelung, die das Publikum darauf vorbereiten soll, jenes Selbst in einer meist fernen Zukunft tatsächlich auszubilden, wird das weitere Denken bestimmen. Man kann das als Rückfall in einen Idealismus bezeichnen, der darauf verzichtet, das Vorhaben wirklich einzulösen, um es stattdessen in einer Welt des Scheins, der Kunst, zu realisieren; so jedenfalls wird die sehr ernste Kritik lauten, die 30 oder 40 Jahre später an der klassischen und romantischen Epoche geübt wird; man kann aber auch die These vertreten, dass die ästhetische Idealisierung notwendig war, wenn die Forderung der Reflexivität aufrecht erhalten und die Diskrepanz von Faktizität und Ideal nicht verschleiert

1. Öffentlichkeit und Medien

werden sollte. Darauf wird später, wenn ein Überblick über die kulturelle Entwicklung gegeben werden soll, zurückzukommen sein. Hier war nur die Schwierigkeit festzuhalten, die mit dem Postulat der Öffentlichkeit und der mit ihr einhergehenden Konzeption eines kollektiven Subjekts verbunden ist.

Ein Begriff, der im Zusammenhang der Diskussionen zur Öffentlichkeit immer wieder auftaucht, ist der der *öffentlichen Meinung*. Grundsätzlich sind zwei Bedeutungen zu unterscheiden. *Zum Ersten* meint die ältere und bis heute wirkungsmächtige Vorstellung die Einbindung des Individuums in soziale Zusammenhänge, mithin eine soziale Konformität, die sich aus den Zwängen der Öffentlichkeit ergibt. Das kann vielerlei umfassen: Von den ungeschriebenen, gültigen Gesetzen, denen der Einzelne sich zu fügen hat, über die Integration, die auf kulturellem, emotionalem und moralischem Gebiet zu bewerkstelligen ist, bis hin zur Einbettung in einen Konsens, der die Gemeinschaft tragen soll. Noch weiter gefasst kann auch das, was man den Zeitgeist oder die Sitten nennt, darunter begriffen werden. – *Zum Zweiten* versteht man unter der öffentlichen Meinung spätestens seit dem 18. Jahrhundert das politische Urteil, das in der Öffentlichkeit diskutiert und gefällt wird, insbesondere dann, wenn es sich anheischig macht – mit welchem Recht immer –, dominant zu sein und eine Mehrheit zu vertreten. Durch diesen Anspruch wächst der öffentlichen Meinung im politischen Alltag nicht selten eine Kraft zu, die nachdrücklich nach Gültigkeit verlangt, unabhängig von der vernünftigen Begründung; als Recht der Mehrheit müsse die öffentliche Meinung beachtet werden.

Unter dem ersten Aspekt kann eine bürgerliche Gemeinschaft verstanden werden, die sich von den Höfen absetzt; diese konstituiert sich als öffentliches und offenes Publikum, das von der geschlossenen Welt der aristokratischen Höfe abgetrennt ist, denn zu diesen hatten die Bürger eben keinen Zutritt. So war es zumindest in Deutschland; in England und Frankreich, wo der ganze Prozess früher einsetzt, ist das nicht so schroff; vielmehr kommt es dort, gerade im frühen 18. Jahrhundert, zu einer größeren Nähe von Höfen und Bürgertum, gar zur Verschmelzung. Mit der Beschreibung des Publikums als Partner oder Subjekt der Öffentlichkeit kommen literarische Vorgaben ins Spiel; ein solches Publikum etablierte sich zuerst im literarischen Bereich und bildete einen notwendigen Bestandteil des Theaters. Die neue Forderung im 18. Jahrhundert richtete sich so auch nicht zufällig auf die Herstellung eines Nationaltheaters, das sich vom Hoftheater abgrenzte und in dem die Bürger

1. Öffentlichkeit und Medien

sich fanden, als *räsonierende Privatleute*. Der klassische Ort aber, wo die Privatleute zum öffentlichen Publikum sich versammelten, war in England das Kaffeehaus und in Deutschland die Lesegesellschaft; dort – und ebenso in den Salons, wie sie zunächst in Frankreich und um 1800 auch in Deutschland Mode wurden – fanden die Debatten statt, welche die Einzelnen zu einem Kollektiv zusammengebunden haben. Das Räsonnement mag zunächst ein bloß beobachtendes gewesen sein, wie es dem Status eines passiven, nur rezipierenden Publikums entspricht, es entwickelte sich bald zur Kritik, die auf Teilhabe drängte, um im politischen Bereich dann ihre eigentliche Domäne zu finden. Nicht mehr der nur privat diskutierende und bestenfalls gelehrte Untertan war gefragt, so noch bei Kant in der berühmten *Beantwortung der Frage: Was ist Aufklärung?* aus dem Jahr 1783, sondern der betroffene und selbstbewusste Bürger, wie der Liberalismus des 19. Jahrhunderts ihn forderte, so etwa Carl Gustav Jochmann (1789–1830) in seinem Essay *Über die Öffentlichkeit* von 1830. – In diesem Zusammenhang taucht zudem ein Gegensatz auf, der kulturhistorisch von Interesse ist: In der alten Gesellschaft war der *Hof*, mit dem Monarchen im Zentrum, der Ort einer repräsentativen Öffentlichkeit; der Ort der neuen, bürgerlichen Öffentlichkeit ist die *Stadt*, die das Umfeld der jetzt einsetzenden Diskussionen abgibt. Urbanität wird das Kennzeichen eines neuen, bildungsbürgerlichen Selbstbewusstseins.

Der zweiten – kritischen – Bedeutung von öffentlicher Meinung kann ebenfalls eine idealtypische Konstruktion zugrunde gelegt werden, die für das Konzept der neuen Öffentlichkeit charakteristisch ist: Die Vorstellung ist tonangebend, dass in der Öffentlichkeit rational die beste Lösung eines politischen Problems ausgehandelt werden kann; die Hoffnung auf eine grundsätzliche Vernünftigkeit der Lösungssuche trägt die Diskussion. Voraussetzung ist die Freiheit der öffentlichen Meinung; auch deshalb ist das Grundrecht der Meinungsfreiheit von eminenter Bedeutung. Dahinter steht die Vorstellung, dass es *die* einzig richtige Lösung – etwa durch Gott oder die Weisheit eines Fürsten verbürgt – nicht gibt, sondern immer nur Kompromisse, also die grundsätzliche Fallibilität aller Entscheidungen und auch der Wahrheit selbst. Darin drückt sich das Vertrauen aus, dass in der freien Kommunikation eine vernünftige Entscheidung getroffen werden kann. Der Verzicht auf die allgemeingültige Wahrheit, geradezu ein Wahrheitsverbot in politischen Angelegenheiten, impliziert zugleich ein grundsätzliches Toleranzgebot. Jede Meinung muss respektiert werden, kann disku-

1. Öffentlichkeit und Medien

tiert werden und hat einen Anspruch darauf, gehört zu werden; dies schließt nicht aus, dass eine Meinung sich als falsch erweisen kann, auch so behandelt werden muss; doch muss es Vernunftgründe geben, die es gestatten, eine Meinung als falsch zu bezeichnen. Ohne die Prüfung durch die Vernunft ist ein solches Votum nicht statthaft, und jede Setzung durch die Vernunft steht unter dem grundsätzlichen Vorbehalt des nur Vorläufigen. Werden bessere Argumente für eine andere Meinung gefunden, so ist das zu akzeptieren. Solcher Gerichtshof der Vernunft ist natürlich nicht institutionalisiert, sondern ein Vorbehalt, welchem jegliche Kommunikation unterstellt ist.

Dagegen ist die *veröffentlichte Meinung* das, was in den Medien gesagt wird, nicht aber das, was „das Volk" denkt. Der Begriff hat in der Regel einen pejorativen und nicht selten polemischen Zug. Denn dahinter steht meist die Abwehrhaltung derjenigen, deren Meinung gerade nicht vertreten wird, aber auch die Vorstellung, die öffentliche Meinung repräsentiere die Meinung aller – oder habe sie zu repräsentieren –, also die *der* Öffentlichkeit. Hier gerade haben wir die Gefahr des Populismus, die bei den Medien als den Repräsentanten der Öffentlichkeit besonders groß ist. Allzu gerne werden die Medien als Forum oder Repräsentant des Volkes gesehen. Man sollte da sehr vorsichtig sein.

Daran kann sich eine grundsätzliche Kritik an der öffentlichen Meinung anschließen, wie sie häufig schon vorgetragen wurde, vor allem von Jürgen Habermas in seinem bereits 1962 erschienenen Buch *Strukturwandel der Öffentlichkeit*: Die Öffentlichkeit werde – seit dem 19. Jahrhundert – zunehmend nicht mehr als *Publikum räsonierender Privatleute* vorgestellt, sondern als Resonanzboden für eine auf Akklamation beruhende Politik missbraucht, die Menschen als *Konsumenten* von Öffentlichkeitsarbeit betrachtet, welche strategisch – von organisierten Interessenvertretungen – betrieben werde. Dies schlage sich in einer Manipulation der Massen nieder, welcher gerade die modernen Massenmedien erliegen bzw. für welche diese eingesetzt werden können. Solche Manipulation darf man wohl nicht nur dann annehmen, wenn sie bewusst betrieben wird, sondern auch, wenn sie unbewusst erfolgt, etwa durch die „selbstverständliche" Präsenz von Themen oder Darstellungsformen – bis hin zu den diversen Moden und Trends. Diese Feststellung kann dann zur kritischen Deskription einer *Kulturindustrie* führen, welche den Menschen ihre Mündigkeit nehme, sie still stelle – heute am Tropf des Fernsehens – und ihnen nur Ersatzbefriedi-

1. Öffentlichkeit und Medien

gungen gestatte. Diese Thesen wurden bereits seit den 1920er- und 1930er-Jahren vertreten und dann von Max Horkheimer (1895–1973) und Theodor W. Adorno (1903–1969) in der *Dialektik der Aufklärung* von 1947 scharf zugespitzt; heute kehren sie in der harschen Kritik an einer *Mediokratie* wieder, welche die Politik und die Menschen vollständig vereinnahmt habe und genau das nicht mehr erlaube, was am Anfang der bürgerlichen Moderne gestanden hat, nämlich Autonomie und Identität.

Man spricht heute – von den generellen Voraussetzungen ausgehend und sie zugleich auf den politischen Bereich einengend – grundsätzlich von mindestens vier Funktionen, welche die *Medien im politischen System* erfüllen müssen. Bei der politikimmanenten Betrachtungsweise – wie sie in der Publizistik als der Wissenschaft, die sich diesem Bereich widmet, üblich ist – werden diese meist auf die Presse und die Funkmedien eingegrenzt. Die Ausblendung des umfassenderen Begriffs mag sinnvoll sein, wenn der engere Bezirk untersucht werden soll. Wenn aber die grundsätzliche Funktion von Öffentlichkeit bedacht werden soll, so sollte der weitere Horizont gesucht werden und eine umfassende Diskursöffentlichkeit unterstellt werden. Die *Medien im engeren Sinne* haben vier Aufgaben zu erfüllen:

1. Als *Forum der Öffentlichkeit*, in welcher die verschiedenen Meinungen formuliert werden können, auch als *Artikulationsfunktion* bezeichnet; also die öffentliche Auseinandersetzung und der Streit als Lebensbedingung der Demokratie. Diese Artikulation von Meinungen, wie sie in der Bevölkerung bestehen, bedeutet auch eine Statthalterfunktion der Medien. Die Medien diskutieren im Namen bestimmter Gruppen oder Positionen und sollen das gesamte Spektrum der politischen Meinungen in der Gesellschaft abbilden; dadurch gerade erfüllen sie eine Funktion im Prozess der Meinungsbildung; dies impliziert stets auch eine Integrationsfunktion. Die Einzelnen werden in dem Maße in die Gesellschaft integriert, so die Unterstellung, wie sie feststellen, dass ihre Meinungen dort angemessen vertreten sind.
2. Als *Kritik der Mächtigen*: Vielfach übernehmen die Medien die Kontrolle der politischen Organe und Parteien effektiver als die Parlamente, deren Aufgabe das eigentlich ist; dahinter steht auch die Vorstellung einer *vierten* Gewalt, welche das politische Geschehen kritisch zu verfolgen habe.

1. Öffentlichkeit und Medien

3. Als *Repräsentanz der Allgemeinheit*: Gerade in der Demokratie mit relativ langen Legislaturperioden werden die Bürger und Wähler gegenüber „der Politik" in der Zeit zwischen den Wahlen allein durch die Medien vertreten.
4. Als *Information* oder *Markt der Informationen*: Der mündige Bürger muss informiert sein und muss in der Lage sein festzustellen, ob seine Informationen gut sind; ihm obliegt eine Kontrolle der Medien.

Insgesamt erscheinen die Medien als Instanz, die Gesellschaft, Politik und Kultur zu verknüpfen hat, wie auch als Vermittler innerhalb der Gesellschaft mit wichtigen Funktionen für das Leben der Demokratie; dadurch werden sie zu einer Macht, die ihrerseits nur schwer zu kontrollieren ist.

Medien können die Meinungen lenken und beträchtlichen Einfluss ausüben; deshalb wird nicht selten der Vorwurf der Manipulation erhoben; zweifellos wird durch die Medien vielfach vorgegeben, was als politisch relevant zu gelten hat und was nicht, welche Themen von Bedeutung sind und welche nicht. Manipuliert wird auch bereits dadurch, dass bestimmte Zusammenhänge gar nicht in die Medien gelangen, weil sie keinen Nachrichtenwert haben. Und Fakten und Themen werden erst dadurch zu solchen, dass sie von bestimmten Sinnrahmen und Deutungsmustern konstituiert werden. Diese aber werden in ihrer konstitutiven Bedeutung selten gesehen und noch weniger thematisiert; alles das, was in der Gesellschaft als „selbstverständlich" gilt, bleibt häufig undurchschaut und wird in seiner fundamentalen Bedeutung nicht erkannt. Auf dieser Ebene können Manipulationen ablaufen, die weit mächtiger sind und zugleich weit schwerer zu erfassen sind als jene, die bewusst eingesetzt werden.

Ein Ausgleich ergibt sich, so die Hoffnung, dadurch, dass eine Vielfalt von Medien zur Verfügung steht und stehen muss, die sich wechselseitig relativieren: 29 % der Bundesbürger bedienen sich bei der täglichen politischen Information drei verschiedener, 37 % wenigstens zweier Medien. Wenn allerdings die Medien alle gleich sind, hilft auch das nicht viel.

1.2 Geschichte der Medien und der Pressefreiheit

Die Geschichte der Presse beginnt früh; zwar noch nicht in der Antike und im Mittelalter, doch gibt es die ersten Zeitungen seit Be-

1. Öffentlichkeit und Medien

ginn des 17. Jahrhunderts, in Deutschland erstmals in Europa und im 17. Jahrhundert auch am reichhaltigsten. Bald schon haben wir ähnliche Entwicklungen in den meisten europäischen Ländern.

Ein Kennzeichen der Tageszeitungen ist ihre *Universalität* – ihre thematische Vielfalt und die Zuständigkeit für alles –; zu Beginn des Pressewesens hatte diese Vorgabe noch nicht die generelle Bedeutung. Im Mittelpunkt stand vielmehr die Berichterstattung im militärisch-politischen Bereich. Seit dem 19. Jahrhundert beginnt eine Diversifizierung in die bis heute übliche Spartengliederung: Als erstes erfolgte die Verselbständigung des Kulturteils, des Feuilletons, im Laufe des 19. Jahrhunderts dann diejenige des Handels- und Wirtschaftsteils und am Ende schließlich des Sports.

Heute ist für die Tageszeitung eine Mischung von Nachrichten, Meinungen und Anzeigen charakteristisch; in den Anfängen spielten die Meinungen, die öffentliche Diskussion, noch keine große Rolle, die pure Berichterstattung war gefordert, während die Meinungsauseinandersetzung in anderen Medien stattfand. Erst als die öffentliche Diskussion – mit der Aufklärung – wichtig und von den Zeitungen aufgegriffen wurde, stellte sich auch das Problem der Zensur. Seit diesem Zeitpunkt bildete sich eine Fülle von Zeitschriften – jene *Moralischen Wochenschriften* –, in welchen die öffentliche Diskussion zu den unterschiedlichsten Themen geführt wurde: Moral, Kultur, Gesellschaft und eben auch Politik. Man zählte im 18. Jahrhundert in England 200, in Deutschland gar 500 Titel solcher *Moralischer Wochenschriften*. Der Meinungsjournalismus gewann eine immense Bedeutung, vor allem in den dezidiert politischen Zeitungen und Zeitschriften; natürlich bedeutete dies auch, dass die Diskussion nicht allein im engen Zirkel des Hofes oder der Hauptstadt geführt, sondern in die Provinz getragen wurde, meist auf die jeweiligen Residenzstädte begrenzt, die freilich im föderalistisch gegliederten Deutschland zahlreich waren.

Die Geschichte der Medien ist lange Zeit auch eine ihrer Kontrolle gewesen; zunächst war die Zensur selbstverständlich und wurde nicht als anstößig empfunden, weil ja der Obrigkeit, der herrschenden Schicht, insbesondere dem Fürsten und den Kirchen, ein Meinungsmonopol in den politischen Angelegenheiten zugestanden wurde. Dies schloss das Kontrollrecht ein; die Forderung nach Öffentlichkeit war ein Angriff auf den absolutistischen Staat und musste abgewehrt werden. Gegen solche Einschränkung wird vom Bürgertum seit dem letzten Drittel des 18. Jahrhunderts das Postulat der Pressefreiheit erhoben und bald auch mit Nachdruck verteidigt.

1. Öffentlichkeit und Medien

Der Kampf um die Pressefreiheit wurde zuerst in England geführt und war dort bis zum Ende des 18. Jahrhunderts recht erfolgreich; seit 1771 war die Parlamentsberichterstattung frei. Danach erfolgte die Aufnahme des Postulats in die amerikanischen und französischen Verfassungen; nach den bürgerlichen Revolutionen ist die Forderung in allen Verfassungsdiskussionen eine Selbstverständlichkeit. In Deutschland herrschte von 1800 bis nach den Befreiungskriegen eine politische Hochstimmung, und die Erwartung einer grundsätzlich freien Presse beflügelte die Menschen; ein Neuanfang werde, so etwa die Hoffnung in Preußen, nach dem Ende der französischen Besatzung möglich sein, und ein politisches Selbstverständnis müsse durch Mitbestimmung und Freiheit in allen Bereichen charakterisiert sein. Entsprechende Ankündigung gab es noch bis 1815; dann aber erfolgte ein Rückschlag. Bereits seit 1819 – mit den Karlsbader Beschlüssen – wurde die Pressefreiheit drastisch eingeschränkt; das Zeitalter der Restauration begann. Allerdings waren die Zensurbestimmungen nicht einheitlich, auch wenn der Deutsche Bund mit dem äußerst konservativen Österreich an der Spitze die Zensurbestimmungen generell und überall durchsetzen wollte; in den kleineren Staaten war die Praxis nicht ganz so hart, und manch findiger Verleger fand Wege, die Zensur zu umgehen. Die Angst vor der Revolution bestimmte das Handeln der alten, wieder etablierten Mächte. Die Forderung nach Pressefreiheit war seitdem eine zentrale Forderung des politischen Liberalismus. Nach 1848, der gescheiterten Revolution des Bürgertums, die aber doch zu einem veränderten politischen Klima geführt hatte, wird es eine halbwegs freie Presse geben.

Bis heute bekannte Zeitungen werden bereits seit dem Ende des 18. Jahrhunderts gegründet: 1780 die *Neue Zürcher Zeitung*, 1788 *The Times*; ihnen folgen zahlreiche Gründungen im 19. Jahrhundert. Bald entstanden auch viele Parteizeitungen oder Zeitungen, die einer politischen Richtung zugerechnet werden konnten, also an bestimmte Gruppen, Verbände oder Parteien gebunden und in ihrer Tendenz diesen – mehr oder weniger strikt – verpflichtet waren. Daraus entwickelte sich ein eigener Zeitungstyp, der die Geschichte der Presse bestimmen sollte und bis in die Weimarer Republik dominant gewesen ist; heute sind die reinen Parteizeitungen selten geworden, doch die Orientierung an bestimmten politischen Richtungen – etwa konservativ oder liberal – hat sich erhalten. Daneben gab es bald auch die *Generalanzeiger-Presse*, Lokalzeitungen, die

1. Öffentlichkeit und Medien

politisch farblos waren, aber über die Ereignisse der näheren Umgebung ausführlich berichteten; auch sie existieren bis heute.

Im weiteren Verlauf des 19. Jahrhunderts – insbesondere nach Erfindung der Rotationsmaschine im Jahr 1860 – wird die Presse zum Massenmedium. Seitdem entstehen in Deutschland neue große, meist bürgerlich ausgerichtete Zeitungen, teils gebunden, teils frei, die sich in der Regel bis 1933 halten können, also den Ersten Weltkrieg und das Ende des Kaiserreichs überlebt haben und manchmal ihre Tradition auch über den Bruch des Dritten Reiches hinaus retten konnten. Nach 1945 wurde der Anschluss an diese Tradition gesucht. Früh auch – noch im Kaiserreich – begann der Aufbau der ersten Medienkonzerne, z. B. Ullstein in Berlin, und führte zu starken Konzentrationsprozessen, wie sie auch sonst in der Wirtschaft üblich waren. Der Aufschwung der Presse war somit eng an den Aufstieg des Bürgertums gebunden und folgte dessen Ausrichtung am Markt und am Kapitalismus. Folglich wurde die „freie" Presse, die nach frühliberaler Vorstellung ja keineswegs ökonomischen Vorgaben – gar Profitinteressen – folgen sollte, rasch auch mit der wirtschaftlichen Macht konfrontiert, die es zu rechtfertigen oder zu bekämpfen galt. Die Frage der Unabhängigkeit stellte sich, und die Interessenausrichtung bekam einen neuen Akzent, wenn sie unter ökonomischen Gesichtspunkten zu sehen war. Dann ist die Frage nach dem Verfügungsrecht – nicht die Zensur durch den Staat, sondern durch den Eigentümer – von erheblicher Bedeutung: Soll und darf dieser vorgeben, welche Meinungen in „seiner" Zeitung vertreten und veröffentlicht werden? Ist das nicht eine neue Form des Maulkorbs, den man gerade ablegen wollte? Die Frage hat bis heute nichts an Brisanz eingebüßt; sie ist Thema in diversen Redaktionsstatuten und gewinnt immer neu Aktualität, sobald eine Zeitung ihren Besitzer wechselt.

Die geschichtliche Entwicklung kann an Zahlen verdeutlicht werden: 1866 gab es in Deutschland 300 Zeitungen, 1900 bereits ca. 3500 Zeitungen; 1932 wird der absolute Höchststand mit 4275 Zeitungen erreicht. Die Pressegesetze des Dritten Reiches führten zu einem drastischen Rückgang und zur vollständigen Anpassung an die Vorgaben der Nazis; 1943 gab es noch 988 Zeitungen, die in der Regel gleichgeschaltet waren. Heute sind es nur noch ca. 400; dieser Abbau dürfte primär das Resultat der Konkurrenz durch andere Medien sein, vor allem natürlich die Funkmedien, sowie das Ergebnis eines weiterhin anhaltenden Konzentrationsprozesses.

1. Öffentlichkeit und Medien

Auch zur Geschichte der Zensur seien ein paar Daten genannt. 1874 wurde ein Reichspressegesetz verabschiedet, das die Zensur generell aufhob, aber gewisse Begrenzungen kannte; so konnte mit einfacher Mehrheit des Parlaments die Pressefreiheit eingeschränkt werden. Dies war wichtig im Kulturkampf (1872–1878) und während der Sozialistengesetze (1878–1890); in dieser Zeit wurden 42 Tageszeitungen verboten. Also spielte im Obrigkeitsstaat der Bismarckzeit die Zensur tatsächlich eine beträchtliche Rolle; während des Ersten Weltkrieges wurde sie streng gehandhabt. Nach 1918 wurde die Pressefreiheit in den Grundrechtskatalog der Weimarer Verfassung aufgenommen, und gewiss war die Freiheit größer als je zuvor; dennoch gab es auch jetzt immer wieder gesetzliche Einschränkungen. Etwa sah das Gesetz zum Schutz der Republik von 1922 und 1930 schon ein Verbot vor, wenn eine Zeitung die Staatsform „verächtlich" machte, eine sehr weit auslegbare Bestimmung. Sind darunter bereits politische Karikaturen und Satiren zu fassen? Entsprechend wurde auch gehandelt; Zeitungsverbote sind – insbesondere in der Schlussphase – nicht selten. Schlimmer aber war in Weimar die Tatsache, dass ein großer Teil der bürgerlichen Zeitungen fest in „rechter Hand", also national-konservativ getönt war, nicht selten offen antidemokratisch, was breitere Debatten kaum zuließ; die Konzernchefs drückten ihre Interessen häufig gegenüber den Redaktionen durch, verfügten, was zu schreiben war, und übten auf diese Weise eine Zensur aus. Daneben gab es gewiss auch eine linke Presse, sozialdemokratisch bis kommunistisch orientiert; doch schotteten sich die Lager voneinander ab – zumindest ist das als deutliche Tendenz zu konstatieren –, sodass kaum übergreifende Diskussionen entstanden, oder allenfalls grob polemische, und dadurch die eigentlich zu fordernde inhaltliche Offenheit unterlaufen wurde. Zweifellos bereiteten die nationalen Parolen der bürgerlichen Presse dem Nationalsozialismus den Boden und sorgten für ein Klima, das den Aufstieg von Hitlers Gefolgsleuten in der Krise seit 1930 begünstigte und die Voraussetzungen für die rasche Akzeptanz des Systems nach der Machtergreifung im Frühjahr 1933 schuf. Doch sollten monokausale Erklärungen vermieden werden; die Dinge sind stets in einen weiteren Kontext zu stellen.

Im Dritten Reich wird die zentrale und vollständige Lenkung der Presse durch das Propagandaministerium eingeführt; doch sind auch hier – geringfügige – Differenzierungen nötig. Die Gleichschaltung erfolgt bereits 1933; alle Juden wurden aus den Redaktionen entfernt und jegliche ernste Opposition ausgeschlossen. Die Presse

1. Öffentlichkeit und Medien

hatte sich als Vollstreckungsorgan der regierenden Partei zu verstehen; diese Tendenz war im Funk, der konsequent zu Propagandazwecken genutzt wurde, noch brutaler und eindeutiger. Im Einsatz und Umgang mit dem neuen Medium waren die Nationalsozialisten „moderner" als alle anderen Richtungen der Zeit; ihr Erfolg war nicht zuletzt darauf zurückzuführen, dass sie den Rundfunk okkupierten und gleichschalteten. Sie konnten den Eindruck erwecken, an der Spitze einer „neuen Zeit" zu stehen, die nicht technikfeindlich war, sondern die Technik geradezu glorifizierte; die Begeisterung dafür und die mythische Überhöhung der neuen Macht gingen in den Propagandafilmen von Leni Riefenstahl (1902–2003) nahtlos ineinander über. Die Nazis auch planten – als erste – den Aufbau eines Fernsehnetzes und waren bei der Vorbereitung recht erfolgreich. Dass dieses Medium nachhaltigen Einfluss gestatten, wenn nicht die totale Erfassung der Bevölkerung ermöglichen würde, haben sie wohl geahnt. Der Krieg zwang dazu, die Pläne beiseite zu legen.

In einer Hinsicht ist den Nazis zweifellos Originalität zuzusprechen: Sie waren die ersten, welche die Rolle der Medien in der Massendemokratie überaus ernst nahmen, das Mittel an die Stelle des Zweckes setzten und Propaganda als etwas Positives begriffen, das von Inhalten weitgehend abgetrennt werden konnte. Ihr Verhalten unterschied sich insofern von älteren Formen der Manipulation und Beeinflussung, als es auf eine umfassende Vereinnahmung zielte. Der Einzelne sollte nicht für eine bestimmte Meinung gewonnen werden, für die gar Argumente angeführt werden konnten, sondern er hatte sich der verkündeten „Wahrheit" zu unterwerfen. Die Menschen auf eine bloß gefühlte, emotionale und irrationale Verbundenheit einzuschwören, war das Entscheidende; ein Freiraum war nicht mehr gestattet, denn die vollkommene Integration war das Ziel. Das Individuum zählte nur, soweit es sich in die rassisch oder völkisch gedachte Gemeinschaft fügte und bereit war, seine Eigenständigkeit zurückzustellen. Demgegenüber war selbst die Ideologie zweitrangig. Dieses führte zu einem Zynismus, wie er für die Nazis typisch war; nicht der Glaube an die Weltanschauung – zu schweigen von einer Haltung der Vernunft – war das Zentrale, sondern die vollständige Einbindung in das System, mithin auch die Destruktion dessen, was dem Bürgertum seit der Aufklärung als Autonomie gegolten hatte. Die Medien hatten die Aufgabe, diese Erfassung der Menschen zu bewerkstelligen und zu lenken. Wie diese einst – im 18. und 19. Jahrhundert – den Aufstieg der bürgerlichen Gesell-

1. Öffentlichkeit und Medien

schaft begleitet hatten, so setzten sie jetzt deren Untergang in Szene. Die alte Öffentlichkeit wurde durch eine neue und anders geartete ersetzt; das Individuum sollte in der öffentlich agierenden Masse, etwa in den großen Inszenierungen der Parteitage, aufgehoben werden. Eine vollständige Perversion des bürgerlichen Ansatzes kennzeichnet das Modell; nicht ein auf Einsicht und Reflexion beruhendes Verhältnis sollte die Spannung zwischen Individuum und Kollektiv ausmachen, sondern die Vereinnahmung, welche aber beide Seiten ins Irrationale und Amorphe auflöste, letztlich zerstörte. Freilich konnte die Perversion nur gelingen, weil sie Elemente aufgriff, die in der alten Relation vorgegeben waren, nicht zuletzt das Postulat der Öffentlichkeit selbst; diese war als Ort der massenwirksamen Inszenierungen für das neue Regime von entscheidender Wichtigkeit. Und deshalb ist der Nationalsozialismus in der deutschen Geschichte der Öffentlichkeit von größter Bedeutung. Die nationalsozialistische Öffentlichkeit ist nicht mit der älteren repräsentativen Öffentlichkeit der höfischen Gesellschaft zu vergleichen, zu der sie etwa zurückkehrte, sondern sie setzte mit der Aufhebung des Einzelnen – für den die repräsentative Öffentlichkeit sich nicht interessiert hatte – gleichwohl den Akzent auf diesen; denn ihn eben galt es in der „Gemeinschaft des Blutes" zu erlösen. Der Nationalsozialismus begriff sich als Befreiung von den bürgerlichen Zwängen: Er ist das Produkt der unglücklich verlaufenden Geschichte der bürgerlichen Gesellschaft, welche die eigenen Ziele nicht realisieren kann, und verspricht zu gewähren, was diese nur postuliert hatte; zugleich verkörpert er das krasse Gegenteil dessen, was dem Bürgertum als Ideal vorgeschwebt hatte. Aus diesem Widerspruch kann er begriffen werden. Das kann den verdeckten, für die Nazis aber charakteristischen Zynismus erklären, wie er bereits angesprochen wurde: Was als Hoffnung am Beginn der bürgerlichen Geschichte gestanden hatte, die Spannung zwischen Individuum und Kollektiv, die in öffentlicher Diskussion auszutragen und in eine gesellschaftliche Praxis umzusetzen war, verkehrte sich jetzt zur gewaltsamen und blinden Unterwerfung, ja wurde als Destruktion bewusst geplant und vollzogen. In der Inszenierung des Untergangs bestand das Ruchlose des Versuchs. Das Phänomen, dass die Vertreter des Nationalsozialismus die eigene Ideologie nicht ernst nahmen, sondern diese nur als Macht- und Gängelungsinstrument einsetzten, war nicht selten zu beobachten; der naive Nationalsozialist, der von den eigenen Parolen wirklich überzeugt war, war in der Spitze – vielleicht bis auf die Ausnahme von Hitler selbst – eher die Aus-

1. Öffentlichkeit und Medien

nahme. Einen solchen Umgang mit der Ideologie hatte es zuvor kaum gegeben. Die tief pessimistische Einstellung, dass der Mensch als ein vollständig manipulierbares Wesen zu begreifen sei, lag ihrer Weltsicht zugrunde und bildete eine Grundlage des Systems. Freilich konnte die negative Haltung nicht offen vertreten, sondern musste in ein positives, wenn auch irrational verquastes Wahnsystem gekleidet werden, das nur „fanatisch" – damals ein positiv besetztes Wort – geglaubt werden konnte. Man kann sehr wohl sagen, dass die Nazis damit ein Moment von Modernität auf den Punkt gebracht und konsequent umgesetzt haben, wenn auch in der Gestalt radikaler Negation: So sehr der Nationalsozialismus in Opposition zu allen Formen von Bürgerlichkeit steht, so sehr setzt er diese voraus und hält sie in der Perversion noch gegenwärtig. Selbst in seiner extremen Antibürgerlichkeit bleibt er bürgerlich. Dies dürfte ein Grund für die Schwierigkeit einer Bewältigung nach 1945 gewesen sein: Die Restitution von Bürgerlichkeit verlangte den Blick in einen Abgrund, den man selbst aufgerissen hatte; und der Zumutung, welche die Reflexion des eigenen Ansatzes verlangt hätte, wollte man ausweichen.

Nach 1945 will die Bundesrepublik zur alten Bürgerlichkeit und zu den Formen einer demokratischen Öffentlichkeit zurückkehren, folglich auch die Pressefreiheit vollständig wiederherstellen, um so liberalen Demokratievorstellungen zu genügen. Zunächst aber verfügten allein die Besatzungsmächte über die Medien; sie waren der Meinung, die Deutschen müssten in einem gründlichen Erziehungsprogramm zur Demokratie erst geführt werden – so das vor allem von amerikanischer Seite gestartete Programm der *Re-Education* – und wollten die Kontrolle über das Geschehen behalten. Nur aufgrund einer von ihnen gegebenen Lizenz konnten bis 1949 Zeitungen gegründet werden; bis 1949 sind das gut 150 Neuzulassungen gewesen. Auch nach der Lizenzierung gab es noch eine gewisse Kontrolle. Nur mit alliiertem Auftrag und unter ihrer Aufsicht konnte auch der Rundfunk wieder aufgebaut werden. – Heute scheint die Pressefreiheit weitgehend gesichert zu sein. Ob die Öffentlichkeit in der Form, wie die bürgerliche Gesellschaft sie angestrebt hatte, wieder in ihre Rechte gesetzt worden ist, ist eine davon unabhängige Frage, der wir uns noch zu stellen haben werden. Sie berührt das Kernproblem der deutschen Nachkriegsgesellschaft: Ob es gelungen ist, die Zerstörungen aufzuheben, die die Nazis angerichtet hatten, und die Hoffnungen zu restituieren, die mit dem bürgerlichen Aufstieg verbunden waren? Wie kann an bürgerliche

1. Öffentlichkeit und Medien

Formen wieder angeknüpft werden, nachdem sie einmal so gründlich ruiniert worden sind? Oder theoretisch – und vielleicht aktueller – formuliert: In welcher Gestalt können die bürgerlichen Ideale und Versprechungen in ein nachbürgerliches Zeitalter gerettet werden?

Die Probleme, die sich im Zusammenhang von Pressefreiheit und Wiederbegründung der Medien nach 1945 stellten, lagen zunächst auf anderen Ebenen: Zum einen spielte der Einfluss der Besitzer der Zeitungen nach wie vor eine große Rolle, und dieser Status konnte noch immer missbraucht werden. Wie war dem zu begegnen? Einige Redaktionen sichern sich mit mehr oder weniger umfangreichen und verbindlichen Redaktionsstatuten ab. Zum anderen schlägt die populistische Gefahr durch, wenn Redakteure nur darauf schielen, welche Auflagenhöhen oder Einschaltquoten erreicht werden und was die „Kunden" – eben nicht die mündigen Bürger – zu hören und zu lesen wünschen. Der Konformitätsdruck – eine Erbschaft der Nazis? – spielt in der Öffentlichkeit eine erhebliche Rolle; die Integration über die Medien – heute über die Vorgaben einer Erlebnis- und Spaßgesellschaft – ist in einem Maße gelungen, das durchaus auch als erschreckend bezeichnet werden kann. Dies lässt sich nicht zuletzt daran ablesen, dass Zeitungen und Zeitschriften, insbesondere aber Fernsehsender, die nicht dem Mainstream folgen, kaum Chancen haben. Fraglos gibt es einen anspruchsvollen Journalismus in den überregionalen Blättern, der Diskussionen auf hohem Niveau gestattet, insbesondere im politischen Feuilleton, doch ist dieser vom politischen Geschehen vielfach abgetrennt, erreicht die breite Masse kaum und scheint die verbliebenen Nischen einer bildungsbürgerlichen Gesellschaft zu befriedigen. Und ebenso ist die Präsenz einer gehobenen Kultur – in Konzertsälen, Opernhäusern, Museen etc. – nicht zu leugnen, auch nicht die differenzierten Diskussionen in diversen Zirkeln der Intellektuellen, doch sind diese Veranstaltungen von der gesellschaftlichen Praxis nicht selten abgeschnitten und haben kaum Rückwirkungen auf den Alltag. Solche Diskrepanz, die heute größer zu sein scheint als in der Früh- und Blütezeit der bürgerlichen Gesellschaft, dürfte ein Charakteristikum der Gegenwart sein. Manchmal wird dieser Zwiespalt auch ins Innere der Blätter verlagert und erscheint dann als Bruch, der den Politik- und Wirtschaftsteil vom Feuilleton trennt. In den Rundfunkanstalten sind unorthodoxe Alternativsendungen zwar zugelassen und dienen als Ausnahme, welche die Regel zu bestätigen haben, werden aber meist zu einem Zeitpunkt

1. Öffentlichkeit und Medien

gesendet, der „unschädlich" ist. Der Druck der Quote dürfte hier eine große Rolle spielen und eine Funktion erfüllen, welche, so kann überspitzt und böse gesagt werden, im totalitären Regime das Propagandaministerium oder der Chefideologe übernommen hatte, also durchaus nicht im Sinne der bürgerlichen Emanzipation. Das jedoch führt in die politische Kulturkritik und berührt das weite Feld der politischen Kultur, auf die noch gesondert einzugehen sein wird.

1.3 Rechtliche Stellung

Die rechtliche Stellung der Medien ist durch Art. 5 GG festgelegt und die Pressefreiheit durch den doppelt geschützten Grundrechtskatalog garantiert:

> **Art.5 [Meinungs- und Pressefreiheit; Freiheit der Kunst und der Wissenschaft]**
>
> (1) Jeder hat das Recht, seine Meinung in Wort, Schrift und Bild frei zu äußern und zu verbreiten und sich aus allgemein zugänglichen Quellen ungehindert zu unterrichten. Die Pressefreiheit und die Freiheit der Berichterstattung durch Rundfunk und Film werden gewährleistet. Eine Zensur findet nicht statt.
> (2) Diese Rechte finden ihre Schranken in den Vorschriften der allgemeinen Gesetze, den gesetzlichen Bestimmungen zum Schutze der Jugend und in dem Recht der persönlichen Ehre.
> (3) Kunst und Wissenschaft, Forschung und Lehre sind frei. Die Freiheit der Lehre entbindet nicht von der Treue zur Verfassung.

Zusätzlich wird die Pressefreiheit in allen 16 Landesverfassungen abgesichert; außerdem wird sie indirekt von der *Europäischen Menschenrechtskonvention* – als Meinungs- und Informationsfreiheit – und direkt von der *Allgemeinen Erklärung der Menschenrechte* der Vereinten Nationen gedeckt.

Die Meinungs- und Informationsfreiheit bedeutet ein zugleich individual- und medienbezogenes Grundrecht, das Recht zu freier Meinungsäußerung und das Recht, sich zu informieren. Gleichzeitig ist durch diesen Artikel – so das Bundesverfassungsgericht – der Schutz der Presse gewährleistet. Solcher Schutz vor staatlichen Eingriffen impliziert:

1. Öffentlichkeit und Medien

- die Unzulässigkeit von Strafen für Meinungsäußerungen;
- das Verbot der Zensur und der Einschränkung der Informationsfreiheit (dass etwa ausländische Sender – wie im Dritten Reich – nicht gehört werden dürfen);
- den freien Zugang zu publizistischen Berufen;
- die Zulassungsfreiheit; die Gründung von Presseunternehmen ist nicht an bestimmte Vorgaben oder Auflagen gebunden;
- die Auskunftspflicht der Behörden gegenüber publizistischen Organen; eine Diskreditierung missliebiger Organe darf es nicht geben;
- das Zeugnisverweigerungsrecht der Journalisten; Informanten müssen nicht genannt werden;
- den Schutz der Journalisten, der aber dadurch begrenzt ist, dass der Journalist einer *Sorgfaltspflicht* genügen muss, soll der Schutz nicht entfallen.

Das Bundesverfassungsgericht hat zudem Boykottmaßnahmen gegenüber bestimmten Organen für unzulässig erklärt.

Die Pressefreiheit bedeutet nur, dass eine umfassende Berichterstattung über alle Sachverhalte gestattet sein müsse – sofern nicht sonstige Gesetze Einschränkungen verlangen, z. B. zum Schutz der persönlichen Ehre oder der militärischen Geheimnisse – und dass jegliche Meinung geäußert werden dürfe; alle Versuche, auf das „Was" der Darstellung Einfluss zu nehmen, sind nicht erlaubt. Allein ein Schutzraum wird so gebildet, nicht aber positiv darauf geachtet, dass bestimmte Inhalte dargestellt werden müssen. In der Öffentlichkeit soll eine Ausgewogenheit der Berichterstattung und der Meinungen dadurch gegeben sein, dass die einzelnen Organe sich wechselseitig korrigieren und als veröffentlichte Meinung sich somit ein Querschnitt ergibt. Die grundsätzliche Vorgabe heißt, dass kein Organ zur „Wahrheit" verpflichtet werden könne, weil es eine gültige „Wahrheit" nicht gebe, zumal keine substanziell fassbare; die Hoffnung aber ist, dass auf dem Markt alle relevanten „Wahrheiten" zur Sprache kommen und nichts ausgelassen werde, also im Wechselspiel der Meinungen eine übergreifende Wahrheit sichtbar werde, zumindest als Brennpunkt, in dem die vielen Meinungen sich brechen. Mehr als eine Hoffnung kann das nicht sein. Ob sie eine Illusion oder Fiktion ist, soll hier nicht geklärt, auch nicht der Frage nachgegangen werden, welche Rolle die Unterstellung im funktionalen Zusammenhang des Systems spielt. Als Hypothese

1. Öffentlichkeit und Medien

wäre durchaus zu vertreten: Die Supposition erst – dass ein Ganzes mit dem Versprechen einer nur vermittelten „Wahrheit" sich aus den vielen Partikeln ergebe – trage das System und stelle eine notwendige Voraussetzung dar, die auch eingesehen werden könne oder gar müsse; als normative, reflexiv zu vergegenwärtigende Vorgabe könnte sie der Selbstkorrektur der je einzelnen Äußerung dienen (und so vielleicht einer allzu großen Naivität vorbeugen). – Eine Verpflichtung indessen, das „Wahre" oder „Wichtige" zu berichten, gibt es nicht; denn ein direkter Zugriff darauf ist nicht vorstellbar; und jene Verpflichtung – die eigene Position reflexiv auf das Ganze zu beziehen – ist nicht mehr als eine *regulative Idee*, die über den Wunsch kaum hinausgeht.

Dadurch ist auch das Recht der Gegendarstellungen – und die Verpflichtung zu ihrer Veröffentlichung – in der Form, wie es besteht, erklärbar. Eine Gegendarstellung bezieht sich allein auf die Korrektur einer Tatsachendarstellung: Weder kann und darf es eine Korrektur der Meinung geben noch eine Verpflichtung, etwas, das nicht berichtet wurde, doch noch darzustellen. Auch wenn der Tatbestand selbst nicht eindeutig geklärt ist, muss eine „unrichtige" Tatsachenbehauptung korrigiert werden; und nur Tatsachenbehauptungen – nicht Werturteile oder Meinungen – können Gegenstand von Gegendarstellungen sein. Natürlich ist dies im Einzelfall häufig eine schwierige Entscheidung; denn auch Tatsachen beruhen auf Rahmen, die sie erst konstituieren, und setzen Perspektiven voraus, unter denen sie sichtbar werden. – Die Gegendarstellung muss rasch erfolgen, soll sie sinnvoll sein. Deshalb besteht die Verpflichtung zur schnellen Veröffentlichung; man verzichtet bewusst auf den langen und ausführlichen Wahrheitsbeweis, der eventuell vor Gericht geführt werden müsste. Grundsätzlich darf die Redaktion eine Gegendarstellung ihrerseits kommentieren.

Die Institution des *Deutschen Presserates* soll für den nötigen Anstand im Pressewesen sorgen. Er wird von der Presse selbst gebildet, eine Art Ehrengericht oder moralisches Gewissen, an das sich jeder wenden kann. Seine Anerkennung beruht auf Freiwilligkeit. Der Presserat ist paritätisch besetzt und besteht aus Vertretern der Journalisten, die vom *Deutschen Journalisten-Verband* – der Standesorganisation der schreibenden Zunft – und der *Deutschen Journalistinnen- und Journalisten-Union* in der *Vereinten Dienstleistungsgewerkschaft ver.di* benannt werden, und ebenso vielen Verlegern, entsandt vom *Bundesverband Deutscher Zeitungsverleger* und dem *Verband Deutscher Zeitschriftenverleger*. – Er soll

1. Öffentlichkeit und Medien

Missstände im Pressewesen aufdecken, Beschwerden über einzelne Blätter nachgehen, über Strukturen nachdenken und zu Pressefragen in der Öffentlichkeit Stellung nehmen; formuliert wird ein *Pressekodex*, also „publizistische Grundsätze" und Verhaltensregeln, die freiwillig einzuhalten sind. Selbstkontrolle statt Zensur soll für Anstand sorgen.

Das Recht der freien Meinungsäußerung hat seine Grenzen in allgemeinen Straftatbeständen wie Beleidigung, übler Nachrede und Landesverrat. Die Justiz ist bemüht, diesen Raum möglichst weit und offen zu halten, vor allem seit 1962 in der *Spiegelaffäre* der Versuch gemacht wurde, in die Presse einzugreifen und die Freiheit der Berichterstattung einzuschränken – oder dies zumindest so erscheinen musste. Der damalige Verteidigungsminister Franz Josef Strauß (1915–1988) ließ ihm nicht genehme Journalisten verhaften, weil sie angeblich Landesverrat begangen hatten. Dagegen wurden bundesweit Protestdemonstrationen organisiert; schließlich musste Strauß zurücktreten. Das Image der Regierung war deutlich angeschlagen; und das Ende der Ära Adenauer wurde auf diese Weise eingeleitet. Seitdem gibt es für diese Dinge eine große Sensibilität in der Öffentlichkeit.

Schwieriger ist ein möglicher Konflikt mit den allgemeinen Persönlichkeitsrechten zu regeln, welche die Ehre sowie die Privat- und Intimsphäre zu schützen haben. Wo endet der Schutz der Privatsphäre und wo beginnt das öffentliche Interesse? Allgemeine Regelungen sind hier kaum zu treffen; der Drang in der Boulevardpresse – aber nicht nur dieser –, über einen Bereich zu berichten, der eigentlich als Intimbereich zu schützen wäre, ist unübersehbar. Und die Tendenz dürfte vermutlich noch zunehmen, wenn allein noch die Person des Politikers im Vordergrund steht und nicht mehr sein Programm oder sein Handeln. Die Möglichkeit, einen Schutz aufzubauen, bleibt der Geschicklichkeit des Einzelnen überlassen, der sein Privatleben mehr oder weniger erfolgreich verbergen kann. Noch gelingt das vielfach. Doch ist auch der gegenteilige, aus dem Showgeschäft übernommene Trend zu beobachten: Prominente Politiker breiten intime Dinge mitunter fast genussvoll aus und glauben die Gunst der Wähler zu gewinnen, wenn sie sich als „Menschen" präsentieren und Distanz abbauen.

Fraglos bedarf es auch eines Schutzes von Politik und Gesellschaft vor einer alles erfassenden Berichterstattung. Fragwürdig ist stets der Geheimnisverrat und der gesamte Bereich der Verteidigungspolitik. Dass dies ein schützenswerter Komplex ist, ist unum-

1. Öffentlichkeit und Medien

stritten, doch die genaue Abwägung bereitet Schwierigkeiten. Wo beginnt der Verrat und wie ist dieser von dem berechtigten Interesse an der Berichterstattung abzugrenzen? Immer ist die Gefahr groß, dass durch die Abschirmung des politischen Bereichs die Informationsfreiheit eingeschränkt wird. – Ungleich schwerer ist es, einen auch nur minimalen Schutz des Publikums vor den Zumutungen einer sensationslüsternen Berichterstattung zu sichern, denn jede Einschränkung wird als Zurücknahme der Freiheit empfunden. Doch auch hier gäbe es Handlungsbedarf, der freilich Sensibilität erforderte. So heikle Themen wie Gewaltverherrlichung und Gewaltdarstellung sind juristisch kaum zu fassen, aber gleichwohl brisant. Bedeutet die in der Tagesschau vorgeführte Grausamkeit – das „täglich Blut", das der Bundesbürger scheinbar benötigt – nicht eine Abstumpfung und kann die Darstellung von Gewalt nicht gar die Anwendung von Gewalt erleichtern? Informationen über Terroristengruppen und Krieg leben stets auch von der Faszination durch die Gewalt. Steigert die Darstellung die Gewaltbereitschaft oder fördert sie, wie mitunter gesagt wird, den Abscheu dagegen? – Die *Bundesprüfstelle*, deren Mitglieder von Bundes- und Länderregierungen benannt werden, prüft, ob Veröffentlichungen gegen das „Gesetz über die Verbreitung jugendgefährdender Schriften" verstößt. Eine gewiss richtige Maßnahme, ob sie jedoch der heutigen Realität – von Gewaltbereitschaft und mangelnder Sensibilität gegenüber der Gewalt – gerecht werden kann, erscheint zweifelhaft; denn als jugendgefährdend gilt vor allem die – nicht altersgemäße – Darstellung von Sexualität, kaum aber die von Gewalt.

Zur Sicherung der Presse gegenüber dem Staat ist festgelegt, dass der Staat nicht vorbeugend in die Medien eingreifen darf. Wenn eine Veröffentlichung gegen eine straf- oder grundgesetzliche Regelung verstößt, kann sie – nach der Veröffentlichung – beschlagnahmt werden, aber immer nur auf Anordnung eines Richters. Und nicht zuletzt gehört zum Verhältnis von Politik und Medien auch das Recht der Regierungen, wichtige Erklärungen über die Sender abzugeben, das sogenannte *Verlautbarungsrecht*. Die Politik darf sich also zu bestimmten Zwecken der Medien bedienen. Doch soll und darf es keine Staatspresse und keinen Staatsfunk geben.

Die Gesetzeslage im Medienbereich war lange Zeit ein wenig verworren. Ein Presserechtsrahmengesetz, das nach Art. 75 GG möglich gewesen wäre, ist 1978 gescheitert; so blieb die rechtliche Regelung der Presse Sache der Länder (gemäß Art. 30 und 70 GG). Die Föderalismusreform des Jahres 2006 hat die Rahmengesetzge-

1. Öffentlichkeit und Medien

bung abgeschafft und die Zuständigkeiten zwischen Bund und Ländern neu festgelegt; danach gehört die Regelung des Pressewesens nunmehr endgültig zu den Obliegenheiten der Länder. In verschiedenen Landespressegesetzen wird dies realisiert. – Ebenso sind die Angelegenheiten von Funk und Fernsehen allein den Ländern zugeordnet. Diese Zuweisung war mehrfach Gegenstand von Urteilen des Bundesverfassungsgerichts und ist stets bestätigt worden. Darauf aufbauend sind dann diverse Staatsverträge zwischen den Ländern über die Regelung der Rundfunklandschaft abgeschlossen worden. Weil übergreifende Lösungen nicht ohne die Länder entschieden werden können, müssen solche Staatsverträge abgeschlossen werden, in denen die Länderregierungen die notwendigen Vereinbarungen gemeinsam treffen. Nach der Vereinigung ist am 1.1.1992 ein Vertrag in Kraft getreten, der die neue Situation zu beschreiben bzw. die alten Bedingungen an die neue Zahl von Ländern anzupassen hatte. Der vorläufig letzte Rundfunkstaatsvertrag, der die Verhältnisse im Wesentlichen bestätigt, ist 2005 geschlossen worden. Eine Ausnahme von der generellen Zuständigkeit der Länder bildet allein der Auslandsrundfunk, der auf Bundesebene organisiert und betrieben wird. – Doch dürfen die Rundfunkanstalten – trotz der rechtlichen Bindung an die Länder – weder dem Staat noch einzelnen Interessengruppen überlassen werden, weshalb es zunächst nur „öffentlich-rechtliche Anstalten" gegeben hatte, bevor dann auch „private" Sender zugelassen wurden. Die öffentlich-rechtliche Konstruktion bedeutet auch, dass alle relevanten gesellschaftlichen Gruppen an den Sendern zu beteiligen sind bzw. ein Mitsprache- und Kontrollrecht haben.

In diesem Sinne – und um die Funkmedien zu kontrollieren, damit diese ihre Monopolstellung nicht ausnützen – hat das Bundesverfassungsgericht entschieden, dass jede einzelne Anstalt allen wichtigen gesellschaftlichen Gruppen die Möglichkeit des Einflusses zu geben habe. Dies impliziert für die Sender die Verpflichtung zur *Vielfalt und inhaltlichen Ausgewogenheit* und zum *Binnenpluralismus*; auch müsse eine *Grundversorgung* im Angebot gewährleistet sein. Diese wird in der Regel in drei Säulen – *Information, Bildung (und Kultur) und Unterhaltung* – gesehen und ist mit dem recht unklaren *Kulturstaatsprinzip* verbunden, das eine grundsätzliche Zuständigkeit des Staates in diesem Bereich unterstellt. Dem Gedanken der Grundversorgung liegt die Idee zugrunde, dass über die Rundfunkanstalten die Bevölkerung politisch und kulturell „versorgt", also zur Teilhabe am öffentlichen Leben befä-

1. Öffentlichkeit und Medien

higt werden solle; die Grundbedürfnisse nach Information und Bildung seien zu befriedigen. Sprachlich sensible Ohren könnten hier aufhorchen. Dem zwiespältigen Begriff der „Versorgung" haften zum einen noch obrigkeitsstaatliche Vorstellungen an – der gute Landesvater hat für seinen unmündigen Untertanen zu sorgen – und zum anderen sind Assoziationen, die auf Beruhigung und Stillstellung zielen, nicht von der Hand zu weisen: Wer ausreichend versorgt ist, wird schon Ruhe geben. Ob die heutigen Anstalten dem ernsten kulturstaatlichen Anspruch, der mit dem Begriff natürlich gemeint ist, der also Kritik, Offenheit und Mündigkeit einschließt, gerecht werden, ist eine ganz andere Frage und führt erneut in das große Gebiet der Medien- und Kulturkritik.

Neben der Ausgewogenheit ist immer wieder die *Chancengleichheit* der Parteien umstritten, welcher die Funkanstalten gerecht werden sollen; der Kampf um Platzierung der Wahlsendungen wird hart geführt; die Zahl und die Häufigkeit der jeweiligen Wahlspots ist gestaffelt nach der Stärke der Parteien. Ansonsten gibt es kaum Regeln für das Auftreten der Politiker im Fernsehen; doch sind die Sender auch hier bemüht, die einzelnen Parteien je nach Größe zu berücksichtigen. In den Parteizentralen wird eifersüchtig darüber gewacht, wem wie viel Sendezeit gegeben wurde. Bei den großen Diskussionsrunden sind in der Regel die im Bundestag vertretenen Parteien präsent.

Dies alles wird aufrecht erhalten, auch nachdem die privaten Sender zugelassen sind und die Monopolstellung der öffentlich-rechtlichen Anstalten nicht mehr gegeben ist. In den einzelnen Ländern ist diese Zulassung unterschiedlich erfolgt, insgesamt seit Mitte der 1980er-Jahre. Die privaten Sender werden bei ihrer Zulassung ebenfalls auf ein *Mindestangebot inhaltlicher Ausgewogenheit, Sachlichkeit und gegenseitiger Achtung* verpflichtet. Auch dies wird in den einzelnen Ländern ein wenig unterschiedlich geregelt, in der Praxis jedoch vielfach unterlaufen und häufig auf Minimalanforderungen reduziert.

Solche Zulassung wird generell im „Staatsvertrag zur Neuordnung des Rundfunkwesens" von 1987 geregelt, der nach der Vereinigung im Kern bestätigt worden ist. In diesem Vertrag sind präzise Regelungen getroffen worden, wer wann wie viel werben darf. Die Beschränkung der Werbung soll garantieren, dass die Werbewirtschaft keinen Einfluss auf die Programmgestaltung der öffentlich-rechtlichen Anstalten nehmen kann; so soll ein Freiraum, der den Rundfunk vor einer Kommerzialisierung sichern soll, geschaffen

1. Öffentlichkeit und Medien

und erhalten werden. Zugleich geht es in solchen Verträgen um Schlüssel für die Kanäle und um die Regelung technischer Einzelheiten. Dennoch gibt es immer wieder Streit um Übertragungsrechte und Zuständigkeiten.

Von großem Interesse ist die Frage des Umfangs der Werbung und der Finanzierung durch diese: ARD und ZDF dürfen werktäglich im Jahresdurchschnitt höchstens 20 Minuten werben; Werbesendungen müssen von den übrigen deutlich getrennt und als solche gekennzeichnet sein; nach 20 Uhr und sonn- und feiertags dürfen die öffentlich-rechtlichen Sender nicht mehr werben. Dies führt immer wieder zu Streit, natürlich verbunden mit der Auseinandersetzung über die Höhe der Gebühren, über welche sich die öffentlich-rechtlichen Sender hauptsächlich zu finanzieren haben. Eine andere Form der Präsenz von Firmen ist das Sponsoring; es gilt nicht als Werbung, auch wenn es eine davon abgeleitete Form darstellt. Der Anteil der Werbung an der Gesamtfinanzierung der öffentlich-rechtlichen Anstalten ist in den letzten Jahren drastisch gesunken, beim ZDF von über 40 % im Jahre 1988 auf etwa 7 % im Jahre 2004, bei der ARD von etwa 20 % auf nur noch 2 %. Die Einkünfte aus dem Sponsoring lagen im Jahr 2004 bei der ARD bei unter einem Prozent, beim ZDF bei etwas über einem Prozent an den Gesamterträgen. – Die Rundfunkgebühren, über welche die öffentlich-rechtlichen Anstalten im Wesentlichen finanziert werden, betrugen im Zeitraum von 2001 bis 2004 bei der ARD etwas über 19 Milliarden Euro, beim ZDF bei über 6 Milliarden Euro und beim Deutschlandradio bei 700 Millionen Euro.

Neben den innerdeutschen spielen zunehmend europäische Regelungen eine Rolle. Die Fernsehrichtlinie der Europäischen Gemeinschaft vom 3.10.1989 bedeutet eine grundsätzliche Festlegung über freien Empfang und freie Verbreitung von Fernsehprogrammen; es folgen detaillierte Regelungen für Werbung und Sponsoring. Solche Richtlinien richten sich nicht an die Sender, sondern an die Regierungen, die diese in nationales Recht umsetzen, also entsprechende innerstaatliche Regelungen treffen müssen. Dies wird in Deutschland dadurch erschwert, dass die Medien unter die Kulturhoheit der Länder fallen, weshalb die Bundesregierung hier nur schwer handeln kann bzw. auf die Länder Rücksicht nehmen muss. Dadurch entsteht eine relativ komplizierte Rechtslage.

In der europäischen Diskussion ist umstritten, ob die Medien – insbesondere die Fernsehanstalten – als kommerzielle Dienstleistungsunternehmen zu gelten haben, die den Bedingungen des

1. Öffentlichkeit und Medien

Marktes zu unterwerfen sind, so auch der Europäische Gerichtshof, oder ob ihnen – nicht zuletzt wenn sie sich in hohem Maße über Gebühren finanzieren – ein anderer Status zukommt. Die deutsche, von den Gerichten und manchen Politikern vertretene Vorstellung, dass der politisch-kulturelle Auftrag einen eigenen Rang begründe und deshalb die Vorgaben aus den reinen Marktregelungen herauszunehmen, ja gegen die Zumutungen der Kommerzialisierung zu verteidigen seien, stößt innerhalb der EU immer wieder auf Kritik. Das von deutscher Seite angeführte Kulturstaatsprinzip, das solchen Schutz gebiete, verträgt sich nicht mit der primär ökonomisch gedachten Gemeinschaft. Fraglos berührt die Frage einen Kern im Selbstverständnis der Union: Hat diese ihren Grund, der sie legitimieren soll, im Selbstverständnis als einer kulturellen Gemeinschaft – die Berufung auf die gemeinsame „Werte" legt das immer wieder nahe –, oder ist sie eine ökonomische Zweckgemeinschaft? Oder gibt es Mischformen? Und wie haben diese auszusehen?

Ob der Schutz der öffentlich-rechtlichen Anstalten, wie er in Deutschland vorgesehen ist, auf Dauer aufrecht erhalten werden kann, erscheint deshalb fraglich, auch wie ein solcher Schutz konkret aussehen soll. Im Sinne einer Abgrenzung der kulturellen Institution vom Markt ist – gerade von EU-Seite – angeführt worden, die öffentlich-rechtlichen Anstalten sollten den privaten Sendern in zentralen Bereichen nicht Konkurrenz machen, etwa in der Übertragung von Sportveranstaltungen oder im Bereich des nur kommerziellen Fernsehfilms. Die deutschen Anstalten aber fühlen sich in ihrer Substanz bedroht, wenn ihnen diese Bereiche genommen werden sollten; ein Massenpublikum werde man nur erreichen, wenn es diese Sparten gebe. Man sei auf sie angewiesen. Gegen diese Argumentation der Sender ist von kulturkritischer Seite wiederum eingewandt worden, dass die eigentliche Funktion der öffentlich-rechtlichen Anstalten auf dem Feld von Kultur und Politik liege, wo sie ein qualifiziertes Angebot zu liefern hätten; das Schielen auf Einschaltquoten verhindere die notwendige Qualität; deshalb eröffne die Rückkehr zu den zentralen Aufgaben auch die Chance einer neuen Zukunft und einer höheren Qualität. Die Abkehr von den Marktbedingungen gebe den Sendern erst die Chance, ihrer kulturellen Rolle gerecht zu werden. Ob ein solches Ansinnen realitätsgerecht ist, mag man bezweifeln; im Sinne des kulturellen Auftrags, der den Medien im bürgerlichen Modell zugesprochen wurde, dürfte die Rückbesinnung gleichwohl sein. Dieser Streit ist kaum zu schlichten – nicht zuletzt, weil die Sender eben Mischprogramme

1. Öffentlichkeit und Medien

anbieten –, und er dürfte immer wieder aufflammen, wenn die Funktion der Medien diskutiert wird. Dahinter steht selbstverständlich auch die Doppelfunktion, welcher die Sender gerecht werden müssen: Sie haben einerseits ein Massenpublikum zu befriedigen und für Unterhaltung zu sorgen, was zweifellos der Beruhigung dient, andererseits einen kulturellen Auftrag zu erfüllen, der gerade in der scharfen Kritik sein Herzstück hätte und die Beunruhigung nicht fürchten sollte.

1.4 Medienlandschaft

Zunächst ist die Medienlandschaft grundsätzlich zweigeteilt, in die privatrechtlich verfasste, am Markt sich orientierende Presse – dies sind also nach privatwirtschaftlichen Grundätzen arbeitende und privatrechtlich organisierte Unternehmen – und in die öffentlichrechtlichen Rundfunk- und Fernsehanstalten als selbständige Organisationen, die nicht an den Staat – gar als ihrem Auftraggeber – gebunden sein dürfen, aber dem Marktgeschehen entzogen und in einem eigenen Bereich angesiedelt sind. Dazu kommen seit Mitte der 1980er-Jahre die privaten Rundfunk- und Fernsehanstalten, die dem Markt unterworfen sind, doch bestimmten staatlichen Vorgaben genügen müssen. Die unterschiedliche Organisation hat historische Gründe. Die Presse war stets schon am Markt orientiert – spätestens seit dem 19. Jahrhundert; zuvor von Markt zu sprechen, dürfte nicht ganz korrekt sein, weil es das entsprechende Angebot nicht gab – und setzte auf die Vielfalt der Meinungen, die sich am Markt wechselseitig korrigieren und relativieren sollten; der Mechanismus des Marktes gewährleiste eine Ausgewogenheit des Meinungsangebots. Eine Vielfalt im Bereich der Funkmedien gab es lange Zeit nicht, weil es aus technischen und ökonomischen Gründen nicht möglich war, in einem Bereich mehrere Sender zu installieren und zu unterhalten, die dann in Konkurrenz zueinander hätten treten können. Die Hörer in einem Sendegebiet waren auf „ihren" Sender angewiesen und konnten keinen anderen Sender empfangen; also musste das Gebot der Vielfalt und Ausgeglichenheit ins Innere der Sender selbst verlagert werden. Das Programmangebot musste so angelegt sein, dass es Pluralität garantierte; das gilt bis heute für alle Sendeanstalten, zunächst für die öffentlichrechtlichen, und dann, wie ausgeführt, auch für die privaten. Und dies bildet den Hintergrund für die oben zitierten Urteile des Bundesverfassungsgerichts, welche eine Ausgewogenheit der Sendungen und die Sicherung der Grundbedürfnisse verlangen. Der eigent-

1. Öffentlichkeit und Medien

liche Begründungshintergrund ist gegenwärtig allerdings nicht mehr gegeben, weil zahlreiche Sender miteinander konkurrieren; doch ist auch heute der Aufbau und Unterhalt eines anspruchsvollen Senders mit einem beträchtlichen Aufwand verbunden, zu welchem die privaten Sender meist nicht in der Lage sind, weshalb sie darauf verzichten, in allen Branchen präsent zu sein.

Die privatrechtliche Organisation der Presseunternehmen führt immer wieder zu Auseinandersetzungen zwischen Verlegern und Redakteuren; das Problem der inneren Pressefreiheit wird in der Regel so gelöst, dass der Verleger die Grundhaltung der Zeitung festlegt – meist sind die Zeitungen nicht in einer Hand, weshalb ein wie immer zusammengesetztes Herausgeber- oder Eignergremium die Aufgabe zu übernehmen hat –; und innerhalb dieser Richtlinien sind die Redakteure dann recht frei. Selbstverständlich suchen sich die Journalisten die Zeitungen aus, deren Richtung sie folgen können; vor allem diejenigen, die sich einen Namen haben machen können, haben dann keine Schwierigkeiten mit den Vorgaben, zumal diese selten ausdrücklich fixiert sind, sondern eher implizit unterstellt werden.

Ihre Informationen besorgt sich die Presse selbst oder über Agenturen, die laufend Meldungen verbreiten; die wichtigste Presseagentur in Deutschland ist die *Deutsche Presse-Agentur* (dpa), daneben existieren zahlreiche weitere – nationale und internationale – Nachrichtenbüros.

1.4.1 Presse

Bis heute ist die unabhängige Tageszeitung für die Presselandschaft charakteristisch; bis 1933 und dann wieder nach 1945 bedeutete dies sehr häufig die Bindung an weltanschauliche Richtungen, mitunter auch an Parteien. Nach 1945 haben gerade die britischen Besatzungsbehörden – über die allgemeine Lizenzierungspflicht – darauf geachtet, dass nicht Organisationen Lizenzen bekamen, sondern unabhängige Herausgeberkreise oder -gremien; damit wurde eine Situation geschaffen, die auch nach 1949 – nach der Aufhebung des Lizenzzwanges – nicht mehr rückgängig gemacht wurde. Die großen Tageszeitungen sind fast durchgehend nicht an Parteien gebunden, weder direkt noch indirekt; dies schließt aber nicht aus, dass bestimmte Zeitungen bestimmten Parteien und Richtungen näher sind und andere ihnen fremder sind. Einzig das *Neue Deutschland* ist eine Tageszeitung einer Partei, der PDS, die über 50 % der Anteile der Zeitung verfügt. Sonst hat die parteigebundene Presse, die es

1. Öffentlichkeit und Medien

in geringem Umfang in den 1950er- und 1960er-Jahren noch – oder wieder – gab, in den letzten Jahrzehnten ihre Bedeutung fast vollständig verloren.

Als solche hat die Zeitung aber nicht an Gewicht eingebüßt: Noch immer lesen – so der *Bundesverband Deutscher Zeitungsverleger* – knapp drei Viertel der über 14-Jährigen täglich Zeitung. Mit den fünf klassischen Ressorts – Politik, Wirtschaft, Feuilleton, Lokales und Sport – ist die große Tageszeitung in Deutschland das repräsentative Organ in der Öffentlichkeit. Nach Art der Blätter lassen sich verschiedene Formen unterscheiden:

1. Tageszeitungen:
   a. *Überregionale Zeitungen*: Diese haben zwar eine erkennbare politische Linie, sind aber selten an feste Parteien oder Gruppen gebunden; im Folgenden werden sie nach ihrer Auflagenstärke aufgelistet und jeweils mit einem Schlagwort charakterisiert:
      - *Süddeutsche Zeitung* – liberal
      - *Frankfurter Allgemeine Zeitung (FAZ)* – liberal-konservativ
      - *Die Welt* – rechts-konservativ
      - *Frankfurter Rundschau* – linksliberal
      - *tageszeitung (taz)* – grün-alternativ
      - *Neues Deutschland* – sozialistisch.
   b. *Regionale Tageszeitungen*: Diese existieren in noch großer, aber abnehmender Zahl; die landespolitische Gewichtung spielt stets eine große Rolle, z. B. bei der *Stuttgarter Zeitung* oder der *Westdeutschen Allgemeinen Zeitung*.
   c. *Lokale Zeitungen*: Sie sind beschränkt auf Stadt- oder Landkreise und werden sehr viel gelesen, gerade wegen der Lokalinformationen und -anzeigen (Kinoprogramme, Sonderangebote); doch müssen sie in den letzten Jahrzehnten einen bedenklichen Rückgang hinnehmen, sodass in vielen Städten nur noch eine regionale oder lokale Zeitung vorhanden ist. Dies führt dann zu einer Monopolstellung, die für das politische Klima natürlich nicht zuträglich ist; häufig ergibt sich eine Abhängigkeit der lokalen Politiker, die darauf achten müssen, in dieser Zeitung zu Gehör zu kommen. So wird zu kommunalpolitischen Problemen häufig nur noch eine Meinung vertreten und die öffentliche Kritik damit stark gelenkt, wenn nicht ausgeschaltet. Das ermöglicht einen gefährlichen Klüngel von Politikern und Journalisten und lässt die Lokalzeitung nicht selten als Blatt erscheinen, das dem höheren Ruhm des jeweiligen Bürgermeisters zu dienen hat. Man kann generell beobachten, dass die Zeitungen umso unkritischer werden, je kleiner ihr Verbreitungsraum ist. Auf der Ebe-

1. Öffentlichkeit und Medien

ne der kleinen Kommunen gibt es noch die *Gemeindeblätter*, die auf jeder zweiten Seite ein strahlendes Konterfei ihres Dorfschulzen ablichten, der irgendwelche Honoratioren begrüßt.
- d. *Boulevardblätter*, auch *Kaufzeitungen* genannt: Diese werden im Gegensatz zu den übrigen Tageszeitungen nicht im Abonnement verkauft, sondern müssen stets „auf der Straße", am Kiosk, gekauft werden. Die anderen Tageszeitungen gehen zu einem erheblichen Teil ins Abonnement, weshalb sie mitunter auch als *Abonnementzeitungen* bezeichnet werden; selbstverständlich werden sie zugleich frei verkauft. Die Boulevardzeitungen sind im Allgemeinen dadurch charakterisiert, dass sie politisch wenig Inhalt bieten, meist stark populistisch und polemisch-emotional ausgerichtet sind, also die rational-reflexive Haltung ausdrücklich verweigern – und eben deshalb doch von erheblichem Einfluss sind, meist auf einer schwer fassbaren, affektbesetzten und ressentimentbeladenen Ebene. Die bundesweit verbreitete *Bild*-Zeitung, im Jahr 2006 mit einer von Auflage von ca. 3,6 Millionen, ist die auflagenstärkste Zeitung Europas; kaum eine Zeitung wird so heftig kritisiert wie die *Bild*-Zeitung, gerade weil sie die eigentlich zu fordernden Standards unterläuft, also unter dem Niveau argumentiert, das von einer ernsten Kritik zu verlangen wäre. Gleichwohl drängeln sich viele Politiker – aller Parteien –, um dort zu veröffentlichen oder Interviews abzuliefern. Noch in der Adenauerzeit galt die *Bild*-Zeitung als Schmuddelkind, mit dem sich ein ernst zu nehmender Politiker – oder ein gebildeter Bürger – nicht einlassen durfte; heute hat sich das gründlich geändert. Daneben existieren entsprechende lokale Boulevardblätter in einzelnen Großstädten, z. B. die *BZ (Berliner Zeitung)* in Berlin oder die *AZ (Abendzeitung)* in München.
2. Politische Wochenzeitungen und Wochenschriften mit akzentuiert politischer Tendenz:
    - *DIE ZEIT* – das repräsentative, bildungsbürgerlich-linksliberale Blatt, vielleicht geachtet wie keine andere Zeitung in Deutschland;
    - *Der Spiegel* – ein linksliberales Magazin, das von der scharfen Kritik, mitunter der Provokation lebt;
    - *Fokus* – ein ähnlich ausgerichtetes Magazin wie der Spiegel, vielleicht etwas konservativer orientiert;
    - *Bayernkurier* – CSU-nah, rechtskonservativ; ein bayrisches Regionalblatt mit bundesweitem Anspruch.
3. Illustrierte: Sie erscheinen in unterschiedlichen Zyklen, meist wöchentlich, häufig ohne akzentuierten politischen Anspruch, doch ei-

1. Öffentlichkeit und Medien

nige durchaus mit politischem Ehrgeiz; nur zwei aus einer großen Zahl seien genannt:
- *Stern* – eher linksorientiert,
- *Quick* – stärker konservativ ausgerichtet.

Zur Verbreitung der Tageszeitungen und zur Konzentration in der Presse seien nur wenige Zahlen genannt: Die Zahl der selbständigen Zeitungen – mit eigenem „Mantel", also einer publizistischen Eigenständigkeit – hat sich in der Bundesrepublik von 1954 bis 2004 von 225 auf 138 verringert; die verkaufte Auflage ist seit Mitte der 1990er-Jahre um etwa 20 % von 30 Millionen auf heute 24 Millionen Exemplare gesunken. Die Selbständigkeit ist noch einmal dadurch gefährdet, dass immer mehr Zeitungen in starken Verlagsgruppen oder Medienkonzernen gebündelt sind, was – zumindest indirekt – zu weiterer Konformität führt. Die fünf stärksten Verlagsgruppen kommen im Jahr 2004 auf einen Marktanteil von gut 41 %; bei den Kauf- oder Boulevardzeitungen repräsentieren die fünf größten Anbieter praktisch das gesamte Angebot. Ähnlich stark ist die Konzentration bei den unterhaltenden Publikumszeitschriften, den Illustrierten: Vier Großverlage – Bauer, Springer, Burda und Bertelsmann/ Gruner + Jahr – haben einen Marktanteil von etwa 60 % des Gesamtangebots.

1.4.2 Das duale System der öffentlich-rechtlichen und privaten Funkmedien

Das Nebeneinander von öffentlich-rechtlichen und privaten Anstalten ist seit den 1980er-Jahren für die Bundesrepublik charakteristisch; doch noch immer gibt es eine größere Akzeptanz der öffentlich-rechtlichen Anstalten, vor allem im politischen Bereich. Nach dem Krieg waren die Rundfunkanstalten von den Besatzungsmächten neu gegründet worden, zunächst unter scharfe Kontrolle gestellt; bald aber schon – ab 1946, natürlich in den einzelnen Zonen unterschiedlich – haben die Besatzungsmächte die Anstalten in deutsche Hände übergeben. Zu Beginn stand ein Streit zwischen deutschen Politikern und Besatzungsmächten: Die Deutschen wollten den Rundfunk nach Weimarer Vorbild wieder aufbauen, also unter staatliche Aufsicht stellen, die Siegermächte setzten sich mit Nachdruck für eine grundsätzliche Staatsfreiheit ein. Daraus entstanden die öffentlich-rechtlichen Anstalten in ihrer heutigen Gestalt; sie gingen stärker auf den Willen der Siegermächte als auf den

1. Öffentlichkeit und Medien

der deutschen Politiker zurück, doch wurden sie in dieser Gestalt schon bald nicht mehr in Frage gestellt.

Öffentlich-rechtlich bedeutet in diesem Zusammenhang, dass selbständige Anstalten mit einem Intendanten an der Spitze gebildet werden; sie sind staatsfrei oder -fern, gehen aber auf Landes- oder Bundesgesetze bzw. entsprechende Staatsverträge zurück, die ihnen ihre Aufgaben und Handlungsrahmen vorgeben; sie sind frei von behördlicher Kontrolle und Einflussnahme, doch nicht von staatlicher Rechtsaufsicht. Sie sind mit Selbstverwaltungsbefugnissen ausgestattet und einer Kontrolle durch demokratisch gebildete Gremien unterworfen; sie finanzieren sich im Wesentlichen über Gebühren, die von einer Kommission festgelegt werden, deren Festsetzung aber der Zustimmung durch die Parlamente der Länder bedarf. Diese Gebühren werden über die *GEZ (Gebühreneinzugszentrale)* erhoben. Das Ziel eines privatrechtlichen Unternehmens ist der Profit, der in die Tasche des Unternehmenseigners fließt; die öffentlich-rechtlichen Anstalten sind diesem Zweck nicht unterstellt, sondern dienen allein der politischen und kulturellen Bildung sowie der Unterhaltung. Eine Kommerzialisierung soll durch die besondere Rechtsform gerade verhindert werden. Das Bundesverfassungsgericht hat mehrfach bestätigt, dass den öffentlich-rechtlichen Anstalten die notwendigen Mittel zur Erfüllung ihrer Aufgaben gegeben werden müssen. Der allgemeine Auftrag – in gewissem Sinne durchaus eine Bestands- und Entwicklungsgarantie – ist 1994 noch einmal bekräftigt worden, nachdem in der Diskussion zuvor die öffentlich-rechtlichen Anstalten von den privaten an die Wand gedrängt schienen.

Das Rundfunksystem ist ein regional gegliedertes System mit jeweils selbständigen Anstalten; in der *ARD* – der *Arbeitsgemeinschaft der öffentlich-rechtlichen Rundfunkanstalten Deutschlands* –, wie sie seit 1950 besteht, sind zehn regionale Anstalten von unterschiedlicher Größe und wechselndem Zuschnitt zusammengeschlossen. Im Wesentlichen wurden sie bereits von den jeweiligen Besatzungsmächten gegründet, weshalb auch nicht immer Landesgrenzen und Rundfunkgrenzen übereinstimmten. Vielfach sind nach der Vereinigung von 1990 landesübergreifende Rundfunkanstalten neu gebildet worden; heute existieren folgende Anstalten:

- *Westdeutscher Rundfunk* (Nordrhein-Westfalen),
- *Norddeutscher Rundfunk* (Hamburg, Mecklenburg-Vorpommern, Niedersachsen, Schleswig-Holstein),

1. Öffentlichkeit und Medien

- *Bayerischer Rundfunk* (Bayern),
- *Hessischer Rundfunk* (Hessen),
- *Rundfunk Berlin-Brandenburg* (Berlin und Brandenburg),
- *Saarländischer Rundfunk* (Saarland),
- *Südwestrundfunk* (Rheinland-Pfalz und Baden-Württemberg),
- *Radio Bremen* (Bremen),
- *Mitteldeutscher Rundfunk* (Sachsen, Sachsen-Anhalt, Thüringen).

Als zehntes Mitglied gehört die *Deutsche Welle* zu diesem Verbund; als deutscher Auslandsender wird er zwar vom Bund getragen und betrieben, ist aber in die ARD integriert. Jene neun Sender gehen auf Landesgesetze zurück; ihre Zusammenarbeit ist durch einen Staatsvertrag der Länder organisiert. Die Anstalten sind stets für Hörfunk (insgesamt ca. 50 Programme) und Fernsehen zuständig; immer werden mehrere Hörfunkprogramme und – seit Mitte der 1960er-Jahre – mindestens ein *drittes* Fernsehprogramm ausgestrahlt, häufig von mehreren Anstalten gemeinsam getragen, allein der Bayerische Rundfunk hat zwei *dritte* Fernsehkanäle. Daneben spielt die Beteiligung am gemeinsamen Programm der *ARD* die wichtigste Rolle, früher als *Erstes Deutsches Fernsehen* bezeichnet, heute ganz offiziell zur Formel *Das Erste* abgekürzt. Die ARD ist also keine eigene Anstalt, sondern eine Dachorganisation der Mitgliedanstalten. Gemeinsam sind diese Träger des ARD-Fernsehens und übernehmen jeweils bestimmte Sendeanteile. Innerhalb der ARD ist ein Finanzausgleich zugunsten der finanzschwachen, kleineren Sender eingerichtet.

Die ARD ist heute das weltweit größte öffentlich-rechtliche Medienunternehmen mit dem umfassendsten Auslandskorrespondenten-Netz (rund 100 Korrespondenten in 30 Städten); sie unterhält – außerhalb der Landesanstalten – eine Reihe von kleineren Unternehmen, Büros und Koordinationseinrichtungen, etwa *ARD aktuell*, das mit 240 Mitarbeitern in Hamburg die TV-Nachrichtensendungen, vor allem die *Tagesschau*, produziert. Seit 1997 gibt es zudem einen von ARD und ZDF gemeinsam getragenen Kanal, *Phoenix*, als „Ereignis- und Dokumentenkanal" angekündigt, der von der Dachorganisation und nicht von einer Landesanstalt betrieben wird. Die Einnahmen der ARD stammen zu etwa 80 % aus den Gebühren; früher bestand ca. ein Drittel der Einnahmen aus der Werbung, heute bringen Werbung und Sponsoring es auf ca. 3 %;

1. Öffentlichkeit und Medien

der Rest geht auf sonstige Einnahmen zurück, etwa aus Koproduktionen, Kofinanzierungen und Programmverwertungen. Die ARD machte im Jahr 2004 einen Medienumsatz von 6,1 Milliarden Euro und beschäftigte rund 23 800 Festangestellte. Der Marktanteil der ARD betrug 2003 55 % im Hörfunk und 28 % im Fernsehen.

Daneben bildet das *ZDF* – das *Zweite Deutsche Fernsehen* – eine eigenständige Organisation. Historisch geht das ZDF auf den Versuch Konrad Adenauers zurück, einen regierungstreuen, vom Bund dominierten Fernsehsender zu gründen, der zudem einen kommerziellen Teil haben sollte, lange bevor es Privatsender gab. Darüber wurde ein Streit vor dem Bundesverfassungsgericht geführt, bei dem die Bundesregierung unterlag; in einem Grundsatzurteil, das bis heute immer wieder herangezogen wird, wenn es um die Grundsätze des Rundfunkrechts geht, wird das Prinzip der *Staatsfreiheit* festgehalten und zugleich betont, dass das Rundfunkrecht Sache der Länder sei. Dem Bund wird lediglich die Kompetenz für den sendetechnischen Betrieb zugestanden; die Gestaltung des Rundfunks selbst unterliege der Kulturhoheit der Länder, weshalb sie allein zuständig seien. Deshalb wurde 1961 das ZDF als unabhängige Anstalt in einem Staatsvertrag der Länder gegründet; der Sendebeginn war dann im Jahr 1963. In dem erneuerten Staatsvertrag von 1992 beteiligten sich auch die neuen Bundesländer an der Regelung. Die zentralistische Organisation mit Zentrum in Mainz ist somit ebenfalls an die Länder gebunden; kontrolliert wird es durch einen Fernsehrat – analog zu den Gremien der ARD –, finanziert durch Gebühren – ebenso wie die ARD – sowie Werbung (unter sieben Prozent) und sonstigen Einnahmen. Wie die ARD betreibt das ZDF eine Reihe von kleineren Subunternehmen oder ist an solchen beteiligt.

Der Marktanteil des ZDF beträgt heute um 15 %, der Medienumsatz 1,6 Milliarden Euro. Galt die ARD – vor allem der WDR – lange Zeit als links und wurde entsprechend von der CDU/CSU angegriffen, so das ZDF als konservativ und unkritisch, mit einem Hang zu kleinbürgerlichem Biedersinn, wie immer solche Urteile zu bewerten sind. Zu dieser Einschätzung passte denn auch, dass das ZDF lange Zeit bei den Älteren – gegenüber dem Ersten Programm – mehr geschätzt war als bei den Jüngeren.

Zwei Fernseh-Kulturprogramme und ein Kinderkanal werden von deutscher Seite, überwiegend von ARD und ZDF gemeinsam, organisiert:

1. Öffentlichkeit und Medien

- *3sat*: ein deutschsprachiges Satellitenprogramm, getragen von ZDF und ARD (je 32,5 % Programmanteile), dem *Österreichischen Rundfunk (ORF)* (25 % Programmanteile) und der *Schweizerischen Radio- und Fernsehgesellschaft (SRG)* (10 % Programmanteil);
- *ARTE (Association Relative à la Télévision Européenne)* ist ein europäischer Kulturkanal, insbesondere eine deutsch-französische Kooperation unter Beteiligung weiterer europäischer Sender, mit Sitz in Straßburg;
- ARD/ZDF: *Kinderkanal*.

Zwei weitere Bundesrundfunkanstalten bilden je eigenständige Organisationen, die allerdings rechtlich, zumindest teilweise, der ARD zugeordnet sind:

- die *Deutsche Welle* als Auslandsfunk des Bundes; von diesem finanziert, strahlt sie ein weltweites Hörfunk- und Auslandsfernsehprogramm aus; seit 1995 als Vollprogramm über 24 Stunden;
- das *Deutschlandradio*, ein reines Hörfunkprogramm, ist 1994 aus dem Zusammenschluss von Deutschlandfunk und *RIAS (Rundfunk im amerikanischen Sektor)* hervorgegangen und wird von Bund, Ländern, ARD, ZDF getragen; es verfügt über ein innerdeutsches Programm, das aber weit über die Landesgrenzen – über Langwellensender – ausgestrahlt wird.

Das Bundesverfassungsgericht hat in einem Urteil verfügt, dass Rundfunk und Fernsehen weder einer gesellschaftlichen Gruppe allein noch einer Regierung überantwortet werden dürfen; deshalb sind Aufsichtsgremien für die Rundfunkanstalten und das ZDF vorgesehen, in denen politische Repräsentanten (Regierungs-, Fraktions- und Parteivertreter) und Vertreter gesellschaftlicher Gruppen sitzen. Die Organisation ist in allen Anstalten ähnlich. Stets sind *zwei Gremien* am wichtigsten:

- Der *Rundfunkrat* (beim ZDF *Fernsehrat*): Ihm obliegt die Kontrolle der Programmgestaltung und die Wahl des Intendanten; die Zusammensetzung der Räte differiert bei den einzelnen Anstalten (16 bis 77 Mitglieder); durchweg aber gibt es ein deutliches Übergewicht der gesellschaftlichen Gruppen gegenüber den Repräsentanten der Politik. Dadurch

1. Öffentlichkeit und Medien

soll die pluralistische Grundausrichtung gewährleistet sein; die Mitglieder sollen sich als Vertreter der Allgemeinheit, nicht einzelner Interessen verstehen, deshalb gibt es auch kein imperatives Mandat. Die Wahl des zweiten Gremiums erfolgt durch den Rundfunkrat.

- Der *Verwaltungsrat* (7 bis 9 Mitglieder): In den einzelnen Ländern sind unterschiedliche Wahlverfahren festgelegt; doch stets wird er überwiegend oder ausschließlich vom Rundfunkrat gewählt. Ihm obliegen betriebswirtschaftlich-administrative Aufgaben; er schließt Verträge, ist für die interne Organisation zuständig etc.

Als Beispiel für einen Rundfunkrat sei der des WDR, der größte ARD-Anstalt, dargestellt; dort sind 43 Mitglieder vertreten, die sich wie folgt zusammensetzen:

- 13 Mitglieder kommen aus dem Landtag in Nordrhein-Westfalen, aufgeteilt nach dem Stärkeverhältnis der Fraktionen;
- 18 Vertreter gesellschaftlicher Gruppen: drei Vertreter der Religionsgemeinschaften; vier der Gewerkschaften; je ein Vertreter des Beamtenbundes, der Arbeitgeber-, Handwerker-, Landwirtschafts-, Kommunalen Spitzen-, Verbraucher-, Naturschutz-, Familien-, Kriegsopfer- und Wohlfahrtsverbände, des Sportbundes, des Jugendringes und der Heimatbünde;
- 9 Vertreter aus den Bereichen Publizistik, Kultur, Kunst und Wissenschaft, teilweise durch den Landtag benannt;
- 3 Vertreter von Gruppen der Älteren, der Behinderten und der Ausländer.

Je nach Zusammensetzung, gerade aus der Reihe der Vertreter gesellschaftlicher Gruppen, ergeben sich politische Konstellationen, die dann auch auf die Programmpolitik abfärben können. – Den Rundfunkräten steht der *Intendant* als *dritte Instanz* gegenüber: Als selbständige, gewählte Instanz vertritt er die Anstalt nach außen und innen und ist für sie verantwortlich. Er wird auf Zeit gewählt, meistens für sechs Jahre.

Seit dem Kabelpilotprojekt von 1984 sind die privaten Sender etabliert, gebunden allerdings an Vorgaben des Bundesverfassungsge-

1. Öffentlichkeit und Medien

richts, noch einmal formuliert im *Staatsvertrag zur Neuordnung des Rundfunkwesens in Deutschland* von 1987. Die Ausgewogenheit wird unterschiedlich gehandhabt; manche Länder gehen *binnenpluralistisch* vor, verlangen also die Ausgewogenheit des einzelnen Senders, andere begnügen sich *außenpluralistisch* mit der Ausgewogenheit des Gesamtangebots aller privaten Sender, treffen also keine allzu starke Festlegung. Insgesamt müssen die verbreiteten Sendungen von mindestens *drei* verschiedenen Anbietern stammen – um so Marktkonkurrenz herzustellen – und von mindestens der Hälfte der Teilnehmer empfangen werden können. Diese Vorschriften sind als Schutz gedacht, gerichtet gegen die allzu starke Konzentration der Medienkonzerne. Die Privatsender sind auf die technische Verfügbarkeit von Kanälen angewiesen, die ihnen vertraglich zugesichert werden muss. Deshalb ist auch die Telekom an diesen Verträgen immer beteiligt; ein kompliziertes Zulassungsverfahren regelt die Einzelheiten. Kontrolliert werden die Sender durch die *Landesmedienanstalten;* diese sind ebenfalls als Anstalten des öffentlichen Rechts konzipiert, finanziert über 2 % der Rundfunkgebühren. Die privaten Sender selbst finanzieren sich im Wesentlichen über Werbeinnahmen.

Die Marktanteile zwischen privaten und öffentlich-rechtlichen Sendern haben sich in den letzten Jahren drastisch verschoben: 1988 entfielen noch 77 % des Fernsehkonsums auf ARD und ZDF, 1993 nur etwa 35 %; im Jahr 2006 hatten ARD und ZDF einen Marktanteil von jeweils etwa 14 %; die beiden größten privaten Sender, RTL und SAT 1, lagen zum gleichen Zeitpunkt nur wenig darunter.

Zum Schluss sei noch eine Anmerkung zur Medienpolitik der Parteien angeführt. Die SPD hatte sich lange Zeit gegen private Sender gesträubt, weil sie die totale Kommerzialisierung des gesamten Sektors befürchtete, damit auch den Verlust der kritischen Medienkultur; heute setzt sie sich nur noch für den „Bestand und die Entwicklung der öffentlich-rechtlichen Sender", will also, indem sie auf einen kritischen Journalismus setzt, das retten, was durch die Privatisierung gefährdet schien. CDU und CSU haben die Zulassung privater Sender durchsetzen können und betonen das Postulat der Ausgewogenheit, das lange Zeit nicht gegeben gewesen sei, da die öffentlich-rechtlichen Sender von links dominiert worden seien; indem die Marktbedingungen in diesem Bereich hergestellt würden, würde das Medium selbst gerettet. Heute werden die privaten Sender mitunter scharf kritisiert: Wenn manche dort ausgestrahlte Sendungen als „Unterschichtenfernsehen" bezeichnet werden – der

1. Öffentlichkeit und Medien

Begriff ist von Paul Nolte in die Welt gesetzt worden und hat rasch Karriere gemacht –, so verbirgt sich dahinter kaum elitärer Dünkel, sondern die ernste Besorgnis gegenüber der deutlichen Absenkung des Niveaus in vielen Sendungen; die Entwicklung sei langfristig gefährlich, weshalb es gegenzusteuern gälte. Die Berechtigung solcher Kritik wird mittlerweile von allen großen Parteien gesehen, auch die grundsätzliche Problematik für eine Gesellschaft, welche auf Bildung als ihrer primären Ressource setzen muss. Das Problem wird deshalb im Zusammenhang der Bildungsdiskussion noch einmal aufzugreifen sein.

1.4.3 Medienkonzerne

Die Medien müssen heute in einem weiteren – doppelten – Kontext gesehen werden: *Zum Ersten* bilden sich große Konzerne, die nicht nur viele einzelne Anbieter zusammenschließen, sondern auch die verschiedensten Medien umgreifen, von der Zeitung bis zum Buch, vom Verlag bis zur Filmgesellschaft und Fernsehanstalt. Die Vorstellung sowohl der Trennung der Medienbereiche als auch der Aufsplitterung des freien Marktes mit vielen gleichberechtigten Anbietern ist – zumindest tendenziell – obsolet geworden; stattdessen haben einzelne Anbieter in bestimmten Segmenten marktbeherrschende Positionen, und durch die große Vernetzung entsteht eine Dominanz bestimmter Konzerne, was die Vielfalt durchaus unterhöhlen kann. Auf diese Weise wird das freie Zusammenspiel in einer offenen und öffentlichen Diskussion unterlaufen. Zu den herkömmlichen Medien kommen zudem die Angebote von Online-Anbietern und Netzbetreibern, wie sie das Internet charakterisieren; sie sind mittlerweile in den umfassenden Komplex integriert und so zum Teil der Landschaft geworden, von der hier zu sprechen ist. Diese Entwicklung führt insgesamt zu einem Konzentrationsprozess, der als gefährlich eingestuft werden kann, weil Monopole errichtet werden, die der eigentlichen Zwecksetzung des öffentlichen Bereichs widersprechen und die sehr wohl in der Lage sein können, das demokratische Funktionieren in Frage zu stellen; denn dieses ist nicht nur an die verfassungsrechtlich festgelegten Prozeduren und die gewählten Akteure aus den Parteien gebunden, sondern setzt – als dritte Säule – einen Freiraum der Diskussion voraus, ohne welchen das System zusammenbricht oder zumindest ins Leere läuft.

Zum Zweiten sind die Medien zunehmend nicht allein eine nationale Angelegenheit, sondern übergreifen die Grenzen; das, was

1. Öffentlichkeit und Medien

man als Globalisierung bezeichnet, hat sie in vollem Umfang erfasst. Beides zusammen macht es wünschenswert, so wird immer wieder gefordert, eine Medienpolitik zu betreiben, die darauf gerichtet sein müsse, die Grundfunktion von Öffentlichkeit in einer veränderten Welt zu bewahren und demokratische Bedingungen zu schaffen, die der Gefahr der Medienkonzentration begegnen, nicht nur ökonomisch, sondern politisch-kulturell als Sicherung einer Meinungsvielfalt. Zugleich sei aber eine weltpolitische Offenheit zu bewahren. Dass hier ein Handlungsbedarf besteht, dürfte allgemein gesehen werden; fraglich ist nur, wie und auf welcher Ebene man reagiert, auf nationaler oder europäischer, und welche Optionen überhaupt offen stehen. Der Verdacht, dass Freiheiten beschnitten werden, wenn in das Marktgeschehen eingegriffen wird, ist gleichwohl sehr schnell bei der Hand – und auch nicht unbegründet. Die Frage ist nur, welche Freiheiten das sind, diejenigen der Politik und der öffentlichen Diskussion oder diejenigen des Marktes und der Ökonomie. Wenn Pluralität vor einer allzu starken Homogenisierung geschützt und ein ernstes Diskussionsniveau gegenüber den populistischen Versuchungen bewahrt werden soll, so wird gewiss ein Kernstück der Demokratie in Politik und Kultur verteidigt, das in der Kommerzialisierung unterzugehen droht.

Fraglos sind die Medien eine Wirtschaftsbranche mit großen Zuwachsraten und werden entsprechend wahrgenommen. Intern denkt man – primär in den Chefetagen – fast ausschließlich in ökonomischen Kategorien, lässt sich auf Produkt- und Distributionsstrategien ein und begreift sich als Zentrum einer Welt, die Medialität zum eigentlichen Inhalt erhoben hat; die eigentliche Funktion von Öffentlichkeit und Medien droht darüber vergessen zu werden. Auch die Politiker sehen hier häufig nur die Arbeitsmärkte der Zukunft und streiten sich um die entsprechenden Standorte.

In der Bundesrepublik gibt es einen führenden Medienkonzern und eine Reihe mittlerer und kleinerer Konzerne, die in den verschiedensten Bereichen – also Zeitungen, Zeitschriften, Fernsehen, Buch-Verlage, häufig auch Werbung etc. – tätig sind. In einer Ranking-Liste, welche 2004 aufgestellt wurde und welche die 50 weltweit stärksten Unternehmen der Branche aufzählt, tauchen sieben deutsche Unternehmen auf, darunter an 15. Stelle auch die ARD. – Das bei Weitem größte deutsche Unternehmen ist die *Bertelsmann AG* mit 76 000 Mitarbeitern, einem Umsatz von 17 Milliarden Euro im gleichen Jahr und zahlreichen Firmen und Organisationen im In- und Ausland; weltweit ist Bertelsmann der fünftgrößte Medienkon-

1. Öffentlichkeit und Medien

zern. Er ist nicht allein in Deutschland tätig, sondern hat beträchtliche Anteile am amerikanischen und europäischen Markt. Insofern ist der Konzern durchaus typisch für Entwicklungstendenzen, die heute beobachtet werden können. Ein weiterer Konzern sei noch erwähnt: Auf Platz 44 der Ranking-Liste wird der *Springer*-Konzern geführt, mit einem Umsatz von 2,4 Milliarden Euro im Jahr 2004 und 10 700 Beschäftigten. Das Bild des Unternehmens in der Öffentlichkeit ist noch immer durch den Verleger Axel Caesar Springer (1912–1985) bestimmt, einem rechts-konservativen bis nationalen Mann, der gerade in den 1960er-Jahren durch seine Zeitungen einen erheblichen Einfluss auf das politische Geschehen hatte. Die konservative Grundlinie wird bis heute beibehalten. Den wichtigsten Schwerpunkt bilden Zeitungen und Zeitschriften, u. a. *Bild*-Zeitung, *Bild am Sonntag, Die Welt*; Springer ist das größte deutsche Zeitungshaus. Neben den genannten Blättern besitzt der Konzern eine große Zahl von Regional- und Lokalzeitungen; daneben spielen Rundfunk und Fernsehen sowie die elektronischen Medien eine große Rolle. Und fraglos gibt es noch eine Fülle kleinerer Verlage und Unternehmungen in der Branche, etwa der *Burda*-Konzern, der vor allem auf dem Zeitschriftenmarkt präsent ist. – Festzuhalten ist aber auch, dass dieser Markt in großer Bewegung und tiefgreifende Veränderungen sich häufig sehr schnell vollziehen, sodass jegliche Beschreibung der Wirklichkeit rasch nicht mehr entspricht.

1.5 Medien und politische Kultur

Dass das Verhältnis von Politik und Medien sich geändert hat und schwierig geworden ist, dürfte deutlich geworden sein. Zwei Komplexe spielen eine Rolle: *Zum Ersten* ist ein Wechsel von der alten bürgerlichen Gesellschaft mit dem Idealbild der öffentlich räsonierenden Privatleute hin zur postmodernen, kulturindustriell aufgerüsteten Mediengesellschaft zu konstatieren, die hochgradig kommerzialisiert ist und politische Meinungen und Verlautbarungen zunehmend als Waren begreift, die bewusst produziert werden und gewinnbringend abzusetzen sind; als Gewinn zählt auch die vermehrte Aufmerksamkeit, die für Werbezwecke eingesetzt werden kann, sowie die Zustimmung, die dem System selbst entgegen gebracht wird. Damit wird der Adressat als Kunde unterstellt und nicht mehr wie zuvor als freier Bürger, der ein Selbst, individuell und kollektiv, zu verwirklichen bestrebt ist. Der Kunde ist ein auf Privatheit reduziertes Wesen, das an Konsum und Genuss interessiert ist und sich gern in einem narzisstischen Egoismus verschließt,

1. Öffentlichkeit und Medien

während der Bürger – gewiss idealtypisch überzeichnet – sozial ausgerichtet und offen ist, aus der Rückbindung an Kultur und Gesellschaft lebt und diese so erst hervorbringt, bestätigt und weiterentwickelt.

Zum Zweiten muss der gesellschaftliche Transformationsprozess, der im Wandel des Konzepts von Öffentlichkeit zum Ausdruck kommt, Politik und Gesellschaft tangieren; denn diese stehen in einer Wechselbeziehung zu jener. Wird Öffentlichkeit primär unter dem Aspekt der Beachtung erzeugenden Inszenierung gesehen, ändert sich auch das Konzept von Politik: Sie mutiert vom Medium der kollektiven Selbstverwirklichung zu einer der Unterhaltung dienenden Veranstaltung sowie zum Geschäft, aus dem der größtmögliche Nutzen zu ziehen ist. Der Einzelne erscheint als interessierter Zuschauer und Wähler sowie als potenzieller Profiteur, kaum als sozialer Akteur.

Beide Komplexe berühren das, was man *Politische Kultur* nennt, und haben tiefe Rückwirkungen auf die nach wie vor geforderte Kritik: Diese erscheint einmal unter einer bloß utilitaristischen Perspektive, welche die individuelle Nutzenmaximierung im Auge hat, und tendiert gleichzeitig – gewissermaßen gegenläufig – zur Stilkritik, die stärker das Wie als das Was im Auge hat. So ist denn auch seit den 1970er-Jahren das neue Schlagwort von der *Medienkultur* gebildet worden, das diesen Wandel zum Ausdruck bringen soll. Die Gefährdungen müssen etwas genauer beschrieben werden; sie waren bereits Thema der Ausführungen zur Kulturkritik im zweiten Band des Kompendiums und seien hier kurz noch einmal aufgegriffen.

Die Verwerfungen resultieren aus dem Zusammenwirken von drei Bereichen: *Erstens* ändert sich die Politik selbst, wenn sie beständig die Art und Weise ihrer Darstellung im Blick hat, wenn das Schielen auf die Wirkung die inhaltliche Politik ersetzt oder zumindest stark beeinflusst; *zweitens* verschiebt sich der Ort, wo über Politik entschieden wird, und zwar auf doppelte Weise, einerseits durch eine Personalisierung, welche den Helden zu fordern scheint, dem man folgen kann und an dem sich die Geister scheiden, und andererseits durch die Verlagerung der Beschlussfassung von den verfassungsrechtlich verankerten Institutionen, den Gremien in Parlamenten und Parteien, hin zu den informellen Diskussionsrunden und Talkshows, in denen die Politiker Bekenntnisse ablegen, die von Public-Relation-Managern vorbedacht und auf ihre Wählerwirksamkeit hin überprüft worden sind. Unverkennbar folgen

1. Öffentlichkeit und Medien

solche Verlautbarungen einem Zwang, der von den Medien selbst ausgeht, signifikant im vorgehaltenen Mikrofon, dem kaum ein Politiker widerstehen kann; nicht allein die eigene Eitelkeit, sondern die Erwartungshaltung des Publikums nötigt ihn zur Äußerung. Bei der politischen Entscheidungsfindung ist eine charakteristische Bewegung zu beobachten: Weg von der öffentlichen und sachlichen Auseinandersetzung, in welcher, den Regeln des vernünftigen Diskurses folgend, Argumente ausgetauscht werden, um so zu einem Resultat zu kommen, hin zur einsamen Entscheidung von wenigen Mächtigen, die dann in eilig einberufenen Pressekonferenzen verkündet wird und die stets unter der Vorgabe von Sieg und Niederlage steht; diese Zuspitzung auf die Kampfentscheidung mit einem glorreichen Gewinner und einem gedemütigten Verlierer ergibt sich aus der medialen Inszenierung und aus der Reduktion der Politik auf den bestenfalls sportlichen Wettkampf. Und *drittens* schließlich geben die Medien, insbesondere das Fernsehen, Schemata und Präsentationsmuster vor, unter denen Politik allein wahrgenommen wird; die Form der Politikvermittlung, die sich zunehmend der theatralischen Form der Inszenierung beugt, schlägt auf ihre Inhalte zurück. Die Medien diktieren der Öffentlichkeit und den Politikern die Themen, nehmen also bei Weitem keine mediale Stellung ein, sondern bevormunden sie – in welchem Sinne immer – und legen die Art und Weise fest, wie Politik aufzutreten hat, nämlich auf den Unterhaltungswert bedacht, Show-Effekten huldigend und eine Sensationsgier befriedigend. Folglich ist die Gefahr des Populismus – der bloßen Stimmungsdemokratie – nicht gering. Dies hängt nicht nur damit zusammen, dass hochkomplexe Zusammenhänge von Nicht-Fachleuten kaum noch zu durchschauen, geschweige denn zu beurteilen sind, sondern weitaus stärker mit der Simplifizierungstendenz des Sieg-Niederlage-Schemas. Ein offener oder verdeckter Dezisionismus liegt dem zugrunde, der den Weg der Argumentation zugunsten der bloßen Entscheidung entwertet. In Nachrichtensendungen wird immer ausführlich mitgeteilt, wer sich gerade durchgesetzt hat und wer unterlegen ist, kaum je aber, welche Argumente für die eine oder andere Seite sprechen; die Vertiefung in die Sache entfällt, wenn es auf Macht und Siegerposen ankommt.

Der gesamte Komplex ist gewiss schon lange diskutiert worden, spätestens seitdem der Medientheoretiker Herbert Marshall McLuhan (1911–1980) die These *The medium is the message* populär gemacht hat. Im Jahr 2001 hat der Politologe Thomas Meyer der Frage, wie die angesprochenen Tendenzen sich auf das politische

1. Öffentlichkeit und Medien

System ausgewirkt und zu welchen strukturellen Veränderungen sie geführt haben, ein kleines Buch gewidmet. Meyer beschreibt das Phänomen unter dem Stichwort der *Mediokratie* als Kolonisierung der Politik durch die Medien, die dann gegeben sei, wenn die dem Mediensystem eigenen Regeln auf das politische System übergreifen und dieses dominieren. Das sei ein Prozess, der in reiner Form in den USA schon lange zu beobachten sei und der zunehmend auch Westeuropa erfasse; er führe dazu, dass die Form der Parteiendemokratie, die die Politik im 20. Jahrhundert wesentlich bestimmt hatte, durch die neue Form der Mediokratie überlagert und ersetzt werde. Keineswegs bedeute dies eine Verbesserung der politischen Kultur, kein Mehr an Demokratie, sondern eher einen Niedergang, der schwer nur rückgängig zu machen sei. Meyer argumentiert im historischen Kontext eines Kulturpessimismus, wie er in der *Kritischen Theorie* von Bedeutung gewesen ist. Bereits Jürgen Habermas war im *Strukturwandel der Öffentlichkeit* ähnlichen Motiven gefolgt, hatte sie aber nicht unmittelbar auf das politische System übertragen und im Vorwort zur zweiten Auflage des Buches aus dem Jahr 1990 den kulturkritischen Impuls auch deutlich zurückgenommen; Meyer glaubt aus der Entwicklung der letzten zwei Jahrzehnte auf einen grundlegenden Transformationsprozess schließen zu können. Freilich müsse die Degeneration nicht fatalistisch hingenommen, sondern könne in Gestalt einer neuen – reflexiven – Demokratie aufgefangen werden (die im späteren Buch von Meyer unter dem anspruchsvollen Titel einer *Sozialen Demokratie* vorgestellt wird). Der simplen Untergangsvision wird nicht gehuldigt.

Ein zentraler Sachverhalt, der eine Verschiebung des Politischen selbst bedeutet, ist jene Personalisierung: Nicht mehr Sachverhalte und Problemlagen, sondern Kampfformen geraten dadurch ins Blickfeld. Das Durchsetzungsvermögen des Politikers gilt als wichtiger als das Programm, das er vertritt, und der Verlauf des Wettkampfs erscheint interessanter als die vorgetragenen Argumente. Entschuldigt wird die Verkürzung gern mit der angeblich gegebenen Notwendigkeit, die Einheitlichkeit einer Partei oder Gruppe zu gewährleisten. Demjenigen, der solche Einheitlichkeit erzwingen kann, wird Führungsqualität bescheinigt; dass sich dahinter meist nichts Anderes als ein altes undemokratisches, weil autoritäres Gehabe verbirgt, wird kaum registriert. Die damit verbundene Einschränkung der demokratischen Offenheit wird in der Regel klaglos hingenommen. Dazu kommt der Quotendruck, der zunächst im Privatfernsehen von Bedeutung war, weil sich die Höhe der Werbe-

1. Öffentlichkeit und Medien

einnahmen ja nach der jeweiligen Einschaltquote richtet, der aber sehr schnell und ungebremst auf die öffentlich-rechtlichen Sender durchgeschlagen hat; dieser verlangt, dass die einzelne Sendung gefällig zu sein habe und einen großen Aufmerksamkeitswert erzielen müsse. Sie soll rasch konsumierbar sein und darf dem Zuschauer keinerlei Anstrengung abverlangen; als Journalist ist derjenige erfolgreich, der aus dem politischen Ereignis oder Problem ein *Event*, ein windschnittiges Medienereignis, zu machen versteht, der also, wie es decouvrierend genau heißt, sein Produkt zu verkaufen weiß. Politik verliert auf diese Weise den rationalen Ernst und erschöpft sich in der medialen Aufbereitung. Das heißt dann auch, dass derjenige Politiker gefragt ist, der mit dem neuen Instrumentarium virtuos zu spielen vermag. Das aber bedeutet Unterordnung: Denn nur der beherrscht die Medien, der sich ihnen unterwirft; das geht nicht selten mit einer gehörigen Portion Zynismus einher. Was dabei auf der Strecke zu bleiben droht, ist das politische Gemeinwesen selbst.

Die politischen Angelegenheiten sind – so eine generelle Bebachtung – einem gegenläufigen Prozess unterworfen: Einerseits kann man eine starke Politisierung feststellen, die alle Bereiche von Gesellschaft und Wirtschaft erfasst und sie schon dadurch „politisiert", dass sie diese in den Kontext der medial vermittelten Politik stellt; andererseits ist eine ebenso starke Entpolitisierung zu konstatieren, die darauf beruht, dass die Politisierung meist nur eine halbe ist, weil sie an der medialen Oberfläche bleibt. Von einer scheinhaften oder Pseudo-Politisierung zu sprechen ist deshalb nicht falsch.

Solche Mediatisierung der Politik im Zeitalter der Mediokratie hat eine Reihe von Kennzeichen, von denen hier vier genannt seien. Diese werden in den kulturkritischen Debatten immer wieder angeführt und dürften auf die Verselbständigung der Sphäre zurückgehen:

1. Insbesondere das Fernsehen befördert eine Kultur der *Visualität*; dies impliziert auch eine *Ästhetisierung* der sozialen Welt unter der Dominanz des Visuellen gegenüber dem gesprochenen oder geschriebenen Wort. Ob damit Rationalität und analytische Kraft befördert werden, darf bezweifelt werden, denn diese hängen in hohem Maße an Sprache und setzen die präzise Artikulation von Problemlagen voraus; Reflexivität beruht auf Sprachlichkeit.
2. Die erzeugten Bilder unterstehen dem Verdikt der Unterhaltung und unterliegen einer Tendenz, die als *Unsichtbarwerden der Urheberschaft* beschrieben werden kann: Nicht mehr ein Subjekt gilt

1. Öffentlichkeit und Medien

als Urheber einer Meinung oder Darstellung, sondern diese verselbständigt sich gegenüber ihrem Autor, was bedeutet, dass ein *Schein* entsteht, der für die Sache selbst genommen wird. Die Konstitutionsakte – in welchen sich nicht nur Einsichten und Meinungen, sondern auch Fakten und Sachverhalte bilden – werden zunehmend verdeckt, sodass ausgeblendet werden kann, wie hervorgebracht wird, was dann als Urteil oder Sache auftritt. Die Oberfläche verselbständigt sich auf eine gefährliche Weise, wenn der Untergrund nicht mehr sichtbar ist, auf dem sie ruht. Die Distanz, die Sache und Darstellung trennt, wird damit aufgehoben und eine Scheinwelt plustert sich zur Realität schlechthin auf. Auch realisiert sich Vernunft erst im Rekurs darauf; die Triftigkeit von Argumenten kann nur erwiesen werden, wenn ihre Prämissen ausgestellt werden und wenn sichtbar ist, wer diese – im Namen welcher Identität – vertritt und welches Selbstverständnis die Argumentation trägt und legitimiert.

3. Dazu kommt die grundsätzliche Tendenz der *Infantilisierung* und *Mediokrität*; der Zwang zu einer immer bescheidener werdenden Unterhaltung scheint von Massenmedien und Massendemokratie vorgegeben zu sein. Man mag darüber streiten, woraus dieser Zwang resultiert, doch dürfte der Trend selbst nicht zu leugnen sein, dem insbesondere das Fernsehen folgt und dem sich auch die Politiker – meist geflissentlich – beugen. Fraglos ist diese Form der Spaßkultur das Gegenteil dessen, was einst als Bildungsgesellschaft vom Bürgertum konzipiert worden ist. Dieser älteren Form muss nicht unbedingt nachgetrauert werden, doch wäre zu fragen, ob es einen gleichwertigen Ersatz gibt und worin dieser besteht. Noch scheint es so, dass der zu beobachtende Transformationsprozess, dem Kultur und Gesellschaft unterliegen, zu keinem Ergebnis geführt hat; umso nötiger ist es, den Prozess selbst kritisch zu begleiten und nach seinen Implikationen zu fragen. Auch das gehört ins Feld einer reflexiven Demokratie.

4. Als letztes Produkt der Mediatisierung und Ästhetisierung der Politik kann eine *Anästhesierung* festgehalten werden; die schnelle Aufbereitung jeden Ereignisses beflügelt die Bereitschaft zum Vergessen. Ist ein Politiker in einen Skandal verwickelt, so kann er damit rechnen, dass nach kürzester Zeit Gras über die Sache gewachsen ist, weil andere Ereignisse die Angelegenheit überdecken. Das bedeutet auch, dass das Denken in längeren Zeiträumen verloren geht und langfristige Zusammenhänge kaum präsent sind, ja das Vermögen, solche Zusammenhänge zu vergegenwärtigen, nahezu systematisch zerstört wird. Die Tendenz kehrt im Verlust des historischen Bewusstseins wieder; ein Gegenwartsbewusstsein, das sei-

1. Öffentlichkeit und Medien

nen Ort aus der genauen Reflexion eines geschichtlichen Zusammenhangs entwickelte, spielt heute kaum eine Rolle.

Aus all dem folgt u. a. eine Marginalisierung der politischen Parteien, welche die differenzierten Programme als ihren Kern angesehen hatten; solche Programme verlangten nach der rationalen Auseinandersetzung, statt nach einer Entscheidung zwischen Personen. Meyer spricht von einem Systemwechsel, der bei Wahlen auch einen Wechsel vom Sach- zum Personenplebiszit bedeutet. Die Diskussion in den Parteien wird weitgehend vernachlässigt, Parteitage sind häufig nur noch Akklamationsorgane, welche die im kleinen Zirkel getroffenen Entscheidungen abzusegnen haben. Auch die Eignung eines Kandidaten für ein Amt ist kaum Gegenstand einer innerparteilichen Diskussion, die Medienfähigkeit entscheidet über seine Qualifikation als Spitzenkandidat. Medienfitness – so die Suggestion – verbürgt den Erfolg.

Bezieht man diese Befunde zur Mediokratie zurück auf die Anfänge der bürgerlichen Politikvorstellungen, die seit dem 18. Jahrhundert formuliert worden sind und die den – bis heute gültigen – Begriff der Demokratie geprägt haben, so können zu den beiden Grundpfeilern der Demokratie – Öffentlichkeit und Vernunft – *zwei* Thesen zusammenfassend festgehalten werden: Die Vorstellung von Öffentlichkeit hat sich *zum einen* gewandelt, von dem als Forum der Vernunft dienenden Rahmen, der die offenen und sachbezogenen Diskussionen von Privatleuten zu ermöglichen hatte – gewiss war das ein normatives und damit stark idealisierendes Konzept –, hin zur Inszenierung, die vorgenommen wird, um ein Massenpublikum bei der Stange zu halten. Die Integration der Massen zum Kollektiv, das sich allabendlich vor den Fernsehschirmen versammelt, scheint das Entscheidende zu sein; unter dem Tropf des Fernsehens wird die Droge verabreicht, welche Ruhe im Lande verspricht. Man könnte böse anmerken, dies sei in Deutschland zum ersten Mal im Nationalsozialismus gelungen, und daraus folgern, solcher Integrationseffekt stehe dem demokratischen Gedanken wie dem Postulat von Autonomie entgegen. Man kann aber auch milder urteilen und betonen, dass Demokratie und Autonomie selbst sich gewandelt haben, unter neuen Vorzeichen zu sehen seien und nur eine abschließende Form noch nicht gefunden haben.

Zum anderen hat die Vorstellung, dass sich in den kommunikativen Akten der Beteiligten Vernunft realisiere, nahezu vollständig verflüchtigt. Der Rekurs auf eine Vernunft, durch welche Demokra-

1. Öffentlichkeit und Medien

tie erst zu legitimieren war, hat sich weitgehend aufgelöst zugunsten jener ästhetisierten Scheinwelt, die den Einzelnen zu integrieren hat. – Doch mag auch dieses pessimistische Bild einseitig sein, das die rationalen Potenziale vernachlässigt.

In der politischen Kritik sind die Richtungen, die sich jenem Trend widersetzen, durchaus gegenwärtig, im politischen Feuilleton mitunter sogar tonangebend. Und die Einsicht in die Mediokratie, wie sie hier – eine Diskussion in der intellektuellen Öffentlichkeit referierend – vorgetragen wurde, ist keineswegs nur in akademisch-elitären Zirkeln zu finden. Das Problem heute dürfte nicht in der fehlenden Einsicht bestehen, sondern in der mangelnden Bereitschaft, aus der Erkenntnis in die *defizitäre Demokratie* – der Begriff scheint mittlerweile zum festen Terminus avanciert zu sein – Konsequenzen abzuleiten und Mittel des Gegensteuerns zu finden. Über die Ursachen gibt es eine breite Diskussion: Der simple Erklärungsansatz, der einen blindwütigen Kapitalismus dafür verantwortlich macht, mit der Perversion von allem und jedem zur Ware, wird kaum noch vertreten; stattdessen wird die hohe Komplexität des Problemfeldes gesehen – etwa in dem von Georg Franck vertretenen Konzept eines „mentalen Kapitalismus" – und eine Selbständigkeit der Kultur unterstellt. Das heißt keineswegs, dass der Kapitalismus aus der Verantwortung zu entlassen sei, sondern allein, dass der Zusammenhang gesehen werden muss, der erst ein vollständiges Bild der heutigen Moderne geben kann.

2. Kulturgeschichte und Kulturstaat

2.1 Kulturbegriff, Kulturgeschichte und das kulturstaatliche Selbstverständnis

Die Beschreibung des demokratischen Staates als Kulturstaat ist bei Weitem nicht in dem Maße selbstverständlich wie andere Festlegungen, etwa als Rechts- oder Sozialstaat; entsprechend vage sind auch die Vorstellungen, die damit verbunden werden. Das Grundgesetz, das im gewichtigen Artikel 20 die unumstößlichen Grundlinien des staatlichen Selbstverständnisses umreißt, kennt die Charakterisierung als Kulturstaat nicht. Immer wieder wurden Diskussionen darüber geführt, ob Kultur als Staatsziel in die Verfassung aufgenommen werden sollte und welche Konsequenzen sich daraus ergäben. In einigen Länderverfassungen wird dieses Selbstverständnis explizit ausgesprochen: Die Bayerische Verfassung hält in Artikel 3 eindeutig und programmatisch fest: „Bayern ist ein Rechts-, Kultur- und Sozialstaat"; auch in der Verfassung von Sachsen heißt es in Artikel 1, der Freistaat sei ein „demokratischer, dem Schutz der natürlichen Lebensgrundlagen und der Kultur verpflichteter sozialer Rechtsstaat". Das Bundesverfassungsgericht hat die kulturstaatliche Verpflichtung des demokratischen Staates mehrfach hervorgehoben und immer wieder bekräftigt, sodass fraglos davon ausgegangen werden kann, dass diese Komponente zur Grundschicht des politischen Selbstverständnisses gehört und selbst per Verfassungsänderung nicht aufgehoben werden kann. Und schließlich ist im *Einigungsvertrag* von 1990 der Kultur ein ganzer Artikel (Art. 35) gewidmet worden; damit wurde das Kulturstaatsverständnis – auch der Begriff selbst – festgeschrieben und erhielt, wenn auch nur indirekt, Verfassungsrang. Was aber heißt das?

Der Begriff muss formal und inhaltlich umschrieben werden. Die *formale* Seite ist schwieriger als bei anderen Bestimmungen, weil zum einen das Kulturstaatsprinzip die föderalistische Struktur der

2. Kulturgeschichte und Kulturstaat

Bundesrepublik berührt und zum anderen die Gestaltungsmöglichkeiten selbst zweifelhaft erscheinen. Die primäre Zuständigkeit der Länder legt die Ebene des staatlichen Handelns fest, ist also unproblematisch; die Folgerungen, die sich aus der Struktur und Funktion des Gegenstandes ergeben, sind ungleich diffiziler und determinieren durch das Verhältnis, in das Politik und Kultur zueinander treten, die Art und Weise möglichen Handelns. Auch dies ist dem formalen Komplex zuzurechnen. Zwar wird die Verantwortung des Staates nicht in Frage gestellt, wohl aber ihm die Kompetenz entzogen, wenn immer wieder – und meist mit dem größten Nachdruck – die Eigensinnigkeit der Kultur betont wird, die sich jeglicher staatlichen Regelung entziehe und nicht Gegenstand direkten staatlichen Handelns sein könne. Allenfalls indirekt dürfe der Staat auf sie einwirken; sie sei zu schützen und zu bewahren, auch zu fördern, doch dürfe nicht eingegriffen, dürfen keine Vorgaben oder Richtlinien gegeben werden. Kultur sei ein vorpolitischer Bereich, der durch die Politik nur beschädigt werden könne; mitunter erscheint sie gar als zu hegendes und zu pflegendes Biotop, in welchem eine aussterbende Spezies mühsam erhalten wird. Dann wird Kulturpolitik unter dem Aspekt der Rettung gesehen. Die Drohung des Untergangs – welche Kultur immer schon begleitet hat – macht sie zum schutzwürdigen Objekt, das aber zugleich dadurch, dass es solchen Schutzes bedarf, ausgegrenzt wird, den Status eines Schmuck- und Luxusobjekts erhält und den „eigentlichen" Kern der Gesellschaft – meist ökonomisch gedacht – nicht berühren soll. Gleichzeitig und hierzu gegenläufig gilt sie als Quelle und Untergrund, aus welchem die Gesellschaft alle Kraft zieht, und soll als Distrikt, in welchem über Sinn und Identität entschieden wird, das eigentliche Herzstück bilden, dem die Gesellschaft ihr Leben verdankt. Dieses Zentrum könne, so lautet die gängige Unterstellung, nicht gestaltet werden – wie Wirtschaft, Recht oder Gesellschaft –, sondern müsse – wie eben die Natur – beschirmt und behütet werden; der quasi naturwüchsige Status stehe dem möglichen Eingriff entgegen.

Das Bild aber dürfte schief sein, so beliebt es bis heute ist, weil Naturwüchsigkeit schon längst nicht mehr – sollte es sie je gegeben haben – unterstellt werden kann; vielmehr ist Kultur etwas Produziertes, von Menschen Hervorgebrachtes – darauf insistieren heute die meisten Kulturtheorien – und setzt in der Regel auch ein Bewusstsein des eigenen Status voraus. Solche Einsicht ist nicht zuletzt Produkt des geschichtlichen Prozesses selbst, den die Kultur, zumal die bürgerliche, durchlaufen hat. In Deutschland wird sie durch die

2. Kulturgeschichte und Kulturstaat

Erfahrung des Zusammenbruchs der Kultur – im Nationalsozialismus – noch einmal verschärft und zugleich durch die Erkenntnis ergänzt, dass die Destruktion in eine Restitution münden müsse, sollte das Ende nicht tödlich sein. Und dabei war der Verdacht nicht abzuweisen, dass gerade der Rückfall in eine – neue – Naturwüchsigkeit, die seit der Aufklärung überwunden schien, ein wesentlicher Grund für die Zerstörung gewesen sei – jene rassistische Berufung auf die „Gemeinschaft des Blutes" bezog Kultur ja ausdrücklich auf Natur –, dass also ein Zusammenhang bestehe zwischen der Aufkündigung der aufklärerischen Einsicht in den Charakter der Kultur als eines Geschichtlich-Hervorgebrachten und Nicht-Natürlichen und dem Akt ihrer Zerstörung, dem Rückfall in die Barbarei, dem die überlieferte Kultur offensichtlich hilflos gegenüber stand. Die Wiederherstellung war deswegen nur als bewusster Prozess zu denken und konnte nicht, schon um die Verantwortung hervorzuheben, sich selbst überlassen bleiben. Das Restituierte konnte auch nicht identisch mit dem sein, was zuvor gewesen und dann zerstört worden war; die bloße Einsicht in den geschichtlichen Prozess, in seine Genese und die Stationen seines Verlaufs, musste das ausschließen. Der Zusammenbruch selbst konnte nicht geleugnet werden und durfte ein simples Wiederanknüpfen – als habe sich bloß ein bedauerlicher Unfall ereignet – ausschließen. Deshalb hatte die Reflexion auf diesen Zusammenhang das eigentliche Fundament der neuen Kultur abzugeben. Dieser Gedanke freilich ist ein bloßes Postulat, das unmittelbar nach 1945 sehr lebendig gewesen ist, aber sehr unterschiedliche Gestalt angenommen hat und nicht selten auch verdrängt wurde. Welcher Grad und welche Foren von Bewusstheit in diesem Prozess zu unterstellen und wo diese anzusiedeln waren, sind davon unabhängige und überaus heikle Fragen, ebenso natürlich, wie der Prozess faktisch ausgesehen hat und welche Gestalt die wieder errichtete Kultur dann angenommen hat. Das ist ein weites Feld, das hier nicht ausgeschritten werden kann.

Allein der zweifache Sachverhalt, dass erstens Kultur konstituiert und gemacht wird, also nicht naturwüchsig ist – allenfalls den Anschein erweckt – und dass zweitens Kultur ein Bewusstsein ihrer selbst voraussetzt – auf dem Stand ihrer jeweiligen historischen Entwicklung –, mithin reflexiv ist, ja solche Reflexivität als ihr zentrales Kennzeichen gelten muss, sei an dieser Stelle festgehalten. Dieser Status grenzt die Möglichkeit einer Kulturpolitik ein: Als Produziertes kann Kultur sich einerseits der Vorstellung nicht ent-

2. Kulturgeschichte und Kulturstaat

ziehen, dass die Konstitution gelenkt werden könne, ja scheint darauf zu dringen, um so den Prozess vor dem Forum der Vernunft auch verantworten zu können; andererseits beharrt sie stärker als jeder andere gesellschaftliche Bereich auf ihrem Eigensinn und widersetzt sich dem direkten Zugriff. Solche Eigensinnigkeit darf mit Naturwüchsigkeit nicht verwechselt werden: Zwar hat Kultur mit Natur gemeinsam, dass jeweils ein Fundament unterstellt wird, das das Leben erst zu tragen hat, hier das biologische, dort das gesellschaftliche, doch unterscheidet sie sich von dieser durch die Art des Fundaments. Das natürliche Fundament muss als schlechthin gegeben unterstellt werden – worin immer sein Ursprung liegen mag –, das kulturelle indessen ist als ein seinerseits Konstituiertes zu begreifen, das solch unvermittelte Priorität für sich nicht beanspruchen kann. Beide liegen jeglichem Handeln voraus, doch auf je andere Weise; die natürlichen Grundlagen sind nicht hintergehbar (auch wenn sie zerstört werden können), die kulturellen sind in einem langen geschichtlichen Prozess geschaffen worden und müssen stets neu hervorgebracht werden, nicht zuletzt im Prozess ihrer kritischen Aneignung. Die naturwissenschaftliche Forschung vergewissert sich der natürlichen Basis, und sei es nur, um sie technisch zu nutzen; die kulturelle Reflexion produziert – in unserer idealtypischen Konstruktion – die Grundlagen in Gestalt von gesellschaftlicher Verbindlichkeit bzw. Legitimität stets neu und hat sich der Gründe zu versichern, die sie stützen sollen. Und daraus ergibt sich jene grundsätzliche Reflexivität. Diese kulturelle Reflexion darf nicht mit derjenigen in der kulturwissenschaftlichen Forschung verwechselt werden; diese möchte sich eines kulturellen Gegenstandes vergewissern, ist also wie die naturwissenschaftliche Deskription ihrem Objekt nachgelagert und möchte ihn einholen (auch wenn natürlich nicht geleugnet werden soll, dass beides ineinander verschränkt sein kann), jene ist im kulturellen Leben selbst verwurzelt und bildet ihren Gegenstand erst im kommunikativen Prozess aus. Freilich kann die kulturwissenschaftliche Forschung hier Hilfestellung leisten; und dies wird ihr auch zunehmend abverlangt. Doch jene Verbindlichkeit – auch als Gemeinsinn zu bezeichnen, der die gemeinschaftlich akzeptablen Sinnsetzungen und Identitätskonstruktionen zu tragen hat – ist das Produkt von meist präsumtiven Vereinbarungen, die in der Gesellschaft, in den Akten der Kommunikation, ständig neu zu treffen und zu rechtfertigen sind; sie ist notwendig, wenn es irgend Halt geben soll, der dem gesellschaftlichen Leben Festigkeit verleihen kann. Als solch Vertrauen schaffen-

2. Kulturgeschichte und Kulturstaat

der Gemeinsinn ist Kultur etwas Objektives, wenn auch durch die Subjekte vermittelt, denn diese haben ja das Objektive in den kommunikativen Akten zu produzieren und zu reproduzieren. Weil auf diese Weise Objektivität und Subjektivität aufeinander angewiesen sind und auseinander hervorgehen, kann Kultur sich nur in dieser Spannung verwirklichen und entzieht sich erneut jeglichem unmittelbarem Zugriff.

Eine grobe Skizze mag den unterstellten Kulturbegriff noch ein wenig weiter ausziehen und schärfer umreißen; neben dem hier bevorzugten Ansatz gibt es selbstverständlich noch zahllose andere, vor allem all jene, die Kultur als Praxis begreifen und im Bereich des gesellschaftlichen Handelns ansiedeln. Als Kultur soll im Zusammenhang dieser Darstellung zum einen der Bereich der *Sinnsetzungen* verstanden werden, der jeglichem Handeln erst ein Profil gibt und die Ziel- und Zwecksetzungen benennt, an denen das Handeln sich ausrichtet, sowie zum anderen – und damit eng verbunden – der Bereich der *Identitätsbildungen*. Subjektive Sinnsetzungen orientieren sich an jenem Gemeinsinn – in der Spannung zu diesem – und setzen zugleich voraus, dass eine Identität zumindest unterstellt werden kann. Um im gesellschaftlichen Miteinander einen Sinn vertreten zu können, muss ich sagen können, wer ich bin, also über ein ausgebildetes Ich und ein Selbstverständnis verfügen. Und ein solches Selbst ist als Autor der Sinnsetzung – wie oben ausgeführt – stets dem doppelten Aspekt von Individualität und Kollektivität unterstellt. – Kultur ist demnach lebensweltlich – in den kommunikativen Prozessen selbst – verankert, auch in jener Subjekt-Objekt-Spannung, und stellt eine Reflexionsform von Praxis dar, ist aber nicht diese selbst oder zumindest – so das hier unterstellte Konzept – von dieser zu trennen. – Wenn *Sinn* als Grundkategorie eingeführt wird, so müsste eine zweite benannt werden: der *Wert* und der ihm zugeordnete Komplex der Moral. Doch kann das Verhältnis von Sinn und Wert hier nicht verfolgt werden, ebenso wenig wie dasjenige von Kultur und Moral; nur dass eine enge und hier nicht näher zu erläuternde Beziehung besteht, sei erwähnt. Was als Wert erachtet wird, hängt mit dem zusammen, was als Sinn unterstellt wird; beides wiederum verweist auf Identität und Selbstverständnis – als dem Zentrum dessen, was Kultur im hier zugrunde gelegten Verständnis ausmachen soll. Friedrich Nietzsches (1844–1900) Diktum kann in diesem Kontext zitiert werden: Der Mensch sei das „noch nicht festgestellte Tier", das eben erst bestimmen müsse, was es sei; die Ausbildung eines vertretbaren

2. Kulturgeschichte und Kulturstaat

Selbstverständnisses ist die eigentliche kulturelle Tat, nicht als abstrakte philosophische Definition, sondern die konkrete Festlegung in der Lebenspraxis, die freilich nur reflexiv erfolgen kann. Und allein diese – Bewusstheit voraussetzende – Reflexionsform soll hier interessieren.

Die Ansiedlung der Kultur in der Lebenswelt bedarf aber – gerade im hier angesprochenen Kontext – der Ergänzung durch einen zweiten Bereich, der ebenfalls eine Reflexionsform von Praxis darstellt. Dasjenige, was herkömmlicherweise als Kultur angesprochen wird, die sogenannte hohe oder ernste Kultur, also Kunst und Wissenschaft, auch Religion, Philosophie etc., ist damit gemeint. Beruht bereits die Daseinsform der Kultur auf einer primären Reflexion – durch die reflexive Brechung, welche dem Handeln erst Sinn verleiht und dem Selbst erst zur Bewusstheit verhilft –, so könnte die jetzt angesprochene Reflexionsform als zweite Reflexion bezeichnet werden, weil sie die erste zu ihrem Gegenstand erhebt. Die sehr weit gespannten Felder sind insgesamt dadurch charakterisiert, dass sie eine Relation zur Lebenspraxis herstellen und vielleicht nur in diesem Bezug ihre Legitimation finden: Jedes Kunstwerk lebt von diesem Verhältnis – wie immer dieses konkret aussehen mag; offensichtlich kann die Relation höchst unterschiedlich ausfallen und mannigfache Gestalt annehmen –, und jegliche (kulturelle) Theorie sucht dieses Verhältnis in Begriffe zu fassen, was wiederum zu höchst unterschiedlichen Resultaten führt. Weil aber dieser Grundbezug von so eminenter Wichtigkeit ist und weil die Fragen von Sinn und Identität in der „hohen Kultur" mit einer Radikalität gestellt werden wie kaum sonst, ist diese Sphäre von größter Relevanz und muss auch Politik und Gesellschaft berühren; ja diese sind ohne jene gar nicht denkbar.

Aus all dem folgt erstens, dass Kultur nicht direkt Objekt von Politik sein, ihre Produktion nicht verfügt werden kann und staatliche Stellen keine Direktiven zu erlassen haben, wie Kultur zu gestalten sei; zweitens aber kann eine Verantwortung des Staates – als Inkarnation des Kollektivsubjekts oder zumindest als dessen Beauftragter – nicht geleugnet werden, ja sie wird heute allenthalben erwartet. Wie ihr gerecht zu werden ist, ist dann eine zweite Frage. Der besondere Charakter des Objekts, der zunächst zu betonen war, muss Auswirkungen auf die Möglichkeit von Kulturpolitik haben und nötigt zu Sensibilität und Behutsamkeit; die Form einer Kulturpolitik – deren Notwendigkeit unabdingbar erscheint, schon um einen Rückfall in naturwüchsige Verhältnisse zu verhindern – ergibt

2. Kulturgeschichte und Kulturstaat

sich aus diesen Besonderheiten. Diese verlangen vom Staat Zurückhaltung, nicht aber seine Verabschiedung; Indirektheit ist das unerlässliche Charakteristikum. Dass der Staat in hohem Maße gefordert ist, zeigt die Reformdebatte der letzten Jahre, die eine wesentliche Ursache der gegenwärtigen Krise in dem prekären Zustand von Bildung und Kultur erblickt: Nicht nur wird ein positives Selbstverständnis unter dem Schlagwort einer Leitkultur eingeklagt – der Ort und die Beschaffenheit eines kulturellen Selbst sind offenkundig zweifelhaft –, sondern Bildung wird als zentrale Zukunftsaufgabe angesehen. Dabei wird Bildung nicht allein technokratisch als Ausbildung begriffen – als Bereitstellung und Sicherung von Ressourcen, die auch künftig ein erfolgreiches Wirtschaften erlauben –, sondern sie wird in den Zusammenhang jener Selbstverständigung gestellt, die eine kollektive Identität zu bestimmen hat. Ihr wird eine Integrationsleistung abverlangt; denn nur wenn möglichst viele ins kulturelle Kollektiv einbezogen sind, kann dieses Stärke gewinnen. Auf diesen Zusammenhang wird noch zurückzukommen sein.

Inhaltlich können die Bereiche einer Kulturpolitik, die sich aus dem eigentümlichen Status ergeben, relativ einfach beschrieben werden. Dies sind zum Ersten alle Fragen der Bildungspolitik, von der Grundschule bis zur Universität, zum Zweiten die traditionellen Formen der Kunst- und Kulturförderung, einschließlich der Bewahrung und Erhaltung des kulturellen Erbes, wie dies etwa im Denkmalschutz oder in der Unterhaltung von diversen Archiven, Museen, Bibliotheken und sonstigen „kulturellen Institutionen" sich ausdrückt. Die aus der föderalistischen Struktur sich ergebende *Kulturhoheit der Länder* legt die primäre Zuständigkeit fest, weshalb die Charakterisierung als Kulturstaat auch nur in den Landesverfassungen zu finden ist. Mitunter scheint es sogar so, als könnten die Länder ihre Eigenständigkeit allein über ihre Kultur- und Bildungspolitik erweisen, weshalb sie eifersüchtig darüber wachen, dass der Bund ihnen hier nichts wegnimmt. Und die Föderalismusreform des Jahres 2006 hat diese Haltung noch bestärkt. Dennoch gibt es Kompetenzen auf den beiden anderen Ebenen, auf Bundesebene vor allem eine Rahmenkompetenz und auf kommunaler Ebene eine im Einzelnen sehr differenzierte Zuständigkeit. Die überaus vielfältige Theaterkultur Deutschlands z. B. wird fast ausschließlich von den Gemeinden, meist den größeren Städten, getragen; ebenso unterhalten sie diverse Museen, Konzerthäuser etc., wenn auch nicht selten mit Unterstützung der Länder. In der Schulpolitik sprechen die Kommunen dadurch mit, dass sie als Träger der Schulen

2. Kulturgeschichte und Kulturstaat

fungieren, also die Gebäude und die „sächliche" Ausstattung zu finanzieren haben, meist wiederum unterstützt vom jeweiligen Land oder anderen übergreifenden Körperschaften.

Die inhaltlichen Schwierigkeiten, die sich für eine Kulturpolitik aus dem skizzierten Kulturbegriff und der gebrochenen Zuständigkeit des Staates ergeben, seien in drei Punkten kurz aufgerissen und konkretisiert; gleichzeitig werden damit Stichworte zur aktuellen Situation gegeben, welche einen Hintergrund für die nachfolgenden Überlegungen zeichnen mögen.

1. Wenn die Bildungspolitik als Herzstück jeglicher Kulturpolitik dem Staat überlassen oder ihm zumindest die Kontrolle dieses Bereichs übertragen wird, so impliziert dies, dass präzise gesagt werden müsste, welchen inhaltlichen Vorgaben sie folgen sollte und wie diese vernünftig zu legitimieren wären, etwa im Deutsch-, Geschichts- oder Sozialkundeunterricht. Welche Befugnisse soll der Staat – oder die im Staat verkörperte Gesellschaft – haben, wenn er Erziehungsideale oder -direktiven formuliert, denen die Pädagogen dann folgen sollen? Fraglos werden Rechte des Einzelnen berührt, wenn Formen der Identitätskonstitution vorgegeben werden – wie immer rigide –, an denen die Jugendlichen sich ausrichten sollen, sowohl die Rechte der Erzieher als die der Erzogenen. Eingriffe in das Elternrecht, die jede Schulpolitik impliziert, tangieren das Prinzip der Autonomie, das auch und gerade gegenüber dem Staat geltend gemacht werden muss. Aber haben Eltern alle Rechte an ihren Kindern? Oder hat die Gesellschaft ihrerseits Rechte an diesen? Wie wären diese zu formulieren und zu begründen? In welchem Maße schließlich darf die Identität des zu Erziehenden von den Erziehern vorweg bestimmt werden? Wenn einerseits jegliche Erziehung die Freiheit einschränkt, was nicht geleugnet werden kann, so wäre zu bestimmen, in welchem Maße und mit welchen Gründen das gerechtfertigt werden soll; und wenn andererseits Freiheit nur über die Integration in Gesellschaft und Kultur gewonnen werden kann, was wiederum nicht bestritten werden kann, so ist zu fragen, ob das festzulegende Maß an Verbindlichkeit die Freiheitsrechte beschneidet und wie das subjektive Moment, über das Gemeinschaftlichkeit ja grundsätzlich vermittelt sein soll, zu retten ist. Wie also ist das prekäre Verhältnis von Freiheit und Verbindlichkeit, von Objektivität und Subjektivität, konkret zu bestimmen? Und auf welche Weise kommt Vernunft hier zur Geltung? Als austarierende Kraft, welche die Verhältnisse ins rechte Lot bringt? Wie aber sieht dieses Lot aus? Die Relation von Einzelnem und Ganzem, welche die bürgerliche

2. Kulturgeschichte und Kulturstaat

Gesellschaft und Kultur insgesamt prägt, dürfte nirgends so schwierig und so konkret sein wie im pädagogischen Bereich.
2. Ebenso ungenau und zwiespältig ist der zweite Bereich der Kulturpolitik, mit Kultur als Objekt der staatlichen Förderung und Pflege: Kultur bekommt hier leicht einen Status, welcher sie zu etwas Abseitigem macht. Sowohl die „Pflege" der in Museen aufbewahrten „Schätze der Vergangenheit", die durch diese Benennung schon den Rang von Preziosen erhalten, deren konkrete Bedeutung für die gegenwärtige Gesellschaft zweifelhaft ist, als auch die Förderung von Gegenwartskunst – oder anderer sogenannter „kultureller Aktivitäten" – scheinen jeweils Gebieten zu gelten, die außerhalb der eigentlichen Gesellschaft angesiedelt sind und die der Hege in besonderen Reservaten bedürfen. Dabei ist den Beteiligten die Vergeblichkeit meist bewusst, denn die Walze der modernen Gesellschaft werde die Bedrohten eben doch überrollen. Daraus entsteht nicht selten ein melancholischer Zug. Kultur erhält in solcher Pflege die Funktion der Kompensation: Als Freizeitbeschäftigung darf sie die „eigentliche" Betätigung der Bürger nicht tangieren, soll aber „nach getaner Arbeit" Unterhaltung und Erholung ermöglichen; der Bildungsgourmet ist die neue Spezies, die in der Reduktion – insbesondere der Kunst – auf den bloßen – aber natürlich höchst verfeinerten – Genuss ihr Genüge hat. Zugleich empfiehlt sich Kultur als unverbindlicher Gegenstand für Sonntagsreden aller Art, auch als Ausweis von „Bildung", welche für das Sozialprestige noch immer relevant ist. Neuerdings soll Kultur den Wirtschaftsstandort Deutschland sichern helfen, gewissermaßen als Demonstration, dass das Leben „nicht nur" durch die Wirtschaft bestimmt ist, sondern sich auch in anderem ausdrücke und anderes hervorbringe, als Nachweis also, dass zum attraktiven Wirtschaftsstandort auch ein nobler Freizeitpark gehöre. Damit ist ein zentraler Aspekt benannt, der ihren gegenwärtigen Ort kennzeichnet: In ihr manifestiert sich ein „schlechtes Gewissen". Dass die Gesellschaft in der Wirtschaft nicht aufgehen, sondern diese jener gegenüber nur eine dienende Funktion haben dürfe, ist eine noch immer präsente Ansicht, die an Kraft zwar stark verloren hat, aber noch nicht über Bord geworfen wird, weshalb auch – noch? – die Kultur nicht in Frage gestellt wird. Dass aber an den Ausgaben im kulturellen Bereich als erstes gespart werden dürfe oder müsse, wenn Staat und Gesellschaft in finanzielle Schwierigkeiten geraten, ist eine Meinung, die nicht nur von Finanzministern vertreten wird; auch dies offenbart die Einschätzung des kulturellen Bereichs als Luxus, der eben eingeschränkt werden müsse, wenn Notlagen eintreten, und auf den auch, ohne dass substanzielle Einbußen zu verzeichnen wären, verzichtet werden kön-

2. Kulturgeschichte und Kulturstaat

ne. Die apologetische Rede von der „Notwendigkeit der Kultur" steht damit leicht unter dem Verdacht des Ideologischen und bekommt einen falschen Zungenschlag. – In solcher Skizze der gegenwärtigen Kultur erscheint diese nur noch im Zustand der Depravation. Etwas ehemals Großes ist klein und hässlich geworden und vermag sich gegen den Abstieg nur zu wehren, indem es einmal an der letzten verbleibenden Funktion – der Kompensation – verbissen festhält und zum anderen auf dem Stachel beharrt, der böse gegen das gängige Selbstbild der Gesellschaft gerichtet ist und dieser nicht gestattet, restlos in dem aufzugehen, was sie wohl zu sein scheint, die pure Wirtschaftsgesellschaft. Wollte man ihren Ort in einem Bild umreißen, so wäre dies irgendwo zwischen *fünftem Rad am Wagen* und *gefallenem Engel* anzusiedeln.
3. Dennoch bleibt sie von Bedeutung. Erst jüngst hat ein renommierter Politologe, Klaus von Beyme, die Kultur als eine von vier Säulen bezeichnet, auf denen die vollständige Legitimation des Staates ruhe: Neben dem Selbstverständnis als Rechtsstaat, dem politischen als demokratischer Staat sowie der Ausrichtung als Wirtschafts- und Sozialstaat sei das Selbstverständnis als National- oder Kulturstaat von Relevanz. Alle modernen Staaten suchten eine Balance zwischen den vier Säulen; eine solche sehe in den einzelnen Gesellschaften je anders aus, nicht zuletzt, weil sie eine je andere Geschichte gehabt haben. In Deutschland erscheint die geforderte Gleichgewichtslage deshalb besonders heikel, weil einmal die politische Legitimation – als demokratischer Staat – sehr spät erreicht worden und zum Zweiten die Idee der Kultur-Nation dem politischen Nationalstaat vorausgegangen ist und die Vorstellung der Nation – oder das darin enthaltene Bild der Kultur – vielfältig missbraucht worden ist.

2.1.1 Kulturkonzept und Geschichte – Von der Aufklärung zum romantischen Konzept des Kulturstaates

Will man das Selbstverständnis als Kulturstaat historisch genauer fassen und dem ihm immanenten Anspruch gerecht werden, muss man auf den Ursprung des Konzepts zurückgreifen; dann kann auch erläutert werden, wie jene Depravation – zugehörig zum sogenannten deutschen „Sonderweg" – zustande gekommen und was vom frühen Ansatz übrig geblieben ist. Sicherlich hat jegliches Staatsverständnis von der Antike bis in die Gegenwart entsprechende Implikationen, weil die Vorstellung des Staates selbst kulturellen Ursprungs ist; und fraglos wird diese Einbettung von der Philosophie des Politischen seit je auch thematisiert, vorwiegend

2. Kulturgeschichte und Kulturstaat

unter systematischem Blickwinkel, unter kulturhistorischer Perspektive vielleicht erstmals von Jacob Burckhardt (1818–1897) in den aus dem Nachlass veröffentlichten *Weltgeschichtlichen Betrachtungen*. Doch kann auch festgehalten werden, dass Kultur in der Moderne eine neue Gestalt angenommen hat, die sich von allen früheren Formationen abhebt und folglich auch ein Verhältnis zum Staat begründet, das es in dieser Form zuvor nicht gegeben hat. Kein Zufall, dass wir dann gleich wieder bei den Ursprüngen der bürgerlichen Gesellschaft und Moderne ankommen. Der Kulturbegriff, wie er in der Zeit von der Aufklärung bis zur Romantik formuliert wurde, liegt dem zugrunde und muss in seiner Zielsetzung und Geschichtlichkeit gewürdigt werden. Das ist nur möglich, wenn man zum Ersten das systematische Paradigma herausarbeitet, welches die Kultur der Moderne generell prägt, und sich zum Zweiten die historischen Umstände vergegenwärtigt, die die Diskussion in Deutschland ausgelöst und determiniert haben. Die Brechung beider Linien gibt der Konstellation das Profil.

Die systematische Ausrichtung ist durch zwei Momente charakterisiert: *Erstens* hat die Moderne zur bekannten Ausdifferenzierung der Sphären geführt, denen früh eine beträchtliche Eigenständigkeit, ja Autonomie zubilligt wurde; zugleich aber blieb, auch für die Zeitgenossen sichtbar, eine untergründige Interdependenz gegenwärtig, die notfalls, sobald das Ganze ins Blickfeld treten sollte, auch zu thematisieren war. *Zweitens* kann als allgemeiner Grundzug des Zeitalters die Herausbildung des Nationalstaates bezeichnet werden, die in Deutschland bekanntlich anders verlaufen ist als in den großen westeuropäischen Staaten. Das Postulat des Nationalstaates bildete eine Folie für die Diskussion des Kulturstaates, denn die Nation hatte einen dreifachen Rahmen abzugeben: In diesem hatte sich nicht nur das politische Gebilde des bürgerlich-republikanischen Staates zu etablieren und das Marktgeschehen zu entfalten – man dachte ökonomisch meist in den Kategorien des „geschlossenen Handelsstaates" –, sondern in diesem war auch das Projekt der modernen Kultur zu denken und zu verwirklichen. Kultur wurde im 18. Jahrhundert in hohem Maße, auch wenn ihr ein starker universalistischer Zug mitgegeben waren, als nationale Kultur vorgestellt. Dies muss im Einzelnen charakterisiert werden.

Wirtschaft und Gesellschaft, Politik und Recht sowie Moral und Kultur können als Sphären angesprochen werden, die sich gegenüber einer vordem geschlossenen Welt verselbständigt haben, in welcher die Bereiche – fast ungeschieden – ineinander übergegan-

2. Kulturgeschichte und Kulturstaat

gen waren. Wie solche Verkettung im Detail vorzustellen ist und ob sie durch die christliche Grundierung ausreichend beschrieben ist, muss hier nicht diskutiert werden. Auch mag die Frage, ob solche Einheit nicht eine Projektion sei, die aus späterer Sicht – nach dem Erlebnis des Zerfalls – an die Vergangenheit herangetragen werde, durchaus berechtigt sein; doch auch ihr soll nicht nachgegangen werden. Allein die Erfahrung des Zerfalls und seine – soziologische – Deskription im Bild einer Verselbständigung der Teile sei festgehalten. – Solche Ausdifferenzierung impliziert eine große Unabhängigkeit, sodass die Fragen der jeweiligen Kreise getrennt voneinander diskutiert werden konnten. Für den Bereich der Kultur hieß dies, dass ihr eine Autonomie zugestanden wurde, die recht bald den Charakter einer Nische annehmen sollte und später – im Bereich der Kunst, insbesondere im *l'art pour l'art* des 19. Jahrhunderts – zur völligen Verselbständigung und Loslösung führte. Und dies wiederum bedeutete, dass die Fragen von Politik und Gesellschaft unabhängig von denen der Kultur diskutiert und behandelt wurden; als vermeintlich technische oder organisatorische schienen sie des Rückhalts nicht zu bedürfen. Kultur bildet seitdem nicht selten einen dunklen oder schwarzen Untergrund, den es besser auszublenden gilt, sollen die sonst unbefragten Zielsetzungen von Wirtschaft und Politik nicht fragwürdig werden; in dieser Rolle wird die kulturelle Moderne mitunter auch als „Gegenmoderne" bezeichnet.

Diese Ausdifferenzierung muss ihrerseits, soll sie umfassend interpretiert werden, in einem doppelten Zusammenhang gestellt werden: Der Zerfall der alten – traditionalen – Ordnungen der feudalen Ständegesellschaft und des absolutistischen Staates gab *zum einen* – wie oben bereits beschrieben – den Weg frei für die bürgerliche Gesellschaft der Freien und Gleichen, die sich politisch im Rechts- und Verfassungsstaat organisierten und wirtschaftlich auf das Marktmodell der kapitalistischen Ordnung setzten (oder sich ihm unterzuordnen hatten). Mit der alten Ordnung büßten *zum anderen* Kirche und Religion ihr Deutungsmonopol ein und mussten ihren Platz zugunsten von Vernunft und Öffentlichkeit räumen; diese hatten die offenen, von Liberalität und Toleranz bestimmten Diskussionen zu ermöglichen. Die Sinnsetzungskompetenz wanderte von der Religion zur säkularen Kultur, die damit ein gewaltiges Erbe antrat, ihrerseits aber kaum ein Geschlossenes und Ganzes darstellte, sondern in unendliche Facetten aufgesplittert war. Ausdifferenzierung und Säkularisierung der Kultur sind zwei Seiten

2. Kulturgeschichte und Kulturstaat

einer Medaille. Der Kollektivsingular Kultur, den es zuvor – vor dem Ende des 18. Jahrhunderts – in dieser Gestalt nicht gegeben hat, steht am Ende des Prozesses, der damit auch semantisch abgeschlossen wird. Den Weg dahin hat Max Weber (1864–1920) unter dem Stichwort der „Entzauberung" beschrieben, die tiefe Wurzeln in der christlichen Tradition selbst hatte und im Protestantismus zu einem ersten Höhepunkt gelangt war; die „magischen" Praktiken wurden zunehmend von einer Rationalisierung abgelöst und der Glaube in hohem Maße subjektiviert, die Stellung des Subjekts also aufgewertet, zuletzt noch einmal mit einem starken Schub im Pietismus des 18. Jahrhunderts. Und nicht zuletzt dies führte dazu, dass die Religion selbst reflexiv wurde und auf diese Weise eine starke Stellung innerhalb der säkularen Kultur behaupten konnte. Solche zunächst innerreligiös ausgebildete Rationalität und Reflexivität konnte dann ohne allzu große Schwierigkeiten auf die säkulare Kultur übertragen werden: In der ständigen Selbstbespiegelung und in der grundsätzlichen Selbst-in-Frage-Stellung erst realisiert sich seitdem das, was als Kultur bezeichnet wird. Die Verkündigung der Lehre in der Kirche stand noch – im langen Zeitalter eines ungebrochenen Christentums – unter dem Anspruch einer unbefragten oder unbefragbaren Wahrheit, die unmittelbar zu setzen und zu verkünden war (wie immer; im Einzelnen ist dies ein komplizierter Prozess); jetzt galt, dass die stets nur vorläufigen Wahrheiten im Prozess der nicht abschließbaren, von den Subjekten zu leistenden Reflexion zu bilden seien, dass Wahrheit als anzustrebendes Ziel zwar nicht aufzugeben war, aber den Status eines bloßen Telos anzunehmen hatte. Autonomie der Subjekte, offene Kommunikation und reflexive Kultur bedingen sich wechselseitig.

Die Nation als Rahmen für die bürgerliche Emanzipationsbewegung bedeutete wiederum zweierlei: *Zum Ersten* enthielt die republikanische Idee die Vorstellung, dass dem absolutistischen Staat das neue Prinzip der Volkssouveränität entgegenzusetzen und damit ein demokratisches Selbstverständnis zu begründen sei, das dann Verfassung und Recht zum Kern des Staats erhob; Kant vor allem hat diesen – hier im Einzelnen nicht zu erläuternden – Zusammenhang prägnant herausgearbeitet bzw. die theoretischen Ansätze formuliert, auf welche die Theoretiker der Demokratie sich bis heute berufen. Und *zum Zweiten* wird mit der Eigenart der Nation der Untergrund, der das Gebilde zu tragen hat, neu konzipiert, als nationales Fundament, das ein kulturelles Selbstverständnis erforderte. Verschiedene Vorstellungen gehen in diesen Prozess

2. Kulturgeschichte und Kulturstaat

ein: Die rationale Lebensführung, wie sie seit dem 16. Jahrhundert von der Kaufmannschaft gelebt wurde, bildete mit der Fixierung auf Arbeit und Eigentum – statt der Ausrichtung an den ständischen Ritualen – einen Hintergrund für eine neue Form bürgerlicher Selbstachtung; das Eigentum verkörperte ein neues Sicherheitsmoment, nachdem die alten Bindungen zerfallen waren und das Individuum aus dem überlieferten Kosmos herausgefallen war, und Arbeit stellte die neue Form der Selbstverwirklichung dar. Und ebenso spielte die Orientierung an den Eigenheiten des Volkes oder der Nation eine Rolle, als der kulturellen Größe, die – bewusst von den Konventionen der Höfe abgesetzt – ein neues Selbstverständnis konstituieren sollte. Nicht mehr die Vorgaben eines religiösen – christlichen – Denkens sollten das Ganze des Kollektivs tragen, sondern der geschichtlich gewordene Volkscharakter hatte diese Rolle zu übernehmen, später dann der Entwurf einer eigenständigen – nicht mehr höfischen oder kirchlichen – Kultur. Recht naiv wurde der Volkscharakter nach dem Vorbild der Individualpsychologie gedacht; gleichsam als Persönlichkeiten hätten die Völker sich im Laufe der Jahrhunderte entwickelt und ausgebildet. Die Religion wird in die Privatsphäre abgedrängt, häufig auch die Moral, und erscheint nur als Option, die für den Einzelnen offen steht, wenn er für sich festlegen will, was ihm als sinnvoll gelten soll. – Selbstverständlich ist dies alles ein sehr langsam ablaufender Prozess, von dem noch nicht einmal zu sagen ist, dass er bis heute abgeschlossen ist; und fraglos auch gehen – zumindest in den frühen Phasen – christlich und national bestimmtes Selbstverständnis auf der politischen und der kulturellen Ebene ineinander über. Auch weist die universalistische Tendenz im neuen Kulturbegriff auf entsprechende christliche Vorstellungen zurück, die jetzt, säkularisiert und auf eine allgemeine Vernunft bezogen, ein neues Gesicht annehmen. Noch lange Zeit sind die Grenzen fließend; hier kann nicht mehr als eine grundsätzliche Tendenz festgehalten werden.

Die besonderen *politisch-historischen Umstände* dieses Prozesses in Deutschland, die von den allgemeinen Parametern abzuheben sind, sind dadurch charakterisiert, dass die Verselbständigung der Kultur einsetzt, als Deutschland politisch noch keine handlungsfähige Einheit darstellt. Das *Heilige Römische Reich deutscher Nation* ist am Ende des 18. Jahrhundert bereits geschwächt und in zahllose Einzelstaaten zerfallen, jeweils mit großer Autonomie ausgestattet. Die Emanzipationsbewegung des deutschen Bürger-

2. Kulturgeschichte und Kulturstaat

tums vollzieht sich so nicht im Rahmen eines bestehenden Nationalstaates wie etwa in England und Frankreich, sondern drängt allenfalls auf dessen Herstellung. Vor der Revolution in Frankreich ist solches Drängen äußerst zaghaft; und selbst danach bildet das ausdrückliche Festhalten an den regionalen Eigentümlichkeiten eine Besonderheit der deutschen Geschichte. Auch hat sich zu diesem Zeitpunkt ein modernes Wirtschaftsbürgertum – als Bourgeoisie, die sich vom älteren städtischen Bürgertum deutlich unterscheiden wird – noch kaum etabliert, verfügt also auch nicht über eine ökonomische Basis, die eventuellen politischen Forderungen Nachdruck verleihen könnten. Die Emanzipation wird zunächst im Schutze der Höfe gesucht und von aufgeklärten Monarchen auch – wie etwa vom preußischen König Friedrich II. in Potsdam oder dem Herzog Karl August in Weimar – auf recht unterschiedliche Weise gewährt; freilich zielte diese Emanzipation weniger auf politische Partizipation als auf kulturelle Autonomie, der dann – ein wenig zeitversetzt – die ökonomische als gleichwertig an die Seite zu stellen war. So ist der Begriff der Nation, der in den Debatten am Ende des 18. Jahrhunderts zugrunde gelegt wird, in der Regel nicht politisch bestimmt, sondern kulturell; die Eigenart des Volkes, das – wie verdeckt immer – als zukünftiger Souverän vorgestellt wird, gilt es zu beschreiben. Solche Eigenart aber, so die allgemeine Erwartung, findet sich in seiner Kultur.

Der neue, auf Humanismus und Aufklärung zurückgehende Kulturbegriff hatte somit zwei Wurzeln, zum einen die veränderten Lebensformen, die sich aus der Verpflichtung auf eine ökonomische Rationalität ergaben, und zum anderen die Orientierung an der Kultur-Nation. Der Lebenssinn des Einzelnen resultiert nicht mehr aus der Einbettung in die übergreifenden Stände, sondern ist als Aufgabe dem individuellen Subjekt zugewiesen; die bürgerliche Selbstverwirklichung ist an Arbeit gekoppelt, welche als neue positive Kategorie eine eminente Rolle spielt. Arbeit erscheint als Medium der Selbstverwirklichung und nicht allein als Mühsal und Plage. Max Weber hat dies – die Entwicklung des modernen Kapitalismus aus dem Calvinismus und Protestantismus – in seiner grundlegenden Studie aus dem Jahr 1904 – *Die protestantische Ethik und der Geist des Kapitalismus* – eindrucksvoll beschrieben: Was durch Arbeit und „innerweltliche Askese", den Verzicht auf Sinnenlust und Genuss, erreicht wird, dürfe sich, so die religiös vermittelte und soziologisch höchst relevante Legitimation, die hier nur sehr verkürzt wiedergegeben werden kann, als Eigentum und Reichtum

2. Kulturgeschichte und Kulturstaat

vergegenständlichen, weshalb die Sicherung des Eigentums fortan eine herausragende Rolle spielen und auch die Diskussion über Recht und Verfassung bestimmen wird. Der bürgerliche Entwurf einer rationalen Lebensführung orientiert sich an Arbeit und Erwerb; als Leistung gilt, was zu Reichtum und Wohlstand führt. Der bis heute relevante Leistungsbegriff setzt vornehmlich auf die ökonomisch sich auszahlenden Tätigkeiten. Alles Tun, das nicht unmittelbar finanziell zu Buche schlägt, ist fast schon minderwertig oder anrüchig, oder es wird, Kehrseite dessen, zur heroischen Tat glorifiziert, die nur dem Genie – dessen Prototyp ist der Künstler – gelingen kann und die sich mit dem Ruhm als Entgelt zu begnügen hat. – Als kulturelles Muster jedoch, das Identität versprechen soll, erscheint die ökonomische Ausrichtung nicht ausreichend, zumal es schwerlich als jenes Ganze zu fungieren vermag, das bislang der Fürst und sein Hof, vor allem aber die Kirche zu verkörpern hatten; auch konnte die innerweltliche Askese schwerlich als Widerpart der je individuellen Identität auftreten. Hier hatten Nation und Kultur einzuspringen. Seit dem 18. Jahrhundert ergänzte der Verweis auf Kultur und Bildung die bisherigen Orientierungsrahmen; die Leerstelle, welche die Religion im Zuge ihrer Säkularisierung hinterlassen hatte, war zu füllen und die Einseitigkeit einer nur ökonomisch-sozialen Orientierung zu kompensieren.

Derjenige, der den neuen Nationsbegriff am genauesten herausgearbeitet hat, ist Johann Gottfried Herder (1744–1803), der noch ganz dem aufklärerischen Denken zugehört; er sucht die Völker aus der Besonderheit ihrer Sprache, Religion und Geschichte zu begreifen und unterstellt, dass ein Volkscharakter sich bereits entwickelt und entfaltet habe und im nachhinein erkannt und beschrieben werden könne. Sein Nationalitäts- und Kulturbegriff ist retrospektiv angelegt und möchte etwas scheinbar Verborgenes ins Bewusstsein heben. Unübersehbar bilden christliche und organologische Vorstellungen den Hintergrund des ansonsten geschichtsphilosophischen Denkens: Aus Gottes Schöpfung hervorgegangen, sollen sich die Kulturen wie Pflanzen entwickeln können und bedürfen der Pflege. Gleichwohl wird Kultur auch gesellschaftlich begriffen; sie ist Mittel der Vergesellschaftung sowie Voraussetzung der geselligen Betätigung und dient letztlich einer „Bildungsgeschichte der Menschheit". Das heißt, dass sie nicht nur auf den ethnischen oder regionalen Volkscharakter festgelegt ist, sondern ein universalistisches Fundament hat, das Ideal der Humanität, auf welche als einem Fluchtpunkt die nationalen Besonderheiten zu beziehen sind. Uni-

2. Kulturgeschichte und Kulturstaat

versalistisch sind vor allem die Autonomie begründenden Moralvorstellungen, wie Kant sie dann – den langen Reflexionsprozess der Aufklärung abschließend – theoretisch gefasst hat; Identität aber ist, so das Denken am Ende der Aufklärung, national bestimmt. – Reflexiv ist die Kultur, wie Herder sie entwirft, weil in ihr das Individuum und das Ganze von Volk und Kultur aufeinander bezogen werden; aus solcher Relation legitimieren sich beide Seiten. Zu verstehen ist sie als Kern der jeweiligen Gesellschaft, als Produkt von Gewerbe und Technik, auch von Wissenschaft, Künsten etc. Zwar wird das allgemeine Humanitätskonzept keineswegs als realisiert angesehen wird; doch wird die bisherige Gesellschaft nicht mit einem Gegenbild konfrontiert, das durchzusetzen sei, gar aggressiv, und die Defizite zu beseitigen habe. Sein Konzept verfügt nicht über unmittelbar politische Akzente und bleibt der vorrevolutionären Aufklärung in Deutschland verhaftet, die nicht auf schnelle Veränderung drängt, sondern auf langsame Entwicklung hofft und stärker retrospektiv denn progressiv ausgerichtet ist. Die bürgerliche Kultur, die im 18. Jahrhundert gelebt wird und den Hintergrund für das Denken Herders bildet, ist noch weitgehend apolitisch und folgt allenfalls gesellschaftlichen Ambitionen, stellt die Machtfrage aber nicht; das Bürgertum setzte – später erst aus wirtschaftlichen Gründen – auf eine allmähliche Umwandlung der traditionalen Ständegesellschaft und glaubte dies durch Reformen erreichen zu können.

Diese Zurückhaltung wird mit der Französischen Revolution in ein neues, grelles Licht gestellt, der Rückzug ins Apolitische durch den Kontrast geradezu entlarvt. Die Revolution im Nachbarland verändert das politische Denken in Deutschland grundlegend – wenn auch nicht überall von heute auf morgen – und setzt mit der Forderung nach Freiheit, Gleichheit und Brüderlichkeit so eindeutig politische Akzente, dass dahinter kaum zurückgegangen werden kann. Die veränderten Erwartungen und Einstellungen sind insbesondere unter den Intellektuellen zu spüren, etwa im Tübinger Stift, einer theologischen Ausbildungsstätte, welche eine geistige Elite heranbilden wollte. Die philosophischen Ansätze dreier junger Studenten – Georg Wilhelm Friedrich Hegel (1770–1831), Friedrich Hölderlin (1770–1843) und Friedrich Wilhelm Joseph Schelling (1775–1854) – sind ohne den Paukenschlag der Revolution nicht zu denken; der deutsche Idealismus, als dessen Hauptvertreter Hegel und Schelling gelten können, ist – u. a. – eine Reaktion auf die Umwälzung in Frankreich. Die Phase der positiven Resonanz allerdings ist kurz; der Terror in Paris und die nachfolgende Herrschaft Napo-

2. Kulturgeschichte und Kulturstaat

leons – vor allem in der langen Zeit der Besetzung Deutschlands durch französische Truppen – haben großen Einfluss auf die weitere Auseinandersetzung. Die Begeisterung weicht einer ernsten Kritik, die Zustimmung schlägt in nachdenkliche, manchmal auch brüske Ablehnung um. Diese Konstellation bestimmt die Diskurse um 1800, vornehmlich die romantischen Vorstellungen, die einen zweiten wichtigen Abschnitt im Denken über Kultur und Nation darstellen werden. Hier erst wird das moderne Konzept des Kulturstaates geboren, das bis heute wirksam ist; ihm sind die Koordinaten seiner Geburtsstunde sehr genau eingezeichnet.

Die Kritik an der Französischen Revolution, vorgetragen von Schiller bis zu den Romantikern, lautete nicht, dass die Revolution etwas Böses sei, das rückgängig zu machen, auch nicht, dass sie zu weit gegangen und etwa auf ein vernünftiges Maß zu beschneiden, sondern dass sie nicht weit genug gegangen sei. Weil die Revolution in Frankreich nur einen beschränkten Bereich innerhalb der Gesellschaft erfasst habe, den politischen, sei sie in Terror und Gewalt gescheitert; doch könne ihr positives Grundkonzept aufgegriffen und aus der Verengung befreit werden. Der Umbruch des Zeitalters müsse in einer die gesamte Kultur umfassenden Umwälzung fortgesetzt werden – auf reformerische, unblutige Weise – und könne auch erst vollendet werden, wenn ein Ganzes auf radikale Weise neu gesetzt werde. Als ein in unendlicher Reflexion zu entwerfender Komplex sei Kultur zu begreifen, auch als Perspektivpunkt, der auf Subjektivität zwar zu beziehen, nur von dieser aus zu denken sei, der ihr aber doch als ein Anderes gegenüberstehe, zu ihr einen Kontrapunkt bilde und sie erst zu ermöglichen habe. Autonome Subjektivität und reflexive Kultur sind die beiden aufeinander bezogenen Eckpunkte der Moderne, wie sie jetzt – vor allem von der Romantik – als Antwort auf die Französische Revolution gedacht wird. Die Vorstellung, dass die Mitte erst hervorzubringen, dass Kultur Produkt eines per se unabgeschlossenen, von den Subjekten zu leistenden Reflexionsprozesses sei, ist das eigentlich Neue. Für Herder und die Aufklärung war die Kultur eines Volkes noch etwas Gegebenes, das in einer langen Geschichte gewachsen war und dessen man sich intellektuell zu vergewissern hatte; für Johann Gottlieb Fichte (1762–1814), dem wichtigsten – manche sagen: dem eigentlichen – Philosophen der Romantik, und seine Zeitgenossen ist sie ein Projekt, das es zu entwerfen und das es dann – vor allem pädagogisch – zu realisieren gilt. Ein solches, im Kern erzieherisches Konzept hat die nachrevolutionäre Generation von Intellektu-

2. Kulturgeschichte und Kulturstaat

ellen beflügelt, von Schiller bis Humboldt und Schleiermacher; Fichte artikuliert es in besonders scharfer Form und bringt damit den zentralen Impuls auf den Punkt. Nicht mehr oder nicht mehr nur eines in der Vergangenheit angesammelten Reichtums solle man sich erfreuen, dürfe ihn nicht nur betrachtend vergegenwärtigen – doch dies gewiss auch –, sondern müsse ein Ganzes – als Inbegriff oder Fluchtpunkt aller Sinnsetzungen – erst gewinnen. Der Gedanke der Hervorbringung – und sei es im Akt der kritischen Aneignung – wird jetzt ins Zentrum gestellt. Verbunden wird dies bereits bei Fichte mit der apokalyptischen Ankündigung, dass Untergang drohe, wenn dies nicht gelänge.

So taucht auch der Begriff des *Kulturstaates* – erstmals wohl und nicht zufällig – bei Fichte auf, in den 1804–1805 gehaltenen Vorlesungen über *Die Grundzüge des gegenwärtigen Zeitalters*. Fichte spricht dort noch von der Zwecksetzung des Staates, der „Errichtung absoluter Gleichheit, der persönlichen sowie der bürgerlichen Freiheit aller", die er nicht zuletzt durch das Christentum verbürgt sieht. In der Fortsetzung der Vorlesungsreihe, den berüchtigten, im Winter 1807–1808, also nach der Niederlage von Jena und Auerstedt gehaltenen *Reden an die deutsche Nation*, wird dann ein Kulturkonzept entwickelt, das jenen Bruch reflektiert. Das gilt es festzuhalten gegenüber einer – fraglos berechtigten – Kritik an den *Reden*; diese kennen überaus schrille Töne und predigen einen Nationalismus, der angesichts der späteren Auswüchse schwer zu verteidigen ist. Doch beschreiben sie erstmals auch das Projekt der Kultur als eines, das erst eingelöst werden müsse. Kultur erscheint jetzt als „Zweck" des Staates, ist ihm also nicht vorgegeben, sondern sei erst zu gewinnen. Der Aspekt der Produktion, der Kultur die Naturwüchsigkeit nimmt und den Akt der Hervorbringung betont, ist vor Fichte von niemandem so scharf akzentuiert worden. Und das ist ein Kennzeichen der Moderne.

Unübersehbar ist solches Denken nicht nur das Ergebnis der ambivalenten Haltung gegenüber der Revolution, sondern auch Produkt der Besatzungszeit gerade in Preußen; der Schock der Überwältigung durch die napoleonischen Truppen saß tief. Das Gefühl, an ein Ende gelangt zu sein, gestattete nicht, zu der Zeit vor dem Epochenereignis zurückzukehren; dazu war der Einschnitt zu gravierend. Gleichzeitig schien es undenkbar, sich die eigene Zukunft durch die fremde Macht vorgeben zu lassen; der dem Gedanken der Autonomie verpflichtete Stolz verbot dies. Und beides zusammen zwang zu dem – nur auf den ersten Blick einfachen –

2. Kulturgeschichte und Kulturstaat

Gedanken, dass die Zukunft das Resultat des Bruches sein müsse, den man gerade erlebt hatte. Ihr Entwurf hatte das Ergebnis einer Reflexion zu sein, die diesen aufarbeitete. Die bloße Fortführung der Tradition, die sich über den Einschnitt hinwegsetzen möchte, gar um ihn zu vergessen oder rückgängig zu machen, erschien seitdem selbst konservativen Theoretikern nicht vorstellbar. Das konservative Denken, das sich in moderner Form jetzt erst entwickelte, ist seinerseits eine Reflexionsfigur, das den naiven – vorrevolutionären – Traditionalismus ablöst, weil dieser eben nicht fortgeführt werden konnte, vor allem nicht in einer unbefragten Gestalt, sondern der Legitimation bedurfte, und sei es nur im Akt der Selbstvergewisserung.

Gewiss galt es weiterhin – so die Intellektuellen um 1800 –, sich die Geschichte anzueignen, doch aus der Perspektive der je gegenwärtigen Erfahrungen, was als produktiver Prozess gedacht wurde. Im genauen Rekurs auf die Geschichte sei ein Selbstverständnis der Gegenwart zu formulieren; dieses muss sich vor jener legitimieren und kann Schärfe nur gewinnen, sofern es den Bezug präzise benennt. Das Vorhaben setzte zum einen einen Begriff von Geschichte voraus, an dem es sich abarbeiten konnte, und unterstellte zum anderen, dass Geschichte selbst nur in solchem Reflexionsprozess Gestalt gewinnen könne. Sie sei nicht die Ansammlung eines vergangenen Geschehens, das beliebig zur Verfügung stünde und angeschaut werden könne, sondern das Bild, das die jeweilige Gegenwart entwerfe, nicht willkürlich, doch als Konstruktion, deren je gegenwärtigen Prämissen erkennbar bleiben müssten. So nicht zuletzt Goethe in einem berühmten Diktum: „Dass die Weltgeschichte von Zeit zu Zeit umgeschrieben werden müsse, darüber ist in unseren Tagen wohl kein Zweifel übrig geblieben. Eine solche Notwendigkeit entsteht aber nicht etwa daher, weil viel Geschehenes nachentdeckt worden, sondern weil neue Ansichten gegeben werden, weil der Genosse einer fortschreitenden Zeit auf Standpunkte geführt wird, von welchen sich das Vergangene auf eine neue Weise überschauen und beurteilen lässt".

Vergangenes Geschehen und gegenwärtige Reflexion bilden eine kaum auflösbare Einheit. Aus diesem Impuls entsteht die zuvor nicht vorstellbare Form einer Geschichtsphilosophie, welche die konstitutive Relation zu thematisieren und die Bedingungen zu bedenken hatte, unter denen überhaupt von Geschichte gesprochen werden konnte. Dieses neue Konzept und der jetzt gebildete Kollektivsingular Geschichte signalisieren, dass die Parameter, in denen

2. Kulturgeschichte und Kulturstaat

Identität zu denken war, sich verändert hatten; eine Kulturtheorie konnte ohne Geschichtsphilosophie nicht mehr konzipiert, ein Selbstverständnis nur als geschichtliches formuliert werden. Die bürgerliche Moderne bekommt ihr Gesicht durch die Geschichte und kann ihren Kern nur in historischen Kategorien beschreiben. So ist es auch kein Zufall, dass der Gedanke eines Endes der Moderne früh schon mit der Vorstellung eines Endes der Geschichte verbunden war, nicht in Gestalt eines nicht mehr überbietbaren Abschlusses, sondern als Verlust der Fähigkeit oder des Willens, ein Selbst historisch zu denken und zu entwerfen; in der Idee der Postmoderne ist ein Posthistoire enthalten.

In der romantischen Hermeneutik wird das gesamte Vorhaben reflektiert, insbesondere von Friedrich Schleiermacher, und mit einer Theorie der Interpretation verbunden, welche die Prozesse der Sinnkonstitution und -rezeption zum Gegenstand der Beobachtung erhebt. Offensichtlich verlangte das kompliziert gewordene Verstehen nach Aufklärung über sich selbst und schien nur legitimierbar, wenn die Abläufe begrifflich exakt darzustellen waren. Auch dies ist ein Prozess der Selbstreflexion. Dabei war sowohl die Geschichtlichkeit des Verstehens wie auch der Zusammenhang von Sinnsetzung und Selbstverständnis zu thematisieren, also die Vorgänge insgesamt, welche in der Moderne Kultur zu konstituieren hatten. Deshalb kann die Hermeneutik auch als Wissenschaftstheorie der Kultur auftreten.

Was auf diese Weise initiiert und zum Postulat erhoben wurde, erhielt rasch den anspruchsvollen Namen der *Bildung*, die eben viel mehr sei als die bloße Anhäufung von Wissen: Der produktive Prozess der Aneignung ist damit gemeint, in dem sich sowohl das aneignende Subjekt als auch der anzueignende Gegenstand – im weiteren Sinne: Geschichte und Kultur – erst formen und bilden; gleichzeitig müsse Rechenschaft darüber abgegeben werden, wie diese Vorgänge zu denken und zu legitimieren seien. Selbstreflexion gilt als unabdingbar. Das bürgerliche Selbstverständnis setzt solche Bildung voraus und konstituiert sich unter ihrem Vorzeichen.

Deshalb nimmt die Bildungsreform im preußischen Reformwerk des Freiherrn vom Stein und seines Nachfolgers Carl August Hardenberg – nach der Niederlage von Jena und Auerstedt im Jahr 1806 begonnen – einen äußerst wichtigen Rang ein. Über den „Geist" allein – als der verbleibenden Ressource nach dem Zusammenbruch – könne und solle die eigene Identität gewahrt oder neu gewonnen werden. Zugleich gehen in die Konzeption auch starke antiutilitaris-

2. Kulturgeschichte und Kulturstaat

tische Elemente ein; die Gefahr der „kalten Moderne" mit den ersten Erfahrungen von Entfremdung in einer sich verselbständigenden, ansatzweise bereits kapitalistischen Moderne prägte das Denken. Bildung wird als Gut angesehen, das um seiner selbst willen – und nicht wegen der früher häufig angeführten Nützlichkeitserwägungen – von Bedeutung sei; Kultur erscheint – etwa bei der vor diesem Hintergrund erfolgenden Universitätsgründung in Berlin – als Kraft, welche die Verhärtungen und Verwerfungen einer nur ökonomischen Moderne zu kompensieren habe. Der Staat habe Hilfestellung zu leisten, wenn jener Anspruch gerettet und die Würde einer autonom gewordenen Kultur bewahrt werden soll.

Man kann dies auch so sagen: Die Erfahrung eines Bruchs, wenn nicht eines Scheiterns, ist die grundlegende Voraussetzung für den neuen romantischen Kulturbegriff, eines Scheiterns, das zwar überwunden werden kann, das aber als Drohung präsent bleibt. Der Bruch ist in zweifacher Hinsicht bedeutsam: Als Misslingen der Französischen Revolution, das man von außen beobachtet, und als Versagen im Inneren, das man während der französischen Besatzungszeit erfährt und das in den nächsten Jahrzehnten – in der Restaurationszeit – nicht kompensiert werden kann, ja das selbst im Misslingen des Revolutionsversuchs von 1848/49 noch gegenwärtig ist. Dieses Defizit ist nicht einfach aufzuarbeiten, sondern führt in der Folgezeit zu allerlei Projektionen und psychologisch verqueren Interpretationen: Das eigene Versagen – die politische Unmündigkeit – kann in eine kommende Revolution projiziert werden, um dort das Heil zu erzwingen; und das verführt leicht zu einer grundsätzlichen Entwertung der Gegenwart, die erst in einer wie immer fernen Zukunft aufgehoben werden könne. Solche Herabsetzung gestattet zudem Formen des – in der Regel unproduktiven – Selbstmitleids und der Selbstanklage, wie sie bis ins 20. Jahrhundert zu beobachten sind. Doch kann auch das Misslingen in Frankreich lustvoll oder hämisch erlebt werden, als Kompensation der eigenen Unfähigkeit und Ausweis einer Überlegenheit, die aus der eigenen Tiefe – der Kultur und Philosophie – resultiere. Auch daraus ergeben sich Bilder und Vorstellungen, die das deutsche Geistesleben in den folgenden Jahrzehnten, wenn nicht bis heute, geprägt haben. Ein überschwänglicher Optimismus, der auf eine schnelle Revolution hofft, die dann jenes Ganze neu hervorzubringen habe, und ein abgründiger Pessimismus, der das Scheitern als deutsche Eigenart und die Vergeblichkeit aller Bemühungen als Los der Deutschen ansieht, stehen dicht beieinander. – Und nicht zuletzt ist mit dem

2. Kulturgeschichte und Kulturstaat

Aspekt des Scheiterns ein Motiv verbunden, das in der deutschen Geschichte ebenfalls häufig wiederkehren wird: Vergangenheitsbewältigung. Diese ist nicht allein die grundlegende Figur, die Politik und Kultur nach dem Nationalsozialismus bestimmen wird, sondern früh schon ausgeprägt. Wenn Geschichte unter dem Vorzeichen eines Misslingens rezipiert werden muss, so spielt sie geradezu notwendig eine Rolle: Das war bereits in den Debatten um 1800 gegenwärtig, wiederholte sich in den Selbstverständigungsdebatten der Weimarer Republik und wurde nach 1945 zum überragenden Thema. Das strukturelle Schema ist stets das gleiche, nur die Inhalte und Gewichtungen haben sich verschoben.

Man könnte, um das romantische Projekt zu charakterisieren, auch von einer doppelten Reflexivität sprechen und damit die darin angelegte Überforderung erklären. Reflexiv war bereits das Kulturverständnis der Aufklärung, indem es nämlich Individualität einerseits und Kultur und Gesellschaft andererseits aus einer wechselseitigen Spiegelung hervorgehen ließ und darauf setzte, dass diese Relation in einem Unbewussten vorhanden und nur ins Bewusstsein zu heben sei. Jetzt ist der naive Optimismus der Aufklärung verflogen und das Prekäre des Versuchs tritt ins Bewusstsein, was dazu führt, dass man sich der konkreten Bedingungen zu versichern sucht und intensiv bemüht ist, den Prozess selbst zu klären, in den man sich begeben hat. In der Romantik – und der Hermeneutik – tritt die Aufklärung in einen Prozess der Selbstreflexion, ausgelöst eben durch die Französische Revolution, und fügt jener ersten Reflexion – indem sie sie zum Gegenstand des neuen Nachdenkens erhebt – eine zweite hinzu, welche die Bewegung dadurch zum Abschluss bringen soll, dass sie nach den Bedingungen des Gelingens fragt.

In den romantischen Entwürfen erscheint Kultur nicht nur als subjektives Deutungsmuster, aus dessen Perspektive die gesellschaftliche Praxis zu verstehen wäre, sondern als ein Umgreifendes und Objektives, dessen Gegenständlichkeit schwer nur zu fassen ist und für welches ein Subjekt kaum vorzustellen ist. Solche Objektivität indes gilt es festzuhalten, wenn die Aufsplitterung in die subjektiven Facetten betont wird; sie zerfällt nicht nur, sondern erhält in Gestalt von Verbindlichkeit und Gemeinsinn, welche die Kommunikationen und Diskurse tragen sollen, auch einen neuen Ort. Ihr Subjekt aber sind die Beteiligten selbst. Zwar sind auch die kulturellen Makrosysteme, die das Ganze von Gesellschaft oder Kultur bis zur Aufklärung gehalten und repräsentiert hatten, nicht direkt greif-

2. Kulturgeschichte und Kulturstaat

und anschaubar gewesen; dennoch bereiten die neuen Systeme größere Schwierigkeiten, wenn ihre Objektivität vorgestellt werden soll. Die Religionen hatten den Vorteil, dass sie in heiligen Schriften überliefert war und mit den Kirchen Institutionen lebendig waren, deren Präsenz und Autorität nicht geleugnet werden konnte; diese traten als die Subjekte auf, welche die Arbeit der Deutung und Sinngebung zu verrichten und dem untertänigen und gläubigen Volk zu präsentieren hatten, was dieses zu glauben und zu denken hatte. Als Subjekte der neuen Kultur der Moderne kommen allein die vielen Einzelnen in Frage, welchen mit der radikalen Forderung nach Autonomie etwas zugemutet wird, was zumindest unerwartet ist und worauf sie nicht vorbereitet waren. Zuvor war der Einzelne als Kind Gottes gedacht worden, jetzt wird er als mündig supponiert. Nicht Knecht eines Gottes, sondern Herr seiner selbst soll der neue Bürger sein; dies bedeutet, dass er fähig sein muss zu sagen, was denn die neue Mitte sei, jenes Kollektivität und Individualität vereinende Selbst. Dazu kommt die Herausforderung, dass ein solches Selbst vertreten werden muss; Gründe werden verlangt, die seine Legitimität beglaubigen. Identität schließt in der Moderne Verantwortung ein und ist ohne sie nicht zu haben.

Ein Ursprung des Konzepts liegt gewiss im christlichen Gedanken der Einmaligkeit der einzelnen Seele vor Gott, und ebenso geht die Vorstellung der Verantwortlichkeit auf die Zuständigkeit des Einzelnen für sein Seelenheil zurück, die freilich durch die göttliche Gnade ergänzt wurde bzw. ihrer bedurfte; der bürgerliche Autonomiegedanke wäre ohne die Subjektivierung des Glaubens im Protestantismus nicht denkbar gewesen. Der Prozess der Säkularisierung greift dieses auf und setzt, so kann gesagt werden, das Projekt eines autonomen Selbst frei; auf diese Weise wird die Möglichkeit einer Identität begründet, die verantwortet und vertreten werden kann. In der Moderne soll der Einzelne im Akt der Aneignung der Kultur – im Prozess der Bildung also – jenes noch immer notwendige Ganze, das zuvor in der göttlichen Instanz präsent war, allererst hervorbringen und stets neu festsetzen; Bildung ersetzt den Glauben bzw. hat die Funktion der Vermittlung zu übernehmen, die zuvor in diesem verankert war. Alle Objektivationen der Kultur – etwa Kunstwerke oder philosophische Theorien – können nicht mehr als Spiegel sein, in den nur schauen kann, wer gebildet ist; Bildung befähigt ihn zu erkennen, was das Spiegelbild bedeutet, und zwar für ihn, den Betrachtenden. Die subjektive Perspektive bringt die Bedeutungen hervor; gleichwohl haben diese ein objektives Pen-

2. Kulturgeschichte und Kulturstaat

dant, das in den Diskursen verankert ist, manchmal verborgen, aber reflexiv, so die Unterstellung, immer einseh- und abrufbar. Unmittelbar können die Sinnsetzungen kaum verbindlich sein, sondern müssen, wollen sie ernst genommen werden, den Status des Vorläufigen und Hypothetischen haben; dieser Status gestattet die selbstbewusste Rezeption und gibt den rezipierenden Subjekten ein Gewicht, das zuvor so nicht gedacht werden konnte. Kultur verliert den substanzialistischen Anspruch, den die Religionen erhoben hatten, und erkennt sich selbst als etwas Arbiträres und Fragiles, das außerhalb der Spannung zu den Subjekten keinen Ort hat. Jeder Einzelne ist angehalten, die Sinngehalte der Werke und Programme kritisch zu überprüfen und zu bestätigen oder nicht zu bestätigen, jedenfalls sich anzueignen. Darin nicht zuletzt gründet seine Autonomie – und die gewaltige Herausforderung. Gleichzeitig realisiert sich das, was als Objektivität bezeichnet wurde, in einer intersubjektiven Verbindlichkeit, die sowohl den Einzelnen Halt gibt als auch die Objektivität der Kultur bestätigt oder erneuert. Solche Verbindlichkeit besteht erstens in der Übereinkunft, dass nur im kommunikativen Miteinander Sinnsetzungen vorgenommen, also auch in Frage gestellt werden können, und zweitens in der Erkenntnis, dass jegliche subjektive Sinnsetzung eines Objektiven – des in den Sinnrahmen und Deutungsmustern gegenwärtigen Gemeinsinns – bedarf, deshalb die Rahmen ausstellen muss, in denen sie sich bewegt, und hoffen muss, dass diese einsichtig sind und Konsens ermöglichen. Verbindlichkeit ist nur reflexiv zu gewinnen und nur in der wechselseitigen Bestätigung zu festigen. Die geteilte Einsicht in die prekären Verhältnisse gewährt Sicherheit. Darin liegt ein großes Versprechen, aber auch die Überforderung, die das Projekt kennzeichnet.

Auf die Erbschaft, die den Subjekten damit zufällt – in jenes Zentrum zu treten, das jetzt Kultur heißen soll –, sind diese in der Regel nicht vorbereitet; sie müssen erst lernen, was sie zu leisten haben. Die Vergewisserung der Kultur, die ihnen abgefordert wird, hat zwei Aspekte: Zum einen müssen – auf subjektiver Seite – die Individuen in den jeweiligen Sozialisationsprozessen die geforderte Autonomie erwerben, weshalb die pädagogischen Bildungskonzepte eine überaus große Rolle spielen werden, zum anderen muss – auf objektiver Seite – der historische Prozess selbst, der in die Kultur der bürgerlichen Moderne geführt hat, aufgearbeitet werden; damit erst gewinnt diese die inhaltliche Gegenständlichkeit, die sie dazu befähigt, dem Subjekt als das Andere seiner selbst entgegenzutreten. Das Individuum kann den Halt, den die Kultur gewährt, nur erlangen, wenn es ihr gerecht geworden ist und deren „Objektivität" verstanden und sich angeeignet hat; verfährt es willkürlich und gewaltsam, so schlagen Kultur und Geschichte zurück. Solche Eigenständigkeit ist das notwendige Pendant jeder nur subjektiven Aneignung. Die Reflexivität der Kultur gilt als Produkt des historischen Prozesses selbst; sie kann nur erworben und genutzt werden, wenn sie in dieser Form präsent bleibt. Dies impliziert nachdrücklich das Postulat der historischen Bildung für die gesamte Kultur der Moderne; denn nur über die fortwährende Aneignung der eigenen Geschichte kann sie sich am Leben erhalten. Um das Fundament zu sichern, bedarf sie der Vergewisserung der eigenen Wurzeln; Bildung ist deshalb nicht nur das subjektive Pendant der „objektiven" Kultur, sondern deren Voraussetzung. Die Hermeneutik wird zu ihrer Theorie. Kulturelle Reflexivität als spätes – und zu verteidigendes – Produkt eines historischen Prozesses kann nur fortbestehen, wenn die Spannung im Bewusstsein festgehalten wird. Darin liegt die Verwundbarkeit dieses Kulturbegriffs. Wird er von seinen Ursprüngen abgeschnitten, bricht er in sich zusammen. Das mag das Kennzeichen der heutigen späten Moderne oder Postmoderne sein. Ob Kultur in einer „reflexiven Moderne" als Grundschicht zurückgewonnen werden kann, ist eine offene Frage. Wenn im Folgenden die Geschichte des Kulturbegriffs im 19. und 20. Jahrhundert verfolgt werden soll, so wird genau dieser Frage nachzugehen bzw. zu zeigen sein, was es bedeutet, wenn die auseinanderdriftenden Pole der Kultur nicht mehr zusammengefügt werden können.

Der neue Kulturbegriff ist verschiedenen Gefahren ausgesetzt, die in seiner Konstruktion angelegt sind, und droht an der Überforderung zu scheitern, die ihn von Beginn an kennzeichnet. Gleichwohl stellt er bis heute eine – säkulare – Verheißung dar, etwa und gerade in der Kunst, die an Attraktivität nichts eingebüßt hat, auch wenn nicht immer auf den ersten Blick erkennbar ist, worin sie begründet ist. Als Hintergrund ist die Grundspannung in der nachbürgerlichen Moderne noch immer präsent; ohne sie wäre das Interesse an Museum und Oper, an neuer Musik und Literatur nicht verständlich. Und weil das Modell die Moderne insgesamt charakterisiert, war es hier so ausführlich darzustellen. Zwar mag das bürgerliche Konzept heute von den Spielformen der Postmoderne an den Rand gedrängt worden sein und im öffentlichen Bewusstsein nur ein

2. Kulturgeschichte und Kulturstaat

Mauerblümchendasein fristen, doch bildet es nach wie vor – und sei es subkutan – eine Dimension des Demokratiegedankens selbst und muss aus der Tiefe an die Oberfläche geholt und diskutiert werden, wenn deren Zukunft zur Debatte steht. – Jene Gefahren treten im nachromantischen Deutschland deutlich hervor und bestimmen den deutschen Sonderweg, der im Zusammenbruch nach 1933 endete. Sollte nach der Katastrophe an diesen Kulturbegriff angeknüpft werden, so bedurfte es wiederum einer grundlegenden Reflexion, welche nicht nur das Scheitern im Dritten Reich – und bestehe es nur in der Machtlosigkeit der Kultur im Angesicht der Barbarei – aufzuarbeiten, sondern auch die immanenten Schwierigkeiten zu benennen hatte. Diese Gefahren oder Gefährdungen seien zum Schluss in fünf Punkten zusammengefasst.

1. Bildung – und insbesondere die klassische Bildung mit der griechischen Antike als Zentrum – drohte zur säkularen Religion zu verkommen und zum Selbstzweck zu werden, dessen Bindung an eine Gegenwart immer spröder und uneinsichtiger wurde; solch verselbständigte Bildung wurde als „Kultur" zudem gern einer „Zivilisation" entgegengesetzt, welcher dann die politischen Intentionen und das Feld der Politik zugeordnet wurden. Beides spielte in der deutschen Geschichte eine eminente Rolle. Dass solche Erhöhung gleichzeitig eine Verkürzung sein musste, trat lange Zeit nicht ins Bewusstsein. Die Gegenpole von „tiefer" Kultur – Philosophie, Musik, Literatur – und „oberflächlicher" Zivilisation – die gesellschaftliche Praxis und Politik einbeziehend – wurden in den intellektuellen Debatten jeweils Deutschland und Frankreich zugeschrieben und haben einen Gegensatz begründet, der verhängnisvoll war, nicht nur für das Verhältnis der beiden Länder, sondern stärker noch für das Selbstverständnis der Deutschen selbst. Dahinter stand noch immer der Vorbehalt der „umfassenden" deutschen Kultur gegenüber der „nur" politischen Revolution in Frankreich. Einen vertrackten Höhepunkt erreicht dieses Denken mit dem Ersten Weltkrieg, der mit dieser Entgegensetzung von vielen Intellektuellen – etwa auch von Thomas Mann (1875–1955) – gerechtfertigt wurde. Die Einbußen, welche mit dem Verzicht auf die politisch-soziale Dimension einhergingen, wurden offensichtlich verdrängt; auch das ist ein Moment der deutschen Geschichte, das zu sehen ist, wenn der Weg in die Katastrophe verstanden werden soll.
2. Konkret bedeuteten die neuen Entwürfe in der Regel, dass auf umfassende Bildung gesetzt wurde, von der „ästhetischen Erziehung", wie Schiller sie propagierte, um eine kommende Freiheit zu ermög-

2. Kulturgeschichte und Kulturstaat

lichen, bis zu den bildungstheoretischen Konzepten Wilhelm von Humboldts (1767–1835), welche auf die harmonische Entfaltung der Individuen zielten und Kultur als Mittel für diesen Zweck vorsahen. Damit aber beginnt ein Prozess, der Kultur nicht als etwas Objektives denkt, sondern aus der Funktion begründet, die sie für die Ausbildung solcher Individualität haben soll; Kultur wird tendenziell darauf reduziert, die Entfaltung des Individuums zu ermöglichen, und verliert so ihre Eigenständigkeit. Die konstitutive Dialektik von autonomer Subjektivität und reflexiver Kultur wird durchschnitten und der Weg freigegeben, der beide Pole auseinanderreißen muss. Wenn beide Seiten voneinander unabhängig werden, so erlaubt dies zweierlei: Die Individuen können sich über das Fundament hinwegsetzen, das sie eigentlich zu tragen hätte, und sich dem gefährlichen Kult einer freigesetzten und schrankenlosen Individualität hingeben, die sich völlig vom gesellschaftlichen Raum trennt, welcher doch ein Selbst erst erlauben sollte. Aber auch die Kultur und die Objektivationen des menschlichen Geistes – in Philosophie und Kunst – können als Selbstwert gesetzt und damit zum Gegenstand der Anbetung und Beweihräucherung werden. Ersteres führt zu einem Egoismus, auch einer Machtanmaßung, wenn die kulturelle Bindung und Integration aufgegeben wird, das Individuum sich vom Anderen seiner selbst trennt und alle Rücksichten abstreift, oder zur Reduktion – gerade in der Kunstrezeption – auf den bloßen Genuss, wenn das Kunstwerk allein noch der Verfeinerung der Sinnesempfindungen dienen soll und zur Maschine neutralisiert wird, die immer neue Kitzel zu produzieren hat. Beides hat in der Geschichte eine beträchtliche Rolle gespielt. Die zweite Variante aber, die Verselbständigung der Kultur gegenüber der Lebenspraxis, ermöglichte ihre Ideologisierung. Die idealistische Verklärung der Kultur, wie sie für die zweite Hälfte des 19. Jahrhunderts charakteristisch ist, dürfte ein erstes Beispiel dafür sein.

3. Die Verselbständigung der Kultur wurde zu Beginn des 19. Jahrhunderts noch durch eine andere Erfahrung verstärkt, die der Entfremdung, wie sie in den ersten Anfängen der Industrialisierung bereits greifbar war. Das reine Nützlichkeitsdenken, das die rationalen Lebensformen seit der Reformation freigesetzt und das die Emanzipation des Kaufmanns zum Bürger ermöglicht hatte, wird jetzt als kalt kritisiert, weil es den „ganzen Menschen" versäume, vielleicht nicht erstmals, aber wirkungsmächtig vor allem in Schillers *Ästhetischen Briefen*. Auch das kann als ein Auseinandertreten eines vormals Geschlossenen interpretiert werden: Die Reduktion des Denkens und Verhaltens auf den bloßen Nutzen produziert den Wirtschaftsbürger, der sich vom musisch ausgerichteten Bildungs-

2. Kulturgeschichte und Kulturstaat

bürger trennt; in solch gegensätzlicher Ausprägung sind die beiden Seiten des einen Ideals präsent, doch ihre Vermittlung ist gescheitert. Damit löste sich – tendenziell – auch der Bereich der rationalen Ökonomie von den Ansprüchen einer ganzheitlichen Kultur; und ebenso trennt sich die kulturelle Sphäre von der politischen. Wenn Klaus von Beyme – nicht ganz zu Unrecht – von der Kulturstaatsidee als einer „Tröstungsphilosophie" spricht, welche die „fehlende Einheit kulturell" habe substituieren müssen, so spricht er solches Auseinanderdriften an, sieht aber die Kultur allzu einseitig unter dem Vorzeichen des politischen Defizits. Das mag für viele späteren Verlautbarungen zur Kultur richtig sein; doch der Kern des romantischen Selbstverständnisses – mit dem hohen Anspruch auf ein umfassendes Selbst, das es zu verwirklichen gelte – dürfte damit verfehlt werden. Soll das bürgerliche Modell – also das Projekt der Moderne selbst – am Leben erhalten oder zurückgewonnen werden, so wird man sich auf diesen Kern besinnen müssen.

4. In einen bis heute ungelösten Widerspruch gerät der Bildungsgedanke, wenn er mit dem Gebot der Gleichheit konfrontiert wird. Der enorme Anspruch, der im Konzept von Bildung angelegt ist, führt zur Exklusion derjenigen, die nicht erfüllen können oder wollen, was die Forderung ihnen abverlangt. Vom Ansatz her gehorcht der Bildungsgedanke der Forderung der allgemeinen Gleichheit, ja besteht auf Inklusion, weil er unterstellt, dass es eben *alle* Subjekte sein müssen, die sich an den gemeinschaftlichen, das kollektive Selbst begründenden Kommunikationen zu beteiligen haben; faktisch aber bedeutet er einen Ausschluss der Un- oder nur Halbgebildeten. In der Geschichte der bürgerlichen Gesellschaft traf diese dann der Bannstrahl der Verachtung. Das mag sich heute verschoben haben, doch ist die Haltung noch immer präsent – notwendigerweise, denn der bürgerliche Demokratiegedanke kommt ohne die kulturellen Implikationen nicht aus –, wenn etwa von „Unterschichten" die Rede ist; diese werden kulturell definiert, durch die Unfähigkeit – oder den Unwillen – zur kulturellen Teilhabe. Zwar wird die Verachtung – dem Gebot der *political correctness* folgend – durch Mitleid ersetzt, doch erhält sich das Problem von Exklusion und Inklusion; dahinter dürfte sich Entscheidendes verbergen. Denn wird Freiheit – wie im bürgerlichen Gedanken angelegt – über die Fähigkeit bestimmt, ein Selbst auszubilden, so ist hier ein zentrales Problem der heutigen, nachbürgerlichen Moderne angesprochen.

5. Im Konzept einer vollständig säkularisierten Kultur kehren, wie ausgeführt, auf aufschlussreiche Weise Versatzstücke des christlichen Denkens wieder. Die dort auf ein Jenseits gerichtete Heilsgewissheit erscheint hier als Projektion in eine Glück versprechende,

2. Kulturgeschichte und Kulturstaat

diesseitig zu realisierende Zukunft, kann andererseits aber auch, sollte der neue Heilsweg nicht erfolgreich sein, mit Weltuntergangsvisionen apokalyptischen Ausmaßes verbunden werden. Kein Zweifel, dass dieses Modell die Folie bilden wird für die utopischen Entwürfe der Folgezeit. Insbesondere das Geschichtskonzept von Marx ist ohne das romantische Projekt kaum denkbar; dieses gibt mit dem Ansatz einer Reflexion eines Bruchs, der zuvor gar nicht – oder nicht tief genug – gedacht worden war, den Grundzug vor, der das kritische Denken prägen wird, bis hin zur *Kritischen Theorie* in der Mitte des 20. Jahrhunderts. Mit dem Konzept der reflexiven Vergewisserung der zuvor – vorrevolutionär – naiv vertretenen Aufklärung wird Selbstreflexion zum Modell der Kultur. Damit wird das nachrevolutionäre bürgerliche Denken im Schiller'schen Sinne „sentimentalisch"; der Gedanke – des unwiederbringlichen Verlusts jeglicher Unmittelbarkeit – bildet einen Ursprung der bürgerlichen Kultur der Moderne und erklärt den melancholischen Zug, der ihr ebenfalls eigen ist. Jener Verlust produziert eine Trauer, die seitdem zu ihrem Erscheinungsbild gehört. Auch dies ist eine Grundfigur, die das Denken bis in die Gegenwart prägen wird.

2.1.2 Kultur und Gesellschaft im bürgerlichen Deutschland

Die frühe Einsetzung der Kultur als des neuen Ganzen, wie es vor allem bei Fichte zu beobachten war, forderte als Komplementärbegriff die Bildung des Einzelnen; die Vermittlung beider war das eigentliche Ziel. Wird – wie in der Folgezeit – allein eine Seite gefördert, die subjektive, droht das Gleichgewicht verloren zu gehen; die Gegenseite löst sich aus dem Zusammenhang, und Kultur verkommt zum Instrument, das einer nur individuellen Befriedigung dient. Diese Tendenz, die das bürgerliche Zeitalter insgesamt kennzeichnet, dürfte in hohem Maße dadurch befördert worden sein, dass die objektive Seite – das also, was gemeinhin als Kultur bezeichnet wird – sich von ihrem gesellschaftlichen Rückhalt gelöst hat oder davon abgetrennt worden ist. Der Verzicht auf politische Teilhabe, der in der Zeit der Napoleonischen Besetzung durch die Umstände erzwungen war und der in den nachfolgenden Restaurationszeit nicht korrigiert wird oder werden kann, ermöglicht die Verengung, wie sie vom Bildungsbürgertum dann auch bejaht wird. Es entsteht die paradoxe Situation, dass die Kritik am Einseitig-Politischen der Französischen Revolution zur Preisgabe des Politischen führt und damit das Kulturelle zum seinerseits Einseitigen

2. Kulturgeschichte und Kulturstaat

macht. Kultur wird mehr und mehr verstanden als die Summe der Objektivationen des Geistes, wie sie in Philosophie und Kunst, Sprache und Wissenschaft hervorgebracht wurden; die Rückkoppelung an eine politische und soziale Realität aber wird kaum verlangt und nicht – oder nicht in einem wünschenswerten Maße – erreicht. Mit der Pflege der Antike beginnt, meist unter Ausblendung der politischen Aspekte, die große Zeit des humanistischen Gymnasiums nach 1815; sie ist erkauft mit der Abspaltung der Bildung von Politik, Wirtschaft und Technik. So kann Bildung zum Schmuck werden, den man erwerben muss, um gesellschaftlich zu bestehen; gleichzeitig fördert sie, wie immer beabsichtigt, die Exklusion ganzer Gruppen und dient so einer gesellschaftlichen Selektion. Doch vermittelt sie auch – das ist ein enormes Verdienst und muss zu ihrem Ruhme festgehalten werden – einen Reichtum und fördert eine Sensibilität, die ohne sie nicht denkbar wären, gestattet somit die Ausbildung dessen, was seitdem als Persönlichkeit gilt, charakterisiert durch einen weiten Horizont, eine umfassende Urteilsfähigkeit und nicht zuletzt einen sicheren Geschmack, der auf eine die musische, künstlerische Kreativität fördernde Ausbildung zurückgeht. Verbindlichkeit und Gemeinsinn aber, die früh postuliert worden waren, gehen weitgehend verloren bzw. können allein in relativ geschlossenen Zirkeln erreicht werden. Kultur kann den Anspruch, als Kern von Staat und Gesellschaft zu fungieren, wie er von den Romantikern erhoben worden war, nicht einlösen bzw. darf ihm gerade nicht genügen, soll die Verselbständigung der Sphären, insbesondere des Wirtschaftsbereichs, nicht in Frage gestellt werden. Das Besitzbürgertum emanzipiert sich vom Bildungsbürgertum (auch wenn es natürlich weiterhin Überschneidungen gibt). Kultur wird – tendenziell – zum schönen Schein, der eine hässliche Wirklichkeit zu verdecken hat. Wesentlich später wird das als ihr affirmativer Charakter bezeichnet; doch beruht der Zug auf einer frühen Deformation, die man sehen sollte, wenn man das Konzept kritisiert, einer Verzerrung, die sich aus der Verselbständigung ergibt und daran hindert, den implizit erhobenen Anspruch einzulösen.

In den deutschen Staaten der ersten Hälfte des Jahrhunderts blieben die alten Strukturen weitgehend erhalten. Dass die Fürsten allenfalls an der Kultur als jenem Schein, der eben nicht zu politischen Konsequenzen führen sollte, ein Interesse hatten, leuchtet unmittelbar ein. Auch die gescheiterte Revolution von 1848/49 änderte die Lage nicht; denn eine politische Teilhabe konnte nicht durchgesetzt werden. Das Bürgertum wurde vielmehr auf den wirt-

2. Kulturgeschichte und Kulturstaat

schaftlichen Bereich zurückgedrängt, wo es überaus erfolgreich war, und hatte bald seinerseits kein wirkliches Interesse mehr an den tiefer reichenden Forderungen des eigenen Modells. Zwei Gründe mögen dabei eine Rolle gespielt haben: *Zum Ersten* dürfte das Gefühl prägend gewesen sein, dass die Ausrichtung am wirtschaftlichen Erfolg durch die ernste Besinnung auf jenes Ganze und die Sinn-Grundlagen der Gesellschaft in Frage gestellt worden wäre, weshalb sich zunehmend sogar – hinter vorgehaltener Hand, denn noch ist Bildung gesellschaftlich relevant – eine Bildungsfeindlichkeit bilden kann; zumindest wurde darauf bestanden, dass Bildung etwas Unverbindliches zu bleiben, als Reich des schönen Scheins zu gelten habe und von der Wirklichkeit des ökonomischen Erfolgs losgelöst sei; allein im Privaten sei sie zu dulden, kann dort aber – in bestimmten Kreisen – Selektionsaufgaben übernehmen, indem sie über Zugehörigkeit oder Nicht-Zugehörigkeit entscheidet. Auf der erzwungenen Partialität der Kultur beruhte auch die Aufteilung der Geschlechterrollen: Während der Mann im bürgerlichen Denken für die harte Wirtschaft zuständig war, war der Frau der Part des Musischen zugewiesen. *Zum Zweiten* wurde die Welt des Bürgertums zunehmend durch die neu entstehende Schicht des Proletariats – Produkt des Industrialisierungsprozesses und Negativbild des neuen Reichtums – in Frage gestellt; dessen Gesellschaftsentwürfe mussten die bürgerliche Welt aus den Angeln heben; in Gestalt der sozialistischen Utopien stellten sie dieser ein eigenes Modell entgegen. Hätte das Bürgertum Kultur als Inbegriff jenes Ganzen ernst genommen, so hätte es den Prozess der Ausgliederung des Proletariats nicht hinnehmen dürfen, zumindest ihn reflektieren müssen; kaum hätte es an den Inhalten festhalten können, die vor dem Industrialisierungsprozess als verbindlich deklariert worden waren, denn der Anspruch, die nationale Gemeinschaft als Ganzes zu repräsentieren, bildete ja den Kern des Vorhabens. In das umgreifende Projekt hätten die Forderungen des neuen Proletariats eingehen, somit das Zentrum selbst sich ändern müssen. Die enge Koalition von altem Staat und neuem Kapitalismus, die im Bismarckreich große Teile des liberalen Bürgertums eingingen, implizierte einerseits einen Schutz vor der neuen Klasse der Proletarier und deren Drohung mit der sozialistischen Revolution, weshalb das Bündnis ja auch zustande kam, bedeutete aber andererseits, dass das Ideal der bürgerlichen Gesellschaft selbst aufgegeben wurde, jener Traum einer Gesellschaft der Freien und Gleichen, die ihre Freiheit politisch im demokratischen Staat verwirklichen und zugleich ihre Iden-

2. Kulturgeschichte und Kulturstaat

tität in den offenen Kommunikationen gewinnen, also in den öffentlichen Diskursen eine – reflexiv einsehbare – Verbindlichkeit stets neu herstellen. Die Einheit von Politik und Kultur bekam durch den Verzicht einen Riss von erheblicher Bedeutung. Gewiss war jene Einheit stets nur ein Idealbild gewesen, das anzustreben war und als Richtschnur des Handelns zu gelten hatte; jetzt wird seine Realisierbarkeit so gründlich bezweifelt, dass es damit selbst beschädigt wird. Der Weg in die Ideologie, die eine schlechte Wirklichkeit nur noch zudeckt, beginnt in dem Moment, wo die Möglichkeit der Realisierung nicht mehr erwogen wird. An die Stelle der Kultur als eines überwölbenden Daches tritt dann bald – vor allem im übersteigerten Nationalismus der Wilhelminischen Zeit – die emotional aufgebauschte Nation oder das als Religionsersatz dienende Vaterland, dessen ideologisches Erscheinungsbild von den Vorstellungen einer säkularen Vernunft weitgehend abgetrennt ist und nach Anbetung verlangt.

Kultur verliert im 19. Jahrhundert mit der Verbindlichkeit ihr Zentrum und ihre Konturen. Schon die Funktion, eine innerbürgerliche Differenzierung nach dem Muster von Exklusion und Inklusion voranzutreiben, musste ihren ganzheitlichen Anspruch in Frage stellen; die vaterländische Indienstnahme zum Zwecke der Herrschaftssicherung musste sie tief beschädigen. Greifbar ist die Regression in der herrschenden Stilrichtung der Epoche, dem Historismus, wie er insbesondere in der Architektur praktiziert wird. Die – wie immer kreative – Reproduktion der unterschiedlichsten Stilrichtungen der Vergangenheit – von der Romanik bis zur Renaissance – ersetzt den eigenständigen Ausdruck einer Gegenwart. Selbst vom Klassizismus des 18. und frühen 19. Jahrhunderts, der nicht auf die bloße Wiederholung reduziert werden darf, ein starkes Moment der Brechung enthält und im Übrigen als vorrevolutionär und vorromantisch anzusehen ist, unterscheidet sich der nachromantische Historismus dadurch, dass er – scheinbar – ungebrochen nachahmt und die vergangene Stilrichtung kaum schöpferisch adaptiert. Ein ausgeprägtes Repräsentationsbedürfnis greift auf die Formen vergangener Stilrichtungen zurück, um dahinter die eigene Blöße zu verstecken; die Demonstration von Macht dürfte der Grundzug der Pracht- und Protzbauten im späten 19. Jahrhundert sein; deren prunkvolle Oberfläche hatte über die Brüche im Inneren hinwegzutäuschen. Weil die Epoche eine eigene Identität nicht finden und ausdrücken kann, so ist kritisiert worden, spiegelt sie sich in den Ausdrucksmöglichkeiten diverser Vergangenheiten. Die Literatur

2. Kulturgeschichte und Kulturstaat

des Bürgertums, die in der Mitte des Jahrhunderts in der bürgerlichen Selbstdarstellung ihren gewiss legitimen Gegenstand gefunden hatte, verliert sich gleichfalls bald in einem antiquarischen Historismus, greifbar in der neuen Mode der historischen Romane oder der Historienschauspiele, etwa im bekannten und überaus erfolgreichen *Meininger Hoftheater*, das sich der detailgenauen Rekonstruktion der historischen Kostüme und Schauplätze verschrieb und in der Flucht in eine Vergangenheit schwelgte.

Doch gleichzeitig ist in der Literatur eine Kritik präsent, die dem Bürgertum vorhält, dem eigenen Anspruch nicht mehr zu genügen. Das ist sehr früh bereits zu beobachten: Zunächst spielte – seit der späten Aufklärung und der Romantik – das meist recht bösartig gezeichnete Bild des Philisters und Spießers eine Rolle, der einerseits dem kulturellen Anspruch nicht gerecht wird und sich der Kunst – insbesondere der avancierten – verweigert, also ins bloß Gemütliche und Behäbige flüchtet, und der sich andererseits auf den Egoismus des braven Bürgers zurückzieht, der nur für das eigene materielle Wohl sorgt und dem platten Genuss huldigt, also die nötige Sensibilität nicht aufbringt und die geforderte Askese nicht leistet. Das protestantische Gebot der innerweltlichen Askese hat sich zwar mehr und mehr verflüchtigt, ist aber in bestimmten Bereichen durchaus noch gegenwärtig, etwa in der strengen Kunstkritik. Der Typus des kleinbürgerlichen Spießers und Banausen, auf den alle Verachtung gelenkt werden kann, spielt als Spott- und Projektionsfigur des ambitionierten Intellektuellen bis in die Gegenwart eine Rolle; die dem eigenen Ungenügen entspringenden Frustrationen können auf jenen projiziert werden und gestatten eine sekundäre Befriedigung. Verräterischerweise benötigt das positive Selbstbild des Intellektuellen nicht selten die Negativerscheinung, um den eigenen Wert und die eigene Größe zu bestätigen. Die Produktion dieses Typus dürfte nur vor dem Hintergrund eines Versagens verständlich sein, das die bürgerliche Kultur insgesamt betrifft; das bürgerliche Ideal hat – lange vor der In-Frage-Stellung durch den Proletarier – einen Riss, der nicht gekittet werden kann, und für das Versäumnis wird ein Schuldiger in den eigenen Reihen gesucht. Das Bild des hässlichen Spießbürgers – die hämische Denunziation erlaubt zahlreiche Variationen – entstammt der missvergnügten Seele des Bürgers selbst; bis weit ins 20. Jahrhundert sucht der bildungsbürgerliche Intellektuelle – von Christian Demand genau dargestellt – die Kompensation der eigenen Schwäche

2. Kulturgeschichte und Kulturstaat

in der „Beschämung des Philisters", nicht nur in der Kunstkritik, sondern im kulturellen Leben insgesamt.

In der Mitte und zweiten Hälfte des 19. Jahrhunderts ist der *Realismus* in Deutschland und Europa die tonangebende Literaturrichtung; vor allem im Roman und in der Erzählung bildet das Bürgertum die eigene Lebensweise liebevoll ab und kommentiert sie kritisch. Eine grundsätzliche Ambivalenz charakterisiert diesen Realismus: Man kann ihn durchaus als Ausweis eines Stolzes interpretieren, in dem das Bürgertum selbstbewusst auf das eigene Treiben blickt; es stellt die eigene, historisch gewonnene Rolle aus und genießt die erworbenen Verdienste. Gleichzeitig aber wird der Bürger der Kritik unterzogen; das Uneingelöste des bürgerlichen Anspruchs wird betont und ein Untergrund aufgedeckt, der die selbstbewusste Haltung relativiert. Die – konstruktive – Kritik ist in der Literatur durchaus gefragt, fungiert mitunter gar als ihre Legitimationsbasis, doch überwiegt der Stolz und schlägt – in der gesellschaftlichen Realität wie in der literarischen Darstellung – nicht selten in Selbstbeweihräucherung um. Der Bürger nähert sich, weil er dazu neigt, das Negative zu verharmlosen und die Schattenseiten der Wohlanständigkeit – das psychisch Verdrängte und das sozial Ausgegrenzte – zu übersehen, der Rolle seines Gegenspielers an und wird zunehmend unter den Generalverdacht der Spießbürgerlichkeit gestellt oder als feister und rücksichtsloser Bourgeois karikiert, der in der Anhäufung von Reichtum sein einziges Lebensziel erblickt. Eine selbstbewusste, häufig aber auch selbstgefällige und kritikunfähige Haltung ist nicht nur in der Literatur gegenwärtig, sondern bestimmt als neue Bürgerlichkeit die offiziellen Kunst- und Kulturinszenierungen im 19. Jahrhundert insgesamt; ein aufs Hohe und die eigene Würde bedachter Gestus prägt die Veranstaltungen von der Oper bis zur Museumseröffnung. Kunst dient vielfach als Ausweis und Bestätigung des Erfolgs und erhält damit den stark affirmativen Zug. – Der Realismus war, trotz beträchtlicher kritischer Einsprengsel, in seiner Grundtendenz apologetisch; doch wandelte und radikalisierte er sich gegen Ende des Jahrhunderts zum *Naturalismus*, der dem Bürgertum jetzt drastisch die eigene Blöße vorhält, auch das akkumulierte Elend des Proletariats als Negativbild des akkumulierten Kapitals zeigt. Das zuvor Ausgeblendete wird jetzt präsentiert. Die Haltung, die der Kritik zugrunde liegt, schwankt zwischen hilflosem Mitleid einerseits – den Elenden müsse geholfen werden – und Aufruf zum Umsturz andererseits; die sozialen Verhältnisse seien der Grund des Übels

2. Kulturgeschichte und Kulturstaat

und müssten radikal geändert werden, meist in sozialistischer Richtung. Beide Varianten stellten die bürgerliche Ordnung in Frage, boten aber kaum realistische Alternativen an.

Eine gänzlich andere Qualität nimmt die Kritik in der Literatur der radikalen Moderne an, in Frankreich seit Charles Baudelaire (1821–1867) und dem Symbolismus, in Deutschland seit dessen Rezeption in den beiden Jahrzehnten vor der Jahrhundertwende. Die Bürgerwelt wird einer überaus scharfen Kritik unterzogen; Kunst und Kultur sollen zu ihr einen Gegenpol bilden. Kultur ist für diese Moderne nicht mehr der Kern von Bürgerlichkeit, sondern etwas, das dieser als ein extrem Anderes gegenübergestellt wird. Eine solche antibürgerliche Kultur beginnt in Deutschland mit der ästhetizistischen Haltung und deren philosophischer Begründung, vor allem durch Friedrich Nietzsche. Signifikantes Zeichen des Selbstverständnisses der neuen Kultur ist das *l'art pour l'art*, die bewusste und konsequente Absetzung der Kunst und Literatur von der Welt der Bürger, die als durch und durch kulturlos verachtet wird. Nietzsche ist als scharfzüngiger Kritiker der Bürgerwelt und des Bismarckstaates der Theoretiker der neuen Richtung – zwar verkündet er kaum ein ausgefeiltes systematisches Programm, doch bringt er die neue Einstellung auf den Punkt – und vertritt in der Kulturreflexion eine ähnliche Position wie zu Beginn des Jahrhunderts die Romantiker; deshalb wohl wird er zur Verkörperung eines Denkens, auf das sich die kulturellen Bewegungen der folgenden Jahrzehnte berufen werden. Die Romantiker setzten auf Reflexion und wollten daraus Forderungen ableiteten; ähnlich reagiert Nietzsche auf eine jetzt andere Situation. Sein Ansatz nimmt ebenfalls die Form der Selbstreflexion an: Was um 1800 initiiert worden war, ist gescheitert, weshalb der hoch ambitionierte Versuch erneut aufgearbeitet werden muss; wiederum ist es ein – faktisches, aber anders gelagertes – Misslingen, das die Reflexion herausfordert. Nietzsche beschreibt die Gründung des Bismarckreiches in einem bösen Wort als „Exstirpation des Geistes" – als ein Herausreißen oder Entfernen – und geht von der nunmehr endgültigen Trennung von Kultur und Gesellschaft aus, die nicht mehr – oder allenfalls in einer sehr fernen Zukunft – aufzuheben sei. Der Bürger ist nur noch in der Rolle des Banausen vorstellbar; allein die artistische – also verselbständigte – Kunst verspreche Befreiung. Die Dichotomie ist unüberbrückbar. Den Hintergrund für die befreiende Erlösung bildet ein Begriff des Lebens – eines vorrationalen Willens –, der in dieser Form zunächst von Arthur Schopenhauer (1788–1860) gedacht worden war; doch

2. Kulturgeschichte und Kulturstaat

hatte Schopenhauer dieses Leben noch mit deutlich negativen Akzenten versehen. Nur außerhalb der Gesellschaft – so die spätere Vorstellung – sei das nunmehr positiv gesehene Leben zu fassen; im Bereich des Irrationalen – als des Untergrunds jeglicher ernster Kunst – sei das Entscheidende zu finden, so Nietzsche, im Rausch und in der Ekstase sei die Erfahrung eines quasi asozialen Selbst zu machen. – Schärfer vielleicht noch als in der Literatur ist in Deutschland die neue antibürgerliche Haltung in der Musik formuliert worden, wiederum unter Berufung auf Schopenhauer, am genauesten wohl bei Richard Wagner (1813–1883), der im *Ring des Nibelungen* geradezu ein neues bürgerliches Trauerspiel schreibt und komponiert, das die bürgerliche Welt einer äußerst scharfen Kritik unterzieht und zugleich in die verselbständigte Welt des betörenden Klanges flüchtet. Zum Inbild solcher Flucht in die seligen Regionen der reinen – und von der Liebe getragenen – Kunst ist dann *Tristan und Isolde* geworden, eine Oper, die in der ästhetizistischen Szene schnell Kultcharakter gewonnen hat. Zu den Merkwürdigkeiten des späten 19. Jahrhundert indessen gehört der große Erfolg von Wagner. Das Bürgertum adaptierte die im Kern antibürgerliche Musik und konnte die Provokation offensichtlich neutralisieren; den Riss im eigenen Inneren mag man gespürt und den ästhetischen Ausdruck, zu dem er fand, sogar genossen haben.

Neben der bürgerlich-antibürgerlichen Kulturauseinandersetzung entwickelt sich ein weiterer Strang, der sich abseits vom Bürgertum etabliert. Das ist die proletarische Kunst und Kultur, die einerseits auf eine andere Gesellschaft hofft, die es mit der Revolution durchzusetzen gelte, und die andererseits zum Ursprung der späteren Massen- und Unterhaltungskultur wird. Deren wesentliches Kennzeichen wird der Verzicht auf den bürgerlichen Anspruch einer Versöhnung von Individualität und Kollektivität sein sowie die Rücknahme der Ambition, Identität durch Kultur zu bestimmen und zu erlangen. Im revolutionären Ansatz mag der alte Ansatz noch gegenwärtig sein – in der Projektion auf eine ferne Zukunft, in der er eine freie und ihrer Identität sichere Gesellschaft verwirklicht werden solle –, in der Massenkultur ist er vollständig zurückgenommen. Als Massenkultur gilt noch nicht die medial und industriell gefertigte Kultur der Gegenwart, sondern das Ausweichen in eine Feierabendkultur, die Kompensation für das mühsame Geschäft des Tages gewährt. Das simple Vergnügen steht im Mittelpunkt und bedarf keiner theoretischen Rechtfertigung; freilich enthält es den Verzicht auf die grundsätzlichen Vermittlungen, die das

2. Kulturgeschichte und Kulturstaat

bürgerliche Denken leisten wollte, und kann als Aufgabe des großen Ziels der reichen und vielfältigen Persönlichkeit interpretiert werden, wie das Bildungsbürgertum es verfolgt hatte. An die Stelle des umfassenden, durch Bildung vermittelten Selbst tritt die flache Identität, die im Oberflächlich-Momentanen verharrt und die schwierigen Fragen einer Legitimation des eigenen Selbstentwurfs sich erst gar nicht stellt. Das kann aus kulturkritischer Perspektive angegriffen, der Verzicht als Untergang, die Regression als Weg in die Inhumanität gewertet werden, doch ist auch zu sehen, dass der bürgerliche Ansatz – trotz des großen Versprechens, das er bis heute enthält – gescheitert ist und vielleicht als etwas Luxuriöses angesehen werden muss, das den Niederungen des Alltags nicht standhält. Die Suche nach Kompensation nach einem harten Arbeitstag hat durchaus ihre Berechtigung und darf nicht vorschnell abgewertet werden; Ablenkung, welche die realen Probleme verdrängt und beschönigt, spielt seitdem eine eminente Rolle. – Sowohl die proletarisch-sozialistische Variante, die sich langsam zu einer eigenen Subkultur auswächst, als auch die in die tendenziell seichte Unterhaltung abwandernde Massenkultur stehen in einem scharfen Gegensatz zur bürgerlichen Kultur und verfallen beim bürgerlichen Intellektuellen schnell der Verachtung. Doch wird dabei meist die eigene Haltung nicht reflektiert, der Prozess der Aufspaltungen nicht aufgearbeitet, was erst zu Resultaten führen könnte. Die bloße Unterhaltung und die ernste Kritik können als zwei Seiten einer Sache begriffen werden, die auseinander getreten sind, aber aufeinander bezogen bleiben; diesen Weg gälte es zu begreifen, wenn Lösungen gefunden werden sollen. Eine erneut reflexiv gewordene Kultur hätte diese Entwicklung zu fassen, um daraus Konsequenzen abzuleiten. – Zwischen den Strängen der proletarischen und der bürgerlichen Kultur wird es erst sehr viel später Berührungen und Überschneidungen geben; zunächst bilden sie jeweils in sich geschlossene Welten, die einander fremd sind, auch wenn es gelegentliche Kontakte gibt.

Dem deutschen Staat, dem Bismarck- und auch dem Wilhelminischen Reich, sind die antibürgerlichen Bewegungen in der Regel völlig fremd; man betreibt eine restaurative Kulturpolitik als Stütze der offiziellen Machtpolitik und verkündet die Ideale einer weitgehend unverbindlich gewordenen Bildung, mit der Verselbständigung der klassischen Bildungsgüter und deren vollständiger Loslösung von der politisch-sozialen Realität. Zwei weitere Gesichtspunkte müssen gesehen werden, wenn die Kultur dieser Zeit

2. Kulturgeschichte und Kulturstaat

gewürdigt werden soll: *Erstens* hat sich das Bürgertum noch immer vom Adel abzusetzen, der politisch und gesellschaftlich eine eminente Rolle spielt und eigenen kulturellen Vorstellungen folgt; diese gehen auf vorbürgerliche – feudale und höfische – Ideale zurück und überleben in der bürgerlichen Moderne in sehr unterschiedlicher Gestalt, sei es in einem sterilen Konservativismus, sei es in recht unterschiedlichen Verbindungen mit der Moderne, etwa als Dandytum, was hier aber nicht ausgeführt werden kann. Die politische Dominanz der „alten Mächte" im Kaiserreich führte dazu, dass sich das Bürgertum vielfach anpasste, die gesellschaftlichen Verhaltensformen des Adels nachahmte – gefasst im Begriff der „Refeudalisierung" – und dabei die eigenen Ideale aufgab oder zumindest relativierte. Heinrich Mann (1871–1950) hat das in seinem Roman *Der Untertan* sehr präzise dargestellt. – *Zweitens* waren die Kirchen im kulturellen Leben weiterhin von großer Bedeutung. Der Ansatz einer säkularen Kultur war als Fluchtpunkt des bürgerlichen Modells gewiss gegenwärtig, doch ging er wiederum vielerlei Bindungen mit den religiösen Vorstellungen ein; die Kirchen hatten – wie weit immer – das Gebot der Reflexivität angenommen, doch war dies ein Anspruch, der im gesellschaftlichen Alltag häufig nicht einzulösen war. Identitäten wurden noch immer in hohem Maße über die christlichen Konfessionen gebildet, und zwar emotional, kaum reflexiv, wie von der Moderne so dringend verlangt. Die Religion ist keineswegs auf den privaten Sektor beschränkt, sondern im öffentlichen Leben in hohem Maße präsent. Auch dies führte zu Brechungen, die hier nicht verfolgt werden können. In einem „Moralchristentum" waren und sind die christlichen Wertvorstellungen gegenwärtig und determinieren die bürgerlichen Verhaltensweisen; einen Rückzug der Kirchen aus dem Bereich der Identitätskonstruktionen mag man darin erblicken, dass eine „Entkonfessionalisierung" zu beobachten war, die das Christentum auf konfessionsübergreifende Moralvorstellungen reduzierte; die Religiosität des Glaubens selbst, die etwa eine Identität über die Gotteskindschaft hätte begründen können, spielte demgegenüber eine untergeordnete Rolle.

Das Kaiserreich war ein autoritärer Staat und verfolgte eine konservative Kulturpolitik; zu Recht ist das als affirmativ bezeichnet worden, denn die bestehenden Herrschaftsverhältnisse galt es zu befestigen. Dass dabei auch Großes geleistet wurde, soll nicht geleugnet werden, etwa mit der meist auf private Stifter zurückgehenden Einrichtung von Museen, Konzerthäusern und Kunstverei-

2. Kulturgeschichte und Kulturstaat

nen, auch in der Wissenschaft, doch der restaurative, manchmal auch sterile Grundzug sowie die Abkehr vom alten Ideal sind ebenso festzuhalten. Wo der Staat selbst – oder seine Repräsentanten – sich zu kulturellen Aktivitäten aufraffte, geriet dies nicht selten lächerlich; hierher gehört der Pomp und Plüsch des Wilhelminischen Zeitalters, die martialischen Aufmärsche und die Operettenseligkeit, in welcher die bürgerliche Kultur – wie der monarchische Gedanke – nur in der Karikatur noch überlebte. Die Sterilität dieser Bildungs- und Kulturpolitik war es gerade, die immer wieder angeprangert und so zum Auslöser jener antibürgerlichen Moderne wurde. Sie provozierte eine ganze Reihe von Gegenwelten, wie sie um die Jahrhundertwende aus dem Boden schießen, etwa den Jugendstil und die Jugendbewegung.

All das zusammen bedeutete aber, dass Kultur endgültig zum zwar beweihräucherten, aber praktisch untergeordneten Bereich im Leben der Gesellschaft wurde, der in diese kaum zurückwirken konnte und weit davon entfernt war, jenes Zentrum zu bilden, das sich die Romantiker erhofft hatten. Sie wird – tendenziell – zu etwas Abseitigem, das allenfalls zur Kompensation taugt, bestenfalls zum Schmuck, ist aber keineswegs gefragt, wenn es um die entscheidenden Fragen der Gesellschaft geht. Hier setzt ein Mechanismus ein, der fatale Folgen haben wird, aber verständlich ist: Weil die Gegenwelt der antibürgerlichen Moderne die bürgerliche Welt missachtet, wird diese vom Bürgertum ihrerseits geächtet, ja nicht selten erbittert bekämpft. Der Hass auf diese Gegenwelt kann so tief gehen, dass damit die Welt der Kultur als solche in Frage gestellt wird.

2.1.3 Kulturelle Widersprüche in der Weimarer Republik und im Dritten Reich

Nach dem Weltkrieg, mit dem das Jahrhundert endet, das gerne als bürgerlich bezeichnet wird, begann eine überaus verworrene Zeit. Zum einen gewannen die Kräfte rasch an Boden, welche die Welt der Bürger mit dem revolutionären Hebel aus den Angeln heben wollten, also auf die sozialistische Alternative setzten, zum anderen versuchten die konservativen Kräfte das Terrain, das sie verloren hatten, zurückzugewinnen, dabei häufig restaurativen bzw. extrem reaktionären Impulsen folgend. Gleichzeitig waren sehr heterogene Aufbruchbewegungen – nicht nur der Intellektuellen und Künstler – bestrebt, die ästhetischen Gegenwelten in die Kulturwelt der neuen Republik zu integrieren; man ließ sich auf die radikale Selbstreflexion ein, wie die Romantiker sie gefordert hatten, erneut als Reflexion

2. Kulturgeschichte und Kulturstaat

eines Versagens; die Fehlentwicklung, die man glaubte konstatieren zu können, sei zu korrigieren, sofern nur der Grundansatz berücksichtigt würde. Das Misslingen war bereits im Auseinanderbrechen der verschiedenen kulturellen Richtungen in den letzten Jahrzehnten vor dem Ersten Weltkrieg sichtbar gewesen – etwa in der Kunstrichtung des Expressionismus, der als Auf- und Protestschrei verstanden werden kann – und im Weltkrieg selbst dann unabweisbar geworden, auch wenn dieser von vielen Intellektuellen noch bis zum Schluss gerechtfertigt wurde. Die Erfahrung des Untergangs – dessen Chronik der Österreicher Karl Kraus (1874–1936) in dem Schauspiel *Die letzten Tage der Menschheit* unerbittlich-scharfzüngig gibt – und das Gefühl, in eine Sackgasse geraten zu sein, verlangten nach neuen Einsichten und kulturellen und künstlerischen Formen, die in der Lage sein mussten, Konsequenzen aus den geschichtlichen Entgegensetzungen zu ziehen. Leben und Kunst waren wieder aufeinander zu beziehen. Diese Haltung ist etwa im Funktionalismus des *Bauhaus* oder in den neuen Formen der avantgardistischen Literatur und Musik zu beobachten, die jetzt auch von einem breiteren Publikum rezipiert werden. Kultur und Praxis sollen miteinander vermittelt und aus der Konfrontation gelöst werden, die das vergangene Jahrhundert zunehmend determiniert hatte. Solche Programme nicht zuletzt begründen den Ruhm der goldenen zwanziger Jahre als einer neuen kulturellen Blütezeit, die sich durch eine ungeheure Vielfalt und Lebendigkeit auszeichnete; doch war dies nicht selten auch ein oberflächlicher Glanz, ein modisch-schicker Wirbel, der Substanz eher vortäuschte. Jedenfalls gestattete das alles nicht, ein neues Zentrum zu bilden; die Hoffnung trog, dass ein Kern der Gesellschaft zu benennen und eine – kulturelle und kollektive – Identität auszubilden sei, denn die einander widersprechenden Kräfte waren kaum in einem gemeinsamen Selbstverständnis zu bündeln. Das Bild der Republik bleibt von einer Zerrissenheit geprägt, die auch reflexiv nicht aufgefangen werden kann, um etwa einen Fluchtpunkt zu finden, aus dem die divergierenden Richtungen zu begreifen wären. Dies wurde ausdrücklich als Mangel empfunden, weshalb viele Bürger der Republik dann den Rücken gekehrt haben. Zudem konnte die kulturelle Debatte wiederum nicht an die politische anknüpfen und damit jenes Versprechen einlösen, das seit der Französischen Revolution die Intellektuellen beseelt hatte. Der überlieferte Zwiespalt setzte sich fort; derjenige, der aus bürgerlicher Perspektive vielleicht am nachdrücklichsten solche Einheit gefordert hatte, war Thomas

2. Kulturgeschichte und Kulturstaat

Mann, der sich in den 1920er-Jahren vom „unpolitischen" Verteidiger des Kaiserreichs – in den *Betrachtungen eines Unpolitischen* – zum politischen Schriftsteller wandelte und dabei bewusst das romantische Erbe hoch hielt (was freilich nicht ohne Brüche möglich war).

War der bürgerliche Weg an ein Ende gekommen, wie viele Zeitgenossen meinten, so boten sich zwei Möglichkeiten an: Zum einen hätte der Versuch eines sozialistischen Staates gewagt, also das bürgerliche Erbe über Bord geworfen und die kulturelle Tradition der Arbeiterbewegung aufgegriffen werden können, vielleicht gar mit dem Ziel, beides in der höheren Einheit einer sozialistischen Kultur und Kunst aufzuheben. Mit großer Emphase ist dies zu Beginn der Weimarer Republik von vielen revolutionären Künstlern gefordert worden; am Ende der Republik war der prominenteste Vertreter dieser Haltung Bertolt Brecht (1898–1956). Zum anderen konnte der umgekehrte Weg gewählt werden, der gewaltsame Rückgriff auf vormoderne Formen von Politik, Kultur und Gesellschaft. Solche Regression kann niemals direkt dort anknüpfen, wo eine Fehlentwicklung konstatiert wird, sondern wird immer Elemente der negierten Zeit in sich aufnehmen, bleibt somit stets der Gegenwart verhaftet, die sie doch verneinen will. Dieser zweite Weg ist denn auch in vielerlei Varianten vertreten worden, von der sogenannten „Konservativen Revolution", die, meist undemokratisch und politisch naiv, aus der Rückbesinnung auf autoritäre und voraufklärerische Haltungen und Traditionen glaubte ein Programm für die Zukunft ableiten zu können, bis hin zu den „völkischen" Konzepten, die dem blanken Irrationalismus huldigten und hofften, in der Kraft des „Blutes" die Wurzeln einer neuen Kultur finden zu können. Man wollte die bürgerliche Kultur abstreifen, griff pseudoreligiöse Ideen auf, um diese der Gegenwart anzuverwandeln, ja sah in der Rückbesinnung auf mythische Vorstellungen eine Verheißung, die einen Ausweg aus der Krise gestatten sollte. Unter den „Völkischen" waren die Nationalsozialisten die erfolgreichsten, die diesen Weg – einer Fusion von mystischem, manchmal esoterischem Irrationalismus und ekstatischer Zukunftserwartung – gegangen sind; fraglos war die Haltung von der Krisenerfahrung determiniert und ohne sie nicht denkbar. – Eine dritte Möglichkeit hätte aus bürgerlicher Perspektive die strenge Selbstreflexion bedeutet und dann in einer Verknüpfung mit dem sozialistischen Ansatz bestehen können. Die Verschmelzung des liberal-bürgerlichen Denkens, auch in seiner radikal-

2. Kulturgeschichte und Kulturstaat

kulturkritischen Form, mit sozialistischen Ideen wünschten sich einige Intellektuelle, nicht zuletzt gegen Ende der Republik auch Thomas Mann, weshalb er als Repräsentant einer neuen und gleichwohl bürgerlichen Kultur gelten wollte. Solche Verbindung musste beiden Wurzeln gerecht werden und durfte nicht die eine Seite gegen die andere ausspielen, wie dies auf sozialistischer Seite häufig zu beobachten war; sie hätte das anspruchsvolle Geschäft der Selbstreflexion auf sich nehmen müssen, um auf diese Weise dem ursprünglichen Ansatz gerecht zu werden und das reale Scheitern aufzuarbeiten. Das mag eine Überforderung gewesen sein; jedenfalls sind solche Überlegungen über intellektuelle Gedankenspiele kaum hinausgelangt. Sie haben ihre Fortsetzung in der späteren *Kritischen Theorie,* die in Umrissen bereits am Ende der Weimarer Republik formuliert wurde, ihre abschließende Gestalt aber erst im Exil gefunden hat, als Antwort auf das Dritte Reich.

Das Dritte Reich kann als Versuch interpretiert werden, jene Einheit, die auf einer reflexiven Ebene nicht hergestellt werden konnte, gewaltsam herbeizuführen; doch geht es in solcher Interpretation gewiss nicht auf, denn allein ein kultureller Aspekt wird damit benannt. *Drei* Wurzeln spielen auf dieser Ebene eine Rolle: *Zum Ersten* dürfte die entschiedene Abwehr aller Versuche, eine sozialistische Kultur zu etablieren, eine der Triebfedern des gegenrevolutionären Ansatzes gewesen sein, wie überhaupt die Angst vor der kommunistischen Revolution als Motiv für das Selbstbild der Bewegung wie auch für die Zustimmung der Massen von nicht zu unterschätzender Bedeutung gewesen ist. *Zum Zweiten* kann der Nationalsozialismus – als deutscher Fundamentalismus – als Versuch beschrieben werden, das seit Aufklärung und Romantik erhobene Reflexionsgebot zu unterlaufen; die unter den Bedingungen der Moderne nur reflexiv noch zu gewinnende Einheit soll auf quasireligiöse Weise verfügt werden, als rassistische Ideologie, die im „Singen des Blutes" erfahren werden soll. In diesem Surrogat spielen moderne und vormoderne Elemente ineinander. Dass die Einheit als Glaubenswahrheit gesetzt wurde – als mythischer Glaube an *Blut und Boden,* Rasse und Volk –, die nicht mehr diskursiv eingeholt werden musste, ja reflexiv nicht aufgearbeitet werden durfte, war gewiss ein Schritt, der hinter die Forderungen nach vernünftiger Begründung zurückführte und deshalb vormodern war; dass sie aber nur als ästhetische Einheit zu setzen war und deshalb der Spektakel von Reichsparteitagen und Aufmärschen, von Lichtdo-

2. Kulturgeschichte und Kulturstaat

men und Masseninszenierungen bedurfte, weil sie sich nicht auf göttliche Verkündung berufen konnte, war zweifellos modern, Reaktion auf die Zeit seit dem Weltkrieg, und gelang auch nur, weil man sich avancierter ästhetischer Mittel bediente, wie sie die neuen Medien, etwa der Film und die Reklame zur Verfügung stellten. Das Ästhetische in dieser Gestalt ist modernen Ursprungs, resultiert aus dem Bruch mit der vormodernen Welt der Religion und der Tradition und kann einen Siegeszug – als autonom gewordene Größe – erst antreten, nachdem das bürgerliche Denken sich etabliert hat. Doch war das Ästhetische in der bürgerlichen Welt der Kunst zugeordnet und durfte politisch nicht werden, wenn die Sphären nicht vermischt werden sollten. Walter Benjamin (1892–1940), ein kritischer Intellektueller und bedeutender Philosoph der Zeit, hat den Faschismus zu Recht unter dem Stichwort einer „Ästhetisierung der Politik" beschrieben; die Alternative wäre, so Benjamin, eine „Politisierung der Ästhetik", die aber die Gebiete zu scheiden wüsste. Die gewaltsame Einheit des Volkes wird von den Nazis erzwungen, als Einheit der Angehörigen einer Rasse, nicht als Einheit der freien Bürger und auch nicht als Resultat eines Reflexionsprozesses, sondern im ästhetischen Schein, der an die Stelle der Realität tritt. Daraus resultiert eine gewaltsame Kulturpolitik, die jene Einheit durchzusetzen versucht. Propaganda kann zum Leitbegriff avancieren, die sich ihrer Inhalte nicht rational zu vergewissern braucht, weil diese ja simpel verkündet bzw. als Spektakel inszeniert werden. Die Nazis reagieren damit zum einen auf den Zerfall der bürgerlichen Gesellschaft, greifbar in der Abspaltung der „modernen" Kunst von der Welt des Bürgertums, welcher im Wilhelminischen Reich noch weitgehend verdeckt werden konnte; zum anderen antworten sie auf die Weimarer Republik, die den Gegensatz in der eigenen Zerrissenheit vorführte, ja geradezu ausstellte, aber darüber eine Identität nicht finden konnte. Der Fundamentalismus ist bereits bei den Nazis eine Reaktion auf die Moderne, und die Verweigerung der Reflexion in jenem Schein setzt eine untergründige Verbindung voraus, die aber nicht eingestanden werden darf. – Als *dritten* Zug kann man deshalb den Rückgriff auf die Mittel einer avancierten Moderne beschreiben: Bereits vor, während und nach dem Weltkrieg suchte eine künstlerische Avantgarde die Verbindung mit der Gesellschaft wiederherzustellen, die in der antibürgerlichen Moderne zerrissen war, indem sie sich bemühte politisch zu werden, um so dem Ghetto des *l'art pour l'art* zu entkommen. Diese Versuche müssen als gescheitert angesehen werden; sie werden von den Na-

2. Kulturgeschichte und Kulturstaat

zis wieder aufgegriffen, um die Einheit zu erzwingen. Dabei aber werden die ästhetischen Mittel gewaltsam funktionalisiert, zu simpler Reklame erniedrigt, auch wenn das, rein formal betrachtet, sehr anspruchsvoll sein kann, wie etwa in den Filmen von Leni Riefenstahl; die Brüche, aus denen die Formen hervorgehen und die in ihnen präsent sind, werden verdeckt und verleugnet. So ist denn der Nationalsozialismus auch nicht eine Rückkehr zu vormodernen Zeiten, sondern ein Teil der Moderne, den es aufzuarbeiten gilt, wenn die Moderne selbst verstanden werden soll. Der Nationalsozialismus verkörpert eine antibürgerliche Moderne, doch ist diese Teil der Moderne selbst. Und auch die Geschichte der Nazis gehört der des Bürgertums zu – auch wenn der Gegensatz konstitutiv ist – und kann davon nicht separiert werden.

Der Versuch der Nazis führt zu einem paradoxen Resultat: Die Kultur wird scheinbar in die Rolle eingesetzt, die sie nach den Romantikern haben sollte, nämlich als ein die Gesellschaft überwölbendes Dach oder auch Fundament, das sie zu tragen habe; doch wird dies oktroyiert, den Mitgliedern vorgegeben, der Konsens erscheint nicht als etwas, das durch Diskussion gewonnen wäre, ist also nicht subjektiv verankert. Die dialektische Spannung von Ganzem und Einzelnem, die im spannungsvollen Reflexionsprozess sich erst konstituieren sollte, wird zum bloßen Diktat; damit aber wird beides versäumt. Die Individuen müssen ihre Autonomie im totalitären Staat aufgeben – so die generelle Tendenz; die Realität mag häufig anders ausgesehen haben –, und jene Mitte wird biologistisch zur Rasse oder zum Volkskörper verkürzt und zugleich zu einem quasireligiösen Kult von *Blut und Boden* mythisiert. An die Stelle des reflexiven Prozesses, in dem diese Einheit gewonnen werden soll, tritt die willkürliche Setzung. Damit sind auch die Inhalte jenes Ganzen, wie es von den Romantikern gedacht wurde, verkehrt worden; die moderne Idee der Nation verkommt zum unbefragten und gewaltsam verordneten Mythos. Das Moment der Vernunft, das in der Romantik eine beträchtliche Rolle gespielt hatte und für das bürgerliche Denken insgesamt von größter Bedeutung gewesen ist, wird außer Kraft gesetzt. Insofern ist der Nationalsozialismus zutiefst antibürgerlich.

2.1.4 Kulturelle Identität von der Nachkriegszeit bis zur Studentenrevolte

In der Nachkriegszeit hätte diese Geschichte – nicht nur des Dritten Reiches, sondern der bürgerlichen Kultur insgesamt – aufgearbeitet

2. Kulturgeschichte und Kulturstaat

werden müssen, um Boden unter die Füße zu bekommen und den eigenen historischen Ort zu bestimmen. Gewiss bedeutete dies eine Überforderung, und so ist das Versäumnis, das zumindest in Teilen zu konstatieren ist, verständlich. Die dringliche Aufgabe einer Vergangenheitsbewältigung wurde, nachdem sie in der Adenauerzeit eher geleugnet und beiseite geschoben worden war, zwar seit den 1960er-Jahren weitgehend angenommen, bald aber an die Historiker und Juristen delegiert, als den zuständigen Fachleuten, die das Geschäft gewissermaßen stellvertretend zu übernehmen hatten. Ob und in welchem Maße die Gesellschaft selbst sich der Herausforderung gestellt hat, ist eine nicht leicht zu beantwortende Frage: Ganz sicherlich ist die Bundesrepublik nicht nationalsozialistisch geprägt, und ebenso bildet die Erinnerung an die Verbrechen einen Kernpunkt der nationalen Selbstbesinnung; welche Konsequenzen aber daraus gezogen wurden und inwieweit die Nation ein Selbstverständnis entwickelt hat, das sich als Resultat einer Aufarbeitung begreift und daraus seine Legitimität bezieht, ist umstritten. Denn wie ein positives Selbst aussehen soll, das die negative Vergangenheit nicht leugnen darf, sondern ins geschichtliche und kulturelle Selbstbild integrieren muss, ist eine überaus heikle Frage, impliziert sie doch, dass ein kulturelles Selbstverständnis erstens strikt historisch ausgerichtet sein müsse und sich zweitens nur im genauen Bezug auf diese Vergangenheit rechtfertigen könne. Darin genau liegt die Überforderung.

In der Geschichtswissenschaft hat man sich eingehend mit den Prozessen beschäftigt, die zum Dritten Reich geführt haben, auch die Frage, warum es zu den Verbrechen hat kommen können, sehr ernsthaft zu klären gesucht. Und selbstverständlich waren die Verbrechen zu sühnen und die Täter zu bestrafen; die bundesdeutsche Justiz hat sich dem mit großer Akribie gestellt, wenn auch recht spät, mit Nachdruck erst nach dem Auschwitzprozess von 1963/65. Politisch galt es die Demokratie zu festigen, was mit dem Konzept der wehrhaften oder streitbaren Demokratie zu leisten war, und dies scheint auch, wie bei der Beschreibung der politischen Institutionen bereits dargestellt, gelungen zu sein. Die Schuld aber – in welcher der kulturelle Komplex gegenwärtig ist – wurde in hohem Maße individualisiert, sodass ihre kollektiven Komponenten verdrängt werden konnten; so wurde auch die Frage der kollektiven Identität ausgeblendet. Solch kollektive Schuld wird in der öffentlichen Diskussion meist verneint, denn sie ist juristisch kaum zu fassen und kann schwer nur gesühnt werden. Doch artikuliert sich

2. Kulturgeschichte und Kulturstaat

im Bekenntnis zu ihr ein kulturelles Selbstverständnis, das die eigene Mitte aus dem Bezug auf den Zivilisationsbruch finden will. Insofern ist dieses Verhältnis von größter Bedeutung. Politisch-moralisch wurde die Schuld gewiss angenommen – indem etwa zahlreiche Wiedergutmachungsabkommen getroffen wurden –, nicht aber im gleichen Maße die kulturelle Herausforderung. Bereits die begriffliche Deskription der kollektiven Haftung bereitete Schwierigkeiten, wenngleich sie in allen Wiedergutmachungsabkommen und -leistungen präsent war. Wer legt – als Richter – das Ausmaß der Haftung fest und bestimmt die Angemessenheit der zu fordernden Entschädigungsleistungen? Diffiziler noch war die Selbstverständigungsdebatte; sie führte schwerlich zu einer Übereinkunft, gestattete kaum ein Selbst, über dessen Vertretbarkeit ein Konsens erzielt worden wäre, und ermöglichte so auch nicht die Verbindlichkeit, die Stabilität erst garantiert. Die Wunde ist bis heute nicht geschlossen, wie die immer wieder aufflackernden Diskussionen zeigen.

Nachhaltig musste die Schuldfrage den Komplex der gesellschaftlichen Verantwortung tangieren: Waren etwa – so musste ernsthaft gefragt werden – bestimmte soziale Strukturen für den Weg in den Nationalsozialismus verantwortlich zu machen? Und wie konnten und sollten diese verändert werden? Die Vermeidung einer Wiederholung stand nach 1945 im Vordergrund; dies sei über die Sicherung der Demokratie sowie über die Erinnerung an die Verbrechen zu gewährleisten. Daraus entstand eine mitunter penetrante Selbstgefälligkeit; folgten die politischen Prozeduren den demokratischen Regeln und verspräche eine ernste Erinnerungspolitik moralische Korrektheit, so seien die Aufgaben erfüllt, welche die Vergangenheitsbewältigung den Deutschen auferlegt habe. Mitunter wurde die Haltung gar in einen „Schuldstolz" verkehrt, welcher Identität in der bloßen Negativität befestigte, was die Diskussion aber keineswegs erleichterte. Offensichtlich ist die Frage nach einem kulturellen Selbst – auf der kollektiven Ebene, aber mit mächtiger Ausstrahlung auf die individuelle Identitätsbildung – kaum zu beantworten, wenn dieses in hohem Maß mit Schuld belastet ist. Schon die Erwartung einer befriedigenden Antwort konnte als Anmaßung gewertet werden. Wie sollte dann ein geschichtliches Selbstverständnis aussehen? Ist ein negatives Selbstverständnis überhaupt möglich? Führte dies nicht zwangsläufig zu Verwerfungen und Verdrängungen, die ein „gesundes Selbstbewusstsein"

2. Kulturgeschichte und Kulturstaat

ausschließen mussten (worin immer Gesundheit in kulturellen Dingen besteht)?

Man setzte sich in der Adenauerzeit nicht nur moralisch von den Verbrechen ab, sondern distanzierte sich von der Kultur der Nazizeit insgesamt und hoffte zum einen, wieder an die Zeit von Weimar – sozusagen unvermittelt – anknüpfen zu können, und versuchte zum anderen, den Anschluss an die westliche Moderne zu finden, den man durch das Dritte Reich verloren hatte. Dabei jedoch wurde nicht ausreichend gesehen, dass die Kultur des Nationalsozialismus ein – gewiss nicht notwendiges, aber doch einsehbares – Produkt der früheren Geschichte war, diese spiegelte und folglich nur „bewältigt" werden konnte, wenn der Weg, der dorthin geführt hatte, zum Gegenstand der Reflexion gemacht würde. Die simple Negation verdrängte den Zusammenhang und drohte – gerade durch die Verdrängung – mit umgekehrten Vorzeichen das fortzusetzen und zu reproduzieren, was man eigentlich hätte aufarbeiten müssen, den Verlust jener Einheit, die, wenn nicht als überwölbendes Dach, so doch als Fluchtpunkt eines kulturellen Selbstverständnisses hätte dienen sollen. Der Absturz in den Nationalsozialismus wurde kaum als Konsequenz eines lange schon eingeschlagenen Weges begriffen; diesem Prozess war – wird er aus der Distanz gesehen – einerseits Stringenz nicht abzusprechen, andererseits sollte er nicht mit dem Attribut des Notwendigen versehen werden. Die Einsicht in eine Ambivalenz, welche die Schuld anerkennt, aber nicht verabsolutiert, hätte gewonnen werden müssen, als Ausdruck einer Brechung, in welcher das geschichtliche Selbst seinen Ausdruck findet. Stattdessen verstand man den Nationalsozialismus in der breiten Öffentlichkeit meist als eine Art Krankheit oder Betriebsunfall; danach sei an das gute Alte ohne Weiteres wieder anzuknüpfen. Dass der Nationalsozialismus kulturell möglich geworden war, weil zuvor schon im Zentrum der Gesellschaft eine Leerstelle vorhanden war, die nicht besetzt werden konnte, war eine Erkenntnis, der man sich selten stellte. Damit entstand eine fatale Kontinuität, die jenes Ganze fraglos nicht auf die Weise der Nazis setzte, aber auch den Verlust nicht zureichend reflektierte, sondern allenfalls bejammerte. Die Frage zu beantworten, wer man denn sei, bereitet den Deutschen seitdem mehr Mühe als den meisten anderen Nationen. Identität aber bedarf einer gewissen Positivität und genauer Konturen. Zerfasert sie – und sei es nur, weil die Flucht vor der Aufgabe so einfach ist –, so erzeugt das Labilität.

2. Kulturgeschichte und Kulturstaat

Die bundesrepublikanische Gesellschaft fand ihre Identität zunächst in einer doppelten Negation: Die gewiss glaubwürdige Absetzung vom Nationalsozialismus einerseits und ein allzu bequemer Antikommunismus andererseits waren die Grundkonstanten des westdeutschen Selbstverständnisses in den ersten Jahrzehnten. Der Antikommunismus erlaubte es zudem, dass man sich als gelehriger Schüler der westlichen Führungsmacht zeigen konnte; darin drückte sich ein Wunsch nach Schutz aus, ebenso das Bedürfnis, die eigene Blöße zuzudecken. Die doppelte Opposition jedoch ergab kein positives Bild, sondern produzierte erneut eine eigentümliche Leerstelle, die immer wieder – von außen und von innen – als bedrohlich empfunden und entsprechend kritisiert wurde. Lange Zeit war der Verdacht da, dass die Gesellschaft, wenn sie sich als ungefestigt erwies, wieder in die alten Muster zurückfallen könnte oder auf andere Weise die Schwäche zu kompensieren suchte.

Fraglos gab es Ansätze, die eigene Identität auch positiv zu bestimmen. Eine ernsthafte Form der Besinnung auf einen vertretbaren Kern, aus dem eine Identität abgeleitet werden könnte, stellte der Rekurs auf christliche Vorstellungen dar. Beide Konfessionen, dezidiert die Evangelische Kirche mit dem frühen Schuldbekenntnis, suchten eine Selbstbestimmung nach dem Zusammenbruch über die christliche Religiosität; der verlorene Rückhalt sei religiös zu substituieren. Doch konnte solche Rückbesinnung nicht die Postulate einer säkularen Vernunft ersetzen, weshalb sie wohl nur für einen beschränkten Kreis eine glaubwürdige Identitätskonstruktion anbot. Die Privatisierung der Religion konnte und sollte nicht rückgängig gemacht werden, weshalb kulturelle Identität und Verbindlichkeit darüber schwerlich zu gewinnen war. Der Prozess, der seit dem 19. Jahrhundert beobachtet werden konnte – dass das christliche Bekenntnis sich auf Moralvorstellungen reduzierte, aber die Kraft der Identitätsbildung immer stärker verlor –, war auch durch die Katastrophe nicht rückgängig gemacht worden; seitdem standen die christliche und kulturelle Identität nebeneinander, konnten sich wechselseitig aber nicht ersetzen. Die religiöse Identität verlangte nach der Ergänzung durch die kulturell-säkulare Komponente; in umgekehrter Richtung mag das Bedürfnis weniger dringlich empfunden worden sein. Der religiöse Ansatz als solcher aber verdient Würdigung, wenn Identitätskonstitutionen in einer sich selbst zerstörenden Moderne bedacht werden sollen.

Neben der Rückbesinnung auf christliche Werte spielte der Rückgriff auf bildungsbürgerliche Vorstellungen eine große Rolle;

2. Kulturgeschichte und Kulturstaat

solange dieser Rückgriff jedoch das eigene Scheitern im Zusammenbruch des Nationalsozialismus nicht aufgearbeitet hatte, musste er hilflos bleiben. Der bloße Appell an die Tradition seit Aufklärung, Klassik und Romantik fruchtete nichts, wenn er nicht die Prägnanz gewann, die auch die Schwächen und das Misslingen ins Auge fasste; so blieb häufig nur die vage Beschwörung des Abendlandes, dem man sich zugehörig fühle und das zu retten sei. Sowohl der christliche als auch der bildungsbürgerliche Ansatz, die nicht selten Hand in Hand gingen, verloren sehr rasch an Kraft und hatten dem neuen Konsum-Materialismus, der mit dem ökonomischen Aufschwung einherging, nur wenig entgegenzusetzen. Dieser Materialismus war überaus erfolgreich, ja von durchschlagender Kraft, stellte aber seinerseits – so darf aus kulturkritischer Perspektive festgehalten werden – eine Flucht dar, die das kulturelle Problem nicht lösen konnte, und ermöglichte Oberflächenidentitäten, denen die tiefere Verankerung und Legitimation fehlte. Das Postulat der Vertretbarkeit einer Identität konnte nicht einfach negiert werden.

Die prägende Haltung der Adenauerzeit – die doppelte Antistellung, die im Antitotalitarismus auf den Begriff gebracht wurde – schlug sich auch in der konkreten Kulturpolitik nieder. Auf dem Bildungssektor knüpfte man an das Überlieferte aus der Zeit vor dem Dritten Reich an, in der Reproduktion der alten Strukturen im Bildungswesen und in der Berufung auf die Werte einer christlich-abendländischen Kultur, als seien diese noch so verfügbar, wie sie es vordem gewesen sein mögen. Dieses Bemühen charakterisierte den restaurativen Charakter der 1950er-Jahre, die gar verdächtigt wurden, an vorweimarische Verhältnisse anknüpfen zu wollen. In der Kulturpolitik, dem, was man Kunst- und Kulturförderung nennt, suchte man den Anschluss an die westliche Moderne und förderte alle Strömungen, die zuvor verdammt gewesen waren. Die Museen füllten die Leere auf, die durch die Diffamierung der modernen Kunst als „entartet" entstanden waren; auch Literatur und Musik entwickelten im Rekurs auf die Standards der Avantgarde ein neues Selbstbewusstsein. Insgesamt aber erschienen Kunst und Kultur bald als etwas, das beim Wiederaufbau eher hinderlich war und beiseite geschoben werden konnte, denn sie erwiesen sich als Sand im Getriebe des aufs Ökonomische fixierten Aufstiegs. Die Frage, welche Rolle der Kultur zukomme und welcher Zusammenhang zwischen avancierter Kunst und einer – nach-nationalsozialistischen – Gesellschaft bestehe, wie eine Mitte zu denken und wie sie zu gewinnen sei, wurde selten gestellt und noch weniger beantwor-

2. Kulturgeschichte und Kulturstaat

tet. Kultur insgesamt wurde auf diese Weise – so darf die Entwicklung zusammengefasst werden – zu etwas, das als Schmuck oder Nervenkitzel taugte, Unterhaltung ermöglichte, aber die zentralen Fragen der Gesellschaft nicht berührte. Ihre Präsenz war geduldet, solange ihre Unverbindlichkeit garantiert war. Dass diese Haltung nicht mehr darstellte als das bloße Negativbild des Nationalsozialismus, darf als das eigentlich Fatale bezeichnet werden: Wie jener ein Ganzes gewaltsam gesetzt hatte, so wurde es jetzt negiert. Damit aber kam man – so lautete bereits in den 1950er-Jahren die scharfe, vor allem von den zurückkehrenden Emigranten geübte Kritik – noch nicht über das Vergangene hinaus, sondern verlängerte ungewollt die Misere, die man glaubte aufgehoben zu haben. Diese Einschätzung bestimmte die Haltung vieler Intellektueller; entsprechend ablehnend reagierten diejenigen Schichten, die sich als politische und gesellschaftliche Elite begriffen. Eine ans Aggressive grenzende Spannung charakterisierte bald die Beziehung zwischen der „tonangebenden" Gesellschaft und der kritischen Intelligenz.

Einen tiefen Schnitt in der Nachkriegszeit bedeuteten die 1960er-Jahre mit der Studentenrevolte von 1968 als einem Höhepunkt. Nicht allein veränderten sich Verhaltensweisen und Wertsetzungen in hohem Maße, auch die Reflexion auf die Grundlagen der Gesellschaft und die Fundamente der Politik, mithin die kulturelle Basis selbst, spielte wieder eine entscheidende Rolle und suchte aufzuarbeiten, was die Adenauerzeit versäumt hatte. Jene schwammige, das Abendland beschwörende Haltung wurde als Verdrängung gegeißelt; ein kulturelles Selbstverständnis könne – so ein Konsens in der Studentenbewegung – nur formuliert werden, wenn der Bezug auf das Dritte Reich Prägnanz gewinne. Das führte zum einen zu einer neuen Politisierung und bedeutete zum anderen, dass der Kunst und dem als Kultur institutionalisierten Bereich abverlangt wurde, der eigenen Geschichte ins Auge zu sehen und sie zu reflektieren; nur darüber könnten Politik und Kultur sich legitimieren. In den hitzigen Diskussionen um 1968 mündete dies zu der höchst unduldsamen Forderung nach dem Ende der bürgerlich-kapitalistischen Gesellschaft selbst: Diese habe den Weg in das Dritte Reich geebnet, sei danach nicht in der Lage gewesen, die Verbrechen aufzuarbeiten – das Projekt einer Vergangenheitsbewältigung sei gründlich misslungen – und habe zudem die umfassende Emanzipation nicht ermöglicht, also die das rein Ökonomische übersteigende Freiheit nicht gewährt; deshalb sei die kapitalistische Ausrichtung durch sozialistische Modelle zu ersetzen. Und ebenso wurde die Forde-

2. Kulturgeschichte und Kulturstaat

rung nach dem Ende der Kunst erhoben, denn auch diese habe auf die Misere nicht angemessen reagiert, bemäntele sie allenfalls. Die Studentenrevolte war auch eine Art Bildersturm, der die bürgerliche Fassade und den „schönen Schein" der Kunst durchstoßen wollte. Radikale Politisierung sei angesagt und allein der Weg in eine demokratisch-sozialistische Gesellschaft sei eine statthafte Alternative zu den Fehlentwicklungen der bürgerlichen Moderne. War dies auch nicht das Endresultat der Debatte, so führte diese doch zu einer bislang unbekannten Politisierung von Kunst und Kultur – vor allem des Theaters als der Kunstform, die stärker als andere auf Öffentlichkeit setzen musste; entsprechend heftig war die Erregung derjenigen, die von Kunst und Kultur eine biedermeierliche Beschaulichkeit erwarteten. Daneben wurde ein wilder Streit im Bildungsbereich geführt, in welchem die Inhalte der Ausbildung äußerst kontrovers diskutiert wurden: Die Rahmenrichtlinien in Hessen oder Bremen erhitzten die Gemüter und trieben einen Keil in die Gesellschaft. Das große Plus der gesamten Auseinandersetzung war, dass die kulturelle Basis von Politik und Gesellschaft diskutiert, damit ein Distrikt berührt wurde, der bislang eher ausgeklammert worden war, der Negativpunkt allerdings, dass allein gegensätzliche Positionen – Konservative gegen Progressive – aufeinander prallten, die Reflexion auf die Fundamente somit nicht in dem Maße konstruktiv war, wie dies wünschenswert und nötig gewesen wäre. Vielleicht wäre die Debatte zu einem positiven Ende gekommen, wenn man erkannt hätte, dass die Gegensätze selbst aus einer nicht aufgearbeiteten Geschichte rührten und nach genauer Einsicht verlangten. Die konservative Seite schien sich dem zu verweigern; aber auch die Linke warf der Gegenseite häufig nur vor, den Nationalsozialismus nicht verarbeitet und aus der kapitalistischen Misere nicht die entsprechenden sozialistischen Konsequenzen gezogen zu haben. Dass dieses Versäumnis selbst hätte erklärt werden müssen und nach weiterer Differenzierung – etwa auch den Blick auf die dunklen, aber dennoch zu verteidigenden Seiten der Moderne – verlangte, statt nur zum Gegenstand des Vorwurfs erhoben zu werden, vermochte sie nicht einzusehen; und ebenso wenig gelangte sie zu der Erkenntnis, dass die eigene Position einer zweiten geschichtlichen Reflexion bedurft hätte, um mehr zu sein als die Variante einer Haltung, die bereits historisch geworden war, nämlich die Kritik am Bürgertum, wie sie seit der Hochphase der bürgerlichen Gesellschaft von sozialistischer Seite stets schon vorgetragen worden war. So blieb die Diskussion allzu häufig in

2. Kulturgeschichte und Kulturstaat

Oberflächenphänomenen stecken und konnte nicht bis dorthin vordringen, wo die Probleme angesiedelt waren; das wechselseitige Verständnis fehlte den Kontrahenten und verhinderte die Klärung. Dies freilich ist im Nachhinein sehr einfach zu konstatieren. Radikale Reflexion ist einfach zu fordern, aber schwer nur einzulösen.

Der sozialistische Ansatz stellte fraglos eine dritte Variante – neben der christlichen und bildungsbürgerlichen Ausformung – dar, die eine ernsthafte kulturelle Antwort auf den Nationalsozialismus sein konnte; diese Möglichkeit spielte unmittelbar nach 1945 in Ost- und Westdeutschland eine Rolle, war dann aber durch den östlichen Stalinismus – die Perversion zur Diktatur – zunehmend diskreditiert, sodass sie auch in der demokratischen Gestalt kaum noch Anhänger fand. Seit den 1960er-Jahren war der Gedanke wieder gefragt. Doch musste, so kann generell postuliert werden, die marxistische Kritik nach dem nationalsozialistischen Fundamentalismus ein anderes Gesicht annehmen. Auf die sozialistische Idee konnte – selbst in der demokratischen Ausrichtung – nicht umstandslos zurückgegriffen werden; denn der Sündenfall hatte auch seinen Gegenspieler im Kern getroffen, zumindest stark beschädigt. Dass nicht einfach an einen Punkt der Geschichte zurückgegangen werden konnte, der zuvor vielleicht eine Zukunft ermöglicht hätte, war eine schwer zu vermittelnde Einsicht; die Erkenntnis, dass der Zivilisationsbruch auch die sozialistische Idee in die Selbstreflexion zwingen musste, war nach 1945 nur schemenhaft präsent und wurde um 1968 erneut verdrängt. So blieb von den Diskussionen aus den Jahren um 1968 zunächst nur eine fruchtlose Polarisierung; die Reflexion auf die Voraussetzungen fand allenfalls in einer abgeschotteten akademischen Öffentlichkeit statt.

An dieser Stelle sei ein kurzer Seitenblick auf die DDR gestattet. Der dort eingeschlagene Weg, den Widersprüchen der bürgerlich-kapitalistischen Geschichte mit der Errichtung einer sozialistischen Gesellschaft zu entkommen, kann in wenigen Sätzen nicht zureichend gewürdigt werden. Dieses erforderte eine eigene Darstellung. Doch bildet die DDR-Geschichte einen Gegenpol zur westdeutschen Geschichte, weshalb beide kaum getrennt voneinander behandelt werden können; die sozialistischen Vorstellungen erscheinen als Gegenentwurf zum westdeutschen Versuch einer Rückgewinnung von Bürgerlichkeit. Beide Seiten verhalten sich zueinander wie Bild und Spiegelbild und sind, sollen sie verstanden werden, in ihrer Interdependenz zu sehen. Wenn sozialistische Ambitionen zur Zeit der Studentenrevolte wieder eine Rolle spielten, so musste zwangs-

2. Kulturgeschichte und Kulturstaat

läufig der ost-westdeutsche Gegensatz berührt werden. Zwar wollten sich die Studenten von der DDR strikt absetzen, zumindest in der Frühphase des Protests, konnten aber nicht verhindern, dass eine tiefere, emotional besetzte Ebene berührt wurde. – Die DDR lebte aus dem Dogma des Antifaschismus; der Faschismus wurde als letzte und grausamste Stufe des Kapitalismus interpretiert, und der Sozialismus trat als proletarischer Gegenentwurf auf, der als solcher einen zureichenden Legitimationsgrund für den Neuansatz darstellte. Der Bezug auf den Nationalsozialismus prägte durchaus das Selbstverständnis, wurde aber auf die Kapitalismuskritik reduziert; der Antisemitismus konnte ausgeblendet und die kulturelle Frage der Schuld musste nicht gestellt werden. Der Gedanke, es könne nach dem Irrweg des Nationalsozialismus der Faden dort wieder aufgegriffen werden, wo der Nationalsozialismus die Geschichte unterbrochen hatte, bestimmte das ideologische Selbstverständnis; quasi umstandslos sei die sozialistische Gesellschaft zu etablieren. Auch dies bedeutete, den Nationalsozialismus als Krankheit zu betrachten. Konnte diese diagnostiziert werden, so war sie auch zu therapieren, wie immer gewaltsam. Dass der Sozialismus selbst in diese Krankheit involviert war, schon deshalb, weil seine Vermeidung ein wesentliches Motiv für den Nationalsozialismus gewesen war, war etwas, das nicht gesehen wurde, vielleicht nicht gesehen werden durfte. Ein sozialistisches Experiment, das einen anderen Sozialismus als zuvor angestrebt hätte, hätte vielleicht eine Chance gehabt. Es war nicht allein das demokratische Defizit, das den DDR-Sozialismus zum Scheitern verurteilte, sondern – neben manchem anderen – die mangelnde Reflexion auf die historischen und kulturellen Voraussetzungen und Implikationen des Versuchs. Etwa wurde die radikale und dunkle Moderne, wie sie sich in der avancierten Kunst seit der zweiten Hälfte des 19. Jahrhunderts artikulierte, geradezu systematisch ausgeblendet; damit aber war der Blick auf eine tiefere geschichtliche Dialektik – den man doch so nachdrücklich verlangte – verstellt. Ansätze zu solchen Debatten – etwa im Umkreis von Bertolt Brecht, Ernst Bloch (1885–1977) und Wolfgang Harich (1923–1995) – gab es bis Mitte der 1950er-Jahre sehr wohl, doch durften diese, so verlangte es die Parteilinie, nicht allzu laut geführt werden, weil sie das gewaltsam erzeugte Selbstverständnis der DDR in Frage gestellt hätten, ja sie wurden unterdrückt und konnten von der Bevölkerung in der DDR gar nicht wahrgenommen werden. Die Vermeidung der grundlegenden Diskussion verurteilte den Versuch der DDR zur Hilflosig-

2. Kulturgeschichte und Kulturstaat

keit; dass die sozialistischen Identitätsangebote keine Kraft hatten, zeigte nicht zuletzt der rasche Zusammenbruch im Jahr 1989/90. – Die Haltung freilich, welche die grundlegende Diskussion aussetzte, um an den Oberflächenphänomenen herumzukurieren, verband die DDR mit der Bundesrepublik; beide verwiesen spiegelbildlich aufeinander und beide blendeten lange Zeit den schwarzen Fleck im Zentrum – die kulturelle Identität nach dem Nationalsozialismus – geflissentlich aus. Die Studentenrevolte war insofern erfolgreich, als sie auf diesen Punkt zeigte und damit provozierte; sie scheiterte – so muss wohl gesagt werden, auch wenn das Phänomen damit nicht erschöpfend abgehandelt ist –, weil sie die kulturelle Reflexion nicht weit genug vorantrieb bzw. vorzeitig abbrach.

Die heftigen Debatten in Westdeutschland, die ab Mitte der 1960er-Jahre geführt wurden, kamen mit der *Tendenzwende* ab etwa 1975 zu einem Ende. Dies bedeutete, dass man – wenn auch nur scheinbar – an die Normalität der 1950er-Jahre wieder anknüpfte, die Randstellung der Kultur besiegelte, wenn auch auf neuer Ebene. Doch wurde die Politisierung nicht einfach über Bord geworfen, sondern prägte das allgemeine Bewusstsein. So war es ein positives Ergebnis der Revolte, dass sie erst die endgültige Verankerung Westdeutschlands in den westlich-liberalen Politikvorstellungen festgeschrieben hat; zuvor schien das demokratische Selbstverständnis noch stark von restaurativen Tendenzen bedroht, als antikommunistisches Lippenbekenntnis, das den Alliierten zuliebe abgegeben wurde und zu wenig verpflichtete. Die linke In-Frage-Stellung hat die Republik gefestigt.

Die philosophische Theorie, welche die Studentenrevolte in hohem Maße beeinflusst hatte, war die von Max Horkheimer und Theodor W. Adorno begründete *Kritische Theorie* oder *Frankfurter Schule*; gewiss gab es noch andere Impulse, etwa das Engagement für den Sozialismus und für die revolutionären Befreiungsbewegungen der Dritten Welt oder die am Vietnamkrieg sich entzündende Kritik an Amerika, doch die kulturellen Implikationen der Revolte – sofern sie theoretisch benannt und zum umfassenden Anspruch erhoben wurden – waren dort vorformuliert worden. So war es kein Zufall, dass Herbert Marcuse (1898–1979), als dritter Kopf der Schule, zur Kultfigur der Bewegung aufstieg. Die Kritische Theorie war im Kern bürgerlich, trotz aller neomarxistischen Anleihen und trotz des Rückgriffs auf Motive der antibürgerlichen Moderne. Die Berufung auf Individualität und Vernunft, Bildung und Kunst, welche allein Humanität begründen könnten, entstammte der großen Tradi-

2. Kulturgeschichte und Kulturstaat

tion der Sattelzeit um 1800. Glaubwürdigkeit gewann die Philosophie, weil sie das Scheitern des bürgerlichen Ansatzes wie kaum eine andere Theorie reflektierte. Eine dreifache Erfahrung, die im Exil erst auf den Begriff gebracht werden konnte, bestimmte das Denken der Gründerfiguren: erstens die Erfahrung des Nationalsozialismus mit dem Holocaust als Endpunkt, zweitens das Scheitern der sozialistischen Hoffnungen nach dem Stalinismus, insbesondere nach den Säuberungsprozessen in den 1930er-Jahren, sowie drittens der Untergang der Bildungsidee in der Kulturindustrie, wie sie nicht zuletzt Amerika vorlebte. Dass diese Erfahrung ausgesprochen und theoretisch gefasst werden könne und somit eine Hoffnung auf Überwindung gegeben sei, kann – trotz des grundlegenden Pessimismus der beiden Gründerfiguren – als *ein* wesentliches Motiv der Studentenrevolte gelten, als Versprechen, dass die dunkle Adenauerzeit überwunden werden könne. So jedenfalls dürfte sich der Zusammenhang in vielen Köpfen dargestellt haben. Das kulturelle Moment mag im Laufe der Revolte zurückgetreten sein, auch durch die Überlagerung durch einen politischen Aktionismus und die scharf sozialistische Ausrichtung (die von Horkheimer und Adorno in dieser Form nicht geteilt wurde), als Impuls jedoch, der das Denken vieler beflügelte, hat der Rekurs auf die Kultur eine Rolle gespielt und dürfte in dieser Gestalt die Revolte auch überlebt haben. Weil das demokratische Selbstverständnis der Bundesrepublik nach der Studentenrevolte eine neue Ausrichtung erhalten hat, hat man – in einer groß angelegten, von Clemens Albrecht u. a. herausgegebenen Studie – der *Kritischen Theorie* im nachhinein bescheinigt, sie habe die „intellektuelle Gründung" der Bundesrepublik erst bewirkt oder ermöglicht. Die Generation der sogenannten 68er, die in den folgenden Jahrzehnten Karriere gemacht und das Denken und Handeln in der Republik wesentlich bestimmt hat, war durch sie geprägt, weshalb jene Rede von der „intellektuellen Gründung" eine Berechtigung hat.

Und noch eine zweite philosophische Begründung hatte die Studentenrevolte zur Folge, auch wenn der Zusammenhang wiederum nur indirekt gegeben ist: Aus dem *Collegium Philosophicum*, das sich um den Philosophen Joachim Ritter (1903–1974) gebildet hatte, entwickelte sich eine *Schule von Münster*, bestehend aus Schülern Ritters, die einen neuen Konservativismus theoretisch vertreten haben, von Jens Hacke in einer neueren Studie zutreffend als Liberalkonservativismus bezeichnet. Die Vertreter dieser – in sich sehr differenzierten – Richtung, vor allem Robert Spaemann (geb. 1927),

2. Kulturgeschichte und Kulturstaat

Hermann Lübbe (geb. 1926) und Odo Marquard (geb. 1928), setzten sich zum einen mit großem Nachdruck vom alten rechten – und tendenziell antidemokratischen – Konservativismus ab, wie er trotz aller Wandlungen noch bis in die Adenauerzeit überlebt hatte, und distanzierten sich zum anderen ebenso vehement von den linkssozialistischen Positionen der Studentenrevolte. Die doppelte Herausforderung führt zu einer Selbstreflexion des Konservativismus, wie es sie zuvor nicht gegeben hatte, und daraus entsteht eine neue Form und Begründung von Bürgerlichkeit, die jene Prozesse des Scheiterns aufarbeitet und ihnen zugleich ein Selbstverständnis abtrotzt, das für die Zukunft offen sein will. Das kann im Einzelnen hier nicht entfaltet werden, zeigt aber, dass die Forderung nach grundsätzlicher Reflexivität auch in einem Posthistoire seine Gültigkeit behalten kann und die theoretische Diskussion bestimmen muss. Die neue Haltung hatte in einem Gestus der Skepsis ihr Zentrum und fand nicht selten in der Ironie ihre Ausdrucksform.

Die Bedeutung der beiden „Begründungen" besteht vor allem darin, dass sie jeweils mit ausgefeilten Theorien auf die historische Situation reagierten, die Notwendigkeit der Theorie selbst betonten und beanspruchten, die Gegenwart auf den Begriff zu bringen, also dem frühen bürgerlichen Impuls folgten, wie er – aus der Sicht beider Schulen – insbesondere von Hegel formuliert worden war. Die beiden Ansätze sind bestimmt nicht die einzigen gewesen, die dies versucht haben, doch waren sie durch den Anspruch, den sie erhoben, von besonderem Einfluss. Ihre Wirkung ist nicht zuletzt daran ablesbar, dass in der Folgezeit die Diskussionen in der intellektuellen Öffentlichkeit in hohem Maße von Jürgen Habermas einerseits, als dem Vertreter einer zweiten Generation der Frankfurter Schule, und den ehemaligen Münsteranern andererseits bestimmt wurden; sie haben die alte Diskussion auf ein neues Niveau gehoben und die Themen vorgegeben, die für mindestens zwei Jahrzehnte die Diskussionen geprägt haben. Bürgerlichkeit selbst, die vom Nationalsozialismus und dann in ganz anderer Form von der Studentenrevolte in Frage gestellt worden war, bekam ein neues Aussehen und wurde auf neue Weise gerechtfertigt: *Einerseits* waren die Identitätskonstitution und das demokratische Selbstverständnis – so die Frankfurter Forderung – allein durch den offenen und quasi unendlichen *Diskurs* zu begründen, also durch die auf Konsens zielende Diskussion, die alles in Frage stellen durfte, auf Leerstellen reagierte, insbesondere auf die Formen der „defizitären Demokratie", und nach stets neuen Rechtfertigungen verlangte; in

2. Kulturgeschichte und Kulturstaat

diesem Sinne hat nach der sprachphilosophischen Wende der Theorie insbesondere Jürgen Habermas neue linke Positionen vertreten, aber auch Claus Offe (geb. 1940) oder Oskar Negt (geb. 1934) folgten ähnlichen Impulsen. *Andererseits* erschienen Freiheit und Autonomie nur verbürgt, so die konservativen Gegenspieler, wenn sie formal abgesichert waren und in den *Institutionen* – in einem weiten Sinne – oder einem kaum befragbaren *Common Sense* einen Rückhalt hatten, der erst Festigkeit versprach. In beiden Fällen galten Stabilität und Verbindlichkeit nur gesichert, wenn sie auch reflexiv vergegenwärtigt werden konnten, wenn auch je anders ausgerichtet. Beide Theorieansätze reagierten auf die Krise, in welche das deutsche Selbstverständnis geraten war, indem sie den Reflexionsraum erweiterten und ein höheres Maß an Reflexivität forderten. Und beide waren als Apologie von Bürgerlichkeit zu lesen.

2.1.5 Der kulturelle Wandel seit den 1980er-Jahren

Studentenrevolte und Tendenzwende markieren einen Bruch im Prozess der Selbstverständigung in Deutschland; die kulturelle Identität verlangte, da sie kaum wie bisher formuliert werden konnte, nach neuen Formen bzw. nach der genauen Vergegenwärtigung der Bedingungen der eigenen Möglichkeit. An zwei generellen Beobachtungen lässt sich der Einschnitt – jenseits der philosophischen Debatten – festmachen: *Erstens* konnte der Anspruch der „hohen Kultur", insbesondere der Kunst und Literatur, nicht mehr in der überlieferten Gestalt aufrechterhalten werden, als Reflexionsform, in welcher die Gesellschaft sich selbst ins Angesicht zu schauen vermochte und in welcher die zentralen Sinn- und Identitätsfragen – so das bürgerliche Selbstverständnis – zu beantworten waren. Zwar war dieser Anspruch schon lange unterhöhlt gewesen und brüchig geworden, doch galt die „ernste" Kultur noch immer – bis in die 1960er-Jahre – als das privilegierte Terrain der Selbstverständigung, zumindest als Widerpart und Stachel im Fleisch der Gesellschaft, der nicht restlos negiert werden durfte. Jetzt wird dies aufgekündigt – so darf recht grob gesagt werden – und die Kunst zum Sonderbereich erklärt, der Vergnügen und Genuss gestattet, auch Sensibilität auszubilden und Kreativität zu fördern vermag, aber den Kern der Gesellschaft nicht mehr berührt. Doch ist damit das Bedürfnis nach Identität nicht obsolet geworden. Dieses wandert, so die *zweite* Beobachtung, in die Unterhaltungskultur ab und nimmt dort eine neue Gestalt an; Kultur mutiert zu dem, was bald als *Erlebnis- und*

2. Kulturgeschichte und Kulturstaat

Spaßkultur beschrieben wird, zunächst in den Alternativkulturen, die nach 1968 entstehen, und dann in der neuen Popkultur, welche Medien, Werbung und eine breite Öffentlichkeit erfasst. Die Identitätsbildung selbst wird nahezu ausschließlich dem privaten Bereich unterstellt und vom öffentlich-kollektiven, Verbindlichkeit fordernden Sektor abgeschnitten. In solcher Privatheit haben die Formen einer multiplen und breit vernetzten, aber flachen Identität Konjunktur; der rasche Wechsel ist angesagt, der die Leere übertünchen muss, welche die Abtrennung hinterlässt. Gleichzeitig entsteht – angesichts der offensichtlichen Defizite – die Notwendigkeit der theoretischen Vergewisserung, welche die Problematik zwar aufgreifen und in ihren Bestandteilen betrachten, aber nicht lösen kann; denn Subjekt einer kollektiven Identität kann – in den jeweiligen Selbstverständigungsdiskursen – nur die Gesellschaft selbst sein. Dass die Abschiebung der Identität ins Private eine Verarmung bedeutete, war der kritischen Intelligenz sehr früh bewusst – entsprechend scharf wurde der Vorgang gegeißelt –, und ebenso offensichtlich war, dass damit der Zwang zur Legitimation entfiel, zumindest die Besinnung darauf deutlich zurückgenommen wurde. Daraus entsteht eine Blindheit, die kaum aufzufangen war, ja als Rückfall in eine neue Naturwüchsigkeit zu diagnostizieren ist, mag sie nun vor- oder nachaufklärerisch heißen; jedenfalls verweigert sie die von der Moderne geforderte Reflexivität. Auch dies wird immer wieder spitz gerügt.

Selbstverständlich hat es die Unterhaltungskultur – und die Kritik daran – lange vor 1968 gegeben, jetzt aber wird ihr Gleichwertigkeit zugebilligt, welcher Rang ihr zuvor abgesprochen worden war; und ebenso selbstverständlich ist auch die theoretische Reflexion nichts Neues, doch nimmt sie jetzt – wenn der subjektive Eindruck nicht täuscht – die Stelle ein, die zuvor Kunst und Literatur zugewiesen worden war. Mit dem Anspruch auf gesellschaftliche Verbindlichkeit war Kultur im bürgerlichen Zeitalter angetreten; mit der Auf- und Ablösung dieser Ambition – doch damit verliert die „ernste" Kultur nicht ihr Existenzrecht – geht die Aufgabe an die Theorie über, der eine höhere Dignität denn je zugestanden wird. Die Rolle, die Goethe und Schiller im 19. Jahrhundert eingenommen hatten und die noch in den 1920er-Jahren Thomas Mann gespielt hatte, haben in den 1980er-Jahren – so darf nur leicht übertreibend gesagt werden – Jürgen Habermas und seine Kontrahenten übernommen. Das spiegelt sich auch in der großen Aufmerksamkeit, die den oben angeführten Debatten entgegengebracht wurde; kaum je

2. Kulturgeschichte und Kulturstaat

zuvor war theoretisch-philosophischen Texten im Rezensionsteil der überregionalen Tageszeitungen solche Beachtung zuteil geworden. Weil aber die philosophische Reflexion nur die Bedingungen von Identität formulieren, aber kaum das schwierig gewordene Selbstverständnis explizit benennen und inhaltlich formulieren kann, wandert die allgemeine Identitätssuche gleichzeitig in die Unterhaltungsbranche ab bzw. verliert sich ins Diffuse und Vorreflexive. Dieser Zwiespalt – von Einsicht und Faktizität – kennzeichnet die Kulturszene der späten Bundesrepublik wohl wie nichts anderes.

Die Abdrängung der überlieferten Kultur in ein Abseits war ein hoher Preis, der nach dem Umbruch der 1960er-Jahre zu zahlen war; er bedeutete eine nachhaltige Veränderung der kulturellen Rahmenbedingungen selbst. Die Abtrennung von den Ideen, welche die Moderne einst begründet hatten, wurde als Schlussstrich empfunden und seit den 1980er-Jahren als Postmoderne gefeiert. Zugleich setzte als Reaktion auf die scheinbar erfolgreiche Revolte – gemessen an der Dominanz linker Positionen im Kulturbetrieb zu Beginn der 1970er-Jahre – eine Gegenbewegung ein, die teilweise sogar nationalkonservative Positionen restaurierte, sichtbar etwa im Historikerstreit von 1986, aber auch in der sogenannten „geistig-moralischen Wende", welche die CDU zur Zeit der Kanzlerschaft von Helmut Kohl meinte durchsetzen zu können. Doch blieb dies relativ fruchtlos, weil der Konservativismus noch restaurativ ausgerichtet war, den Bruch nicht wahrhaben wollte, der das tatsächliche Geschehen kennzeichnete. Erst langsam wandelt der Neokonservativismus sich zum reflexiven Liberalkonservativismus, kann dann aber kaum eine Gegenposition zur übermächtigen Unterhaltungsindustrie behaupten, um etwa jene Auflösungstendenzen aufzufangen.

Sichtbar wird die generelle Tendenz auch in einer Historisierung des Nationalsozialismus, gegen dessen Relativierung sich die Linke im Historikerstreit noch erfolgreich hatte wehren können. Die Historisierung bedeutete ein langsames Zurücktreten seiner Präsenz, weil mittlerweile eine große Zeitspanne zwischen ihm und der Gegenwart lag. Dies signalisierte zugleich einen grundsätzlichen Wandel: Geschichte selbst wurde nicht mehr in dem Maße wie zuvor als Rahmen angesehen, innerhalb dessen ein Selbstverständnis formuliert werden musste. Dies hatte sich schon seit längerem angedeutet: *Zum Ersten* verschwand die Berufung auf die Geschichtsphilosophie, die in den 1950er- und 1960er-Jahren als Legitimationsquelle noch sehr angesehen war, wenn Argumentationen

2. Kulturgeschichte und Kulturstaat

zur Gültigkeit von Sinnsetzungen mit Gründen gestützt werden sollten, fast vollständig aus den intellektuellen Debatten; die gleichwohl noch zu beobachtende Berufung auf Geschichte wurde häufig diffus. Die Verbindung zur Gegenwart verlor an Prägnanz und artete in die bloße Beschwörung aus, etwa in den zahlreichen, Event-Charakter annehmenden Ausstellungen, die auf sehr weit zurückliegende Themen zurückgriffen und selten einen Bezug zum heutigen Selbst herstellen konnten. Geschichte wurde zum beliebigen Reservoir für immer neue Inszenierungen und sollte als Spaß erlebt, aber nicht reflektiert werden. *Zum Zweiten* wurde die Beschäftigung mit dem Nationalsozialismus mehr und mehr eine Angelegenheit der Spezialisten, also der Historiker, die das zu ihrem Beruf machten; die Gesellschaft ist davon nicht mehr – oder bestenfalls noch indirekt – betroffen. Das schließt nicht aus, dass Themen aus dieser Zeit eine breite Öffentlichkeit immer wieder beschäftigten und die Gemüter erhitzten, wie etwa der Streit um die Wehrmachtausstellung oder die Goldhagen-Debatte, doch hatten solche Diskussionen kaum Folgen und erloschen meist wie ein Strohfeuer. Die Historisierung bedeutete die Verbannung ins Museum, wo das Dritte Reich sogar mit vermehrtem, aber distanziertem Interesse angeschaut werden konnte, denn die unmittelbare Präsenz war dadurch aufgehoben. Die Frage der Schuld musste die Gegenwart nicht mehr bedrohen. Das Schwinden einer unmittelbaren Betroffenheit war dann sogar – fast gegenläufig – die Voraussetzung dafür, dass Dokumentationen und Filme in wachsender Zahl von den Fernsehanstalten produziert und gezeigt werden konnten; die Form ihrer Darbietung – auch das Verhältnis zum Publikum – war durch eine Distanz geprägt, die sie erst konsumierbar machte. Für die unmittelbare Gegenwart kann die Beobachtung noch weiter ausgezogen und zugespitzt werden: Der gewonnene Abstand, der auf der Verschiebung der Schuld in einen fernen Hintergrund beruht und dadurch zugleich ein anderes Erinnern gestattet, führt seit einigen Jahren dazu, dass auch das eigene Leid – die Deutschen in der Opferrolle – thematisiert werden kann, in der Beschreibung der Schrecken der Bombardierung oder in der Darstellung von Flucht und Vertreibung. Dabei setzt sich eine ambivalente Haltung durch, die einerseits der Schuld ihre Unmittelbarkeit nimmt, schon weil es eine dritte oder vierte Generation ist, die sich erinnert, andererseits aber eine Genauigkeit erfordert, die eine neue Form der Teilhabe produziert. Ob dabei falsche Töne immer vermieden werden können, sei hier nicht entschieden.

2. Kulturgeschichte und Kulturstaat

Bedeutete dies alles – die seit Studentenrevolte und Tendenzwende verstärkt zu beobachtende Abschiebung der überlieferten Kultur in ein Abseits –, dass die Berufung auf den Kulturstaat, wie sie selbst im frühen Verlangen nach Bewältigung – nicht nur der moralischen und juristischen, sondern eben auch der kulturellen – noch gegenwärtig war, endgültig der Vergangenheit angehörte? Es scheint so. Dennoch bleibt die Verpflichtung auf den Kulturstaat natürlich in den Verfassungen, und ein kulturstaatliches Selbstverständnis trägt die Politik weiterhin. Die inhaltliche Ausrichtung des Konzepts aber verändert sich beträchtlich. Die Orientierung auf ein Ganzes, wie es als Zentrum von Kultur und Bildung seit der Romantik erschienen war, wird aufgegeben oder bis zur Unkenntlichkeit verzerrt; kaum noch darf der Staat sich als Subjekt begreifen, als Inkarnation des Volkes, dessen Identität er – so der aus der Volkssouveränität abzuleitende kulturstaatliche Auftrag – zu schützen und zu bewahren hat. An zwei Beschreibungsansätzen, die in den jetzt geführten Diskussionen eingenommen werden, kann der Wandel deutlich gemacht werden: die Charakterisierung der Gegenwart als Postmoderne und ihre Beschreibung der Gesellschaft als primär ökonomisch orientierte Konsumwelt. Beide setzen die Verabschiedung der überlieferten Kultur voraus, unterstellen einen je anderen Kulturbegriff, auch wenn es natürlich Überschneidungen gibt, und verlangen nach einem neuen Selbstverständnis des Kulturstaates. Diesen beiden, trotz des modischen Chics eher düsteren Varianten aber muss ein drittes, deutlich helleres Bild entgegengestellt werden, das die Gegenwart in gleichem Maße kennzeichnet: Unter veränderten Vorzeichen erlebt die Kultur – und ihre Förderung durch den Staat – eine neue Blüte, die sich etwa in einem erstarkten Kulturleben niederschlägt; die Museen werden eifrig besucht, und auch die Opern- und Konzerthäuser können über mangelnde Nachfrage nicht klagen. Dieser Widerspruch ist vielleicht nicht vollständig auflösbar, muss aber gesehen werden, wenn die gegenwärtige Situation verstanden werden soll. Eine merkwürdige Ambivalenz ist ihr Charakteristikum. Auf die drei Positionen – und die kontroversen Diskussionen, die sich daraus ergeben – ist deshalb kurz einzugehen.

Für die Berufung auf die *Postmoderne*, in welcher wir nunmehr angekommen seien – so die Verlautbarungen seit den 1980er-Jahren –, ist der Verzicht auf jenes Ganze konstitutiv, häufig beschrieben mit dem Verzicht auf die „großen Erzählungen", die eine umfassende Orientierung eben nicht mehr zu geben vermögen. Dies imp-

2. Kulturgeschichte und Kulturstaat

liziert auch, dass die Identität des Individuums in der Form, wie sie seit der bürgerlichen Moderne emphatisch proklamiert worden war, an ein Ende gekommen ist und anders konzipiert werden muss, so ausdrücklich die postmodernen Theoretiker. Die Konstanz und Festigkeit, die in der Idee gegenwärtig war, dass ein Individuum in einem langen Leben sich verwirkliche, musste sich mehr und mehr verflüchtigen und dem Gedanken eines nur noch punktuellen, multiplen Selbst weichen und der Vorstellung beständiger Mutationen und Transformationen Platz machen. Dem Leben als einem Abgeschlossenen erst Identität zuzusprechen, war das bürgerliche Konzept, das dem Einzelnem abverlangte, es als solches zu planen, damit es im Rückblick als in sich Gefestigtes erscheinen könne; dann erst könne das Selbst als hervorgebracht und produziert gedacht werden, verweise auf ein Subjekt als seinem Schöpfer und Urheber und könne verantwortet werden. Das, was einer sei, werde er erst, indem er sich an dieser Vorgabe abarbeite; seine Identität sei als Produkt einer lebenslangen Anstrengung zu begreifen. Und Glück könne als das Gelingen erfahren werden, das dieser Aufgabe gerecht werde. In solch umfassender Konzeption – in welcher die christliche Vorstellung einer als Substanz zu denkenden Seele überlebt hatte – war die Vorstellung von Identität nur haltbar, wenn das Subjekt ein Pendant in Gesellschaft und Kultur hatte, die als Rahmen und Widerpart fungierten, wie ähnlich zuvor die christliche Seele im Kosmos der Religion ihre Stütze gefunden hatte. Individuelle und kulturelle Identität bedurften einander, um überhaupt verwirklicht werden zu können; beide mussten in ähnlicher Weise gewonnen werden, waren in ähnlicher Weise gefährdet und galten einander als Halt. Dass dieses Konzept in der Geschichte allenfalls ansatzweise verwirklicht worden war, muss nicht näher ausgeführt werden. Als Überforderung mag es bezeichnet werden, doch sollte auch gesehen werden, dass diesem Anspruch bis heute nichts Vergleichbares gefolgt ist, weder in der Theorie noch in der gesellschaftlichen Praxis. Wird das Konzept also kritisiert, weil es nicht einlösbar sei und an der Wirklichkeit vorbeigehe, so bleibt gleichwohl festzuhalten, dass Selbstachtung an seine Aufrechterhaltung – und sei es nur als Telos oder regulative Idee – geknüpft ist und seine Aufgabe Resignation bedeuten muss. Insofern ist das bürgerliche Modell der Selbstverwirklichung noch immer unüberboten und keineswegs veraltet. Die Aufkündigung mündet denn auch nicht selten in einen Zynismus, wie er vielerorts als Charakteristikum der späten Moderne gilt.

2. Kulturgeschichte und Kulturstaat

Wenn in der Postmoderne Individualität als etwas Flüssiges und Amorphes erscheint, das im Laufe eines Lebens für vielerlei Ausformungen von Identität offen und durchlässig ist, die Brüche hinnimmt, auf den Wechsel setzt und das jeweils Momentane betont, so entspricht ihr folglich auch eine andere Vorstellung von Kultur. Diese erscheint jetzt als ein – möglichst vielfältiges – Angebot, aus dem zu wählen ist, das aber einen Anspruch auf Verbindlichkeit nicht mehr stellt. Kultur erhält den Status eines Gemischtwarenladens und ist durch Beliebigkeit gekennzeichnet. Die neue Form von Individualität sei – so die unnachgiebige Kritik daran – als Abdankung des bürgerlichen Subjekts zu begreifen und stelle keinesfalls einen Ersatz dar. Die Freiheit entbinde den Einzelnen nur – so halten die Verfechter der Postmoderne dagegen – von der Verpflichtung, das eigene Leben als ein Ganzes zu entwerfen, und nehme ihm auch die Verantwortung für die Gesellschaft, in welcher er zuvor das Andere seiner selbst zu sehen hatte. Die Postmoderne möchte die Moderne von den Bürden befreien, die sie sich selbst auferlegt hat. Kultur wird vollständig privatisiert, dient den Bedürfnissen des Einzelnen, der sich ihrer nach Belieben zu bedienen hat, und verliert den Status des Widerparts. Dem von den Verteidigern der alten Moderne erhobene Vorwurf, Individualität und Kultur würden damit beide gestaltlos und verlören ihren Wert, begegnen die Vorkämpfer der Postmoderne mit dem Hinweis, man sei den Zwängen der Identitätsforderungen nunmehr entkommen und die Freiheit bedeute keineswegs Beliebigkeit, sondern Wahl und Entscheidung, die stets neu zu treffen sei. Ein neuer Dezisionismus sei das Kennzeichen der individuellen Souveränität. – Wird Kultur auf diese Weise ausschließlich aus der Perspektive der Einzelnen gedacht, deren Befriedigung sie zu dienen habe, so kann es als Aufgabe des Staates gesehen werden, ein möglichst umfassendes Angebot zu gewährleisten, um seinen Bürgern möglichst vielfältige Entfaltungschancen zu geben. Dem Kulturstaat obliegt es dann, einen breiten kulturellen Markt abzusichern; und dies scheint recht genau Zweck und Ziel zu umschreiben, wie sie der heutigen kulturpolitischen Praxis zugrunde liegen.

Die Charakterisierung der gegenwärtigen Gesellschaft als ökonomisch geprägter *Konsumgesellschaft* – als zweiter Variante, in welcher ein neues Kulturverständnis zum Ausdruck kommt – ist von der Beschreibung als Postmoderne nicht allzu weit entfernt, doch müssen Unterschiede festgehalten werden. Die Rede von der Konsumgesellschaft bedeutet, dass die Gleichwertigkeit der Sphä-

2. Kulturgeschichte und Kulturstaat

ren von Wirtschaft und Kultur, von denen die bürgerliche Gesellschaft einmal ausgegangen war – sichtbar auch in der Doppelung des Bildungs- und Wirtschaftsbürgers –, nicht mehr gegeben sei, sondern die Wirtschaft eine Dominanz gewonnen habe und diese ihr auch zuzubilligen sei, ja dass die Kommerzialisierung der Kultur nicht nur als Schicksal hingenommen werden müsse, dem nicht zu entkommen sei, sondern als etwas Gewünschtes zu verstehen und zu stützen sei. Kultur in der überlieferten Form wird damit ins Abseits gedrängt und bekommt, wie dargestellt, den Status des Privaten; ähnlich war ja zuvor schon der Ort Religion festgelegt worden. Als Fundament von Staat und Gesellschaft kann sie kaum noch gelten, allenfalls ideologisch wird sie zu diesem Zweck mitunter bemüht. Wird Ästhetik zudem als Warenästhetik gesehen, die in Werbung und Reklame ihr Zentrum habe, so verlieren Kunst und Kultur vollends ihren Ort als Gegenwelt, welcher Wirtschaft und Gesellschaft konfrontiert waren und welcher Kritik gestattet hatte; sie werden vereinnahmt und untergeordnet. Aus dieser Perspektive kann dann von einem postideologischen und posthistorischen Zeitalter gesprochen werden: Die Gesellschaft ist als Wirtschaftsgesellschaft zu sich selbst gekommen, bedarf nicht mehr der Kritik von außen und ist auch auf Rechtfertigungen nicht angewiesen. Alle Kultur wird zum Freizeitspaß und dient der Affirmation des Bestehenden. Verächtlich oder resignierend wird von kulturkritischer Seite dann moniert – die Aggression ist dabei schwerlich zu übersehen –, Kultur sei endgültig in die Warenwelt ein- und damit untergegangen. Dort hat sie – das kann sowohl kritisch als auch affirmativ formuliert werden – zwei Funktionen übernommen: Erstens gilt es – über das glitzernde Design und die verführerische Verkaufskultur – den Absatz zu fördern und den Geldumlauf am Leben zu erhalten; und zweitens müssen die Konsumenten stillgestellt werden und dürfen, so die rasch bissig werdende Kritik, am Tropf des Fernsehens und der Werbung nicht zur Besinnung kommen. In der sogenannten Massenkultur dienen die kulturellen Veranstaltungen – bis hin zu den Shows und Sportveranstaltungen – als Drogen, die den Rezipienten auf die Bestätigung des Bestehenden festlegen. Der ausgiebige Medienkonsum fördere, so die wohl richtige Unterstellung, einen stillen Konservativismus, und der Fußballfan werde sich kaum als Revolutionär gerieren. Aber auch die elitären und überaus exquisiten Kulturereignisse können unter dem Aspekt der Rechtfertigung und Bestätigung gesehen werden; man denke nur an die Operngala und die Festspiel-Events, etwa von Salzburg oder Bay-

2. Kulturgeschichte und Kulturstaat

reuth, wo man in festlicher Abendrobe zu glänzen hat. Die opulente Inszenierung – auf und vor der Bühne – dient der gesellschaftlichen Repräsentanz und folgt einem affirmativen Impuls. Als Rituale gesellschaftlicher Selbstlegitimation fungieren selbst die Festivals äußerst avancierter Kunst; wenn diese nur noch der letzte und sublimste Kitzel sein will, der in der Gesellschaft erfahr- und wahrnehmbar ist und gourmethaft genossen werden kann, signalisiert sie, dass die frühere scharfe Opposition von antibürgerlicher Moderne und Gesellschaft aufgehoben und die Gegenwelt die Wirtschaftsgesellschaft nicht mehr gefährde, ja zum Teil von ihr geworden ist. Dies kann kulturpessimistisch als neutralisierende Vereinnahmung beschrieben, aber auch als Zeichen der Autonomie der Kunst begriffen werden, die sich von allen gesellschaftlichen Zwecken gelöst habe, im Zeichen eines neuen *l'art pour l'art*, und als Genuss vermittelnder Schein zu sich selbst gekommen sei. Unleugbar enthält die Feststellung ein starkes Element von Resignation; denn alle Heilserwartungen, welche die Kunst im Zuge der Säkularisierung von der Religion übernommen hatte, sind damit verflogen.

Böser noch – weil den wunden Punkt des deutschen Selbstverständnisses berührend – haben Franz Dröge und Michael Müller das in einer lesenswerten Studie so formuliert: Die Wirtschafts- und Konsumgesellschaft sei die quasi legitime Nachfolgegesellschaft der nationalsozialistischen; wie dort die Politik jenes Ganze gesetzt habe, im Zeichen von Rasse und Blut, so tun dies jetzt Konsum und Kommerz. Diese haben die Stelle übernommen, die ihnen zuvor noch verwehrt worden sei, die ihnen in der Markt-Gesellschaft aber zukomme. Eine „kulturelle Modernisierung" in diesem Sinne habe in Deutschland erst mit dem und durch das Dritte Reich stattgefunden. Erkennbar sei dies nicht zuletzt daran, dass die Kultur der Nachkriegsgesellschaft wie die der nationalsozialistischen Gesellschaft auf ein Modell der Ästhetisierung festgelegt sei. Wie es im Dritten Reich die umfassende Ästhetisierung der Politik gegeben habe, am sichtbarsten in den großen Politikinszenierungen der Fahnenaufmärsche und Fackelzüge, so in der Bundesrepublik eine Ästhetisierung der Alltagswelt und des Konsums, ein Charakteristikum, das von Soziologen gern als Grundzug der Nachkriegsmoderne angeführt wird. Noch deutlicher als in der Werbung kommt die Ästhetisierungstendenz in den Medien zum Ausdruck, vor allem des Fernsehens, das eine primäre Wirklichkeit durch ein zweite, medial konstituierte, ersetzt. Auch dessen Omnipräsenz hat, so

2. Kulturgeschichte und Kulturstaat

wieder der kulturkritische Einwand, eine politische Funktion: Die Spektakel der medial vermarkteten Sport- und Showereignisse haben – analog zu den Inszenierungen der Nazis – die Aufgabe der Beschwichtigung, etwa Fußball als „Opium für das Volk". Beide Formen der Ästhetisierung – der Medien und des Kommerzes – stehen quer zur alten Ästhetik der bürgerlichen Moderne, welche – im Selbstverständnis als Kunsttheorie – die Kunst als kritische Gegeninstanz begriffen hatte. In der Gegenwart bedeutet die Ästhetisierung, dass die Gegenstände einem Als-ob unterstellt werden – z. B. in der Werbung – und die Sphären sich vermischen und so die Rahmen nicht mehr stimmen, in denen über die gesellschaftlich relevanten Sachverhalte gesprochen werden kann. Vielmehr überziehe eine Art Schleier die politische und soziale Welt; zumindest sei dies nicht selten das Ergebnis. Die Menschen werden auf eine Welt zweiter Ordnung festgelegt, welche die erste Ordnung verschwinden lässt bzw. die Perspektiven vorgibt, aus welchen diese allenfalls wahrzunehmen ist. Damit ist auch die Verkürzung der Politik auf das Infotainment des Fernsehens und die Reduktion der politischen Auseinandersetzung auf den wie immer sportlichen, jedenfalls von außen anschaubaren Wettkampf gemeint, der fachmännisch oder zynisch zu verfolgen sei. Die bloße Zuschauerhaltung bedeute bereits eine Ästhetisierung, weil die Menschen nicht als Beteiligte unterstellt würden, sondern als Beobachter und Konsumenten. Politik und Kultur würden – so die harsche Kritik – in der Welt der Waren, der Medien und des Konsums aufgesogen und vollständig kommerzialisiert; das kulturelle – diskursiv zu gewinnende – Selbst, das den Kern der Auseinandersetzung um das Verhältnis von Individuum und Gesellschaft dargestellt hatte, verkümmere gänzlich, wenn allein die Unterhaltung und der ökonomische Erfolg zählten. Wird Selbstverwirklichung gar auf den Genuss reduziert, den man vor allem erfährt, wenn man sich auf die Welt der Waren einlässt, so schrumpft die bürgerliche Subjektivität zur Schwundform, die nicht mehr einlösen kann, was sie versprochen hatte.

Solche Beschreibung der bundesrepublikanischen Gesellschaft als primär ökonomisch orientierter Konsumgesellschaft kann dafür gewiss nicht allein den Nationalsozialismus verantwortlich machen, denn mit dieser Entwicklung folgt die Bundesrepublik einem Trend, der in der westlichen Welt insgesamt zu beobachten ist. Nur der Durchbruch zu dieser Form der kulturellen Moderne erfolgt in Deutschland durch den Nationalsozialismus und mag von ihm auch

2. Kulturgeschichte und Kulturstaat

bestimmte Züge behalten haben, etwa die Inszenierung des Politischen oder die verbissene Festlegung auf ein Positives. Die Affirmation selbst – die Bereitschaft, die Verluste auszublenden – ist der Inbegriff des Ideologischen und war im Dritten Reich zur Perfektion gesteigert worden; Kritik hingegen erschien als Inkarnation des Bösen und Abartigen. Verständlich wird diese Entwicklung vor dem Hintergrund einer Gesellschaft, die, ob gewollt oder nicht, bereits seit der zweiten Hälfte des 19. Jahrhunderts das Politische in der demokratischen Form diskreditiert und die bürgerlichen Erwartungen nach Autonomie und Identität beschädigt hatte, fassbar im Demokratiedefizit der Bismarckzeit. Der Jubel, der seit der Wilhelminischen Zeit inszeniert wurde, war ein Surrogat, das die Verluste zu kaschieren hatte. Dem Verzicht auf Teilhabe ist nicht selten ein schlechtes Gewissen anzumerken, das dann in aggressive Selbst-Behauptung umschlagen kann, den unnachgiebigen Stolz auf die neugewonnene – und sei es noch so verkürzte – Identität. Von den Inszenierungen zu lassen fordert offensichtlich eine schwer nur zu leistende Überwindung.

Die Beschreibung der Bundesrepublik als Konsum- und kommerzialisierter Medienwelt – die gewiss ungerecht ist, weil sie nur einen Aspekt betont – geht gern einher mit der Charakterisierung als postmodern, doch muss zumindest der Unterschied der Perspektive festgehalten werden. Beide Beschreibungen gehen von einer Funktionalisierung der Kultur aus, die aber einen je unterschiedlichen Stellenwert hat. Der Blickpunkt der Postmoderne ist der des Zerfalls jeglicher Verbindlichkeit und – damit einhergehend – der des Rückzugs des Individuums auf die Konsumentenhaltung, die auf die Kultur schaut und fragt, welche von deren Angeboten der momentanen Selbstverwirklichung dienen mögen (ob der Begriff dann noch angemessen ist, sei dahingestellt); der Aspekt der Warengesellschaft ist die Perspektive der Wirtschaft, welche die Kultur zum Zwecke der Selbstbestätigung vereinnahmt und einsetzt, sei es, um den Profit zu maximieren, sei es, um eine Bestätigung ihrer selbst zu gewinnen oder sich zumindest nicht in Frage stellen zu lassen. Dass für die Wirtschaftsperspektive der postmoderne Standpunkt kompatibel ist, kann und soll nicht geleugnet werden, doch kann aus dessen Blickwinkel auch Kritik laut werden, dann nämlich, wenn die Angebote in ihrem Überfluss schal werden und ein – seinerseits nicht selten gourmethafter – Zug zur Melancholie durchschlägt. Der Blick in die Leere produziert eine neuartige Form des Ennui. – Die Postmoderne freilich geht in dem skizzierten Kultur-

2. Kulturgeschichte und Kulturstaat

modell nicht auf – das sei zum Schluss betont –; allein unter der gesellschaftlichen und kulturellen Perspektive stellt sich diese dar, wie hier vorgeführt. Nicht geleugnet seien die tiefer reichenden Ambitionen, sowohl die kunstinternen als auch die philosophisch-theoretischen, welche das postmoderne Konzept tragen, aber hier nicht diskutiert werden können.

Dem trüben Bild der auf Genuss und Konsum reduzierten Kultur – auch wenn ihre Oberfläche als schöner Schein glänzt, muss die Verkürzung festgehalten werden – kann freilich ein positives Gegenbild gegenüber gestellt werden. Für Deutschland ist nach wie vor ein überaus reiches kulturelles Leben charakteristisch: Die Orchester- und Theaterdichte ist nirgendwo in der Welt größer; jedes zweite Kammer- oder Sinfonieorchester der Welt ist hier angesiedelt, insgesamt mehr als 100; und kein Land hat so viele öffentliche – meist kommunal geführte – Theater wie die Bundesrepublik, gut 150 Opernhäuser und Sprechbühnen. Die Rolle der Musik ist an der großen Zahl von knapp tausend Musikschulen ablesbar, die ja nicht primär den musikalischen Nachwuchs ausbilden, sondern Laien und Musikliebhaber, die noch immer die Tradition der Hausmusik am Leben erhalten. Der „Kostendeckungsgrad" – also der Eigenanteil der Nutzer – ist sehr unterschiedlich: Während er bei den Theatern bei rund 12 % liegt, was bedeutet, dass 88 % der Kosten aus öffentlichen Mitteln abgedeckt werden, liegt er bei den Musikschulen bei 44 %. Die Zahl der Theater- und Konzertbesucher pro Jahr wird auf etwa 35 Millionen geschätzt, diejenige der Museumsbesucher auf über 110 Millionen; die Zahl der Museen beläuft sich auf etwa 5800. Die Festspielkultur blüht, und die Qualität der Theater- und Konzertaufführungen steigt in mitunter beängstigendem Ausmaß: Das Publikum ist verwöhnt und lässt sich mit bescheidenen Darbietungen nicht abspeisen. Selbstverständlich gibt es für die Kritik stets noch etwas zu bemängeln, doch ist das Niveau des Kunstbetriebs heute – selbst auf der Ebene der Provinz- und Stadttheater sowie der mittleren und kleineren Orchester – auf einer Höhe angesiedelt, wie man sich das vor Jahrzehnten nicht vorstellen konnte. Die Events jagen einander, und immer neue Superlative müssen gefunden werden, um die Leistungen der Stars angemessen zu beschreiben. Neue Museen und Konzerthäuser werden gebaut, in atemberaubender Architektur und meist zu schwindelnden Preisen, und die Städte und Länder überbieten sich, um dem extravaganten Chic zu folgen, der heute als Ausweis von Exzellenz gilt. Keine Landeshauptstadt, die nicht damit prahlte, auf der Höhe der Zeit

2. Kulturgeschichte und Kulturstaat

und der zeitgenössischen Kunst zu sein. Und dies alles zu Recht! Nicht allein die Art der Darbietung ist durch eine hohe Professionalität ausgezeichnet, an welcher noch das kleinste Stadttheater teilhat, sondern die Qualität der Kunst selbst ist in den Ausstellungen, Inszenierungen und Konzerten – wie immer sie zu messen ist – auf einer staunenswerten Höhe. Und nicht zuletzt spricht die Anzahl der Kultur- und Kunstpreise für sich: Über 3000 Kulturpreise werden jährlich vergeben; das sind 9000 Einzelpreise mit einem Volumen von insgesamt mehr als 50 Millionen Euro. In wenigen Jahren ist die Zahl der Preise um 50 % gestiegen, trotz der Klagen über leere Kassen und einer eher zögerlichen Bereitschaft, die Kunst zu fördern; das Interesse von Öffentlichkeit und Publikum am Kulturbetrieb ist beträchtlich, und diejenigen, die es verdient haben, sollen offensichtlich auch gerühmt werden.

Doch ist die Haltung gegenüber den Kultureinrichtungen von einer eigenartigen Ambivalenz: Einerseits sprechen sich ca. 80 % der Deutschen dagegen aus, wenn Theater oder Museen geschlossen werden sollen; offensichtlich erfreuen sich die Institutionen des Kulturstaates einer großen Beliebtheit, was sich ja auch in den Besucherzahlen ausdrückt. Andererseits herrscht, so besagen Umfragen, ein gewisser Argwohn gegenüber der Gegenwartskunst, insbesondere der bildenden Kunst, trotz des besonders großen Zulaufs in den entsprechenden Museen; sie gilt als überkomplex und unsinnlich, ja wird nicht selten explizit als belanglos und unbedeutend eingestuft. Als habe man des Kaisers neue Kleider durchschaut und bewundere sie trotzdem. Und ähnlich ist das Verhältnis zur neuen Musik. Sie erzielt eine verhältnismäßig große Aufmerksamkeit, gemessen an der Präsenz in den Konzerten; wie weit das Verständnis aber reicht, entzieht sich der Kenntnis, ja es darf bezweifelt werden, dass halbwegs präzise artikuliert werden könnte, was ihren Gehalt ausmacht. Eine Diskrepanz von breiter Wertschätzung und Unfähigkeit, die Erfahrungen auf den Begriff zu bringen und reflexiv aufzuarbeiten, kennzeichnet – wie die Kunstsoziologie immer wieder konstatiert – die Kunstszene insgesamt. Der Befund ist geeignet, die oben referierten Beobachtungen zu stützen: Weil die Rezeption der Kunst nicht – oder nur selten – in einen benennbaren Kontakt mündet, also zu einem Verständnis führt, das auch vermittelt und benannt werden kann, bleibt ein Zwiespalt von generellem Interesse und individueller Wahrnehmung. Gemeinschaftlichkeit stellt sich über diese Form der Rezeption kaum her, vielmehr verharren die Einzelnen meist in der gourmethaften, sprachlosen Be-

2. Kulturgeschichte und Kulturstaat

trachtung. Der Diskurs über Kunst könnte solche Stummheit überwinden und das produzieren, was als Gemeinsinn zu bezeichnen wäre. Ein fundiertes Einverständnis, das über die bloße Zustimmung oder Ablehnung hinaus geht, ist kaum zu erreichen; zu vage sind die Begriffe und Kategorien, die genutzt werden könnten. Dies ist ohne Häme und Arroganz – etwa gegenüber einem banausenhaften und unfähigen Publikum – zu konstatieren; die hochmütige Schelte des begriffsstutzigen Spießers ist völlig unangebracht, allein den gesellschaftlich-kulturellen Sachverhalt gilt es festzuhalten.

Dem überaus reichen und differenzierten kulturellen Angebot steht mithin eine spezifische Ohnmacht gegenüber, für welche die bloße Zuschauerhaltung ein Indiz ist; denn diese erlaubt nicht die Reflexion, die eigentlich notwendig wäre. Die Brücke zur Kunst, die nicht in einer gesteigerten Sensibilität bestehen muss – diese ist in hohem Maß vorhanden –, sondern in der Fähigkeit, verbindlich darüber zu sprechen, wird meist nicht gefunden, weil – so darf unterstellt werden – das kulturelle Fundament fehlt, das solche Verbindlichkeit zu stützen hätte. Das Gespräch hätte einen kulturellen Gemeinsinn nicht nur zu stiften, sondern auch zu entfalten, um ihn bewusst vertreten und diskursiv stützen zu können. Und diese Unfähigkeit zum Diskurs sollte wiederum nicht den Einzelnen angelastet werden, etwa als mangelnde Bildung, sondern muss als gesellschaftliches Phänomen gewertet werden. Seinen Ausdruck findet es u. a. in jener Reduktion der Beziehung zum Kunstwerk auf den Genuss, der ja Vereinzelung bedeutet und den Genießenden gerade nicht in die Gemeinschaft einbindet. Unterhaltung und Genuss eignet – jenseits der Oberfläche – ein melancholischer Zug; dieser gewinnt Dominanz, wenn er sprachlich nicht aufgefangen und jene Spannung von Individualität und Kollektivität nicht hergestellt werden kann. Melancholie mag nicht das dominante Merkmal heutiger Gesellschaften sein, weil sie – auch durch forcierte Fröhlichkeit, etwa die Musical- oder Fußballseligkeit – überdeckt werden kann; doch dürfte sie auf einer tieferen Ebene von erheblicher Bedeutung sein. Sie schlägt sich in einer Sprachunfähigkeit nieder, die nicht in der fehlenden Verfügung über Sprache besteht, auch nicht aus mangelnder Eloquenz rührt, sondern in einer Unsicherheit über die kulturelle Basis ihren Grund haben dürfte. Das Nicht-Verfügen über ein kollektives, kulturell vermitteltes Selbst bildet den Kern.

Solche Sprachlosigkeit steht ihrerseits, wird sie allein auf die Kunst bezogen, in einer eigentümlichen Spannung: Nicht geleugnet

2. Kulturgeschichte und Kulturstaat

werden soll *zum einen* die Sprachmächtigkeit der Kunstkritik – wiederum ohne Vorwurf oder Spott –, die sich aber meist in einem geschlossenen Zirkel bewegt und in der Regel kunstintern bleibt, als Gespräch der Eingeweihten, dann häufig esoterische Züge annimmt und die diffizile Wahrnehmung gerade nicht aufzubrechen vermag. Auch ein Streichquartett steht in einem konkreten gesellschaftlichen und historischen Kontext; nur wenn dieser thematisiert würde, könnte der umfassende Zusammenhang zur Sprache gebracht werden. Und *zum anderen* soll nicht bestritten werden, dass von Seiten der Künstler das Gespräch gesucht wird, wobei freilich auch der Vorbehalt da ist, die Rede über das Werk dürfe dieses nicht ersetzen und könnte den Zugang gar verhindern, wenn sie in solche Restitution mündete. – Gleichwohl ist die Stummheit frappant. Die Privatisierung von Kunst und Kultur hat die Einzelnen in den Kokon ihrer Empfindlichkeiten verbannt, wo die Wahrnehmungsfähigkeit noch immer gesteigert, aber kaum gesellschaftlich-reflexiv aufgebrochen werden kann.

Der Blick auf den Reichtum der gegenwärtigen Kultur führt somit zurück auf eine eigentümliche Leerstelle im Inneren. Beide Pole heben sich gegenseitig nicht auf, sondern ergänzen einander. Man muss sie wohl als zwei Seiten einer Medaille sehen. Solch offene Ambivalenz dürfte das Kennzeichen einer Umbruchsituation ein. Die bürgerliche Kultur mag an ein Ende gekommen, die hohe Zeit der Kunst und Literatur abgeschlossen sein, doch die im bürgerlichen Modell angelegten Forderungen – nach Autonomie *und* Identität als den beiden Polen der Selbstverwirklichung – sind keineswegs abgegolten und haben ihre Gültigkeit nicht verloren; sie müssen nur anders ausgerichtet und neu gefüllt werden. Und hier könnte der Kulturstaat durchaus eine Funktion haben: Seine Rolle gegenüber der Kultur besteht herkömmlicherweise darin, dass er die Bestände der Tradition sichert, indem er z. B. Museen und Archive unterhält, und zugleich Freiräume für kulturelle Aktivitäten öffnet, ohne aber allzu viel vorgeben zu dürfen, denn er ist auf Neutralität verpflichtet. Daneben hat er die Verpflichtung zur Bildung und Ausbildung; das Bildungssystem ist fast vollständig in seiner Hand. Beides zusammen schließt eine große Verantwortung für den zentralen Bereich von Kultur ein; und dies gestattet oder fordert, dass Debatten angestoßen werden, welche die Identität zum Thema haben – heute geschieht das mitunter unter dem Stichwort der Leitkultur – und die gegenwärtigen Defizite oder Leerstellen benennen. Solange die eigene Kultur aber nur als simpel gegeben unterstellt wird – der die

2. Kulturgeschichte und Kulturstaat

Immigranten und Fremden dann folgen sollen –, dürfte das Zentrum verfehlt werden; der Blick auf das eigene – fragile – Selbst hat sowohl die Frage nach seiner Vertretbarkeit zu stellen als auch reflexiv sich der Bedingungen zu versichern, unter denen es auszubilden ist. Auch hier ist der Kulturstaat – trotz aller geforderten Zurückhaltung – gefragt. Freilich kann er nur Hilfestellungen geben, Freiräume herstellen und Debatten initiieren; die Diskussion selbst muss die Gesellschaft führen. Aber dass die Fähigkeit, ein solches Selbst auszubilden, zu den Grundforderungen des demokratischen Gedankens gehört und Verantwortung impliziert, ist eine Einsicht, welche heute unabweisbar sein dürfte und deshalb auch das kulturstaatliche Handeln – und sei es nur als generelle Maxime – fundieren sollte.

Ein avanciertes, das Miteinander ernst nehmende Modell der Demokratie hätte – so kann als leicht zu erhebende, aber schwer nur zu realisierende Forderung formuliert werden – deren Idee zu einem Ende zu bringen und in den kulturellen Bereich verlängern. Eine kulturelle Identität dürfte unter den Bedingungen der späten Moderne nur als reflexive zu gewinnen sein, und vermutlich auch nur, wenn sie nicht nur die Spannung von individuellem und kollektivem Selbst realisierte, sondern auch die Diskrepanz von individueller Empfindung und gemeinschaftlichem Diskurs aufarbeitete. Das Projekt der Demokratie wäre zu vollenden – so kann eine Hoffnung beschrieben werden –, wenn es sich den kulturellen Voraussetzungen stellte, die es zu tragen haben. Der Sachverhalt mag nirgendwo deutlicher ausgesprochen worden sein als in der berühmten Böckenförde-These: Der Staatsrechtler Ernst-Wolfgang Böckenförde (geb. 1930) hatte bereits 1967 den Satz vertreten, der „freiheitliche, säkularisierte Staat" lebe „von Voraussetzungen, die er selbst nicht garantieren kann" (Böckenförde 1991, S. 112). Die These wurde als Provokation verstanden und hat in den Debatten beträchtliche Irritationen ausgelöst; darin dürfte jener untergründige Zusammenhang von Kultur und Demokratie angesprochen sein, der uns hier beschäftigt hat. Die Diskussion dazu hat also längst begonnen; Ergebnisse aber stehen noch aus.

2.1.6 Der Kulturstaat als Verfassungsauftrag

Soll das Verhältnis von Staat und Kultur, der Kulturauftrag des Staates, juristisch präzise bestimmt werden, so müsste ein fest umrissener Kulturbegriff zugrunde gelegt werden; die juristische Literatur tut dies in der Regel nicht. Man geht dort meist von einem

2. Kulturgeschichte und Kulturstaat

Sammelbegriff aus, der verschiedene Teilbereiche unter sich zusammenfasst, wie etwa Bildung, Wissenschaft und Kunst, deren Freiheit zu sichern sei und die insgesamt zu fördern seien; doch ergibt, wie Dieter Grimm (geb. 1937) – bis 1999 Richter am Bundesverfassungsgericht – richtig feststellt, die „Addition von Bestandteilen noch keinen Begriff". Grimm selbst glaubt einen solchen über Systemfunktionen, wie sie die Systemtheorie bereitstellt, beschreiben zu können: Als „Funktion" der Kultur begreift er die „ideelle Reproduktion der Gesellschaft", also alles, „was sich auf Weltdeutung, Sinnstiftung, Wertbegründung, -tradierung und -kritik sowie auf deren symbolischen Ausdruck bezieht, sogenannte Gegen- und Subkulturen eingeschlossen", integriert dies freilich in das auf Habermas zurückgehende Modell der Lebenswelt, welche eben „kulturell konstituiert" sei (Grimm 1987, 119). Ihre Legitimationskraft betreffe nicht nur den Einzelnen, sondern gebe der Gesellschaft als Ganzer die Identität, die sie benötige, und gestatte erst die soziale Integration, ohne welche keine Gesellschaft leben könne. Kultur aber könne ihre Legitimationsaufgabe für das politisch-soziale System nicht von sich aus leisten, sondern sei „auf andere Institutionen, namentlich den Staat, angewiesen, der in der Absicherung der grundlegenden identitätsverbürgenden Werte und Verhaltensmuster seine wichtigste Leistung für die Kultur erbringt" (Grimm 1987, S. 104ff; dort auch die folgenden Zitate). Völlig falsch wäre es, so Grimm, wollte der Staat sich gegenüber der Kultur indifferent verhalten, denn die Erfüllung der ihm verfassungsrechtlich ausdrücklich zugewiesenen Aufgaben stehe auf dem Spiel, wenn bestimmte kulturelle Bedingungen nicht gewährleistet seien. Diese bilden eine Basis, die den Staat als solchen trägt, weshalb ihre Erhaltung eine Selbstverständlichkeit sei.

Zwar sei ein solcher Kulturstaatsauftrag im Grundgesetz nicht explizit formuliert, doch müsse gleichwohl an ihm festgehalten werden. Grimm begründet dies zusätzlich über die Freiheitsrechte des Grundrechtskatalogs, der insgesamt darauf ziele, die Selbstbestimmung des Einzelnen zu ermöglichen. Die dabei zugrunde gelegte Vorstellung von Individualität und Selbstbestimmung sei eine „kulturell vermittelte Errungenschaft", die erst relativ spät in der Geschichte „auftrat". Diesen Hintergrund gelte es zu sehen, wenn der Schutz der Grundrechte zu begründen sei. Erst eine „kulturstaatlich erweiterte Grundrechtstheorie", wie der Staatsrechtler Peter Häberle (geb. 1934) sie gefordert habe, werde den Grundrechten wirklich gerecht und begründe zugleich die Anerkennung des

2. Kulturgeschichte und Kulturstaat

staatlichen Kulturauftrags. Stellvertretend übernehme der Art. 19 Abs. 1 und 2 so die Funktion einer Kulturstaatsklausel.

Folgt man dieser Argumentation, so bezieht sich der Kulturauftrag vornehmlich auf die „Sicherung der kulturellen Grundlagen von Person und Gesellschaft", schließt aber auch „die Ermöglichung kreativer kultureller Prozesse und die Verbreitung kultureller Güter" ein. Dies hat etwas Zwiespältiges, das Grimm an der Rundfunkfreiheit demonstriert: Diese bedeute einen Kulturauftrag, den der Rundfunk im Sinne der Grundversorgung wahrzunehmen habe, doch heißt das wiederum nicht, dass es inhaltliche Vorgaben für den Rundfunk geben dürfe, also vor allem keine „kulturfremde Steuerung", von welcher Seite immer; und ebenso dürfe das keinen „Kulturzwang für die Rezipienten" implizieren. Die grundrechtlich garantierte „Autonomie" des Kultur-Produzenten ist das „rechtliche Korrelat kultureller Eigengesetzlichkeit". Der Zwiespalt besteht darin, dass Kultur einerseits die Verbindlichkeit eines Fundaments zugesprochen wird, die es folglich auch zu sichern gilt, ihr aber andererseits die größtmögliche Freiheit garantiert werden muss; so wird sie an die Subjektivität der Einzelnen zurückverwiesen und erhält damit zugleich – wie immer scheinbar – etwas gänzlich Unverbindliches. Die Sinnsetzungen bleiben an die Privatsphäre der Individuen gebunden und können deshalb als etwas Beliebiges charakterisiert werden. Die Verbindlichkeit, die ihr zuvor zugesprochen worden war, droht aufgehoben zu werden, wenn sie in dieser Weise der Subjektivität der Einzelnen verpflichtet bleibt. Dieser Widerspruch ist grundsätzlich nicht lösbar und muss als Konstitutionsbedingung einer offenen Kultur akzeptiert werden. In der Darstellung des Juristen Werner Maihofer (geb. 1918), der sich in einem Grundlagenwerk zur Kulturstaatlichkeit geäußert hat, erscheint er im Begriff des freiheitlichen Kulturstaates selbst angelegt zu sein: Der Kulturstaat bildet einerseits ein Fundament, das gleichberechtigt neben dem Verständnis als Rechts- oder Sozialstaat steht, diese jeweils ergänzt und berichtigt; andererseits erschöpft er sich fast schon in der Garantie der Freiheitsrechte der Einzelnen, wird also im Kern negativ definiert, positiv allenfalls in der Verpflichtung zur Ermöglichung von Kunst und Kultur.

Das Grundgesetz schreibt die grundsätzlichen Zuständigkeiten im politischen Bereich fest. Dass dem Bund nur sehr geringe Kompetenzen im kulturellen Bereich zugestanden werden, geht auf den ausdrücklichen Wunsch der Besatzungsmächte zurück, die eben die Länder stärken und, als Reaktion auf die umfassende zentrale

2. Kulturgeschichte und Kulturstaat

Machtausübung im Dritten Reich, die Zentrale schwächen wollten. Dennoch hat der Bund eine Kompetenz in bestimmten Gesetzgebungsbereichen, die hier grob aufgefächert seien:

- Die *ausschließliche Gesetzgebungsbefugnis* in allen auswärtigen Angelegenheiten impliziert, dass der Bund für die auswärtige Kulturpolitik zuständig ist, einschließlich der Auslandsschulen und der Kulturinstitute, etwa auch des „Goethe-Instituts"; auch weitere Mittler-Organisationen zählen dazu, die Kontakte zu pflegen haben und mit Medienprogrammen beauftragt sind. Die auswärtige Kulturpolitik, die nicht auf den Kulturexport zielt, sondern den Dialog sucht, wie in Berlin immer betont wird, ist zudem in einer Reihe von Kulturabkommen festgeschrieben. – Ebenso ist der Bund ausschließlich für das Urheber- und Verlagsrecht zuständig, was den kulturellen Bereich immerhin tangiert.
- Unter die *konkurrierende Gesetzgebungsbefugnis* fällt der Schutz des deutschen Kulturgutes gegen Abwanderung ins Ausland.
- Als Fall einer *besonderen Gesetzgebungszuständigkeit* kann man die Wahrnehmung von „gesamtdeutschen Aufgaben" im kulturellen Bereich bezeichnen, wie sie bereits vor 1990 von Bedeutung waren und nach der Vereinigung übernommen worden sind. Dazu zählt etwa die Errichtung einer bundesunmittelbaren „Stiftung Preußischer Kulturbesitz", in welcher die kulturellen Hinterlassenschaften des früheren Preußen verwaltet und die Bestände gesammelt werden. Darüber hinaus hat der Bund wiederholt das Recht in Anspruch genommen, solche gesamtdeutschen Aufgaben zu vertreten, auch und gerade im Verhältnis zur DDR, aber auch gegenüber oder in Abgrenzung von den Ländern. Um dies auch gegenüber den Partnern in der EU durchzusetzen, ist bereits in der ersten Regierung Schröder ein Staatsminister für Kultur ernannt worden.

Gerade wenn man die dem Bund obliegende Verpflichtung einer nationalen Repräsentanz nach außen und – deutlich eingeschränkt – auch nach innen sieht, muss man von einer gewissen *Kulturhoheit* auch des Bundes sprechen. Ansonsten ist durch das Bundesverfassungsgericht sehr eindeutig festgehalten worden, dass die Länder die „ausschließlichen Träger der Kulturhoheit" sind. Dies heißt,

2. Kulturgeschichte und Kulturstaat

dass ihnen die „Wahrnehmung öffentlicher Gesetzgebungs-, Verwaltungs- oder Rechtsprechungsbefugnis" im kulturellen Bereich zugesprochen wird. Im Grundgesetz ist diese Kulturhoheit nur negativ formuliert: Art. 30 legt fest, dass die „Ausübung staatlicher Befugnisse und die Erfüllung der staatlichen Aufgaben [...] Sache der Länder" ist, „soweit dieses Grundgesetz keine andere Regelung trifft oder zulässt". Da an nur sehr wenigen Stellen im Grundgesetz dem Bund eine Zuständigkeit zugestanden wird, die auch den kulturellen Bereich tangieren könnte, liegt eben die Zuständigkeit hier allein bei den Ländern. Diese primäre Verantwortung ist durch die Föderalismusreform aus dem Jahr 2006 noch gestärkt worden; sie beschreibt die Kultur als Feld, in welchem die Länder ihre Eigenständigkeit erweisen können.

Wie dem Bund keine Befugnis gegeben wird, so auch nicht den Gemeinden, dennoch liegt ein großer Teil der staatlichen Kulturpolitik bei ihnen: Theater und Konzerthäuser, Museen und Galerien, Archive und Bibliotheken werden zu einem großen Teil von ihnen unterhalten. In manchen Länderverfassungen, so insbesondere in der bayrischen, wird der Kulturauftrag der Kommunen ausdrücklich als eine Pflicht aufgeführt, ansonsten fehlt es hier an Regelungen. In der Praxis kann an der Tätigkeit der Kommunen kein Zweifel bestehen; deren Legitimität wird auch niemals angezweifelt; doch wenn es ans Sparen geht, steht auch dort die Kultur häufig an erster Stelle.

Die konkreten Inhalte und Bereiche der Kulturpolitik sind – so kann die rechtliche Würdigung zusammengefasst werden – in vier Kernbereichen angesiedelt:

- *Bildung und Erziehung*: Dies impliziert die Gewähr der staatlichen Aufsicht über das gesamte Schulwesen, auch wenn etwa Glaubensgemeinschaften eigene Schulen betreiben, wozu ihnen – wie auch bestimmten privaten Trägern – das Recht ausdrücklich eingeräumt wird.
- *Kunst und Wissenschaft* sowie *Presse und Rundfunk*, deren Freiheit vor allem garantiert wird; dies schließt – laut Bundesverfassungsgericht – den Auftrag an den Staat ein, „ein freiheitliches Kunstleben zu erhalten und zu fördern". Die Freiheitsgarantie bedeutet eine kulturelle Neutralität des Staates und ein grundsätzliches Toleranzgebot, das die Autonomie der Kunst zu berücksichtigen hat.

2. Kulturgeschichte und Kulturstaat

- *Glaube und Bekenntnis*, deren Freiheit wiederum garantiert wird; der Verzicht auf eine Staatskirche und die Berufung auf den begrenzt laizistischen Staat schließt jedoch nicht aus, dass den christlichen Kirchen ein Vorrang gerade im kulturellen, insbesondere im schulischen Bereich eingeräumt wird.
- *Künstlersozialpolitik*: Der freie Künstler hat am Markt den Status eines Selbständigen oder Unternehmers, der seine Waren verkaufen möchte. Das mag einigen gelingen, manchen sogar sehr gut; doch fallen die meisten damit aus den Segnungen des Sozialstaates heraus und sind insbesondere dann, wenn sie nicht übermäßig erfolgreich sind, auf Hilfe angewiesen. Hier hat der Staat eingegriffen und Sonderregelungen für Künstler geschaffen: Zum Ersten ist ein *Künstlersozialversicherungsgesetz* verabschiedet worden; zum Zweiten ist das Steuerrecht künstlerfreundlich reformiert worden; und zum Dritten ist eine *Nationalstiftung für Kunst und Kultur* ins Leben gerufen worden, die Hilfe und Unterstützung bietet.

Will der Staat dem generellen Auftrag, den er als Kulturstaat hat, gerecht werden – gänzlich unabhängig von den jeweiligen Zuständigkeiten –, so befindet er sich in einem Widerspruch und Zwiespalt: Er muss sich – als Resümee sei dies wiederholt – der Herausforderung stellen, welche mit der gegenwärtigen Situation gegeben ist, und zugleich die Zurückhaltung ernst nehmen, die ihm das Grundgesetz auferlegt hat. Einerseits ist er zu jener Neutralität verpflichtet, die mit der Festlegung der Kultur als eines Vor- oder Außerpolitischen verbunden ist, andererseits hat er durchaus Verantwortung zu übernehmen. Nicht nur im Bildungsbereich – dort wird die kulturelle Verantwortung, aus der auch ein Handeln folgt, nicht geleugnet – sondern auch im weiteren kulturellen Bereich. Auf die Umbruchsituation, in der die gegenwärtige Gesellschaft sich befindet, muss reagiert werden. PISA – das im Jahr 2000 von der OECD initiierte Programm zur weltweiten Schülerbeurteilung (*Programme for International Student Assessment*) – verweist nicht nur auf ein schultechnisches Problem, sondern auf einen tieferen Zusammenhang, welcher der Diskussion bedarf; daran vorbeizusehen kann die Politik sich nicht leisten.

2. Kulturgeschichte und Kulturstaat

2.2 Bildungssystem

Bildungswesen und Bildungssystem sind in modernen Gesellschaften von grundlegender Bedeutung; indem sie die Einzelnen und ganze Generationen in das Kollektiv integriert, erhält sich die Gesellschaft und sichert die eigene Kontinuität auch für die Zukunft. Sozialisationsprozesse sind primär Bildungsprozesse. Die Bildungsausgaben – von Bund, Ländern und Gemeinden zusammen – stellen den teuersten Sektor unter den Aufgaben des Staates dar, was ihre Relevanz demonstriert: Darunter gefasst sind alle Institutionen, die sich den Bildungs- und Ausbildungsprozessen widmen, also Kinderkrippen und -gärten, Schulen, Hochschulen, Berufsausbildung etc. Das Bildungssystem kann als Verbindungsglied zwischen Kultur und Gesellschaft begriffen werden, das Fortentwicklung garantiert, und gleichzeitig fungiert Bildung als Spiegel, welcher das Erscheinungsbild beider getreulich reflektiert. Denn sie darf nicht bloß als Schleuse verstanden werden, durch welche die Heranwachsenden zum Zwecke der Domestikation hindurchzuführen sind, sondern erscheint als Brennpunkt, in dem das kulturelle Selbst präsent ist und sich bricht. Die Kulturwissenschaften haben – das ist eine ihrer wesentlichen Aufgaben – diese Prozesse aufzuarbeiten und zu reflektieren. Bildung ist die wichtigste Ressource einer jeden Gesellschaft; sie umschreibt ihr gegenwärtiges und künftiges Erscheinungsbild und bedarf, soll sie nicht erstarren und sich verhärten, der beständigen Diskussion im Prozess der Selbstverständigung.

2.2.1 Bildungsbegriff und Bildungsfunktion

Der Bildungsbegriff ist, wie wir gesehen haben, spannungsvoll und weist sehr unterschiedliche Schattierungen auf. Drei Komplexe müssen angeführt werden, wenn die Funktion von Bildung präzisiert werden soll: *Erstens* kann Bildung als Selbstwert und Inbegriff dessen, was einer Kultur ihre je geschichtliche Identität gibt, sowie als Chance der Selbstverwirklichung für den Einzelnen verstanden werden; *zweitens* erscheint Bildung – aus subjektiver Perspektive – als Hoffnung für den Einzelnen und legt zugleich die Grenzen möglicher Lebenswege fest, weshalb die Regelung des Zugangs in demokratischen Gesellschaften auch unter dem Aspekt der Chancengleichheit zu sehen und zu werten ist; und *drittens* erscheint sie – aus gesellschaftlicher Perspektive – unter dem Vorzeichen von Qualifikation und Selektion, denn sie verteilt die Auszubildenden auf

2. Kulturgeschichte und Kulturstaat

die sozialen und ökonomischen Stellungen und hat den Bedarf von Wirtschaft und Gesellschaft zu sichern. Im gleichen Maße, wie Bildung die Lebenschancen des Einzelnen umreißt und determiniert, stellt sie die soziale Kraftquelle schlechthin dar, von welcher die Gesellschaft leben muss. Ihre inhaltliche Ausrichtung und Organisation verdient deshalb das größte Interesse.

Der moderne Bildungsbegriff entsteht, wie kurz resümiert werden soll, seit der Aufklärung und wird in seiner grundlegenden Gestalt spätestens von der Romantik formuliert, versehen bereits mit dem Anspruch gesamtgesellschaftlicher Geltung; die vorbürgerliche Kultur war stets eine Kultur bestimmter Gruppen oder Stände, nicht nur in der geschichtlichen Realität, sondern auch dem eigenen Selbstverständnis nach. Die bürgerliche Kultur tritt in einem langsamen Prozess – vom ausgehenden 18. Jahrhundert bis in die Mitte des 19. Jahrhunderts – an die Stelle der überlieferten feudal-kirchlichen Kultur: Autonomie und Selbstbestimmung, Vernunft und die Normen und Ideale der Französischen Revolution bilden ihre Zentren; ihr Anspruch ist ein gesamtgesellschaftlicher, wenn nicht universalistischer, also nicht nur auf die Bedürfnisse und Privilegien einer bestimmten Gruppe gerichtet. Dass darin jedoch das Programm bildungsbürgerlicher Eliten zum Ausdruck kam, soll nicht geleugnet werden, ebenso wenig, dass der Ansatz in der Praxis fraglos Funktionen der Exklusion übernommen, also über Zugehörigkeiten verfügt hat. – Wenn aber nicht mehr Kirche und Religion allein das Normen- und Wertesystem vorgeben, dieses auch nicht durch die prästabilisierte politische Ordnung der Tradition gesichert ist, so muss ein solches *selbst* – autonom – entwickelt, *vernünftig* gesetzt und *öffentlich* kontrolliert werden; das führt zum Postulat einer *freien* Kultur, die von den Bürgern erst und immer wieder neu hervorzubringen ist, und trennt diese von allen naturwüchsigen Vorstellungen. Zugleich wird die so entworfene Kultur einer beständigen Kritik unterworfen; diese ist das Medium, in welchem jene sich entwickelt. Das ist das große Thema der Diskussion, die in Deutschland in der Zeit von 1770 bis 1830 begonnen hat und seitdem ununterbrochen geführt wird. Kultur wird verstanden als autonom und vernünftig gesetztes System von Wert- und Sinnvorstellungen, als hohe Kultur der Philosophie und Kunst, einschließlich der Wissenschaft, und dieser Komplex soll gleichzeitig – so die Intention – sowohl in den moralisch-ethischen Diskussionen als auch in den Sinnsetzungsdebatten der Gesellschaft verankert sein. Der objektiven Kultur entspricht deshalb, wie oben

2. Kulturgeschichte und Kulturstaat

ausgeführt, ein subjektives Moment: Kultur kann – so das bürgerliche Selbstverständnis – nur durch und über die Einzelnen realisiert werden; diese subjektive Seite wird als *Bildung* im engeren Sinne gefasst. Der Einzelne muss sich seine Kultur aktiv und kritisch aneignen – gerade dadurch wird deren Lebendigkeit erhalten – und wird darüber *sozialisiert*; deshalb sprechen wir von Bildungsprozessen als Sozialisationsprozessen. Die Ausbildung zum autonomen und vernünftigen Individuum schließt ein, dass dieses Gesellschaftswesen bleibt oder erst wird. Autonomie und Identität kann der Einzelne nur durch die Gesellschaft und nur in der Kultur gewinnen. Das Moment der Reflexivität ist dem politischen Konzept der Demokratie immanent und ebenso für die mit ihr verschwisterten Form einer säkularisierten Kultur konstitutiv. Die Fähigkeit zur Reflexion ist in den Bildungsprozessen zu erwerben; die reflexive Haltung selbst gilt als Voraussetzung der Teilhabe am kulturellen Geschehen. Das mag, wie schon betont, eine Überforderung gewesen sein; doch ist ohne das grundlegende Postulat der bürgerliche Ansatz nicht zu denken, ja dieser büßte seinen Kern ein, wenn jenes aufgegeben würde.

Bildung ist mithin für den Erhalt der Gesellschaft grundlegend, weshalb der Staat – als deren Sachwalter – an den Bildungs- und Sozialisationsprozessen und den entsprechenden Institutionen ein fundamentales Interesse haben muss; er hat diese Vorgänge in die eigene Hand zu nehmen, zumindest zu überwachen und zu steuern. Dies geschieht denn auch seit dem 19. Jahrhundert und bildet bis heute eine zentrale Aufgabe der Staatstätigkeit. Nur deshalb sind die Institutionen des Bildungssystem in staatlicher Hand oder unter staatlicher Kontrolle, wie das Grundgesetz in Art. 7 dies vorsieht: „Das gesamte Schulwesen steht unter der Aufsicht des Staates". Doch muss gleichzeitig die Freiheit der Kultur gewährleistet sein, weshalb Art. 5 Abs. 3 GG apodiktisch festlegt: „Kunst und Wissenschaft, Forschung und Lehre sind frei. Die Freiheit der Lehre entbindet nicht von der Treue zur Verfassung". Der staatlichen Befugnis und Verantwortung sind somit immanente Grenzen gesetzt.

Wie der Einzelne und die Gesellschaft sich idealerweise – in unserer idealtypischen Konstruktion – über ihre Kultur konstituieren, so verschließt sich die Gesellschaft faktisch – durch die Festlegung auf die „höhere Kultur" – den Angehörigen der Unterschicht. Anspruch und Realität klaffen seit dem Beginn des bürgerlichen Zeitalters auseinander. Kultur wird sehr früh zur Status-Zuweisung und zum Selektionsmechanismus, der bis heute wirksam ist. Pierre

2. Kulturgeschichte und Kulturstaat

Bourdieu spricht vom „symbolischen Kapital", über das der Einzelne verfüge und das seine Chancen in der Gesellschaft festschreibe; Ort und Status des Einzelnen werden durch seine Dispositionschancen über dieses symbolische Kapital bestimmt. Zu verstehen ist darunter sehr Unterschiedliches, zunächst die einfachen Kulturtechniken – von den Fertigkeiten des Lesens und Schreibens bis zu den Fähigkeiten der Orientierung in der Gesellschaft –, aber auch die Kompetenz im Umgang mit den Bildungsgütern; und ebenso gehören die berufsqualifizierenden Wissensbestände dazu, bis hin zu den Titeln und Examina, die Karrieren ermöglichen und initiieren. Bis heute sind die „feinen Unterschiede" im deutschen Schulsystem sehr deutlich spürbar: Kinder aus den unteren Schichten haben auf dem Gymnasium oft deshalb größere Schwierigkeiten, weil in ihren Familien die Wissensbestände von „Bildung und Kultur" eine deutlich geringere Rolle gespielt haben. Der souveräne Umgang mit der kulturellen Überlieferung öffnet vielfach erst die Tore zur „Oberschicht" und ist für bestimmte Berufe zuweilen relevanter als die fachliche Qualifikation. – Als erschreckendes Resultat der jüngsten PISA-Studie (PISA II) wurde gewertet, dass die Bildungschancen in Deutschland weit stärker als in anderen europäischen Ländern vom sozialen Status der Eltern abhängig sind; und dass es nicht gelingt, diesen Mechanismus zu durchbrechen, wurde in der Öffentlichkeit als Armutszeugnis des deutschen Bildungssystems angesehen, das es eben nicht geschafft habe, eine Gleichheit herzustellen und so den demokratischen Vorgaben zu genügen. Doch dürfe Demokratisierung – darin besteht zumindest unter Bildungsexperten Konsens – nicht mit der Senkung des kulturellen Niveaus einhergehen, vielmehr sei die kulturelle Teilhabe zu verbreitern, um die Chancen auf Selbstverwirklichung zu erhöhen. In diesem Zwiespalt liegt die Brisanz jeglicher Bildungsdiskussion heute.

Bildung gilt als wesentliche Voraussetzung für die freie Entfaltung des Einzelnen. *Chancengleichheit* der Einzelnen in Staat und Gesellschaft ist nur gegeben, wenn es gleiche Bildungschancen für alle gibt; so gilt es als wesentliche Aufgabe des Staates, solche Bildungschancen für alle anzubieten. Chancengleichheit kann dabei nicht nur eine Art Voraussetzung bilden, die formal zu gewährleisten ist, sondern sie muss hergestellt werden, weil sie nicht von sich aus gegeben ist. Sie ist Gegenstand und das erklärte Ziel der Kultur- und Sozialpolitik des Staates, doch Anspruch und Wirklichkeit klaffen häufig weit auseinander.

2. Kulturgeschichte und Kulturstaat

Die moderne Gesellschaft ist dadurch gekennzeichnet, dass den Einzelnen immer höhere *Qualifikationen* – durch eine immer stärker differenzierte Ausbildung – abgefordert werden; der Produktionsprozess funktioniert nur, wenn qualifizierte Fachleute in allen Bereichen zur Verfügung stehen. Die hoch technifizierte und stark differenzierte Produktion verlangt zudem nach beständiger Weiterbildung. Aus der Perspektive der Einzelnen heißt dies: Je höher und vielseitiger er ausgebildet ist, desto geringer ist auch das Risiko, arbeitslos zu werden. Deshalb ist ein drittes Ziel jeglicher Bildung und Ausbildung die Vermittlung der Fähigkeiten und Fertigkeiten, die für die Berufsausübung erforderlich sind. – Man kann dies auch so sehen: Der immer teurer werdende Industriestandort Deutschland verlangt – wie jeder Industriestandort – immer besser qualifizierte Arbeitnehmer, die auch über die Fähigkeit zur Innovation verfügen müssen; dies bedeutet, dass die Tätigkeiten und Arbeitsvorgänge, die eine geringere Qualifikation erfordern, entweder ausgelagert werden – in Länder, wo die Lohnkosten geringer sind, die Ausbildung schlechter ist und wo der Kampf um Arbeitsplätze noch nicht die Form eines Wettbewerbs um Qualifikationen angenommen hat – oder automatisiert und computerisiert werden, womit die Arbeitsplätze „wegrationalisiert" werden. Gelingt dieser Anpassungsprozess mit dem Zwang zu immer höherer Qualifikation nicht, so ist der Industriestandort – und damit die Arbeitsplätze – gefährdet.

Kehrseite des Zwangs zur Qualifikation ist die *Selektion*: Ausbildung bedeutet stets auch Auswahl. Die Sozialisationsprozesse legen fest, welche Möglichkeiten der Einzelne in der Gesellschaft hat, ob er aufsteigen kann und wie sein Einkommen und damit seine Lebensmöglichkeiten aussehen werden; Bildung und Ausbildung determinieren die Schichtenzugehörigkeit und die Lebensweisen. Man spricht von der *Platzierungsfunktion* der Bildung. Dies ist auch ein Hintergrund für die Bildungsexpansion der letzten Jahrzehnte: Die immer steigenden Bildungsabschlüsse laufen einer gesellschaftlichen Entwicklung hinterher und folgen den steigenden Anforderungen, welche die technische Entwicklung und die Produktion stellen. Die Tendenz kann als Weg der „industriellen Gesellschaft" zur „Wissensgesellschaft" beschrieben werden.

Selbstverständlich sind die drei Komplexe – von Bildung als Selbstwert, von Chancengleichheit sowie von Qualifikation und Selektion – nicht immer säuberlich zu trennen und treten nicht selten in Konkurrenz zueinander. Als Hintergrund aber sind sie stets

2. Kulturgeschichte und Kulturstaat

mitzudenken, wenn das Bildungssystem diskutiert werden soll. – Der bürgerliche Kultur- und Bildungsbegriff bestimmt bis heute die Bildungs-Diskussion in Deutschland, wenn auch nicht ungebrochen; der Zerfall der bürgerlichen Kultur seit dem Ersten Weltkrieg trat wohl auch ein, weil sie nicht eingelöst hatte, was sie versprochen hatte. Gleichwohl knüpfte man nach 1945 an diesen Begriff wieder an; nicht zuletzt wollte man die „deutsche Katastrophe" dadurch auffangen, dass an die besseren Traditionen erinnert und diese restituiert werden sollten, und konzipierte deshalb das Bildungssystem als Fortsetzung einer unter-, aber nicht abgebrochenen Entwicklung.

Organisatorisch hieß dies zunächst nur, dass Bildungsaufgaben Sache des Staates zu sein hatten und dort Angelegenheit der Länder sein sollten – wie seit dem Bismarckreich – und dass die überlieferten Bildungstraditionen inhaltlich fortgesetzt wurden. Einen Bruch bedeutete dann die Kulturkrise der 1960er-Jahre. Im Bildungssektor war von einem „Bildungsnotstand" die Rede – der Pädagoge Georg Picht (1913–1982) sprach 1964 alarmierend von der „deutschen Bildungskatastrophe" –, der organisatorisch zu beheben sei, etwa durch eine Neugliederung des Bildungssystems, und eine Diskussion der „Inhalte" von Bildung verlangte. Letzteres führte zu sehr erregten Auseinandersetzungen zu Beginn der 1970er-Jahre, die erst, wie vorläufig immer, mit der „Tendenzwende" abgeschlossen wurden. Diese Diskussion wurde vom konservativen Bürgertum als Angriff auf den bürgerlichen Bildungsbegriff selbst verstanden, sicher zu Unrecht; die Kritiker nahmen nur ernst, was dem Bildungsbegriff innewohnt – die Forderung nach permanenter Kritik – und lösten ein, was der Begriff postulierte, die lebendige Fortsetzung der Kultur durch ihre radikale In-Frage-Stellung. Kritik ist seit der Aufklärung das Medium der Reproduktion der Kultur. Zugleich wurde eingeklagt, was die Bildungspolitik traditionell vernachlässigt hatte: Chancengleichheit sollte hergestellt, das Bürgerrecht auf Bildung verwirklicht und Benachteiligungen, die sich für bestimmte Gruppen ergeben hatten, aufgefangen werden, also eine Öffnung der Bildungssysteme für die bislang Unterprivilegierten. Dies war zudem verbunden mit dem Postulat einer internen Demokratisierung der Bildungseinrichtungen selbst, also dem Abbau von hierarchischen Strukturen. Das Ergebnis dieser Diskussion hat die Republik – oder zumindest den Bildungsbereich – erheblich verändert, den bürgerlichen Kulturbegriff in seiner Grundausrichtung aber nicht in Frage gestellt.

2. Kulturgeschichte und Kulturstaat

2.2.2 Rechtsstellung und Finanzierung im Bildungsbereich

Die Reformgesetzgebung ab 1969 führte zu Einbrüchen in die Kulturhoheit der Länder, doch wurde diese nicht aufgehoben, sondern besteht bis heute fort: Der Bund erhielt eine Rahmenkompetenz für die allgemeinen Grundsätze des Hochschulwesens – seitdem gab es Hochschulrahmengesetze –, die Zuständigkeit für die Regelung der Ausbildungsbeihilfen (BAföG) und Mitwirkungsrechte beim Hochschulbau, was finanzielle Verpflichtungen implizierte; der Hochschulbau wurde als Gemeinschaftsaufgabe beschrieben, für die Bund und Länder gemeinsam zuständig sein sollten. Die Länder akzeptierten damit eine Umverteilung der Verantwortung und eine breite – auch finanzielle – Zuständigkeit des Bundes. Die Föderalismusreform des Jahres 2006 hat diese Um- oder Neuverteilung der Aufgaben teilweise rückgängig gemacht: Zwar wurde die Rahmengesetzgebung grundsätzlich aufgehoben und die Kompetenzen der Länder im Bildungsbereich erheblich gestärkt, sodass heute eine größere Unabhängigkeit und Selbständigkeit der Länder gegeben ist; doch verblieb dem Bund zum einen das Recht der Mitbestimmung beim Hochschulzugang und bei den Hochschulabschlüssen, und zum anderen wurden Formen der finanziellen Förderung durch den Bund, insbesondere der Forschungsförderung, aufrecht erhalten. Der Hochschulbau aber ist als bisherige Gemeinschaftsaufgabe gestrichen und in die alleinige Kompetenz der Länder übergegangen.

Das Bildungswesen ist zwar gesamtstaatlich dezentralisiert, auf der Ebene des einzelnen Landes aber weitgehend zentralisiert. Dies betrifft in erster Linie die Schulen; die Hochschulen haben einen Sonderstatus, denn ihnen wird eine relativ große Autonomie zugestanden, was insbesondere die Selbstverwaltung einschließt. – Um dennoch eine Abstimmung zwischen den Ländern zu erreichen und eine Ähnlichkeit der Ausbildung – mit Chancengleichheit für alle – in ganz Deutschland zu gewährleisten, haben die Länder verschiedene Einrichtungen geschaffen, die der Koordination von Bildungsaufgaben dienen: Die wichtigste ist die *Ständige Konferenz der Kultusminister der Länder* (*KMK*), die bereits 1949 als freiwillige Arbeitsgemeinschaft gegründet wurde und sich heute zu einem größeren Apparat – mit der entsprechenden Machtfülle – ausgewachsen hat, wogegen mitunter Einsprüche von einzelnen Ländern laut geworden sind, gar mit der gelegentlichen Drohung, die Institution als solche aufzukündigen. Entscheidungen über Sachfragen

2. Kulturgeschichte und Kulturstaat

erfordern dort Einstimmigkeit und werden erst gültig, wenn sie zusätzlich von den einzelnen Ländern bestätigt werden. Die KMK hat zudem in dem Maße an Bedeutung gewonnen, wie Bildungsvorhaben auf europäischer Ebene abgesprochen werden mussten; sie ist dann – zusammen mit dem Bundesbildungsminister – Gesprächspartner und Adressat solcher Absprachen. – Daneben gibt es eine ähnliche Einrichtung – die *Bund-Länder-Kommission für Bildungsplanung und Forschungsförderung* –, in welcher der Bund und die Länder vertreten sind. Sie dient ebenfalls der langfristigen Koordination und soll Rahmenpläne aufstellen; mitunter ist die Kommission etwas schwerfällig, aber einige Innovationen – Modellversuche – sind von ihr ausgegangen. Auf der Hochschulebene ist der *Wissenschaftsrat*, ebenfalls von Bund und Ländern getragen, ein entsprechendes Organ; hier werden Empfehlungen ausgearbeitet, etwa zum Aus- und Neubau von Hochschulen, zur Forschungsorganisation und Forschungsfinanzierung, aber auch zur internen Struktur der Hochschulen, die die Länder und Hochschulen dann realisieren können.

Das Verhältnis des Bildungswesen zu den Kirchen ist dadurch charakterisiert, dass grundsätzlich eine Trennung von Staat und Kirche vorgesehen ist, aber gleichzeitig ein Religionsunterricht vorgesehen und verfassungsrechtlich garantiert ist, bei dem die Kirchen ein beträchtliches Mitspracherecht haben:

Art. 7 [Schulwesen]

(3) Der Religionsunterricht ist in den öffentlichen Schulen mit Ausnahme der bekenntnisfreien Schulen ordentliches Lehrfach. Unbeschadet des staatlichen Aufsichtsrechtes wird der Religionsunterricht in Übereinstimmung mit den Grundsätzen der Religionsgemeinschaften erteilt. Kein Lehrer darf gegen seinen Willen verpflichtet werden, Religionsunterricht zu erteilen.

Die Angelegenheit wird in den einzelnen Ländern sehr unterschiedlich gehandhabt; in Baden-Württemberg und Bayern dürfte der Einfluss der Kirchen sehr groß sein, in anderen Ländern deutlich geringer. Überall aber wird Religion als Privatraum des Einzelnen angesehen, in den der Staat grundsätzlich nicht hineinregieren darf. Dies schließt auch nicht-christliche Religionen ein. Verschiedentlich gibt es auch islamischen Religionsunterricht; seit einiger Zeit wird

2. Kulturgeschichte und Kulturstaat

ein entsprechender Versuch – um dann ein möglichst breites Angebot unterbreiten zu können – in Nordrhein-Westfalen durchgeführt.

Kulturhoheit der Länder bedeutet natürlich auch, dass die Finanzierung über diese läuft; deren Etat wird zu 15 bis fast 40 % von Kulturaufgaben bestimmt, während der Bundesetat nur zu 5 % für Bildungsaufgaben aufkommt (meist Wissenschafts- und Forschungsförderung): Bei den Schulen obliegt die Finanzierung der Gebäude und Ausstattung der Schulen weitgehend den Gemeinden, während die Länder die Lehrer zu bezahlen haben. Von den Bildungsausgaben der Länder entfallen mehr als ein Drittel auf die Sach- und Personalkosten der Hochschulen, und etwa die Hälfte auf die Schulen, überwiegend als Gehälter für die Lehrer, Professoren und Dozenten.

Schule und Hochschule unterscheiden sich u. a. dadurch, dass es für die Schulen eine recht strenge Aufsicht gibt, für die Hochschulen nicht. Die *Schulaufsicht*, die bis ins 19. Jahrhundert vielfach – in den einzelnen Ländern war dies unterschiedlich geregelt – die Kirchen ausgeübt haben, obliegt den Schulbehörden, die dem jeweiligen Kultusministerium unterstellt sind; das sind die *Schulämter* und *Oberschulämter*. Zu den wichtigen Aufgaben der Kultusministerien gehören die Festlegungen der *Stundentafeln*; das ist der Fächerkanon, also die Frage, welche Fächer in welchem Umfang für welchen Jahrgang unterrichtet werden. Von ihnen zu unterscheiden sind die *Lehrpläne*, die inhaltlich festlegen, was gelehrt werden muss. In den vergangenen 30 Jahren sind diese Lehrpläne und Stundentafeln beständig erneuert worden; und heute werden sie vor dem Hintergrund von PISA I und II erneut sehr intensiv diskutiert. Zudem legen die Ministerien sehr genaue Kriterien für die Bewertung der Schüler fest und achten streng auf die Einhaltung dieser Vorschriften; auch darüber wird im Zusammenhang von PISA erneut gründlich nachgedacht. – Vorgesehen ist überall ein deutliches Mitspracherecht von Schülern und Eltern, dennoch ist die Schule bis heute eine Lehrer-Schule.

Die Hochschulen stehen in der preußischen Tradition, die ihnen eine recht weit gehende Autonomie zusichert. Die Ministerien können nur sehr begrenzt in die Inhalte von Lehre und Prüfungen hineinregieren; Prüfungsordnungen müssen zwar genehmigt werden, können aber nicht diktiert werden. Eine Kontrolle der Ministerien ergibt sich vorwiegend durch die Finanzierung, mithin durch die Haushalts- und Personalpläne. Selbst in der Berufungspolitik von Professoren sind die Ministerien auf die Vorschläge der Hochschu-

2. Kulturgeschichte und Kulturstaat

len angewiesen und können nicht – oder kaum – von sich aus handeln. In einigen Fächern gibt es Staatsexamen – Lehrer, Juristen, Mediziner –; dort muss es eine engere Kooperation von Hochschule und Ministerium geben, letztlich eine Dominanz der Behörde; denn die Staatsprüfung verlangt, im Gegensatz zur universitätsinternen Prüfung, die starke Präsenz des Staates, in dessen Namen geprüft wird.

In der Finanzierung der Forschung spielt zunehmend die Drittmittel-Finanzierung eine große Rolle; ca. 80 % dieser Drittmittel sind aber wiederum öffentliche Mittel, die also aus öffentlich-rechtlichen Organisationen der Forschungsförderung stammen. Es entsteht meist ein scharfer Wettbewerb um diese Drittmittel, der zwischen einzelnen Universitäten und einzelnen Fächern ausgetragen wird. Im Jahr 2005 wurde ein ehrgeiziger, aber auch umstrittener Versuch der besonderen Forschungsförderung gestartet: Die sogenannte *Exzellenzinitiative des Bundes und der Länder* sieht vor, dass erfolgreiche Universitäten gesondert gefördert werden. Universitäten, die sich an einem – äußerst prestigeträchtigen – Exzellenzwettbewerb beteiligen, können zeitlich befristete Sondermittel für Graduiertenkollegs (zur Nachwuchsförderung), für Exzellenzcluster (zur Förderung bestimmter Themenkomplexe) sowie für Zukunftskonzepte (für die langfristige Entwicklung) erhalten. Zahlreiche Graduiertenkollegs und Exzellenzcluster werden seitdem unterstützt; in einem aufwendigen Verfahren wurden 2006 drei Universitäten als Zukunftsuniversitäten ausgewählt – in der Öffentlichkeit gerne als „Eliteuniversitäten" bezeichnet – und mit jeweils ca. 21 Millionen Euro zusätzlich gefördert. Dieser Wettbewerb wird wiederholt, um so eine nachhaltige Forschungsförderung zu gewährleisten. Die Vorstellung dabei war und ist, dass Deutschland den Anschluss an die internationale Forschung nicht verlieren dürfe, weshalb die Eliteförderung sinnvoll sei. Als Kritik wurde vorgebracht, dass Spitzenforschung nur möglich sei, wenn sie auf einem breiten Fundament ruhe, also die Breitenförderung nicht vernachlässigt werden dürfe, und dass die Lehre im gleichen Maße wie die Forschung förderungswürdig sei, im Wettbewerb aber nicht berücksichtigt werde. Von großer Bedeutung ist sicherlich, dass das Thema Forschung von der Öffentlichkeit aufgegriffen und in seiner Brisanz gesehen wurde.

2. Kulturgeschichte und Kulturstaat

2.2.3 Schule, Ausbildung und Beruf

Das für Deutschland bis heute typische Schulsystem ist im 19. Jahrhundert entstanden. Eine Grundausbildung ist in den ersten vier oder sechs Jahren vorgesehen; die entsprechende Einrichtung wurde früher „Volksschule" genannt, seit 1964 heißt sie „Grundschule". Dieser sind vorschulische Einrichtungen vorgelagert, Kindergärten vor allem, manchmal auch Kinderkrippen, und ihr folgt eine weitere Ausbildung. Der Grundschule – auch *Primarbereich* genannt – schließt sich ein dreigliedriges allgemeines Schulsystem an: Haupt- und Realschule einerseits (bis zum 9. oder 10. Schuljahr), die zumeist direkt in die Berufsausbildung führen, und das Gymnasium andererseits (mit dem Abitur nach dem 12. oder 13. Schuljahr), das die Hochschulreife vermittelt. Die Klassenstufen 5 bis 10 werden als *Sekundarbereich I* bezeichnet, die Klassenstufen 11–13 als *Sekundarbereich II*. Bis zum Jahr 1990 wurde das Abitur in Westdeutschland generell nach 13 Jahren, in der DDR nach zwölf Jahren abgelegt. Nach der Vereinigung behielten einige ostdeutsche Länder die 12-jährige Schulzeit bei; in ganz Deutschland begann eine Diskussion über die mögliche Verkürzung der Schulzeit, weil diese im internationalen Vergleich zu lang sei. Und dies führte in den meisten Ländern dazu, dass die bisherige Gymnasialzeit entweder generell auf acht Jahre gekürzt oder verschiedene Schulmodelle vorgesehen wurden. Doch sollte das Niveau des Abiturs trotz der Verkürzung gehalten werden; eine Beschleunigung der Ausbildung war und ist also vorgesehen, wogegen sich immer wieder Protest von Eltern und Pädagogen richtete. Die Fristen, in denen die neue Modelle eingeführt werden, sind höchst unterschiedlich; auch hier schlägt wieder die Kulturhoheit der Länder zu Buche.

Als Sonderform wurde in der Reformbewegung der 1970er-Jahre – praktiziert vor allem in Hessen, Hamburg und Bremen – die Gesamtschule eingeführt, eine integrative Form, in der die Jahrgänge der Sekundarstufe I aller Schularten zusammengefasst wurden. Das Ziel dabei war es, mehr soziale Toleranz und besseres soziales Verhalten zu erreichen, gerichtet gegen die soziale Abschottung der einzelnen Schularten. Daneben spielte die additive Gesamtschule eine gewisse Rolle, die nur eine räumliche Zusammenführung bedeutete, aber die Schulen nicht integrierte. Diese Schulformen waren zwischen den Parteien sehr umstritten. Erneut ist das dreigliedrige Schulsystem vor dem Hintergrund von PISA I und II in die Kritik geraten, wiederum zwischen den Parteien und zwischen den Bildungsexperten. Es sei nicht effizient und müsse ersetzt oder re-

2. Kulturgeschichte und Kulturstaat

formiert werden, sagen die einen, vor allem SPD und GRÜNE; eine Gesamtschule oder auch nur eine Verlängerung der Grundschulausbildung werde den unterschiedlichen Begabungen der Kinder nicht gerecht, befürchten vor allem die Unionsparteien. Eine falsche Vereinheitlichung und Gleichmacherei nütze niemandem. Dagegen wird ins Feld geführt, dass auf diese Weise die sozialen Strukturen festgeschrieben würden, die es gerade zu lockern gelte; langfristig seien soziale Toleranz und Chancengleichheit nur über ein soziales Lernen zu erreichen.

In der Berufsausbildung, früher Lehre genannt, haben wir bis heute das traditionelle duale System; dieses System existiert, seitdem das Handwerk, das für die entsprechende Ausbildung zuständig ist, sich aus dem mittelalterlichen Zunftsystem gelöst hat, also seit Beginn des 19. Jahrhunderts. Das duale System besteht aus betrieblicher und schulischer Ausbildung; die Schulausbildung erfolgt entweder im Blocksystem oder an bestimmten Tagen. Zuständig für die Berufsausbildung sind die Selbstverwaltungsorganisationen der Wirtschaft, also die Handwerkskammern bzw. die Industrie- und Handelskammern etc.

Die Reform der Gymnasien, wie sie seit den 1960er-Jahren vorgenommen wurde, führte zu einer Förder- oder Orientierungsstufe im 5./6. Schuljahr und zum Kurssystem in den letzten zwei oder drei Klassen. Die Schwerpunktbildung sollte den jeweiligen Neigungen und Begabungen gerecht werden; dahinter stand das Ziel einer Differenzierung und Individualisierung des Bildungsangebots. Seit einigen Jahren gibt es dazu erneut eine ausführliche Reformdiskussion, die darauf zielt, das Kurssystem zu revidieren, wenn nicht vollständig zurückzunehmen, was in einigen Bundesländern denn auch geschehen ist. Die Allgemeinbildung dürfe gegenüber der Spezialisierung nicht zu kurz kommen. – Ein weiterer Streitpunkt der letzten Jahre ist die – vor allem pädagogisch motivierte – Einführung der Ganztagsschule, die hauptsächlich von SPD und GRÜNEN gefordert wird; diese ist nicht nur ein Organisations-, sondern ein Kostenproblem. Die rot-grüne Bundesregierung stellte für den Zweck bereits Mittel zur Verfügung; jedoch reichen die vorgesehenen Summen nicht, um die Ganztagsschule flächendeckend einzuführen. Versuche in diese Richtung werden in den Ländern vorangetrieben; ob die Ganztagsschule aber einmal zur Regelschule wird, weiß heute niemand zu sagen.

Neben den beiden Sekundarbereichen spricht man – seit den Reformen der 1970er-Jahre – auch vom *tertiären Bereich* der Ausbil-

2. Kulturgeschichte und Kulturstaat

dungsgänge, die sich an den sekundären Bereich anschließen, vor allem die Hochschule und die berufsqualifizierende Weiterbildung. Weiterbildung ist seit einigen Jahren eine neues Stichwort: Ausgehend davon, dass immer neue und höhere Qualifikationen erforderlich sind, ist die Rede auch von einer beständig sich fortsetzenden Qualifikation, wie sie die Wissensgesellschaft erfordere.

Erhebliche Veränderungen haben sich im Schul- und Hochschulbesuch in den letzten Jahrzehnten ergeben: 1960 besuchten 70 % der Schüler die Hauptschule und nur 11 % die Realschule, 2004 etwa je 25 % die Haupt- und Realschule. Der Anteil der Gymnasiasten erhöhte sich von 15 % auf 34 %. Heute macht mehr als ein Viertel eines jeden Jahrgangs Abitur. 1960 studierten in Deutschland ca. 220 000 Menschen, heute ca. 2 Millionen; 1960 studierten 4 % der 19–26-Jährigen, heute ca. 25 %. Dahinter steht natürlich die Einsicht, dass die moderne Wissens- und Informationsgesellschaft höhere Qualifikationen verlangt und dass höhere Einkommen an die entsprechenden Abschlüsse gebunden sind. Diese Einsicht setzt sich zusehends bei den Eltern durch, die – mit Ausnahme bestimmter Schichten im Arbeitermilieu und auf dem Lande – darauf drängen, dass ihre Kinder die höheren Schulen besuchen.

Ein großer Erfolg ist der zahlenmäßige Rückgang der Un- und Angelernten, in der DDR von 1955 bis 1989 von 70 % der Erwerbstätigen auf 13 %; in der BRD von 1964 bis 1989 von 63 % auf 23 %. Diesen Zahlen entspricht eine andere Erwartung: Der Bedarf an Arbeitskräften mit Universitätsabschluss lag in den 1990er-Jahren gesamtgesellschaftlich bei 8 %; bis 2010 wird er, so eine statistische Berechnung, auf 12 % steigen. Heute verfügen ca. 7 % der Bevölkerung über einen akademischen Abschluss.

Die Bildungs- und Aufstiegschancen wurden durch die Reformbewegungen aber nicht wesentlich verbessert. Zwar gab es seit Mitte der 1960er-Jahre eine enorme Bildungsexpansion, die Anteile der Arbeiterkinder unter den Studenten konnten deutlich verbessert werden, dann aber flachte die Kurve wieder ab. Zu einer wirklichen Umverteilung der Bildungschancen ist es nicht gekommen, da auch die Kinder aus besser gestellten Familien ihren Anteil verbessern konnten. Die Arbeiterkinder verloren erneut an Boden gegenüber denjenigen aus anderen Schichten. Die Bildungsexplosion hat gleichzeitig dazu geführt, dass höhere Bildungsabschlüsse immer mehr zur Voraussetzung, aber immer weniger zur Garantie für einen höheren Sozialstatus geworden sind. Die Bildungschancen sind gestiegen, damit ist aber noch nicht mehr Bildungsgerechtig-

2. Kulturgeschichte und Kulturstaat

keit eingetreten; die Chancenunterschiede haben sich auf höherem Niveau im Gegenteil vergrößert. Die Aufmerksamkeit für diese Entwicklung ist bei den Arbeitern geringer als bei den anderen Schichten; die traditionell besser gestellten Kreise hingegen, insbesondere die Akademiker, haben sich intensiv um das schulische Fortkommen ihrer Kinder gekümmert hat. Und dies bedeutet, dass die Chancen-Ungleichheit fortgeschrieben wird und weiterhin ein bildungspolitisches Problem darstellt.

Ein deutliche Differenzierung bestimmt die Berufsausbildung. Drei verschiedene Formen der „Berufsschule" spielen heute eine Rolle: die Berufsschule als Teilzeitschule, als Vollzeitschule für eine nachfolgende Ausbildung im Betrieb und als Berufsaufbauschule, diese wiederum als Teilzeit- oder Vollzeitschule. Sie führt zur mittleren Bildungsreife. Daneben gibt es Fachoberschulen, die zur Fachhochschulreife führen, und Berufsoberschulen, die zur fachgebundenen Hochschulreife führen; zusätzlich noch Berufsakademien, zunächst in Baden-Württemberg, für Abiturienten mit einer engen Verzahnung von Betrieb und Akademie; sie führen nach sechs Semestern zu einem qualifizierten Abschluss.

2.2.4 Forschung und Wissenschaft

Die Kompetenzen im Bereich von Forschung und Wissenschaft sind zwischen Bund und Ländern strenger geteilt als im Schulbereich. Der Bund hat nach wie vor – trotz der Stärkung der Länder im Bildungsbereich durch die Föderalismusreform von 2006 – die Aufgabe der „Förderung der wissenschaftlichen Forschung" (Art. 74, 13 GG). Zudem sieht das Grundgesetz seit 1969 eine Kooperation von Bund und Ländern in der Planung vor:

> **Art. 91b [Bildungsplanung und Forschung]**
>
> Bund und Länder können auf Grund von Vereinbarungen bei der Bildungsplanung und bei der Förderung von Einrichtungen und Vorhaben der wissenschaftlichen Forschung von überregionaler Bedeutung zusammenwirken. Die Aufteilung der Kosten wird in der Vereinbarung geregelt.

Auf dieser Grundlage fördern Bund und Länder die *Deutsche Forschungsgemeinschaft* (*DFG*), die *Max-Planck-Gesellschaft* (*MPG*), die *Fraunhofer-Gesellschaft* (*FhG*) sowie zahlreiche Großforschungseinrichtungen und weitere Einrichtungen; geregelt wird

2. Kulturgeschichte und Kulturstaat

diese Zusammenarbeit über die *Bund-Länder-Kommission für Bildungsplanung und Forschungsförderung*, beraten vom *Wissenschaftsrat*. Auf diesem Wege werden beträchtliche „Drittmittel" verteilt, die den Universitäten und sonstigen Forschungseinrichtungen außerhalb der regulären Haushaltsmittel zu Verfügung stehen, stets nur nach Antrag und nach Entscheidung in den Gremien.

Bei den Hochschulen sind generell zwei verschiedene Formen zu unterscheiden:

- Die *Fachhochschulen*, die seit 1969 aufgebaut wurden, führen zu einem gehobenen Abschluss nach in der Regel sechs Semestern; sie sind stark praxisorientiert und in dem Sinne nicht wissenschaftlich ausgerichtet, dass sie auf Forschung vielleicht nicht verzichten, diese aber stark zurückschrauben und nicht als Ziel definieren, das ihnen vorgegeben ist; mitunter sind sie in Gesamthochschulen integriert.
- Zu den *Wissenschaftlichen Hochschulen* zählen die Universitäten (mit den klassischen Fächern oder Fakultäten), die technischen Hochschulen, die Theologischen Hochschulen, Kunst-Hochschulen, Pädagogische Hochschulen. Meist führen die 8- bis 10- oder gar 12-semestrigen Ausbildungsausgänge zu den „höheren" Berufen; gerade die Universitäten sollen sich durch die wissenschaftlich-theoretische Orientierung auszeichnen und einen entscheidenden Akzent auf die Forschung legen.

Im Wintersemester 2004/05 gab es in Deutschland 197 Fachhochschulen und 175 Universitäten. Zu einem großen Umstrukturierungsprozess führt seit 1999 die sogenannte, von 29 europäischen Ländern unterzeichnete „Bologna-Erklärung", welche die Schaffung eines einheitlichen europäischen Hochschulraumes vorsieht. Das wichtigste Ziel des Reformprozesses ist die Einführung eines zweistufigen Studiensystems mit den neuen Abschlüssen *Bachelor* und *Master*, welche die herkömmlichen Abschlüsse bis 2010 ersetzen sollen. Während der erste Studienabschnitt mit dem B.A. praxisorientiert sein soll und mit einem berufsqualifizierenden Examen abgeschlossen werden soll, soll der M.A.-Abschluss stärker wissenschaftlich-theoretisch ausgerichtet sein und damit an die bisherige Universitätstradition anknüpfen. In Wissenschaft und Öffentlichkeit hat diese Umstrukturierung zu heftigen Auseinandersetzungen geführt: Die größere Verschulung der Studiengänge zwänge – so

2. Kulturgeschichte und Kulturstaat

lautet der wichtigste Einwand – die Studierenden in ein allzu festes Korsett, unterdrücke damit eine Kreativität, die nicht selten auch des Ungeregelten bedürfe, und beeinträchtige so die Freiheit von Forschung und Lehre. Noch ist nicht abzusehen, zu welchen Ergebnissen die Umstrukturierung führen wird; gewiss wird die Diskussion die Hochschulen noch einige Jahre beschäftigen und vielleicht auch noch zu manchen Modifikationen führen. Eine Absicht, die der Umstrukturierung zugrunde liegt, ist die Förderung der innereuropäischen Mobilität, die dadurch erreicht werden soll, dass die Studienleistungen und -abschlüsse transparent und wechselseitig anrechenbar sein sollen. Ob dies gelingen wird, ist ebenso wenig absehbar; denn es setzt präzise Absprachen zwischen den beteiligten Ländern voraus.

2.3 Kunst- und Kulturförderung

2.3.1 Geschichtlicher Rückblick

Bis zur Mitte des 18. Jahrhunderts war die Kunst entweder höfisch oder sakral geprägt. Dies bedeutete einmal, dass die Sujets in hohem Maße festgelegt waren – vor allem in Malerei und Musik – und dass die Kunstproduktion im Wesentlichen auf Gönner und Mäzene angewiesen war, welche eben Aufträge erteilten und dann selbstverständlich auch darauf achteten, dass die Ergebnisse ihren Vorstellungen entsprachen, was nicht ausschließt, dass gerade auch Kreativität erwartet wurde. Erst seit der Mitte des 18. Jahrhunderts entwickelt sich eine bürgerliche Kunst, die sich zum einen thematisch neu ausrichtete – der Bürger sucht die eigene Identität und Problematik im Kunstwerk; das Kunstwerk wird zum Spiegel des bürgerlichen Emanzipationsprozesses – und die sich zum anderen zunehmend am Markt orientierte. Das Kunstwerk wird zur Ware, für welche die Abnehmer und Konsumenten zu zahlen haben; auch dies ist eine Form der neu gewonnenen Autonomie. Gleichzeitig wird der Künstler zum Genie oder Virtuosen verklärt, die Kunst selbst aus allen unmittelbaren Zwecksetzungen – etwa der Moralität oder Nützlichkeit – befreit und erhält einen quasi religiösen Status; denn ihr wird – natürlich nicht ausdrücklich und nicht überall – aufgebürdet, die Religion zu substituieren bzw. deren Funktionen in beschränktem Umfang zu übernehmen. In diesem Widerspruch – von Freiheit einerseits und quasi religiöser Erwartung andererseits – müssen sich die Künstler bis heute bewegen, ohne ihn lösen zu können. Mit der Freisetzung der Kunst wird auch die Trennung von

2. Kulturgeschichte und Kulturstaat

hoher und trivialer Kunst eingeleitet, die seitdem bestimmend bleibt: Die hohe Kunst hat den Heilserwartungen zu genügen, ihre triviale Variante denen der Unterhaltung. Selbstverständlich ist die Aufteilung grob, und die Überschneidungen sind vielfältig. In beiden Fällen jedoch mutiert der Künstler zum freien „Unternehmer" und verkauft seine Produkte am Markt, sei es, weil er als Unterhaltungskünstler sein Publikum amüsieren – oder an der Nase herumführen – will, sei es, dass er das Kultprodukt „Kunst" verkauft, das eigentlich – so häufig der implizite Anspruch – gar nicht bezahlbar ist, weil es die schnöden Marktgesetze unterlaufen und jenseits der ökonomischen Realität angesiedelt sein möchte, also auf Wahrheit und Weisheit verpflichtet ist. In den Rollen als Repräsentant – der jenes Höhere selbstbewusst verkörpert – und als Märtyrer – der unter der Bürde zusammenzubrechen droht – folgt er der Ambition, auf unterschiedliche Weise; und nicht selten verschränken sich beide Varianten in einer Gestalt. Dass es nur wenigen Künstlern gelingt, sich über den Markt am Leben zu erhalten und davon zu leben, ist eine andere Sache.

Zwar bleibt das Mäzenatentum im bürgerlichen Zeitalter in Kraft, doch verändert es tendenziell sein Gesicht. Es muss – im Zeitalter der Kunstautonomie – eher verborgen werden, weil es nach Vereinnahmung, gar Bestechung riecht, und wird zunächst nur auf Umwegen realisiert, indem dem Künstler eine Aufgabe – als Hofmeister oder Bibliothekar oder Minister – zugewiesen wird, die ihm gestatten soll, nebenbei seinem Hauptgeschäft – der Kunst – nachzugehen. Dahinter steht die mehr oder weniger deutlich ausgesprochene Vorstellung, dass seine Kunst in einer Anti-Stellung zum bestehenden politischen System zu stehen habe. Das war zunächst die Opposition gegen die vorbürgerliche Gesellschaft, früh aber auch die Opposition gegen die Philister, die geistlosen Spießbürger, sowie gegen das bürgerliche Nützlichkeitsdenken und den kalten, Entfremdung produzierenden Kapitalismus. Schließlich etablierte sich die radikale Moderne, die, wie dargestellt, Kultur und Bürgerlichkeit in ein dichotomisches Verhältnis setzte; sie trieb den Gegensatz im Bild von Bourgeois und Bohemien auf die Spitze und etablierte den Künstler als Gestalt, die mit geradezu göttlichen Weihen ausgestattet war und das Amt eines Priester zu erfüllen hatte. Bis heute ist diese Charakterisierung mitunter untergründig gegenwärtig.

Soll Kunst generell durch eine Opposition gegen die bürgerliche Welt charakterisiert sein, so wird sie korrumpiert, wenn sie sich von

2. Kulturgeschichte und Kulturstaat

den Bürgern kaufen lässt. Dieses bildet dann die Crux jeglicher Kunstförderung im bürgerlichen Staat. Zunächst richtete sich solche Förderung auf die Erhaltung der überlieferten, an den Höfen zusammengetragenen Bestände in Museen und Archiven, dann auch auf die Förderung der Gegenwartskunst, meist privat und mäzenatisch, nicht staatlich betrieben. Fraglos war solche Kunstförderung – im 19. Jahrhundert – häufig traditionell ausgerichtet und diente der Selbstbestätigung, wenn sich der Stifter in seiner Stiftung selbst ein Denkmal setzte und die gesellschaftliche Ehre als Gegengabe verlangte. Doch konnte und wollte man sich der oppositionellen Kunst nicht versagen und förderte zunehmend auch die radikale, antibürgerliche Moderne. Solche Förderung untersteht einer eigenen Spannung: Der vorbürgerliche und vormoderne Auftraggeber konnte gegenüber dem Künstler seinen Geschmack durchsetzen bzw. erteilte den Auftrag nur, wenn er sicher war, dass er seinem Geschmack entsprach; der bürgerliche Förderer – ob staatlich oder privat – muss sich darauf einstellen, dass die avancierte Kunst prinzipiell antibürgerlich ist und vom Protest gegen das Bürgertum lebt. In dem Maße, wie staatliche Museen Gegenwartskunst kaufen, Konzertveranstalter die jeweils neueste Musik aufführen oder Theater die antibürgerliche Moderne auf die Bühne bringen, übernehmen sie die Rolle von Mäzenen und müssen sich dem Widerspruch stellen und ihn austragen; das gelingt mehr oder weniger gut, in der Provokation oder in einer wie immer beschaffenen Versöhnung der Gegensätze. Zugleich ergänzen sie damit die ältere Funktion – die Sammlung der überlieferten Bestände – durch das Engagement im je gegenwärtigen Kunstbetrieb. Doch ist dem Staat, der als Förderer auftritt, sobald er Mittel zu Verfügung stellt, jegliches „Kunstrichtertum" verboten, wie das Bundesverfassungsgericht in einem Grundsatzurteil ausdrücklich festgehalten hat. „Sachverständigen", den Juroren, Museumsdirektoren und Theaterintendanten, wird deshalb das Feld überlassen. Die Politik hat Freiräume zu schaffen, darf aber nicht unmittelbar handeln; so werden auch keine inhaltlich festgelegten Aufträge erteilt, und jegliche Vereinnahmung gilt als Sakrileg. Die Dichotomie von Kunst und Gesellschaft schlägt hier noch immer durch und prägt das Handeln. Freilich gibt es Grenzbereiche wie etwa die Architektur, wo der Staat unmittelbar als Auftraggeber auftritt. Die generelle Verpflichtung zur kunstrichterlichen Enthaltung des Staates darf durchaus in Parallele zur religiösen Neutralität gesehen werden.

2. Kulturgeschichte und Kulturstaat

Die staatliche Kunst- und Kulturförderung der Nachkriegszeit entwickelte sich in drei Schüben. In den ersten Jahrzehnten suchte man den Anschluss an die versäumte Moderne, gleichzeitig aber auch die Restauration des bürgerlichen Kunst- und Kulturverständnisses mit der Hochschätzung der „hohen" Kultur, etwas verräterisch als *Kulturpflege* gekennzeichnet. Kranke hat man zu pflegen oder alte Gärten, die zu verkommen drohen, nicht aber etwas unmittelbar Notwendiges. Ungewollt bezeichnet der Begriff den Ort der Kultur in der Adenauerzeit recht genau. Der politische und ökonomische Wiederaufbau war wichtiger und durfte durch die Kultur nicht gestört werden; die beschauliche Pflege der abendländisch-christlichen Vorgärten aber waren willkommen. In den späten 1960er-Jahren vollzog sich ein Umbruch, der auf Breitenwirkung achtete, auf die sogenannte „Sozio-Kultur" setzte, vielfältig differenziert war – Stadtteilkultur und Kulturläden spielten eine Rolle – und die Beteiligung der Menschen forderte. Eine Vernachlässigung der alten „hohen" und elitären Kultur war dabei durchaus Absicht. Das Stichwort lautete jetzt „Kultur für alle". Die neuen Konzepte setzten die Abtrennung als Faktum voraus; sie folgten der Devise, dass Angebote zu unterbreiten seien, um die Menschen für etwas ihnen Fremdes zu gewinnen; Lebensnähe war gefordert. In solcher Ausrichtung, die von der Linken, insbesondere den reformorientierten Sozialdemokraten, vertreten werden, erhalten Kunst und Kultur den Status eines Komplements, das die Gesellschaft und das Leben nicht mehr unmittelbar tangiert, sondern als Beiwerk zu schmücken oder zu bereichern hat. Das hatte etwas hilflos Bemühtes; die Vorstellung, beides könnte zusammengebracht werden, schien bereits aufgegeben und wurde umso geflissentlicher verfolgt. Der Gedanke ist auch, jetzt konservativ gewendet, im Theorem der Kompensation gegenwärtig und wurde von Odo Marquardt mit philosophischen Weihen versehen: Kultur – die Kunst vor allem – habe die Einseitigkeiten und Schrecknisse der ökonomisch-gesellschaftlichen Welt aufzufangen und ein Gegengewicht zu bilden. Dass es diese damit rechtfertige, war der Ansatzpunkt der dagegen gerichteten Kritik; die Kompensationstheorie befestige den Hiatus zwischen Kultur und Gesellschaft und sanktioniere die Kluft von Anspruch und Wirklichkeit, statt ihn zu kritisieren. Beide Ansätze – der sozialdemokratische einer „Kultur für alle" und der konservative der Kompensation – reagieren auf einen Wandel in der Realität, das offensichtliche Auseinandertreten von Wirklichkeit und kulturellem

2. Kulturgeschichte und Kulturstaat

Anspruch, und schienen bereit ihn hinzunehmen; Kulturpolitik hatte so nur noch den Anspruch, ihn erträglich zu machen.

Mit der Tendenzwende ab Mitte der 1970er-Jahre setzte sich – als dritter Schritt – die „hohe" Kultur wieder durch, jetzt jedoch weit stärker an der jeweiligen Avantgarde interessiert, die von staatlicher Seite gefördert wird und Eingang in die öffentlichen Kunsttempel findet, die Museen, Opern- und Konzerthäuser. Die Orientierung an der zeitgenössischen Kunst ersetzt die ältere konservative Haltung, bedeutet aber nicht mehr, dass Kunst und Kultur als Widerpart der Gesellschaft begriffen werden; vielmehr huldigen die Kunstproduzenten und Veranstalter einem Raffinement des Geschmacks und betreiben eine Differenzierung der Wahrnehmungsfähigkeit, wie dies zuvor nicht vorstellbar war. Die von der jeweils jüngsten Moderne gewährte Verfeinerung der Sinne wird genossen. Die Künstler folgen damit Maßgaben der Gesellschaft, welche die entsprechenden Erwartungen an die Kunst heranträgt und deren Befriedigung erwartet. Auch das soll nicht als Vorwurf formuliert werden, der etwa gegenüber den allzu nachgiebigen Künstlern zu erheben oder an ein allzu bescheidenes Publikum zu richten wäre, sondern nur die Haltung der Zeit charakterisieren. Der Trend ist z. B. an der wachsenden Präsenz auch neuester Musik im Konzertbetrieb ablesbar; die früheren Vorbehalte gegen die „Neutöner" haben sich verflüchtigt und die sinnliche Subtilität wird ausgekostet. Die alte Frage nach Ausdruck oder Inhalt wird durch vermehrte Konzentration auf die Darbietung ersetzt; diese Haltung ist nirgendwo deutlicher als in den Rezensionen der Zeitungen, in welchen in der Regel nicht das Was, sondern das Wie – die Kunst der Sänger oder Solisten – im Vordergrund steht. Fertigkeiten werden bewundert, nicht aber Thema und Sujet diskutiert; was das Ganze sei, scheint nicht mehr zu interessieren, wenn der Genuss nur exorbitant ist. Das kann kritisch durchaus als Entmündigung beschrieben werden und führt direkt in die postmodernen Konzepte, die aus solcher Ab- oder Aufwertung – das ist nur eine Frage der Perspektive – die Konsequenz ziehen. Das Selbstverständnis als „Angebots-Kultur" bleibt auch in dieser dritten Stufe der kulturellen Praxis tonangebend; der Bürger hat sich, so die Vorstellung, am Markt zu holen, was ihn reize oder befriedige. Der Markt aber sei von den staatlichen Kulturträgern, etwa den Museen und Konzerthäusern, abzusichern und zu tragen. Eine Sensibilität, welche Selbstbestätigung und Selbstverwirklichung auf einer psychischen Ebene ermöglichen soll, indem die Reize befriedigt werden, sei ins Zentrum zu stellen; ein Selbst sei, so die Suggestion, im differenzierten Auskosten der eigenen Empfindungsfähigkeit zu finden. Diese Tendenz verstärkt sich noch einmal in den 1990er-Jahren, als sich die Postmoderne endgültig durchgesetzt hat; jetzt aber ist sie verbunden mit dem – beschränkten und sehr langsamen – Rückzug des Staates aus der kulturellen Verantwortung, zumindest eines abnehmenden finanziellen Engagements angesichts der leeren Kassen in einer neuen wirtschaftlichen Situation. Die Kultur könnte, so die Hoffnung mancher Politiker, vollständig dem Markt überlassen werden, denn die Befriedigung von Bedürfnissen sei über diesen sowieso besser zu regeln. Daraus entsteht die neue Form der Kunst- und Kulturförderung durch private Geldgeber im Sponsoring. Doch muss dies durch den Staat garantiert werden. Von einer breiten Ablösung des Staates kann schwerlich gesprochen werden; noch immer werden 90 % der Ausgaben für Kulturförderung durch den Staat getätigt. Seine Rolle aber hat sich verändert: Er erscheint als Anbieter, der einem verwöhnten Publikum Genuss zu ermöglichen und den Markt zu organisieren hat, auf dem die Angebote abzurufen sind. Damit trennt er sich zunehmend von den beiden alten Rollen – als Statthalters des kollektiven Subjekts, der die überlieferte Kultur zu vertreten und bewahren hat, und als Pädagogen und Lehrmeisters, der sie an die Menschen heranzutragen hat – und wird zum Veranstalter, der die spektakulären Events zu inszenieren und so das kulturelle Leben zu sichern hat, und sei es nur durch den Bau und die Unterhaltung immer neuer Opernhäuser und Museen. Die beiden ersten Rollen sind gewiss noch gegenwärtig und sollen nicht klein geschrieben werden, sie werden ergänzt durch die dritte Rolle, mitunter von ihr auch überlagert.

2.3.2 Öffentliche Kunst- und Kulturförderung

Kulturförderung spielt sich heute auf drei Ebenen ab: *Erstens* ist die öffentliche Förderung zu nennen, insbesondere der Kulturbetriebe, die in öffentlicher Trägerschaft stehen, also staatliche Theater, Museen, Bibliotheken etc.; die Organisationsformen sind sehr unterschiedlich, doch die finanzielle Absicherung durch die öffentliche Hand ist immer gegeben. *Zweitens* sind die privatrechtlich-gemeinnützigen Kulturbetriebe von Bedeutung, auch als Non-Profit-Organisationen bezeichnet, die privatrechtlich organisiert sind, aber keine wirtschaftlichen Zwecke verfolgen und deshalb als gemeinnützig eingestuft sind, weshalb sie steuerliche Vorteile genießen, also Kunst- und Kulturvereine, Stiftungen etc. *Drittens*

2. Kulturgeschichte und Kulturstaat

schließlich spielen die privatrechtlich-kommerziellen Unternehmungen eine Rolle, die auf Gewinn ausgerichtet sind, heute besonders prominent die Betreiber von Musical-Theatern, natürlich der gesamte Buchmarkt, aber auch Künstleragenturen, Filmproduktionsfirmen etc.

Die Kunst- und Kulturförderung wird auf den drei Ebenen des föderalistischen Staates betrieben; der Schwerpunkt allerdings liegt bei den Ländern und Gemeinden, hier vor allem den Großstädten. Etwa 10 % der gesamten öffentlichen Kulturförderung werden vom Bund aufgebracht; in den Rest teilen sich Länder und Gemeinden zu fast gleichen Teilen. Die öffentlichen Kulturausgaben – im Jahr 2002 über acht Milliarden Euro – machen insgesamt etwa 90 % aller Ausgaben in diesem Bereich aus; doch sind dies nur ein bis zwei Prozent der Gesamtausgaben der öffentlichen Haushalte. Man kann die öffentlichen Ausgaben auch auf die Zahl der jeweiligen Einwohner umrechnen; bundesdurchschnittlich werden etwa 90 Euro pro Kopf und Jahr für Kultur aus öffentlichen Mitteln aufgewendet; in den Stadtstaaten sind die Ausgaben – mit ca. 150 Euro – deutlich höher als in den meisten Flächenstaaten. Das ist gewiss viel, den Beteiligten natürlich immer zu wenig; und eine rückläufige Entwicklung kann nicht geleugnet werden. Doch eine Reduktion bei der öffentlichen Finanzierung um jährlich ca. 3 %, wie er seit Jahren zu verzeichnen, bedeutet noch keinen Rückzug des Staates aus der öffentlichen Finanzierung, auch wenn der Trend da ist und sich fortsetzt. – In den USA sind die Verhältnisse etwa umgekehrt – als Vergleich nur sei es angeführt –, denn Kulturförderung wird dort primär als private und nicht als öffentliche Angelegenheit angesehen und entsprechend betrieben.

1998 ist das Amt eines Kulturstaatsministers geschaffen worden, der dem Bundeskanzleramt zugeordnet ist und die bundesdeutschen Kulturangelegenheiten zu koordinieren hat; ihm steht ein Haushalt von knapp einer Milliarde Euro zu Verfügung. Die SPD-geführte Bundesregierung ging davon aus – häufig gegen den Widerstand der CDU-geführten Länder –, dass es ein „gesamtstaatliches" Interesse gebe, das zu vertreten sei, ohne dass der Föderalismus und die Kulturhoheit der Länder damit angetastet würden. Die Einschätzung ist von der Union offensichtlich übernommen worden, denn das Amt des Kulturstaatsministers ist in der Großen Koalition seit 2005 beibehalten worden. Der Bund beteiligt sich folglich allein an Vorhaben von übergreifender, nationaler Bedeutung. Dazu gehört neben der Hilfe für diverse Verbände und Projekte, etwa von

2. Kulturgeschichte und Kulturstaat

Denkmalpflege, Stiftungen oder Festspielen, auch die Unterstützung nationaler Vorhaben; nach außen besonders sichtbar ist die *Stiftung Preußischer Kulturbesitz*, aber auch die *Deutsche Nationalbibliothek* in Frankfurt/Main und Leipzig, der auch das *Deutsche Musikarchiv* in Berlin angegliedert ist. Einen erheblichen Umfang nehmen die Aufwendungen für die Hauptstadt-Kultur in Berlin an, etwa beim Ausbau und der Restaurierung der Museumsinsel. Im Jahr 2002 ist die deutsche *Bundeskulturstiftung* für Kunst und Literatur mit Sitz in Halle/Saale ins Leben gerufen worden, die ausschließlich vom Bund getragen wird; zunächst war geplant, eine gemeinsame Stiftung von Bund und Ländern ins Leben zu rufen, doch die Widerstände einiger Länder – im Streit über die Kulturhoheit – waren zu groß. Bereits seit 1982 besteht eine Stiftung der Länder; die Zusammenlegung mit der Bundesstiftung wurde lange diskutiert, aber nicht vollzogen. Der Etat der Bundesstiftung ist bescheiden und betrug im Jahr 2002 12,8 Millionen Euro und ist 2004 auf 38 Millionen gesteigert worden. Zweck der Stiftung ist die „Förderung von national und international bedeutsamen Vorhaben, insbesondere zur kulturellen Integration, Kooperation und Innovation".

Die Kooperation der öffentlichen Kulturträger ist überaus eng. An verschiedenen Kultureinrichtungen sind Bund und Länder – oder nur eine Reihe von Ländern – beteiligt, etwa an der *Akademie für Sprache und Dichtung* in Darmstadt, am *Deutschen Bibliotheksinstitut* in Berlin oder am *Kuratorium Junger Deutscher Film* in Wiesbaden. Auf kommunaler Ebene sind der *Deutsche Städtetag* – für die großen Städte – oder der *Deutsche Städte- und Gemeindebund* koordinierend tätig. Von „kulturschaffender" Seite wird die Kulturpolitik von einem 1981 gegründeten Dachverband, dem *Deutschen Kulturrat*, mitgetragen und gestaltet; in dieser Organisation haben sich die unterschiedlichsten Kulturverbände zusammengeschlossen. Der zentrale Verband fungiert als Ansprechpartner von Politik und Verwaltung des Bundes, aber auch der Länder und Gemeinden sowie der Europäischen Union.

Die wichtigsten Formen der öffentlichen Kulturförderung sind:

1. Unterhalt öffentlicher Institutionen, die vorrangig der Kulturvermittlung dienen, wie etwa Theater, Museen, Bibliotheken;
2. indirekte Kulturförderung durch Schaffung günstiger Rahmenbedingungen, etwa Steuerfreiräume oder -vergünstigungen;

2. Kulturgeschichte und Kulturstaat

3. Förderung freier Aktivitäten z. B. durch Preise oder Stipendien, hierzu gehört auch die Unterstützung von freien Theatern, von Kunstvereinen etc.;
4. direkte wirtschaftliche Hilfe, etwa indem Räume zur Verfügung gestellt werden, Ateliers gebaut werden etc.

Ein großer Teil der öffentlichen Mittel – früher bis zu drei Viertel, heute nur noch 35 % – entfällt auf Theater und Musik (Orchester, Opernhäuser); von den Mitteln für Theater entfällt in diesem Zeitraum etwa zwei Drittel auf das Musiktheater. Dem steht entgegen, dass nur etwa 3–5 % der Bevölkerung in diese Musiktheater gehen; deshalb wurde über die Umverteilung der Mittel sehr heftig diskutiert. Seit Anfang der 1980er-Jahre wurden die öffentlichen Mittel für die Kultur drastisch gesenkt, und nach der Vereinigung noch einmal; etwa haben einige Städte die Anschaffungsmittel für ihre Bibliotheken in diesen Jahren um die Hälfte reduziert.

Zweifellos ist die Kultur auch ein Wirtschaftsfaktor; Statistiker haben berechnet, dass die öffentlichen, privatwirtschaftlichen und gemeinnützigen Aktivitäten zusammen eine jährliche Wertschöpfung von über 30 Milliarden Euro ergeben; die Summe entspricht derjenigen der Energieversorgung und liegt über derjenigen der Stahlindustrie oder der Landwirtschaft. Nimmt man den Bereich der Buchproduktion, des Verlagswesens und des Films hinzu, ergibt sich eine Summe des Gesamtumsatzes von über 40 Milliarden Euro. Und nicht zuletzt führt die öffentliche Kulturfinanzierung zu ca. 630 000 Arbeitsplätzen in diesem Bereich; davon entfallen gut 150 000 auf Selbständige oder Freiberufler. Die Zahl der Arbeitsplätze, die mittelbar oder unmittelbar auf den Kultursektor – in einem denkbar weiten Sinne – entfallen, wird auf über drei Millionen geschätzt. Die statistischen Angaben im kulturellen Sektor sind stets mit besonderer Skepsis zu sehen, denn die Berechnungsgrundlagen sind höchst unterschiedlich und nicht immer durchsichtig, weshalb man stark differierende Zahlen findet. So sind denn auch alle hier angeführten Daten nur als Richtwerte zu verstehen, welche die Proportionen sichtbar machen sollen.

2.3.3 Private Kulturfinanzierung und Kultursponsoring

Die private Kulturfinanzierung ist von wachsender Bedeutung; ca. 8–10 % der Aufwendungen insgesamt stammen, so sagen die Statistiken, von privater oder unternehmerischer Seite. Die Hauptformen

2. Kulturgeschichte und Kulturstaat

sind Stiftungen, Spenden und Sponsoring. Die herkömmliche Kunst- und Kulturförderung erfolgt vor allem über die – steuerlich begünstigten – Stiftungen, die kulturelle Projekte unterschiedlicher Art unterstützen und einzelne Vorhaben finanzieren, teilweise auch sehr langfristig. Das können Veranstaltungen sein, etwa aufwendige Opernaufführungen, die ohne solche Hilfe nicht zustande kämen, oder Forschungsprojekte, etwa Editionsvorhaben, auch auf Dauer angelegte Kooperationen bestimmter Institutionen im kulturellen Bereich. Das Betätigungsfeld ist äußerst vielfältig. Das Stiftungswesen hat zwar auch in Deutschland eine Tradition, vor allem beim wohlhabenden Bürgertum in den großen Städten, doch hat es bei Weitem nicht die Bedeutung wie in den USA; man hoffte über die Reform des Stiftungsrecht im Jahr 2002 – also über die steuerliche Entlastung – die Bereitschaft zu heben, Stiftungen zu gründen oder sie zu unterstützen, und ist damit nur begrenzt erfolgreich gewesen, denn der erwartete große Stiftungsboom setzte nicht ein. Stiftungen gehen in der Regel auf Personen zurück, die ihr Vermögen – oder einen Teil desselben – in eine Stiftung überführen, also eine Erbschaft hinterlassen, die in die Stiftung fließt, deren Zweck der Erblasser festlegt und in einem Stiftungsdokument genau umschreibt. Solcher Zweck muss als gemeinnützig anerkannt werden, damit die Steuervergünstigung wirksam wird. Meist sind dies kulturelle Zwecke, die verfolgt werden und die eine Satzung dann im Einzelnen festhält. Doch sind auch soziale Stiftungen denkbar; diese haben in der Vergangenheit – seit dem Mittelalter – eine große Rolle gespielt. Heute gibt es über 12 000 Stiftungen in Deutschland, die zusammen über ein Kapital von ca. 25 Milliarden Euro verfügen; und auch ihre Zahl wächst beständig. Das Stiftungswesen lebt von der noblen Geste; der Stifter bleibt weitgehend unbekannt, verbirgt sich, wenn er zu Lebzeiten stiftet, hinter der von ihm ins Leben gerufenen oder unterstützten Institution und stellt sich – in der Regel – nicht in den Vordergrund. Der Verzicht auf jegliche Werbung macht den Unterschied zum Sponsoring.

Seit mehr als einem Jahrzehnt spielt diese neue Form der Kulturfinanzierung eine große Rolle. Vor 25 oder 30 Jahren noch fast unvorstellbar, weil von einem grundlegenden Konflikt von Wirtschaft und Kultur ausgegangen wurde, wird es heute immer mehr zur Selbstverständlichkeit. Viele Ausstellungen, Konzerte, Theateraufführungen und Festspiele können ohne das Sponsoring nicht mehr finanziert werden. Dabei ist eine doppelte Verschiebung zu beobachten: Einmal hat die Kunst wohl jene Fundamentalopposition

2. Kulturgeschichte und Kulturstaat

aufgegeben und zum anderen entdeckt die Wirtschaft zunehmend den Erlebniswert von Kunst und Kultur und damit deren Bedeutung für die Imagewerbung. Lange war ein Unbehagen gegenüber der Präsenz der Wirtschaft im Kulturbereich unter Intellektuellen dominant; das Gefühl, man werde gekauft, ist noch immer verbreitet und das Verhältnis von Kultur und Werbung erscheint vielerorts noch immer als unüberbrückbarer Gegensatz. Doch sind die Werbestrategen der Wirtschaft sehr geschickt und verstehen es zunehmend, dieses Gefühl abzubauen und Dankbarkeit für Zuwendungen zu erzeugen. Keine Frage aber auch, dass dies Auswirkungen hat und haben wird für die Kunstwerke selbst, die gesponsert werden.

Sponsoring ist vom Mäzenatentum grundsätzlich zu unterscheiden. Der Mäzen fördert ohne unmittelbare Gegenleistung, indem er kauft oder ermöglicht. Dies taten die geistlichen und weltlichen Fürsten des 16. bis 18. Jahrhunderts, indem sie die Kunstsammlungen anlegten, die heute in die großen Museen eingegangen sind. Und dies tun die Stiftungen heute noch immer. In den Augen des feudalen Auftraggebers von Kunst war der Künstler ein Handwerker, dem eine genau umschriebene Leistung abverlangt wurde. Diesem Bild des bloß Ausführenden widerspricht das Selbstverständnis des modernen Künstlers, der auf seine Autonomie den größten Wert legt und sich keinesfalls kaufen lassen möchte. Dies hat nicht nur die Stiftung, sondern auch der Sponsor zu berücksichtigen. In der Regel nimmt er keinen unmittelbaren Einfluss auf das etwa zu schaffende Kunstwerk und versteht sich als Ermöglicher. Der Glanz des Kunstwerks aber soll auf den Financier zurückstrahlen, der denn auch benannt sein möchte, sei er nun eine Privatperson oder eine Firma. Seine Großzügigkeit will er sich bestätigen lassen, die ihn in umso milderen und freundlicheren Lichte erstrahlen lässt. Fraglos schaut er auf die Gegenleistung und erwartet, dass die Veranstaltung oder das Produkt so inszeniert wird, dass sie seinen Vorstellungen entspricht und einen Werbeeffekt erzielt. Wichtig ist für den Geldgeber, dass eine „kommunikative Wirkung" erreicht wird. Deshalb wird im Einzelnen festgelegt, wie und wie oft der Firmenname etwa im Programmheft der Theateraufführung oder im Katalog einer Ausstellung erwähnt wird. Zugleich wird versucht, die spendende oder sponsernde Firma in eine Erlebniswelt oder einen Lebensstil zu integrieren, angefangen von den Freikarten, die man etwa für eine Theater- oder Konzertveranstaltung verlangt, bis hin zu den jeweiligen Logos und den Assoziationsräumen

2. Kulturgeschichte und Kulturstaat

von Kreativität oder Innovation, die man sich verspricht, wenn der Firmenname mit der oder jener kulturellen Veranstaltung in Verbindung gebracht wird. Firmen suchen etwas, womit sie – außerhalb ihrer Produkte – identifiziert werden können; und das hat die Kunst zu liefern. Verfügen sie über eine feste Identität, die nicht darin aufgeht, dass allein Geld umgesetzt und verdient wird, so sind ihre Produkte leichter mit bestimmten Erlebniswelten und Lebensstilen zu assoziieren.

Die Unternehmen betreiben – im Sinne der Ästhetisierung der Warengesellschaft – eine neue Art von Werbung, die Imagewerbung, die jene Identitätsstiftung zum Gegenstand hat und vom puren Profitstreben zu trennen ist. Dem diente die Ästhetisierung der Alltagswelt. Sie bedeutet, dass Lebensstile ästhetisiert werden, auch auf einer höchst artifiziellen Ebene, und dass in einer postmodernen Erlebnisgesellschaft nicht mehr unmittelbar für Produkte geworben wird, sondern die Unternehmen ihr Image mit bestimmten Lebensformen verknüpfen möchten, die dann den Absatz fördern sollen. Erlebniswelten werden inszeniert und sollen mit bestimmten Vorstellungen assoziiert werden. Dies ist auf sehr unterschiedlichen Ebenen zu beobachten. So spielt die Architektur für die Konzerne oder Unternehmen eine eminente Rolle; damit bereits wird ein Design initiiert, das es dann aufzugreifen und weiterzuverkaufen gilt. Wenn Sony und Mercedes heute in Berlin einen zentralen Platz okkupiert und ihm ihren Stempel aufgedrückt haben, so ist dies Bestreben unübersehbar.

So sehr das Sponsoring an Bedeutung gewinnt, so sehr wird es auch überschätzt. 2002 wurden ca. 350 bis 500 Millionen Euro in diesem Bereich ausgegeben, während die öffentlichen Mittel einen Umfang von ca. 8,5 Milliarden Euro hatten; das Sponsoring macht 3–6 % der öffentlichen Aufwendungen für Kultur aus. Und die Mittel, die für Kultur ausgegeben werden, bilden nur einen geringen Teil – grob 25 % – der Summe, die für das Sportsponsoring aufgewendet wird. Als Indiz der neu sich formierenden Erlebnisgesellschaft sowie als Kennzeichen der postmodernen Warengesellschaft aber ist das Phänomen fraglos zu deuten.

Kein Zufall ist es auch, dass das Sponsoring in dem Moment auftritt, wo damit begonnen wird, Aufgaben des Staates zu privatisieren: Die Wirtschaft springt ein, so scheint es, wenn die öffentlichen Kassen leer sind, selbstverständlich nur dort, wo es ihr lukrativ erscheint. Damit verändert sich das überlieferte Kulturverständnis; der Kultur wird jene funktionale oder kompensatorische Rolle ge-

2. Kulturgeschichte und Kulturstaat

genüber der Wirtschaft zugemessen, und die Wirtschaft selbst will die angesehene Rolle eines Förderers der Kultur übernehmen. So ist es für Museumsdirektoren eine stets wichtiger werdende Aufgabe, Sponsoren zu finden, weil ohne diese häufig gar nicht mehr gekauft werden kann. Auch große Ausstellungen sind ohne die Unterstützung von Sponsoren kaum noch vorzustellen.

Ob das bereits eine Vereinnahmung ist, bleibt abzuwarten; noch ist keinesfalls geklärt, ob das Kultursponsoring eine modische Angelegenheit ist oder sich auf Dauer halten wird. So darf man auch skeptisch sein, ob tatsächlich die staatliche Verantwortung in der Kunstpolitik an die Wirtschaft abgetreten werden kann. Kritiker, die sich sehr wohl dafür einsetzen, dass alle Formen der privaten oder wirtschaftlichen Finanzierung von Kunst ausgeschöpft werden sollen, sprechen sich für ein entspanntes Verhältnis aus, das sich darin ausdrücke, dass die Sponsoren den Künstlern alle Freiheiten belassen; die Verbindung von Wirtschaft und Kunst dürfe nicht zu einer „Verbindung von Macht und Ohnmacht werden". Doch ganz so unproblematisch und harmlos dürfte die Verbindung nicht sein. Ein unerfreulicher Tatbestand ergibt sich heute bereits daraus, dass der Staat manchmal nur noch die Kunstinstitute, etwa Museen und öffentliche Galerien, am Leben erhält, indem er die Gebäude saniert und pflegt sowie die Gehälter der Angestellten bezahlt, aber nicht mehr Geld zur Verfügung stellt für die inhaltliche Ausgestaltung. Springen hier Sponsoren ein, so können sie leicht gerade die inhaltlich interessante Ausgestaltung an sich reißen und damit mehr Macht ausüben, als dem Staat lieb sein kann.

3. Gesellschaft und Gesellschaftsstrukturen

3.1 Vorbemerkung zur Begrifflichkeit

Die Gesellschaft kann als autonomes System begriffen werden, das gegenüber den Nachbarbereichen selbständig ist, zu ihnen aber in einem engen Verhältnis steht; die Felder von Gesellschaft, Kultur, Kunst, Wirtschaft, Recht, Politik etc. fügen sich zum Bild des politisch-sozialen Systems der Bundesrepublik, jedoch nicht als Summe seiner Teile. Der Gesamtkomplex ist präzise nur in den Einzelfeldern und genauer auch aus den Teilperspektiven zu beschreiben; gleichwohl muss ein Ganzes unterstellt werden, wenn die Teile analysiert werden sollen, und sei es nur als Perspektive, aus welcher die Teilansichten aufeinander bezogen werden. Könnten die Verbindungsglieder benannt werden, so müssten die Stützbalken sichtbar werden, die das Gebäude als solches tragen. Diese sind kaum unmittelbar anzuschauen, denn sie haben nicht die Faktizität von Daten und Strukturen, sondern liegen diesen voraus; am ehesten sind sie in den Deutungsmustern und Sinnrahmen zu finden, welche – aus der subjektiven Perspektive der Mitglieder – das Selbstverständnis bestimmen. Festigkeit geben diese Interpretationen nur, wenn ihnen erstens Geltung zugestanden wird, also eine gesellschaftliche Verbindlichkeit, und wenn sie zweitens ihre Gültigkeit erweisen können, also einsichtig machen können, warum ihnen Geltung zuzusprechen und worin diese begründet ist, worin demnach ihre Vernünftigkeit besteht. Mithin bilden Deutungen, so prekär sie sein mögen, das Gerüst, welches das System zusammenhält. Nimmt man den Gedanken ernst – und das muss man wohl –, so bedeutet dies, dass dann, wenn über die Realität der Gesellschaft gesprochen werden soll, vor allem über Interpretationen zu sprechen ist. Verstehen kann man die Gesellschaft nur, wenn man die Sprache zu greifen sucht, mittels derer ihre Mitglieder sich selbst verstehen, und analysieren kann man sie nur, wenn man die Mechanismen offen legt, welche diese Prozesse steuern, wenn man also

3. Gesellschaft und Gesellschaftsstrukturen

diesen Interpretationen nachgeht und die Bedingungen ihrer Geltung und Gültigkeit beschreibt.

Bei der hier zu gebenden Deskription soll nicht die sehr differenzierte und spezialisierte Terminologie der Soziologie verwendet werden, um so nicht zusätzliche Verständnisschwierigkeiten aufzubauen; in einer gemeinsprachlich verfassten Darstellung sind die Zusammenhänge und Probleme aufzureißen und die Sachverhalte, soweit erforderlich, im Detail zu klären. Dabei mag die Begrifflichkeit nützen, welche in der gehobenen Öffentlichkeit üblich ist, etwa im politischen Feuilleton der überregionalen Zeitungen, und den gegenwärtigen Diskurs prägt. Häufig ergeben sich Besonderheiten der Beschreibung aus der Rückkoppelung an bestimmte Schulen, Methoden und Theorien, die dann in einen Wettstreit miteinander treten und sich voneinander abgrenzen; solche Anbindung und Rückversicherung soll hier, soweit irgend möglich, nicht diskutiert, und auch der Rekurs auf die wissenschaftsinternen Debatten soll vermieden werden. Denn es geht allein um ein Orientierungswissen in einem bestimmten Raum und ein Verständnis der relevanten Debatten in der gegenwärtigen Gesellschaft. Doch vorweg muss in groben Zügen geklärt werden, was das eigentlich ist, von dem gesprochen werden soll. Zu diesem Zweck seien *drei* grundsätzliche begrifflich-theoretische Komplexe, welche die Darstellung tangieren und sich auch in der Terminologie niederschlagen, angesprochen und begrifflich etwas genauer gefasst: das Verhältnis von *empirischer Realität* und *theoretischer Interpretation*, der geschichtliche Aspekt von *Gemeinschaft* und *Gesellschaft*, der bereits den Umriss eines möglichen Selbstverständnisses berührt, sowie die Frage der *Sozialstruktur* und die damit verbundene Vorstellung eines *gesellschaftlichen Ganzen*, das in das Postulat eines – nur aus individueller Perspektive zu gewinnenden – *kollektiven Selbstverständnisses* mündet.

Erstens liegt ein prinzipielles Problem, das sich bei jedem Versuch einer Darstellung stellt, in der Zweidimensionalität des Gegenstandes, der Gesellschaft selbst: Diese erscheint zum einen als Sammlung von *Fakten und Strukturen* und kann nur beschrieben werden, indem Daten – ganz positivistisch – angeführt und die empirischen Strukturen benannt werden; zum anderen ist sie immer nur, wie gerade ausgeführt, in *Interpretationen* gegenwärtig. Man muss sich darüber im Klaren sein, dass man stets interpretiert, wenn man Gesellschaft beschreibt, selbst dann noch, wenn man auf der empirischen Ebene bleibt und nur statistisches Material zusammen-

3. Gesellschaft und Gesellschaftsstrukturen

trägt. Daten erschließen sich erst in der Perspektive von Interpretationen, ja geben sich als solche erst zu erkennen, wenn sie in den entsprechenden Lichtkegel gestellt werden. Aber auch Theorien gewinnen ihr Gewicht erst, wenn sie sich auf Fakten stützen können und so einen Rückhalt in der Realität haben; den Anspruch, das Fundament von Gesellschaften zu benennen, können die Interpretationen nur erheben, wenn sie von Sachhaltigkeit bestimmt sind. Keine Seite ist ohne die andere denkbar. Das heißt für die Darstellung, dass sowohl Fakten – das empirische Material – als auch theoretische Perspektiven in sie einfließen müssen, aber zugleich die konstitutive Korrelation beider Aspekte im Blickfeld bleiben soll. Um dabei so exakt vorzugehen, wie die wissenschaftliche Redlichkeit es eben erfordert, müssen die Sichtweisen ausgewiesen werden, die den Daten ihr Gewicht geben. Insbesondere dann ist dies notwendig, wenn nicht nur eine feststehende *Struktur*, sondern ein gesellschaftlicher *Wandel* beschrieben und Probleme der sozialen Evolution erklärt werden sollen. Denn hier geraten die Interpretationen selbst in Fluss und bedürfen des zusätzlichen Halts. Theorien, die geschichtliche Abläufe zum Gegenstand haben, haben einen ungleich höheren Komplexitätsgrad als statische und tendieren somit zu größerer Unsicherheit; gleichwohl sind sie notwendig, nicht nur, um den jeweiligen Gegenstand zu fassen und in seinem Gewordensein zu erklären, sondern auch, um aus einer innergesellschaftlichen Perspektive – und in reflexiver Einstellung – den jeweiligen Ort zu bestimmen, den sie im geschichtlichen Zusammenhang einnehmen. Die Frage der Historiker – wie die Genese der je aktuellen Gegenwart zu erklären ist – bildet einen Grundbestandteil des ernsten Selbstverständigungsdiskurses. Und deswegen ist Gesellschaftsdarstellung ohne den beständigen Rückgriff auf die Geschichte nicht möglich; Profil erhält sie erst, wenn sie sich ihrer historischen Dimension vergewissert.

Vorweg muss *zweitens* ein Gegensatzpaar erläutert werden, das insbesondere in der deutschen soziologischen Diskussion eine große Rolle gespielt hat und noch immer spielt: *Gesellschaft* und *Gemeinschaft*. Die Gegenüberstellung ist vor allem durch den theoretischen Ansatz von Ferdinand Tönnies (1855–1936) geprägt, der 1887 eine Schrift mit dem Titel *Gemeinschaft und Gesellschaft* vorgelegt hat, die bis heute herangezogen wird, wenn die Begriffe geklärt werden sollen. Bei Tönnies gehen zwei Aspekte ineinander über, ein *systematischer* und ein *historischer*, die voneinander geschieden, aber auch in ihrer Abhängigkeit gesehen werden sollten. Als *historisch*

3. Gesellschaft und Gesellschaftsstrukturen

kann in diesem Zusammenhang die von Tönnies getroffene Zuordnung der *Gesellschaft* zur Moderne angesehen werden, also zur Zeit seit dem ausgehenden 18. Jahrhundert, während die *Gemeinschaft* einer vormodernen und noch nicht bürgerlichen Gesellschaftsformation zugerechnet wird, also auf den ersten Blick einer relativ fernen Vergangenheit angehört. So ist denn auch der Begriff der *bürgerlichen Gesellschaft* zu Beginn des 19. Jahrhunderts neu entworfen worden, vor allem von Hegel in den *Grundlinien der Philosophie des Rechts*; in der Auseinandersetzung mit diesem haben die Theoretiker des 19. Jahrhunderts, insbesondere Marx, das Konzept dann kritisch weiterentwickelt – bis hin zur projektierten Aufhebung in einer proletarischen Revolution. – Der Begriff des *Systematischen* unterstellt, dass ein Komplex als mehr oder weniger statisches System verstanden werden kann, das in seiner internen Funktionalität und Gesetzmäßigkeit zu erklären ist. Mit dem Begriff soll, auf unseren Bereich bezogen, einerseits ein je besonderes Verhältnis der Menschen zueinander, andererseits das Verhältnis der Teilbereiche zu dem umfassenden Zusammenhang charakterisiert werden: Während die ältere Gemeinschaft noch – so die grundlegende Unterstellung – die weitgehende Einbettung der Einzelnen in einen gleichsam ungeschiedenen Gesamtkomplex von religiösen und sozialen Denk- und Verhaltensformen kennt und sich selbst in einer – wie immer beschaffenen – höheren Ordnung aufgehoben weiß, ist die moderne Gesellschaft durch eine Autonomie der Einzelnen und die Verselbständigung der Teilbereiche gekennzeichnet. In diesen haben die Subjekte autonom zu agieren und so ihre Eigenständigkeit zu erweisen. Verselbständigt hat sich der Raum der Gesellschaft zum einen gegenüber dem Staat oder der Sphäre des Politischen, zum anderen gegenüber dem rein Privaten, dem jetzt sowohl der Komplex der Religion und des Glaubens als auch die Intimsphäre von Familie und individuellem Leben zugerechnet werden. Dort soll das stattfinden, was seitdem als Selbstverwirklichung bezeichnet wird. Wie immer diese dann gelingen soll und welche Implikationen sie noch haben mag. Dieser Distrikt der Privatheit, der in dieser Form erst mit der bürgerlichen Gesellschaft entsteht, sei deshalb auch besonders zu schützen. Weil der gesellschaftliche Raum primär durch Verträge geregelt und durch eine große Formalität und Distanz bestimmt ist, wird ihm Kälte als Charakteristikum zugeordnet. Das Zusammenleben in der Gemeinschaft hingegen ist durch emotionale Nähe, durch Formen unmittelbarer Bindung und durch eine mentale Übereinstimmung

3. Gesellschaft und Gesellschaftsstrukturen

gekennzeichnet, die eben jene Freisetzung des autonomen Ichs noch nicht kennt. Der Gegensatz ist auch unter die Begriffe des Organischen und Traditionalen einerseits und des Künstlichen und Produzierten andererseits zu bringen: Die Verwurzelung im Gewachsenen erlaubt in der Gemeinschaft eine Naivität des Verhaltens und Denkens, die Einsicht in den Charakter des Produziert-Seins der gesellschaftlichen Welt verlangt die rationale, Legitimationen bereitstellende Reflexion sowie ein hoch bewusstes, ja berechnendes Verhalten, das Spontaneität nahezu ausschließt, zumindest zurückdrängt.

Da auch in der modernen Gesellschaft der rechtliche Raum der Privatleute nicht allein von Bedeutung ist, sondern ebenso die emotionale Zugehörigkeit zu einem Kollektiv, muss man davon ausgehen, dass in der Moderne Gesellschafts- und Gemeinschaftsformen nebeneinander bestehen und unterschiedliche Aufgaben erfüllen. So spricht man etwa von religiösen oder kulturellen Gemeinschaften, auch von der nationalen Gemeinschaft oder von Dorf- oder Nachbarschaftsgemeinschaften, die durch Wärme und Unmittelbarkeit charakterisiert sind, während die Gesellschaft als Sphäre des Miteinanders der separierten Privatleute durch formale Höflichkeit und ein präzises, juristisch kodifiziertes Reglement charakterisiert ist.

An eine andere Zuordnung sei in diesem Zusammenhang erinnert. Die Grundspannung, welche das bürgerliche Politik- und Kulturkonzept mit den Begriffen *Autonomie* und *Identität* bestimmt, kann auch den beiden hier angeführten Konzepten zugerechnet werden: Während die Gesellschaft die Autonomie des Einzelnen voraussetzt und den Raum abgibt, wo solche Autonomie gebildet und gelebt werden kann, kann der Begriff der Identität auf die Gemeinschaft und die Kultur bezogen werden, denn in ihnen erst konstituiert sich – über die Ausrichtung an einem Kollektiv – das, was als Selbst oder – moderner – als Identität zu bezeichnen ist. Solche kulturell vermittelte Gemeinschaftlichkeit muss in der Moderne nicht allein – oder nicht primär – durch Wärme und Emotionalität bestimmt sein, sondern kann ihrerseits – in Gestalt der reflexiven Kultur oder Gemeinschaft – rationale und differenzierte Formen annehmen, durch welche das gestiftet wird, was als kulturelle – und reflexive – Identität bezeichnet worden ist. Der Begriff der Kollektivität selbst orientiert sich stärker an Gemeinschaft als an Gesellschaft und betont das reflexive Moment in der modernen Gemeinschaftlichkeit.

3. Gesellschaft und Gesellschaftsstrukturen

Drittens muss auf den Begriff der Sozialstruktur und die mit ihm verbundene Problematik kurz eingegangen werden. Der Begriff kann sehr unterschiedliche Bedeutungen annehmen und sowohl eng als auch weit gefasst werden. Nicht selten wird der Terminus als Bezeichnung für ein *gesellschaftliches Ganzes* gewählt, das im Verhältnis zu seinen Teilen beschrieben werden soll. Das ist eine sehr weite Begriffsvariante, die der Ambition folgt, jenes Ganze als Struktur zu fassen. Daneben erscheint der Terminus in der engen Version als bloße *demographische Gliederung*, die auf einer empirisch-statistischen Ebene angesiedelt ist und – etwas weiter gefasst – die gesellschaftliche Schichtung zum Gegenstand hat. Daraus ergibt sich eine *Klassen- und Schichtenbildung*, in welcher dann häufig – nicht nur aus marxistischer Perspektive – jenes Ganze erblickt wird. Ist aber der Kern schon benannt, wenn die Sozialstruktur auf diese Weise beschrieben wird?

Eine doppelte Fragestellung ergibt sich in diesem Zusammenhang. Wie setzen sich – *zum einen* – Klassen oder Schichten zusammen? Bilden sie Gruppierungen, die sich für den Beobachter so darstellen, aufgrund bestimmter Kriterien, die natürlich präzise benannt sein müssen, wenn die Beobachtung einen wissenschaftlichen Anspruch erheben will, oder erfahren sich die jeweiligen Angehörigen selbst als Gruppe? Die Frage hat deren Konstitution zum Gegenstand: Sind Gruppen allein durch die objektiven Fakten der empirischen Realität gegeben oder kann man von Klassen oder Schichten erst sprechen, wenn die Bildung als Gruppe auch im Bewusstsein der jeweils Angehörigen vollzogen oder nachvollzogen wird? Daran schließt sich *zum anderen* die Frage an: Bilden diese Schichtungen so etwas wie eine Grundstruktur der Gesellschaft ab, die dann als übergreifende *Sozialstruktur* zu figurieren hätte? Und ist eine solche Sozialstruktur gar identisch mit dem, was als *Selbstverständnis* der Gesellschaft bezeichnet werden kann? Den Schluss von der Klassenstruktur auf das gesellschaftliche Ganze hat mit großer Konsequenz Marx gezogen, als er die Klassenzugehörigkeit über die Stellung im Produktionsprozess definierte, und diese wiederum über das Eigentum an den Produktionsmitteln. Mit diesem Kern wollte er das Ganze benennen, als kapitalistische Klassengesellschaft. Der deutlich weiter ausgreifende Schichtenbegriff von Theodor Geiger (1891–1952) – auf beide Begriffe wird noch eingegangen, wenn die konkrete Sozialstruktur der Bundesrepublik zu beschreiben sein wird – benennt mehrere Kriterien, um die Schichtenzugehörigkeit zu beschreiben, erhebt aber die Schichtengliede-

3. Gesellschaft und Gesellschaftsstrukturen

rung nicht zur Generalcharakterisierung der Gesellschaft, ist also in diesem Sinne enger als der Begriff von Marx. Wenn ein gesellschaftliches Ganzes benannt werden soll, so ist die Perspektive zu bezeichnen, aus welcher die Benennung erfolgt: Ist sie vermittelt durch das Selbstverständnis der Angehörigen der Gesellschaft oder erfolgt sie von außen? Die Marx'sche Charakterisierung erhob zwar den Anspruch, ein solches Ganzes auszuweisen, nicht aber, das Selbstverständnis der Gesellschaft zu treffen. Allein aus proletarischer Perspektive konnte seine Charakterisierung ins Zentrum führen, kaum aus bürgerlicher Sicht; ein gesamtgesellschaftlicher Konsens über die bürgerliche Gesellschaft schien Marx aufgrund ihrer antagonistischen Struktur nicht möglich. Sollen heutige Gesellschaften beschrieben und begriffen werden, so kann der zu findende Begriff kaum an jenem Selbstverständnis vorbei entworfen werden. Dies aber erhöht die Schwierigkeiten beträchtlich.

Die damit schon benannte *Perspektive der Individuen* gilt seit den Anfängen der Soziologie als überaus wichtig, denn soziale Verhältnisse ergeben sich nicht allein durch den Blick von außen, sondern ebenso durch die Binnenperspektive. Geradezu programmatisch ist der subjektive Aspekt von Max Weber und Georg Simmel (1858–1918) entwickelt worden: Alle sozialen Erscheinungen seien *auch* an die Individuen zurückgebunden und könnten hinreichend genau nur beurteilt werden, wenn dieser Blickwinkel berücksichtigt werde. Fortgeführt worden ist diese Vorstellung in der Theorie von Norbert Elias (1897–1990), der von einer „Gesellschaft der Individuen" spricht. – Jürgen Habermas hat die beiden Ansätze – der Innen- und Außenperspektive – in den Begriffen von *Lebenswelt* und *System* dargestellt, welche zwei unterschiedliche Blickwinkel auf das eine Phänomen der Gesellschaft gestatten: Während die Gesellschaft aus der Perspektive der Angehörigen als *Lebenswelt* erscheint, also durch konkrete Erfahrungen gesättigt ist und über diese das Denken und Handeln der Einzelnen prägt, kann sie aus einer Beobachterperspektive als *System* gekennzeichnet werden, was eben bedeutet, dass Strukturen ins Blickfeld treten, die den Angehörigen so nicht bewusst sein müssen oder können, also einer Tiefendimension angehören, die ihnen verborgen ist oder gar – wie bewusst immer – entzogen wird.

In der älteren Theorietradition ist der Gedanke der Tiefendimension meist mit einem Wahrheitsanspruch verbunden, nirgendwo deutlicher als bei Marx; doch sei diese Wahrheit häufig durch einen Schleier, Ideologie genannt, verdeckt, der ideologiekritisch gehoben

3. Gesellschaft und Gesellschaftsstrukturen

werden kann. Man kann die Dichotomie ebenso in der – weniger polemischen – Opposition von Oberflächenkonsens und Tiefenstruktur fassen, die bescheidener ist, weil sie beide Seiten an unterschiedliche Perspektiven zurückbindet, damit den Wahrheitsanspruch zurücknimmt und die Notwendigkeit eines Verborgenseins in Rechnung stellt, worin immer diese dann begründet sein mag. Die Möglichkeit und Dringlichkeit der Aufdeckung – insbesondere von Manipulationen – erscheint, wird sie derart zurückgenommen, in neuem Licht; die grundsätzliche Reflexion wird zum Gebot der Stunde und hat nach den Gründen des Verborgenseins zu fragen. Der systematische Aspekt bleibt so bis heute grundlegend. Die Vermittlung beider Ansätze wird nur – so kann postuliert werden – in der umfassenden Reflexion zu erreichen sein, welche subjektive Lebenswelt und objektives System aufeinander bezieht und aus der Relation ein Selbstverständnis entwickelt. Dann kann auch nach seiner Rechtmäßigkeit und Vertretbarkeit gefragt, das Selbstverständnis also unter den Aspekten von Geltung und Gültigkeit diskutiert werden.

Ein weiteres, in diesen Zusammenhang gehörendes Problem ist die Frage der *sozialen Mobilität* oder der *Durchlässigkeit* von sozialen Gruppierungen, das hier aber nur angeschnitten werden kann. Kann die Gesellschaft als offen gedacht werden? Gibt es die Möglichkeit der Veränderung und des Aufstiegs? Dies schließt wiederum die Frage ein, wie soziale Differenzierungen von den Beteiligten selbst wahrgenommen werden, denn aus ihrer Erfahrung erst ergibt sich, ob die Chance gesehen wird, das eigene Feld zu verlassen, oder ob die Zuordnung an einen Platz in der Gesellschaft als unumstößlich und unwiderruflich erscheint.

3.2 Knapper Aufriss zur Sozialgeschichte der modernen Gesellschaft

Nur ein paar Stichworte seien angeführt, um der Darstellung das notwendige geschichtliche Relief zu geben. Die moderne Gesellschaft entwickelte sich als *bürgerliche Gesellschaft* in einem langen Prozess aus der *feudalen Ständegesellschaft*; der Beginn der Transformation lag im 18. Jahrhundert, der Höhepunkt im 19. Jahrhundert. Sehr früh bereits wurden beide Ordnungsvorstellungen von einer dritten Kraft überlagert, dem *sozialistischen Projekt*, das nicht nur den feudalen Vorstellungen opponierte, sondern auch das bürgerliche Modell aus den Angeln heben wollte, um an seine Stelle die

3. Gesellschaft und Gesellschaftsstrukturen

freie sozialistische Gesellschaft zu setzen. So begleitete die proletarische Revolutionsdrohung oder -hoffnung die Gesellschaftsentwicklung von der Gründung des Kaiserreichs im Jahr 1871 bis zum Neuanfang nach 1945. Im 20. Jahrhundert wird zudem ein ganz andere Entwicklung erkennbar – dominant seit den 1960er-Jahren –, die ihre Wurzeln ebenfalls im 19. Jahrhundert hat, die extreme *Individualisierung*. Dieser Prozess, der fraglos im bürgerlichen Ansatz angelegt ist, jetzt aber übersteigert wird, führt zu einer partiellen Auflösung der überlieferten Formen und gestattet die Frage, ob das Epitheton bürgerlich auf die gegenwärtige Gesellschaft noch zutrifft. Die Grundlinien jedoch bleiben, schaut man genauer hin, erhalten, vor allem durch das Telos der Selbstverwirklichung, durch die individuelle und kollektive Souveränität und den Gedanken der Pluralität und Toleranz; nur die Akzente verschieben sich. Die im Kern noch immer bürgerliche Gesellschaft mutiert zur postmodernen Konsum- oder Dienstleistungsgesellschaft. Ulrich Beck (geb. 1944) hat das als Übergang von der ersten zur zweiten Moderne beschrieben. Dabei verliert, wie oben dargestellt, das individuelle Subjekt weitgehend seinen kollektiven Widerpart: Der Einzelne bestimmt sich nicht mehr in dem Maße wie zuvor über die Zugehörigkeit zur Gesellschaft oder zu einer Gesellschaftsformation, sondern wird auf sich zurückgeworfen; vielleicht wäre der Sachverhalt besser als leerer denn als extremer Individualismus bezeichnet. Die relative Geschlossenheit der alten bürgerlichen Gesellschaft löst sich zugunsten einer dezentralen und zugleich hochkomplexen Gesellschaft auf, und die Rückkoppelung von Kollektivität und Individualität büßt ihre Kraft ein. Das kann positiv verstanden werden, als Freiheit, welche das Subjekt aus den überkommenen Bindungen freisetzt, aber auch negativ erfahren werden, als völlige Orientierungslosigkeit und Leere, welche wohl eine Grundbefindlichkeit der Postmoderne ausmacht.

Die historischen Linien müssen noch ein wenig ausgezogen und die zentralen Begriffe etwas genauer expliziert werden, um so einen Hintergrund für das Gesellschaftsbild der Gegenwart zu gewinnen. *Stände* sind in vorbürgerlichen, feudalen Gesellschaften fest umgrenzte Gruppen, die durch Tradition, Sitte und Recht geprägt sind; kaum kann es eine nennenswerte Mobilität geben, denn der Beitritt erfolgt in der Regel durch Geburt und die Zugehörigkeit kann nicht aufgekündigt werden. Die jeweiligen Lebensformen werden durch den Stand geregelt, individuelle Freiräume nur in engen Grenzen gewährt. Stände findet man in hierarchisch gegliederten Gesell-

3. Gesellschaft und Gesellschaftsstrukturen

schaften; deshalb kennen sie auch grundsätzlich keine Gleichheit, allenfalls vor Gott oder innerhalb des Standes ist eine solche vorstellbar. Die klassischen Stände in den europäischen Gesellschaften sind der Adel, die Geistlichkeit (für die das Kriterium der Zugehörigkeit kraft Geburt natürlich so nicht zutrifft; der höhere Klerus aber entstammt weitgehend dem Adel), die Bürger, die Handwerker und Bauern sowie die unterbürgerliche Schichten, die jedoch die Geschlossenheit eines Standes nur begrenzt aufweisen, weil sie nicht von sich aus gefestigt sind, sondern allein aus der Perspektive der anderen so erscheinen. Deshalb wird ihnen die Dignität eines Standes meist auch abgesprochen.

Zwei Phänomene kennzeichnen die *bürgerliche Gesellschaft* und begründen ihre Geschichte und Entwicklung: Sie ist erstens durch den Markt als Ort charakterisiert, an dem das Wirtschaftsgeschehen angesiedelt ist; somit ist sie auf den Kapitalismus als der Organisationsform der Wirtschaft festgelegt. Und zweitens gewinnt sie ihre konkrete Gestalt durch den Siegeszug der im 19. Jahrhundert beginnenden Industrialisierung. Träger dieses Triumphes ist die erst jetzt entstehende oder langsam Gewicht erlangende Schicht des *Besitz- oder Wirtschaftsbürgertums*. Dieses sollte sowohl vom älteren, auf das Mittelalter zurückgehenden städtischen Bürgertum unterschieden werden, wie es in der Kaufmannschaft von Bedeutung gewesen ist, etwa in der Hanse oder in den reichsfreien Städten, als auch vom *Bildungsbürgertum* abgehoben werden, das sich am Ende des 18. Jahrhunderts an den Höfen herausgebildet hatte, als soziale Mischform, denn Vertreter des Adels und des Bürgertums waren hier gleichermaßen vertreten. Das Bildungsbürgertum war die Formation, welche sich für Reformen einsetzte und die bürgerlichen Vorstellungen von Kultur und Politik trug; auch wurde der Liberalismus als Theorie – oder Ideologie – des Bürgertums primär von den Vertretern dieser Gruppe artikuliert. Zu ihm stand das schnell erfolgreiche Wirtschaftsbürgertum bald in einer unübersehbaren Spannung, auch wenn es Überschneidungen gab und der Grundansatz des bürgerlichen Denkens beiden zugerechnet werden muss. Diese Spannung nahm im Laufe des 19. Jahrhunderts deutlich zu und eskalierte zum scharfen Gegensatz von konservativ-machtbewusstem Bourgeois und kritischem Intellektuellem, wie er seit dem letzten Drittel des Jahrhunderts zu beobachten ist. Als frühen Repräsentanten einer neuen Form der kritischen Intelligenz kann man Heinrich Heine (1797–1856) ansprechen. Nach 1900 wird der Riss oft unüberbrückbar. Der freie – vom Hof und den bürgerli-

3. Gesellschaft und Gesellschaftsstrukturen

chen Zirkeln sich trennende – Intellektuelle hat seinen Ursprung in jenem Bildungsbürgertum, unterscheidet sich von ihm aber durch eine grundsätzlich veränderte Haltung: Während der alte Bildungsbürger sich für die erst zu verwirklichende bürgerliche Gesellschaft eingesetzt hatte, ist der „frei schwebende Intellektuelle" – so die auf den Soziologen Karl Mannheim (1893–1947) zurückgehende Bezeichnung – von ihrer Durchsetzung und Gestalt enttäuscht und opponiert, aus sehr unterschiedlichen, nicht immer politischen Motiven, gegen die selbstgefällige und verkrustete Bürgerwelt. Zugleich aber überlebt der alte Bildungsbürger in der gesellschaftskonformen Gestalt bis heute, als Vertreter der einen Seite der bürgerlichen Welt – der Kunst- und Kulturwelt –, die er verkörpert und sensibel auslebt, etwa als ausübender Musiker, Theatergänger und Museumsbesucher; die andere Seite der bürgerlichen Existenz – das Ökonomische mit der Konzentration auf den Reichtumserwerb – verselbständigt sich gleichzeitig im Bild des hässlichen Kapitalisten, der sich bestens zur Karikatur eignet, wie sie bis vor kurzem durch die Feuilletons geisterte, dumm, fett und mit Zigarre und Zylinder als ihren klassischen Attributen ausgestattet. Es ist bezeichnend für die Geschichte des Bürgertums, dass diese Zweiteilung nicht überwunden werden kann; in der Dichotomie dürfte ein Zwiespalt des bürgerlichen Gedankens selbst zu finden sein. In der Konfrontation von Manager und Schöngeist gewinnt sie heute neue Gestalt; die Verpflichtung auf die harte Realität einerseits und das freie Spiel andererseits bleibt dabei als Grundkennzeichen erhalten. Doch wird die untergründige Interdependenz von vielen Beteiligten mittlerweile auch durchschaut; vielleicht tauchen deshalb zunehmend Formen akzeptierender Duldung und gelassener Ironie auf.

Seit der Sattelzeit hält dieses Bürgertum – hier selbstverständlich nur in grober Verkürzung wiedergegeben – gegen die hierarchisch gegliederte höfische Gesellschaft das politische Ideal der *Freien und Gleichen* aufrecht, wie es vor allem in der Französischen Revolution gefordert worden war. Die ökonomische Institution, welche die grundsätzliche Gleichheit und Freiheit gewährleisten soll, ist der Markt; durch ihn soll Chancengleichheit garantiert sein, und auf ihm soll sie sich durchsetzen. Das Profitstreben steht im Zentrum; eine Fürsorge, die gegenüber den Benachteiligten des Systems angemahnt wird, ist im Frühliberalismus durchaus von Bedeutung und spielt bei bürgerlichen politischen Denkern des 19. Jahrhunderts, soweit sie einen Begriff des Sozialen entwickeln, etwa bei dem eher konservativen Lorenz von Stein (1815–1890), zunächst eine

3. Gesellschaft und Gesellschaftsstrukturen

Rolle. Seit der zweiten Hälfte des 19. Jahrhunderts tritt sie, vor allem bei den liberalen Parteien, weitgehend zurück, obgleich solche Fürsorge im dritten Ideal der Französischen Revolution – der *Brüderlichkeit* – unübersehbar angemahnt worden war. In der späteren Entwicklung zum Sozialstaat – dessen Begriff auf Lorenz von Stein zurückgeht – wird dies dann aufgegriffen und prägt bis heute das Selbstverständnis des sozialen Rechtsstaates, der, so zumindest das gängige Klischee, den brutalen Kapitalismus „bändigen" soll.

Das 19. Jahrhundert kann als Zeitalter der Industrialisierung bezeichnet werden. In Deutschland beginnt diese in den 1830er-Jahren und wird in immer neuen Schüben fortgeführt, bis sie sich mit dem Ende des Jahrhunderts endgültig durchgesetzt hat. Die Produktion ist geprägt durch Maschinen, neue Technologien und veränderte Fabrikationsformen, die mit der Fabrik als neuem Produktionsort gegeben sind, charakterisiert einerseits durch rationale Organisation und Arbeitsteilung, andererseits durch Wissenschaft und Technik als neuen Produktivkräften. Mit der Fabrik wird die Arbeit vom sonstigen Lebensbereich abgetrennt. Im alten Handwerksbetrieb war dies noch nicht nötig und üblich; Arbeit und Familie gingen – meist im selben Haus – ineinander über. Jetzt setzt sich auch räumlich die Aufteilung von Arbeitswelt und privater Welt durch.

Aus beidem – dem Markt einerseits und der Industrialisierung andererseits – entsteht die moderne kapitalistische Gesellschaft, wie Marx sie früh beschrieben hat. Der Industriekapitalismus mit den wichtigsten Merkmalen, dem Privateigentum an den Produktionsmitteln, der Erzeugung von „Mehrwert", der zur Akkumulation des Kapitals führt, und dem Gewinnstreben als dem Antrieb einer Wirtschaft, die auf Marktkonkurrenz beruht. Als grundlegende Formation, welche dazu zwingt, die Gesellschaft neu zu bestimmen und ihre Gliederung auf neue Weise – funktional – zu denken, erscheint jetzt die *Klasse*, determiniert durch die Stellung im Produktionsprozess. Die Klassengesellschaft löst die Ständegesellschaft ab: Während die feudale Gesellschaft strikt hierarchisch gegliedert war, mit der ideologischen Vorgabe, solche Gliederung sei durch Gott oder die Natur legitimiert, ist die neue Gesellschaft nach funktionalen Gesichtspunkten organisiert. Entscheidend ist die Frage nach dem Eigentum an den Produktionsmitteln. Während die Unternehmer über solches Eigentum verfügen und damit Macht ausüben, müssen die Arbeiter vom Verkauf ihrer Arbeitskraft leben, was aber kaum ein menschenwürdiges Leben erlaubt. Daraus ergibt sich, so Marx, die Tendenz zur Auflösung aller weiteren Differenzierungen, sodass

3. Gesellschaft und Gesellschaftsstrukturen

am Ende des Prozesses nur zwei Klassen übrig blieben, die immer weniger werdenden Kapitalisten und die immer zahlreicher werdenden Proletarier. Der Akkumulation von Kapital entspräche die Akkumulation von Elend; dies müsse, so die Hoffnung, irgendwann zum dialektischen Umschlag führen, zur Revolution mit dem vollständigen Umbruch der gesellschaftlichen Verhältnisse und dem Beginn einer neuen sozialistischen Gesellschaft. Dazu aber muss ein zweites Moment kommen: Von Klassen sollte, so wiederum Marx, erst gesprochen werden, wenn auch das entsprechende Bewusstsein vorhanden ist, die Angehörigen einer Klasse sich selbst als Klasse verstehen und über ein ausgeprägtes Klassenbewusstsein verfügen. Solches Selbstbewusstsein kann bis zum Stolz gesteigert und als Kult gepflegt werden. Und erst das selbstbewusste und in der Partei organisierte Proletariat werde zur Revolution fähig sein.

Die geschichtliche Entwicklung folgt nicht den Marx'schen Prognosen. Dies kann man paradoxerweise als Erfolg von Marx – und der anderen Kritiker des Kapitalismus – verbuchen: Der Mechanismus der Gesellschaft verändert sich, wenn die Einsicht in die Verhältnisse ihn bricht. Solche Einsicht gab es nicht nur, wie von Marx vor allem erwartet und erhofft, auf proletarischer Seite, sondern auch auf der der Bürger und Kapitalisten, welche bald erkannten, dass der Weg so nicht fortgesetzt werden konnte, weshalb sie sich auf Reformen einließen. Zwei Tendenzen können dabei beobachtet werden: *Erstens* wandten die Kapitalisten selbst sich von den reinen Marktbedingungen ab, wie sie den liberalen *Nachtwächterstaat* charakterisiert hatten – der Staat sorgt allein für die Einhaltung der Rahmenbedingungen, überlässt das Wirtschaftsgeschehen aber vollständig dem Markt – und fanden Organisationsformen, welche die Härten des Marktes auffangen sollen. Dies ist die neue Form des *Organisierten Kapitalismus,* wie er seit Mitte der 1870er-Jahre praktiziert wird. Der Staat soll in das Marktgeschehen eingreifen und wird zum Verantwortlichen für den Konjunkturverlauf erklärt; die Kapitalisten organisieren die Marktabläufe – statt diese sich selbst zu überlassen –, indem sie die Prozesse von Konzentration und Kartellierung kontrollieren, vor allem Verbände bilden oder zulassen, welche das Geschehen – in enger Kooperation mit der Politik – zu steuern haben. Nicht allein der einzelne Kapitalist ist für das Geschehen verantwortlich – so noch der frühe individualistische Kapitalismus –, sondern die Verbände ermöglichen eine Solidarität und lenken den Blick auf das Ganze, das nicht zerstört werden dürfe, etwa durch einen blinden Konkurrenzkampf, der keine Überle-

3. Gesellschaft und Gesellschaftsstrukturen

benden mehr kennt. – Und *zweitens* müssen die Härten des Elends aufgefangen werden, wenn das System überleben soll; daraus entwickelt sich in langen Kämpfen das Sozialversicherungswesen und der *Sozialstaat*, durchaus zu fassen als Fortschreibung und Erweiterung des bürgerlichen Ansatzes. Den Wirtschaftsverbänden stehen in diesen Auseinandersetzungen als Vertreter der Gegenseite die Gewerkschaften gegenüber, ihrerseits in Verbandsform organisiert. Von der Sozialversicherungsgesetzgebung bei Bismarck zum Sozialstaat der Weimarer Republik und der Bundesrepublik ist es ein langer Weg, an dessen vorläufigem Ende der moderne Wohlfahrtsstaat steht, dessen Grenzen heute erkennbar werden.

Ob dieser Prozess zur Destruktion des Ansatzes führen wird, ist schwer nur abzuschätzen. Offensichtlich aber setzt gegenwärtig eine Entwicklung ein, die zu einem Umbau des Sozialstaates führen mag, auch das Verhältnis von Staat und Gesellschaft neu festlegen dürfte, jedenfalls aber die Zuständigkeiten neu zu bestimmen scheint. Zudem werden die wesentlichen wirtschaftlichen Entscheidungen heute auf einer transnationalen Ebene getroffen – Globalisierung und Europäisierung seien nur als Stichworte genannt –, während die sozialen Fragen noch immer auf nationaler Ebene gelöst werden sollen. Wenn aber die ökonomische und die soziale Problematik nur zwei Seiten einer Medaille sind, so müssen Lösungen gefunden werden, welche beide Seiten wieder aneinander binden, wie immer das im Einzelnen aussehen mag. Das muss uns im vierten Teil des Kompendiums noch einmal beschäftigen.

Die *Schichten-* und *Klassenbildung* im 19. Jahrhundert kennt die Unterscheidung von *Adel, Großbürgertum* (Kapitalbesitz), *Bildungsbürgertum, wohlhabendes, mittleres Bürgertum* (Juristen, Mediziner etc.), *alte Mittelstände* (Handwerker, Händler und Bauern) und *Unterschichten* mit der stark wachsenden Zahl der *Industriearbeiter*; in dieses Schichtenmodell gehen nicht nur ökonomische, sondern auch kulturelle und soziale Kategorien ein, weil eben Lebensformen sich lange am Leben erhalten und offensichtlich das Verhalten prägen. Als ganz neue Schicht bildet sich zum Ende des Jahrhunderts die Gruppe der *Angestellten* heraus, die schnell immer stärkere Bedeutung gewinnen wird; sie ist charakterisiert durch eine bessere soziale Stellung als die der Arbeiter, gegeben schon durch die sichereren Arbeitsplätze, und häufig durch eine antiproletarische Haltung. Die Angst vor der Revolution schweißt die neue Schicht politisch zusammen. Die klassische Beschreibung dieser Formation hat 1930 Siegfried Kracauer (1889–1966) in seinem

3. Gesellschaft und Gesellschaftsstrukturen

Essay *Die Angestellten* gegeben. – Die Veränderungen in diesem Schichtenmodell sind auch vor dem Hintergrund eines enormen Bevölkerungswachstums im 19. Jahrhundert zu sehen, von 25 Millionen im Jahr 1816 auf 65 Millionen im Jahr 1910. Dies führte auch zu großen Massenwanderungen mit zwei generellen Tendenzen, einer Verstädterung als *Nahwanderung* vom Land in die nahe gelegenen Städte und einer Ost-West-*Fernwanderung* aus den östlichen Agrarregionen in die neuen Industriezentren des Westens, etwa das Ruhrgebiet.

Die Gesellschaftsgeschichte des 19. Jahrhunderts kommt zwar 1918 an ihr Ende; das spannungsvolle Dreieck aber von feudaler Traditionalität, bürgerlichem Wirtschafts- und Politikmodell und sozialistischen Hoffnungen wird weiterhin eine Tiefendimension abgeben, welche die Entwicklung determinieren wird: Das feudale Modell determiniert in der Weimarer Republik durchaus noch das Verhalten bestimmter Gesellschaftskreise und überwintert in der politischen Gestalt eines extremen und undemokratischen Konservativismus; die bürgerlich-kapitalistische Ordnung kann sich zwar endgültig durchsetzen, muss aber den sozialistischen Ansprüchen entgegenkommen. Der Sozialstaat, der das sozialpolitische Selbstverständnis der neuen Republik prägen wird, muss als Alternative zur Gründung eines sozialistischen Staates begriffen werden und kann als Kompromiss von bürgerlicher Ordnung und sozialdemokratischer Reform verstanden werden, auch mit dem Anspruch, das demokratische Modell – über die Mitbestimmung – in Wirtschaft und Gesellschaft auszuweiten, um so langfristig die kapitalistische – als hässlich und inhuman eingestufte – Ordnung nicht nur bändigen , sondern zu überwinden. Dieser Weg, als Ausgleich bürgerlicher und proletarischer Interessen wohl zutreffend charakterisiert, führt mit der Weltwirtschaftskrise in einen neuen Umbruch, der im Fiasko des totalitären NS-Staates enden wird. Das Dritte Reich kann als Aufhebung des sozialstaatlich-demokratischen Ansatzes verstanden werden. Dessen Leistungen werden zwar im Kern nicht zurückgenommen, wohl aber das demokratische Element ausgehebelt, das auf Selbstbestimmung zielte. Insofern kommt das Modell zu einem vorläufigen Ende. Nach 1945 wird ein Neuansatz versucht, der wiederum den Weg von Weimar einschlägt, auch wenn die sozialistische Komponente im Kompromiss dann stark zurücktritt.

Dieser Hintergrund ist für die Beschreibung der Sozialstruktur der Bundesrepublik von eminenter Bedeutung; ohne ihn kann diese kaum verstanden werden. Insbesondere die verschiedenen Formen

3. Gesellschaft und Gesellschaftsstrukturen

eines sozialen Selbstverständnisses greifen immer wieder auf diese Vorgeschichte zurück und müssen aus ihrer politischen Genese interpretiert werden.

3.3 Bevölkerungsstruktur und materielle Lebensbedingungen

3.3.1 Verwerfungen in der Bevölkerungsstruktur

Ein wesentlicher Faktor für die Struktur einer jeden Gesellschaft ist die Größe und Zusammensetzung der Bevölkerung, auch deren Wachstum und Veränderung, weshalb dieser Hintergrund für Deutschland kurz zu skizzieren ist. Die Bevölkerungsentwicklung der Bundesrepublik verläuft in *drei* Phasen; die Entwicklung in der DDR kennt kaum Brüche, unterscheidet sich aber in einigen Punkten grundlegend. Deshalb sind beide Prozesse getrennt darzustellen, wenn auch nicht gänzlich unabhängig voneinander.

In einer *ersten Wachstumsphase* von 1945 bis 1974 wächst die Bevölkerung in Westdeutschland von 46 Millionen im Jahr 1946 auf 62 Millionen im Jahr 1974. Diese Periode markiert den Abschluss einer generellen Wachstumsphase seit 150 Jahren. Bis etwa 1964 können ansteigende Geburtenzahlen verzeichnet werden; danach kommt es zum sogenannten „Pillenknick" mit einem drastischen Rückgang der Zahl der Neugeborenen (was gewiss nicht allein auf die neue Möglichkeit der Empfängnisverhütung zurückgeführt werden kann). Drei Einwanderungswellen bestimmen zudem die Entwicklung: Die Vertriebenen, die DDR-Flüchtlinge und die Ausländer verschieben die interne Bevölkerungsstruktur erheblich. Von 1944 bis 1950 kommen ca. 8 Millionen Vertriebene aus den ehemaligen Ostgebieten nach Westdeutschland, ca. 4 Millionen nach Ostdeutschland; von 1945 bis 1961 flüchten ca. 3,1 Millionen DDR-Bürger in den Westen; und zwischen 1961 bis 1974 erhöht sich die Zahl der Ausländer in Westdeutschland um ca. 3,5 Millionen. Die Einwanderung aus der DDR kommt nach dem Mauerbau zu einem Ende. Danach erfolgte der große Zustrom von Gastarbeitern, denn die boomende westdeutsche Wirtschaft benötigte weiterhin zusätzliche Arbeitskräfte. Deshalb hatte man Ausländer als Gastarbeiter angeworben, vor allem aus Südeuropa. Erst 1973 – mit der ersten Ölkrise – bricht ein Anwerbestopp diese Entwicklung ab. Im gleichen Zeitraum wandern ca. 2 Millionen Menschen nach Übersee aus, vor allem nach Kanada, den USA und nach Australien.

3. Gesellschaft und Gesellschaftsstrukturen

Der *zweite Abschnitt* von Mitte der 1970er- bis Mitte 1980er-Jahre kann als *Stagnationsphase* beschrieben werden. Die Einwohnerzahl schwankt in dieser Zeit in Westdeutschland um 61 Millionen. Ein erneutes *Wachstum* ist in der *dritten Phase* seit dem Ende der 1980er-Jahre zu verzeichnen. Die Krise und der Zusammenbruch des Ostblocks führen zu einer neuen Einwanderungswelle, vor allem der Spätaussiedler aus Polen und Russland; nach deutschem Recht sind alle Deutschstämmigen bzw. alle *deutschen Volkszugehörigen* im Sinne des Grundgesetzes Deutsche mit allen, sich daraus ergebenden Rechten. Von 1950 bis 2004 kommen insgesamt ca. 4,5 Millionen Spätaussiedler in die Bundesrepublik; der weitaus größte Teil – in der Zuwanderungswelle der 1980er-Jahren – stammt aus Polen, doch große Kontingente kommen in den 1990er-Jahren auch aus der ehemaligen Sowjetunion und anderen osteuropäischen Staaten, etwa Rumänien. Nach 1989 steigt auch die Zahl der Übersiedler aus der DDR in das Gebiet der alten Bundesrepublik drastisch an, im Jahr 1990 auf knapp 400 000, was natürlich die jetzt gesamtdeutsche Bilanz nicht verändert, aber einen wesentlichen Faktor im schnellen Einigungsprozess darstellte; man wollte den Zustrom abbremsen und forcierte deshalb den Prozess. 1989 hatte die alte Bundesrepublik 62,6 Millionen Einwohner; das sind auf dem Gebiet der alten Bundesländer pro Quadratkilometer 252 Einwohner gegenüber 201 im Jahr 1950 und 160 im Jahr 1939. Insgesamt ergibt sich heute eine Besiedelungsdichte von 231 Einwohnern pro Quadratkilometer; natürlich ist die Konzentration im Einzelnen sehr unterschiedlich.

Gegenüber der Entwicklung im Westen hatte die DDR einen ständigen Verlust zu verzeichnen: Von 1948 – also nach der Eingliederung der Vertriebenen aus den Ostgebieten – bis 1989 schrumpfte die Bevölkerung von 19,1 auf 16,4 Millionen Einwohner, vor allem aufgrund der Flüchtlingsbewegung in den Westen; die Bevölkerungsdichte verringerte sich auf 154 pro Quadratkilometer. – Die DDR-Flüchtlinge waren in den 1950er-Jahren im Westen hochwillkommen; denn in der Zeit des Wirtschaftswachstums wurden Arbeitskräfte benötigt. Meist waren die Flüchtlinge sehr gut ausgebildet und auch bereit, die zur Verfügung stehenden Arbeitsplätze anzunehmen. Zudem kamen häufig junge Leute, was für die Bevölkerungspyramide bedeutsam war.

Heute verzeichnet Gesamtdeutschland gut 82 Millionen Einwohner; 79 % davon leben in Westdeutschland, 21 % in Ostdeutschland. Der Ausländeranteil liegt in Westdeutschland bei 9 %, in Ost-

3. Gesellschaft und Gesellschaftsstrukturen

deutschland bei 1 %; die Gesamtzahl der Ausländer betrug im Jahr 2004 7,3 Millionen; ihr Anteil an der Gesamtbevölkerung liegt bei knapp 9 %, in manchen Großstädten deutlich höher, häufig bei 30 %. – Man geht bei allen statistischen Berechnungen für die Zukunft von einem Rückgang der Gesamtbevölkerung aus, in Deutschland wohl stärker als in vergleichbaren Industrieländern, und vermutet, dass die Zahl der Einwohner bis zum Jahr 2050 um gut 10 % zurückgehen und so auf ca. 74 Millionen sinken wird. Die erst beginnende *vierte Phase* wird also durch einen Schrumpfungsprozess gekennzeichnet sein.

Gravierender als der bloße Rückgang der Einwohnerzahl ist die Veränderung der demographischen Struktur der Gesellschaft, vor allem das Verhältnis von Mortalität und Fertilität, also von Sterblichkeit und Fruchtbarkeit. Seit Beginn der 1970er-Jahre sinkt die Zahl der Geburten unter die der Todesfälle; dies bedeutet, dass die Gesellschaft zu ihrem Erhalt nicht mehr fähig ist. Die Geburtenrate der Frauen lag in den 1950er- und 1960er-Jahren bei 2,2 (Kinder pro Frau) und ist seit drei Jahrzehnten auf den Durchschnittswert von 1,4 gesunken. In bestimmten Alterskohorten ist dies noch viel drastischer; etwa ein Drittel der akademisch ausgebildeten Frauen bleibt heute kinderlos. Der wesentliche Faktor für den Rückgang der Fertilitätsquote ist der vollständige Verzicht auf Kinder, sei er nun freiwillig oder unfreiwillig; Frauen, die überhaupt Kinder gebären, haben häufig mehr als nur ein Kind. – Dazu kommt die steigende Lebenserwartung. In der Gesamtbevölkerung steigt die Zahl der nicht mehr arbeitsfähigen oder -willigen Alten drastisch an, sodass eine immer kleinere Zahl von Arbeitenden eine immer größer werdende Zahl von Nicht-Arbeitenden zu unterhalten hat. Die Lebenserwartung von neugeborenen Jungen liegt heute bei 75 Jahren – gegenüber 64,5 im Jahr 1950 –, diejenige von Mädchen bei 81 Jahren – gegenüber 69 im Vergleichsjahr –; in der DDR war die Lebenserwartung gegenüber derjenigen der Bundesrepublik zurückgeblieben und lag ca. 2,5 Jahre unter dem westdeutschen Niveau. – Die „natürliche" Alterspyramide von vor 1914 ist somit durcheinander geraten; als natürlich galt das Bild des Tannenbaums, mit vielen Neugeborenen am unteren Ende und wenigen ganz Alten an der Spitze. Diese Pyramide war durch die beiden Weltkriege und die ihnen folgenden Krisenzeiten mit jeweils geburtenschwachen Jahrgängen arg zerzaust worden; durch den drastischen Geburtenrückgang seit den 1960er-Jahren und die längere Lebensdauer der Alten ist die Pyramide noch einmal deutlich verändert worden. Die Grup-

3. Gesellschaft und Gesellschaftsstrukturen

pe der sogenannten „jungen Alten" von etwa 60 bis etwa 80 Jahren, die noch gesund und rüstig sind, hat sich deutlich vergrößert und wird in Zukunft weiterhin wachsen.

Zwei Wege sind denkbar, um die negative Bevölkerungsentwicklung aufzufangen: Es könnte versucht werden, die Geburtenrate der Frauen zu heben, und es könnte der Bevölkerungsverlust durch Einwanderung kompensiert werden. Der erste Ansatz ist politisch ungemein schwierig, denn es müsste genau analysiert werden, weshalb die Geburtenrate so stark gesunken ist. Gibt es Gründe im sozialen und ökonomischen Bereich, die politisch steuerbar sind? Vielleicht wären deutliche Veränderungen des sozialen und wirtschaftlichen Lebens erforderlich, um den Wunsch nach Kindern wieder attraktiv erscheinen lassen. Die Diskussion darüber ist voll entbrannt und von sozialwissenschaftlicher Seite werden recht konkrete Vorschläge unterbreitet. Die Politik versucht zur Zeit, die Attraktivität von Kindern durch eine Verbesserung der Kinderbetreuung zu erhöhen, etwa durch vermehrte Bereitstellung von Kinderkrippen- und Kindergartenplätzen, sowie durch die Einführung eines Elterngeldes, das es den Eltern, Müttern und Vätern, erleichtern soll, den Beruf für eine Zeit aufzugeben und danach wieder in das Arbeitsleben einzusteigen. Die Reproduktionsfähigkeit der Gesellschaft wäre gewonnen, wenn die Geburtenrate auf etwa 2,1 steigen würde; dass das erreicht werden kann, ist kaum vorstellbar. Bereits eine Rate von 1,6 – die einen west- und nordeuropäischen Durchschnitt darstellt – würde als Erfolg gelten. Doch sie setzte, soll der Bevölkerungsrückgang gebremst und ein demographisches Gleichgewicht gefunden werden, gleichzeitig eine Zuwanderungsrate von jährlich etwa 150 000 Menschen voraus.

Ob aber das Problem der schrumpfenden Gesellschaft durch eine stärkere Zuwanderung behoben werden kann und soll, ist ebenfalls heftig umstritten. Die Zahl der jährlichen Einwanderungen müsste, wenn die Fertilität nicht verbessert werden kann, drastisch gesteigert werden, auf deutlich über 300 000 pro Jahr, was aber politisch schwer nur umsetzbar ist und deshalb als unrealistisch gilt (zumal die Zahl noch wesentlich höher liegen müsste, weil die voraussehbare Rückwanderung eines Teils der Immigranten in die Rechnung einbezogen werden müsste). Die Integration der Immigranten stellt ein Problem dar, das nicht einfach zu lösen ist; in der Bundesrepublik existiert eine beträchtliche, nicht selten künstlich geschürte Angst vor Überfremdung, die auch darauf zurückzuführen ist, dass die kulturellen Differenzen mitunter in sehr krassen Farben gemalt

3. Gesellschaft und Gesellschaftsstrukturen

werden. Zudem führt, rein technisch gesehen, die soziale und ökonomische Integration zu erheblichen Schwierigkeiten und erfordert Bildungsmaßnahmen in beachtlichem Umfang, damit zumindest eine zweite Generation an die Situation in Deutschland angepasst werden kann und das „Humankapital", primär also die fachlichen Qualifikationen, den erwarteten volkswirtschaftlichen „Gewinn" garantiert. Die reine Zahl der Immigranten sagt wenig über ihren „Nutzen" aus. Dazu kommt, dass die Einwanderung Probleme auf anderer Ebene produzieren könnte: Werden etwa gut ausgebildete Kräfte aus Osteuropa nach Deutschland gelockt, so fehlen sie zu Hause und die Entwicklung dort könnte nachhaltig gestört werden, was wiederum den Weg zu einem gemeinsamen Europa mit ähnlichen Lebensbedingungen gefährden könnte. Zu ähnlichen Schwierigkeiten führt die Abwerbung von Spitzenkräften aus der Dritten Welt. Und schlecht ausgebildete Kräfte bringen in Deutschland nicht den Nutzen, der von ihnen erhofft wird, sondern drohen ihrerseits zur sozialen Last zu werden.

Die Altersicherung durch den Generationenvertrag ist mithin schwierig geworden ist. Die heute darüber geführten Diskussionen setzen Ängste frei, die mitunter auch irrational sein mögen, aber natürlich einen konkreten Grund haben: Die Alten – oder die Alt-Werdenden – ängstigen sich, weil ihnen die Renten gekürzt werden könnten, und die Jungen fürchten, die kommenden Lasten nicht tragen zu können. Die Veränderung der Alterstruktur sei an nur einem Beispiel dargelegt: Der Anteil der über 60-Jährigen an der Gesamtbevölkerung erhöht sich drastisch; die statistische Berechnung ergibt für die kommenden Jahrzehnte einen deutlichen Zuwachs, von knapp 15 % im Jahr 1950 auf ca. 25 % heute und auf vermutete 37 % im Jahr 2050. Gleichzeitig verringert sich die Zahl der unter 20-Jährigen von gegenwärtig gut 20 % auf 16 % zur Jahrhundertmitte. Der Prozentsatz der Arbeitsfähigen zwischen 20 und 60 Jahren sinkt zugleich von 55 % im Jahr 2000 auf 47 % im Jahr 2050. Das ist der Hintergrund für die Anhebung des Eintrittsalters für die Rente von bisher 65 auf 67 Jahre. Die aus dem Gesamtkomplex sich ergebenden Probleme betreffen nicht nur die Versorgung der Alten, die Gesellschaft selbst wird eine andere sein, wenn das Verhältnis der Generationen sich verschiebt. Dies wird vermutlich nicht nur volkswirtschaftliche Konsequenzen haben, sondern auch neue Formen des Miteinanders nach sich ziehen sowie das soziale und kulturelle Leben insgesamt verändern. Bis vor kurzem wurden die damit aufgeworfenen Fragen kaum ausreichend diskutiert; das

3. Gesellschaft und Gesellschaftsstrukturen

hat sich mittlerweile geändert. Das Thema ist als brisant erkannt worden. Ob sich daraus in den nächsten Jahren ein Generationenkonflikt ganz neuer Art ergeben wird, ist noch nicht abzusehen, aber auch nicht auszuschließen; noch sind alle Parteien bemüht, die Gemüter zu besänftigen, doch die Sprengkraft des Phänomens kann nicht geleugnet werden.

3.3.2 Entwicklung der materiellen Lebensbedingungen

Nach 1945 kommt es in Westdeutschland zu einer zunächst langsamen Aufwärtsentwicklung und dann zu einer Wohlstandsexplosion; das von den Westdeutschen selbst so bezeichnete *Wirtschaftswunder* – ungläubig fast, denn man hielt nach dem Zusammenbruch im Nationalsozialismus einen schnellen Aufstieg nicht für denkbar – hatte seinen Beginn in den 1950er-Jahren und dauerte bis ans Ende der 1960er-Jahre. Seitdem ist die Bundesrepublik eines der reichsten Länder der Welt. Ablesbar ist der Erfolg an der Steigerung des Volkseinkommens in Westdeutschland von 1960 bis 1991 um das 8,5-Fache. Einbrüche mit einer beginnenden Massenarbeitslosigkeit gab es bereits seit Ende der 1960er-, verstärkt seit den 1970er-Jahren, doch berührte diese das stolze Selbstbewusstsein noch nicht merklich. Denn das Gesamteinkommen stieg weiterhin, und auf den Sozialstaat schien Verlass zu sein. Doch musste eine immer größer werdende Zahl von Nicht-Arbeitenden von den Arbeitenden unterhalten werden. Seitdem muss die Gesellschaft mit dem strukturellen Problem leben, dass – scheinbar oder wirklich? – nicht ausreichend Arbeit für alle zur Verfügung steht und eine hohe Zahl von Arbeitslosen das Bild trübt. Lange Zeit wurde dies als quasi natürlich hingenommen, doch seit einigen Jahren steigt die Nervosität beträchtlich, weil die Kosten kaum noch aufzufangen sind. Verschärft wurde die Situation durch die Vereinigung; der Zusammenbruch des osteuropäischen Marktes, von dem die Wirtschaft der DDR in hohem Maße gelebt hatte, und die radikale Umwandlung der ostdeutschen Wirtschaft und Gesellschaft führten zu einem drastischen Abbau von Arbeitsplätzen und damit zu einer anhaltend hohen Arbeitslosigkeit in den neuen Bundesländern. – Die Statistiken verschieben sich seitdem, weshalb es ratsam ist, sich die westdeutschen, ostdeutschen und gesamtdeutschen Werte getrennt vorzunehmen. Gewiss ist eine Angleichung der materiellen Lebensverhältnisse zu beobachten, die tieferen Unterschiede aber sind nach wie vor beträchtlich.

3. Gesellschaft und Gesellschaftsstrukturen

Der hohe Stand der Einkommen kann seit Beginn der 1990er-Jahre insgesamt gehalten werden; doch muss man von Stagnation sprechen. Im Durchschnitt standen im Jahr 1991 pro Kopf 11 300 Euro zur Verfügung, im Jahr 2002 hingegen 15 000 Euro; verrechnet man allerdings die Preissteigerungen für die Lebenshaltungskosten, so ergibt sich ein Minus von einem Prozent an Kaufkraft. Diese Entwicklung trifft die hohen Einkommen so gut wie nicht – vielmehr können sie eine reale Verbesserung erzielen –, die mittleren und kleinen Einkommen aber erheblich. Die Vermögens- und Unternehmergewinne konnten im Zeitraum von 1991 bis 2005 von 345 Milliarden Euro auf gut 550 Milliarden Euro gesteigert werden; das ist eine Zunahme um 60 %. Gewiss sind auch hier noch Verrechnungen notwendig und gewiss sind Gewinne nötig, um Neuinvestitionen zu ermöglichen, der Trend der Auseinanderentwicklung von Arbeitnehmereinkommen und Gewinnen aber kann festgehalten werden. Mitunter ist von einer Explosion der Gewinne die Rede, die keine Entsprechung auf Arbeitnehmerseite habe.

Parallel zur westdeutschen Aufwärtsentwicklung gab es auch in der DDR eine Wohlstandssteigerung, die aber deutlich langsamer als im Westen verlief. Um 1960 lag das Durchschnittseinkommen in der DDR um 30 % hinter dem der Westdeutschen zurück, 1970 um mehr als 40 % und zu Beginn der 80er-Jahre um ca. 55 %. Solche Zahlen zeigen gewiss die ökonomische Überlegenheit des westlich-kapitalistischen Systems, und sie wurden im Kalten Krieg von westlicher Seite auch gerne benutzt, um die eigene Stärke zu betonen. Doch sollte man bei einer Auswertung vorsichtig sein, denn es muss eine Reihe anderer Faktoren herangezogen werden, wenn ein gerechtes Bild gezeichnet werden soll. Auch waren die inneren und äußeren Rahmenbedingungen in beiden deutschen Staaten so unterschiedlich, dass Vergleiche schwierig werden. Eine Bewertung – jenseits der unleugbaren Feststellung der westlichen Überlegenheit – kann und soll hier deshalb nicht versucht werden.

Die Einkommensunterschiede in der Bundesrepublik sind nach wie vor beträchtlich: Das Nettohaushaltseinkommen pro Monat lag 2002 in der Bundesrepublik – nach der sogenannten *Volkswirtschaftlichen Gesamtrechnung* (*VGR*) – pro Haushalt bei 32 100 Euro, pro Haushaltsmitglied bei 15 000 Euro; dahinter verbirgt sich aber sehr Unterschiedliches. Die Nettohaushaltseinkommen verteilen sich im Jahr 2004 wie folgt: Gut 15 % der Haushalte hatten weniger als 900 Euro, knapp 6 % mehr als 4500 Euro zu Verfügung; 26 % bewegte sich im Bereich von 900 bis 1500 Euro; 33 % lag zwi-

3. Gesellschaft und Gesellschaftsstrukturen

schen 1500 bis 2600 Euro und knapp 20 % zwischen 2600 und 4500 Euro. Die Einkommensverteilung hat sich in den letzten Jahren nicht wesentlich verändert; die Zahlen im Jahr 2002 waren mit denen von 2004 fast identisch. Für Ostdeutschland liegen die Werte unter denen Westdeutschlands: Gut 60 % der Haushalte im Westen verfügten monatlich über 1500 Euro, im Osten nur knapp 50 %. Noch ist die Ungleichheit im Osten geringer als im Westen; dies aber müsste detailliert dargestellt werden. Auf die Statistiken des Statistischen Bundesamtes sei nur verwiesen.

Die generelle Entwicklung kann durchaus so gekennzeichnet werden, dass die Armen immer ärmer und die Reichen immer reicher werden (auch wenn damit ein Klischee bedient wird). Wenn man als reich diejenigen versteht, die über mehr als das Doppelte des bedarfsgewichteten Pro-Kopf-Haushaltseinkommens verfügen, das sogenannte *Nettoäquivalenzeinkommen*, und als arm diejenigen, die weniger als 60 % hiervon haben, so kann man seit der Mitte der 1990er-Jahre von 5 % Reichen und 10 % Armen sprechen. Diese Beobachtung aber muss durch eine zweite ergänzt werden: Immer häufiger hält Armut nicht lebenslang an, sondern kann nach einem begrenzten Zeitraum überwunden werden; zweifellos gibt es eine Gruppe von dauerhaft Armen, doch ist diese relativ klein; die Chance, die Armut nach einer gewissen Zeit zu überwinden, ist nicht gering.

Seit 1998 ist die Bundesregierung gesetzlich verpflichtet, regelmäßig über die Verteilung von Armut und Reichtum zu berichten, somit auch über die unterschiedlichen Teilhabechancen, die das Leben der Einzelnen bestimmen; und zugleich ist sie angehalten zu sagen, was sie gegen Fehlentwicklungen getan hat und noch zu tun gedenkt. Ein erster Bericht wurde im Jahr 1998 vorgelegt, ein zweiter im Jahr 2005. Die hier angeführte Tendenz wurde im neuesten Bericht – über die Jahre 1998 bis 2003 – bestätigt: Jenes *Nettoäquivalenzeinkommen* lag bei 938 Euro und das Armutsrisiko ist von 12,1 % auf 13,5 % gestiegen; 2005 betrug die Armutsrate gar 17,3 %, wie eine Studie aus dem Jahr 2006 belegt. Dem kann man die Entwicklung der Vermögen entgegenstellen: Die Nettovermögen stiegen insgesamt um 17 %, auf insgesamt 5 Billionen Euro, doch wurde die Tendenz zur ungleichmäßigen Verteilung nicht gebrochen; die unteren 50 % der Haushalte verfügten über weniger als 4 % des gesamten Nettovermögens; die reichsten 10 % der Haushalte konnten 47 % des Gesamtvermögens ihr eigen nennen. Der Anteil dieses obersten Zehntels konnte zudem um gut 2 % gesteigert werden.

3. Gesellschaft und Gesellschaftsstrukturen

Diese Zahlen über das Nettovermögen klammern das Betriebsvermögen aus, das gesondert betrachtet werden muss; das Gesamtvermögen ist zu einem hohen Prozentsatz Immobilienvermögen – ca. 75 % – und besteht nur zu einem geringen Teil aus dem klassischen Kapitalvermögen. Nur etwa 3–4 % des Bruttovermögens der Privathaushalte ist in Aktien oder Aktienfonds angelegt.

Den Trend in der Einkommensentwicklung insgesamt – den es in dieser Form bei den meisten Industrienationen gibt und der in den USA besonders krass zu beobachten ist – bestätigt eine Studie des Deutschen Instituts für Wirtschaftsforschung aus dem Jahr 2006: Seit den 1990er-Jahren konnten die Spitzenverdiener ihre Bezüge am deutlichsten steigern, während bereits die mittleren Einkommensgruppe einen geringeren Zuwachs hinnehmen musste und die Niedrigverdiener von der generellen Einkommensentwicklung kaum profitiert haben.

Die Vermögensunterschiede sind krasser als die Einkommensunterschiede; man geht davon aus, dass die Ungleichheit in der Verteilung der Reinvermögen auf die Haushalte etwa doppelt so groß ist wie die Ungleichheit in der Verteilung der verfügbaren Einkommen. Noch auffälliger sind die Unterschiede beim Produktivvermögen bzw. Kapital-, Aktien- und Unternehmensbesitz. Hier liegen nur wenige Zahlen vor, und auch der neueste Bericht der Bundesregierung ist in diesem Punkt recht dürftig; allein die Tatsache, dass nur 6 % der Haushalte über Betriebsvermögen verfügen, wird mitgeteilt. Ältere Zahlen von 1966 besagen, dass ca. 45 % des Produktivvermögens in 1,7 % der bundesdeutschen Privathaushalte versammelt seien; lässt man den Teil des Vermögens außer acht, das dem Staat oder ausländischen Eigentümern gehörte, so ergab sich gar, dass 1,7 % der Privathaushalte über 74 % des privaten inländischen Kapitals verfügten. Denselben 1,7 % werden aber „nur" 35 % des Gesamtvermögens zugerechnet. Insgesamt dürfte es hier Korrekturen in der Weise gegeben haben, dass inzwischen die Haushalte im unteren Bereich der Skala ihren Anteil am Reinvermögen gesteigert haben, doch die generelle Tendenz – der Konzentration des Betriebsvermögens in sehr wenigen Händen – dürfte sich kaum verändert haben. Diese Feststellung bekommt Brisanz dadurch, dass mit dem Eigentum am Produktivvermögen Verfügungsgewalt über den Produktionsapparat verknüpft ist, in einer marktwirtschaftlichen Ordnung also Macht bedeutet. Ob damit der Anspruch der sozialen Marktwirtschaft – über die Beteiligung möglichst vieler am Gesamtvermögen eine gerechte Verteilung zu erreichen – grund-

3. Gesellschaft und Gesellschaftsstrukturen

sätzlich gescheitert ist, ist schwer zu entscheiden; nicht wenige Kritiker betonen dies mit Nachdruck. Auch dürfte das generelle Versprechen einer demokratischen Beteiligung am Wirtschaftsgeschehen nicht eingelöst sein. Doch der Erfolg der Wohlstandsmehrung kann nicht geleugnet werden, auch nicht die breite Zustimmung zum kapitalistisch-marktwirtschaftlichen System, was ja ein wesentliches Motiv für die angestrebte breite Vermögensbildung gewesen ist, so zumindest Ludwig Erhard mit scharfem Blick auf das östliche Konkurrenzmodell. Die Frage, ob solche Zustimmung schon fragwürdig ist, weil die breite Beteiligung am Produktivvermögen nicht erreicht worden ist, führt in ein hochbrisantes Feld, das aber von der bundesdeutschen Öffentlichkeit eher gemieden wird. Hier müsste eine differenzierte Auseinandersetzung ansetzen, welche die Chancen einer Demokratisierung im Wirtschaftsbereich zu bewerten, auch die Formen solcher Demokratisierung zu debattieren hätte. Das soll hier nicht versucht werden; dass das Thema aber eine Grundschicht des demokratischen Selbstverständnisses berührt, soll nicht geleugnet werden. Diese Diskussion müsste sehr ernsthaft geführt werden, wenn die Demokratie in Deutschland auf Dauer gesichert werden sollte; sie hätte darüber zu befinden, welche Reichweite das demokratische Projekt haben und welche konkrete Gestalt es annehmen soll.

Der private Wohlstand in Deutschland ist zweifellos nicht gering. Bereits 1988 war fast die Hälfte aller Familien in Westdeutschland Besitzer eines Hauses oder einer Wohnung; im Jahr 2002 verfügten 43 % der Deutschen über Wohneigentum, knapp 45 % der Westdeutschen und 34 % der Ostdeutschen. Auch die Ausstattung mit Luxusgütern ist gut; auf Zahlen, die das belegen, kann verzichtet werden. Und ebenso ist die Absicherung durch den Sozialstaat – der Anteil am „Sozialvermögen" – eine Form des Wohlstands, die nicht gering geachtet werden darf; wenn der alte Mensch seine Rente bezieht, so löst er seinen Teil an diesem Sozialvermögen ein. – Vielleicht ist eine Zahl aus dem Jahr 2001 für den Reichtum der Gesellschaft signifikant: Innerhalb der Europäischen Union gehört die Bundesrepublik nach Dänemark und Schweden zu den Ländern mit der geringsten Armutsrisikoquote (Schweden: 9 %; Dänemark: 10 %; Deutschland: 11 %; Durchschnitt der 15 EU-Länder: 15 %). Das ist fraglos ein Indiz für die Funktionsfähigkeit des reichen deutschen Sozialstaates.

Kehrseite dieses zweifellos vorhandenen Reichtums ist die *Armut*, die in einer Reihe von neueren Studie sehr eindrucksvoll dar-

3. Gesellschaft und Gesellschaftsstrukturen

gestellt worden ist. Armut ist ein sehr schwieriger Begriff; die Frage, wie er zu definieren sei, ist äußerst umstritten. Als nützlich hat sich erwiesen, einen umfassenden Komplex ins Auge zu fassen und zu bewerten, wenn von Armut gesprochen werden soll. Mehrere Bereiche müssen bewertet und herangezogen werden: Einkommensarmut, Arbeit, Bildung und Ausbildung sowie Wohnen. Bei der Einkommensarmut – oder Unterversorgung – geht man meist, in Anlehnung an eine Definition der EU, davon aus, dass sie gegeben sei, wenn ein Haushalt über weniger als 60 % jenes „bedarfsgewichteten Haushaltsnettoeinkommen" verfügt, bei dem die unterschiedlichen Bedürfnisse beispielsweise von Kleinkindern und Erwachsenen berücksichtigt werden. Die Sozialhilfeschwelle lag bei 40–50 % des durchschnittlichen Haushaltsnettoeinkommens. Danach gab es 2003 in Deutschland jene Einkommensarmut von 13,5 %; der Anteil im Westen betrug „nur" 12,2 %, der im Osten dagegen 19,3 %. Armut muss kein Dauerzustand sein; rund zwei Drittel der Betroffenen haben innerhalb von drei Jahren den Ausstieg geschafft; nur 4 % der Armen sind auf Dauer arm und wohl ohne Chance, aus der Armut herauszukommen.

Das Armutsproblem stellt sich mit neuer Heftigkeit seit der Vereinigung. Manche sagen auch, der Sozialstaat selbst sei in Frage gestellt; dies bildet den Hintergrund der seit einigen Jahren geführten Diskussion über „Versorgungsstaat und Wirtschaftsstandort Deutschland" und ebenso der Auseinandersetzung über die unter dem Namen „Hartz" bekannten Reformen seit dem Jahr 2003. Eine Demontage des Sozialstaats wird vielfach befürchtet bzw. man denkt darüber nach, wie er ersetzt oder modifiziert werden sollte. Sollen oder müssen die bisherigen Standards aufgegeben werden? Wird die Vollbeschäftigung nicht mehr als realistisches Ziel angesehen, so müssen Wege gefunden werden, um eine große Zahl von Dauerarbeitslosen zu versorgen. Werden aber die Langzeitarbeitslosen aus dem Arbeitsmarkt ausgegrenzt und erst gar keine Versuche unternommen, sie zu integrieren, so müsste ein grundsätzlich neues Sozialmodell gefunden werden, das die almosenähnliche Versorgung eines beträchtlichen Teils der Bevölkerung hinnähme, mit allen politischen, ökonomischen und kulturellen Problemen, die dies wiederum bedeutete. Solche Diskussionen finden, zumindest öffentlich, kaum statt, weil die großen Parteien noch immer davon ausgehen, dass die Arbeitslosigkeit kein strukturelles, sondern ein konjunkturelles Problem sei, das systemimmanent gelöst werden könne. Allenfalls partiell berühre sie die Strukturen und könne

3. Gesellschaft und Gesellschaftsstrukturen

beseitigt werden, wenn an den entsprechenden Stellschrauben gedreht werde. Ob das eine Illusion ist, gar eine bewusst hergestellte, kann hier ebenfalls nicht diskutiert werden.

Zur Frage eines notwendigen Umbaus des Sozialstaates sind die Zahlen über die Höhe der Sozialausgaben interessant: Das Sozialbudget, die Summe aller Sozialleistungen, betrug 1992 in Westdeutschland 29,8 % des Bruttosozialproduktes und blieb damit wie in den beiden Jahren zuvor unter 30 %, während sie seit dem 1970er-Jahren meist knapp über 30 % gelegen hatte; davor war sie deutlich niedriger. Für Ostdeutschland erreichten die Sozialleistungen 1992 70,5 %; das war nur durch hohe Transferzahlungen aus dem Westen möglich. Trotz des hohen Ostwertes blieb aber die gesamtdeutsche Sozialquote bei 33 % und damit nur geringfügig über dem Durchschnitt der letzten beiden Jahrzehnte. Diese Zahlen sind seitdem leicht angestiegen; 2004 betrug die Quote der Sozialleistungen 34 %. Die These, dass die Vereinigung den Sozialstaat in Frage gestellt habe, muss also differenziert, vielleicht auch relativiert werden. Wie sich das Sozialbudget allerdings in den nächsten Jahrzehnten entwickeln wird, d. h. wie die demographische Veränderung auf den Gesamthaushalt durchschlagen wird, weiß heute niemand zu sagen; die unterschiedlichsten Berechnungen liegen vor, auf welche die Politik – mit allen möglichen Reformvorschlägen – auch reagiert. Doch verlässliche Voraussagen scheinen kaum möglich zu sein, allenfalls die, dass die Schwierigkeiten wachsen, was aber banal ist.

Seit der Vereinigung kann von der Bundesrepublik als einer *doppelt gespaltenen Gesellschaft* gesprochen werden: Im Westen – und jetzt auch im Osten – gibt es die Teilung in Arme und Reiche, aufgrund der stark differierenden Einkommensverteilung und Versorgung; dazu kommt die nach wie vor ungleiche Situation in Ost und West, welche die Gesellschaft noch einmal spaltet. Verursacht ist dies durch die unterschiedliche Ressourcenausstattung. Diese Spaltung dürfte in kurzer Zeit kaum zu überwinden sein, seriöse Schätzungen sprechen von einem Zeitraum von noch mindestens zehn Jahren. Die Übertragung des westdeutschen Modells auf Ostdeutschland erwies sich als überaus schwierig, da sich im Osten eine völlig andere Sozialstruktur herausgebildet hatte; so bleibt es noch immer offen, ob der Osten auf Dauer ein Armutsgebiet bleibt. Erschreckend ist der Zusammenhang von Einkommensarmut und Arbeitslosigkeit im Osten: Wenn keine Gegenmaßnahmen greifen,

3. Gesellschaft und Gesellschaftsstrukturen

dürfte hier ein sozialer Sprengsatz entstehen, der sich zur ernsten Bedrohung auswachsen könnte.

Will man sehen und benennen, wen die Unterversorgung in Ost und West am stärksten trifft, so sind dies ganz eindeutig drei Gruppen, in denen das Armutsrisiko besonders hoch ist: Erstens kinderreiche Familien, zweitens Alleinerziehende und drittens Ausländer. In Ostdeutschland ist die Armut in hohem Maße eine der Kinder und Jugendlichen; obgleich das Armutsrisiko für Kinder in Westdeutschland nicht ganz so krass ist, spricht man generell von einer „Infantilisierung der Armut". Dies wird dadurch verstärkt, dass unter den Alleinerziehenden in Ost und West die Quote der Arbeitslosen besonders hoch ist. Deutliche Mängel zeigen sich damit, so ist häufig schon kritisch angemerkt worden, im Familienlastenausgleich der gesamten Bundesrepublik; eine Neuausrichtung der Familien- und Kinderpolitik sei notwendig.

Eine große und schwierige Gruppe der Armen stellen diejenigen dar, die keine ausreichende Ausbildung haben, also keine allgemeinen Bildungsabschlüsse und Berufsabschlüsse. Ungelernte Arbeiter bilden im Westen schon lange ein besonders gefährdetes Potenzial. Die Daten zwischen Ost und West sind nur schwer vergleichbar, weil es im Osten kaum Jugendliche ohne Abschlüsse gab; der Wert der Abschlüsse war nach der Vereinigung aber oft fraglich geworden, weil die entsprechenden Berufe hier nicht zur Verfügung standen.

3.4 Soziale Ungleichheit: Klassen- und Schichtenstruktur

Bevor auf die konkrete Sozialstruktur der Bundesrepublik eingegangen werden kann, sind die Begriffe zu klären, die in den gängigen Beschreibungsmodellen verwendet werden: Ausgangspunkt für alle Ansätze war lange Zeit der – in der öffentlichen Diskussion bis heute präsente – Marx'sche *Klassenbegriff*, weshalb dieser kurz vorgestellt werden muss; eine grundlegende Erweiterung erfuhr er durch das *Schichtenmodell* von Theodor Geiger. Heute wird dieses vielfach von einem Konzept der *sozialen Milieus und Lebensstile* abgelöst, das die veränderte Realität besser darstelle. Auch befinde die Sozialstruktur selbst sich in Auflösung, so vor allem Ulrich Beck, weil sie dem Phänomen einer weitgehenden *Individualisierung* nicht gerecht werde, und könne deshalb nur begrenzt herangezogen werden, wenn die Gesellschaft zu charakterisieren sei. Hier soll

3. Gesellschaft und Gesellschaftsstrukturen

gleichwohl einem Schichtenmodell gefolgt werden, weil erstens damit eine Grundstruktur noch immer gefasst werden kann und weil zweitens nur darüber das Phänomen der sozialen Ungleichheit hinreichend präzise zu beschreiben ist.

In Absetzung vom Marx'schen Klassenbegriff – definiert über die Stellung des Einzelnen im Produktionsprozess, d. h. die Verfügung oder Nicht-Verfügung über die Produktionsmittel – hatte Theodor Geiger in dem kurz vor der Machtergreifung der Nationalsozialisten veröffentlichten Buch *Die soziale Schichtung des deutschen Volkes* den Begriff der *sozialen Schicht* entwickelt, der den Anspruch erhebt, differenzierter zu sein, also weitere Kriterien in das Beschreibungsmodell einbeziehen möchte.

Die Unterschiede sind vor allem folgende: Der *Klassenbegriff* orientiert sich an ökonomischen Bestimmungen und beugt sich zugleich der Konflikt- und Machtorientierung im Klassenkampf, folgt also einer deskriptiven – historisch-theoretischen – Ausrichtung und einem normativen – politisch-praktischen – Postulat; dies ergibt sich aus der geschichtsphilosophischen Herkunft und aus dem auf revolutionären Umbruch setzenden Anspruch. Der Ansatz unterstellt, dass ein politisch-soziales Phänomen erst begriffen sei, wenn es in einen praktischen Zusammenhang gestellt werde, und fügt sich damit in die anspruchsvolle Theorie-Praxis-Dialektik, wie sie bereits der frühe Marx entworfen hatte. Der *Schichtbegriff* hingegen will ein rein deskriptiver Begriff sein, der ein empirisches Phänomen möglichst genau und vor allem wertfrei fassen möchte; er ist weiter in der differenzierten Betrachtung seines Gegenstandes und enger durch den philosophisch bescheideneren Ansatz. Drei Kriterien stehen im Vordergrund, die jeweils die Zugehörigkeit zu einer Schicht begründen sollen:

1. *Klassen- und Soziallagen*: Sie sind durch mehrere Determinanten bestimmt; die Stellung zu den Produktionsmitteln, ähnliche Besitz- und Einkommensverhältnisse sowie ähnliche Berufe und Qualifikationen legen die Zugehörigkeit fest. Der Marx'sche Beschreibungsansatz ist hier noch recht nah.
2. *Prägungen durch die Kulturen*: Die besonderen Werte, Interessen, Verhaltensweisen, Ideologien etc. seien zu berücksichtigen; das Klassenbewusstsein wird damit durch eine Schichtenmentalität ergänzt, welche das alte proletarische Bewusstsein übersteigt, deutlich differenzierter ist und vor allem die Erfahrung verarbeitet, dass die Marxsche Prognose der Reduktion der sozialen Vielfalt auf nur zwei Klassen sich eben nicht bewahrheitet hat.

3. Gesellschaft und Gesellschaftsstrukturen

3. *Lebenschancen*: Die Möglichkeiten der Bildung und Ausbildung seien zu sehen, die Chance von Mobilität und Veränderung lege das Selbstverständnis fest; damit verschwindet die ausschließlich revolutionäre Ausrichtung und die Beschreibung erhält einen gesellschaftlich-immanenten Sinn. Veränderungen seien als Reformen zu realisieren, die den Bestand der bestehenden Gesellschaft nicht aufheben.

Das Schichtenmodell erlaubt eine weitaus größere Differenzierung. Zudem konstatiert Geiger, dass die Klassenkonflikte wegen der zunehmenden Differenzierung der Soziallagen und des wachsenden Wohlstandes abflauen und der revolutionäre Impuls sich tendenziell verloren habe. Deshalb sei ein Begriff, der durch seine geschichtsphilosophischen Implikationen so stark aufgeladen ist, analytisch ungeeignet; die wertfreie Beschreibung sei so nicht möglich. Insbesondere wenn er nach den sich eröffnenden Lebenschancen fragt, unterstellt er ein Fortbestehen der Gesellschaftsstrukturen als wünschenswert und nicht ihre Sprengung in der Revolution. Zweifellos war das neue Modell der Realität in höherem Maße adäquat und versprach größere Genauigkeit.

Heute wird das Schichtenmodell seinerseits kritisiert, etwa von Ulrich Beck in seinem Konzept der *Risikogesellschaft*, und zwar unter mehreren Gesichtspunkten. Die hierarchische Gliederung, die bei Geiger zumindest implizit noch vorhanden sei, trage nicht mehr, und auch die unterstellte Homogenität der Schichten sei nicht mehr gegeben. Das einzelne Individuum finde sich in einem Geflecht von Zuordnungen, die nicht in einem Kern gebündelt seien und auch nicht auf eine soziale Gruppierung verwiesen, die darüber eine Identität verspreche oder festlege. Daraus ergeben sich weitere Differenzierungen, wie sie nicht nur von Beck beobachtet, sondern allgemein von der empirischen Soziologie häufig hervorgehoben werden. Folgende Beobachtungen signalisieren eine Erosion der überlieferten Klassen und Schichten:

1. Die Vereinheitlichung der Lebensbedingungen habe einen allgemeinen Wohlstand herbeigeführt, der keine Klassengrenzen mehr kenne.
2. Die Auflösung der vertikalen Schichtung habe neue Formen von Ungleichheit produziert, die nicht in der Sozialstruktur begründet sei, sondern etwa durch Alter, Geschlecht, Familienzugehörigkeit; deshalb sei eine präzisere Beschreibung durch die Bestimmung von

3. Gesellschaft und Gesellschaftsstrukturen

Soziallagen oder *Milieus* sinnvoll, die nicht mehr an fest umrissene Personenkreise gebunden, sondern übergreifend zu fassen seien.
3. Die Auflösung schichttypischer Subkulturen durch die erhöhte soziale Mobilität, verbunden mit einem starken Individualisierungsschub, der den Einzelnen aus den rigiden Bindungen gelöst habe, erlaube es deshalb, von einer *Entschichtung* der Gesellschaft zu sprechen.
4. Die Pluralisierung und Individualisierung von Lebensmilieus, Lebensstilen und Lebenslagen führe zu einer *Ausdifferenzierung von Individuallagen*, welche die Lebensentwürfe der Einzelnen bestimme, weitgehend unabhängig von objektiven sozialen Faktoren. Die Entschichtung der Lebenswelt bedeute den Verlust der Determinationskraft der sozialen Gruppierung; die Schichtzugehörigkeit bestimme nicht mehr das Denken und Handeln der Menschen.
5. Die Pluralisierung der politischen Konfliktlinien hebe ihre alte Zuordnung zu den Klassen und Schichten auf; Konflikte ergeben sich aus neuen Konstellationen, die nicht mehr an soziale Schichten gebunden sind, z. B. aus den ethnischen Zugehörigkeit in multikulturellen Gesellschaften oder aus den Gegensätzen alt versus jung, Männer versus Frauen etc. Dem entspricht dann auch, dass die Parteien sich kaum noch als Vertretungen bestimmter sozialer Gruppen verstehen, vielmehr einen umfassenden Anspruch erheben.

Neben dem Ansatz der durchgehenden Pluralisierung und Individualisierung, der die Diffusion der zuvor vorhandenen Gliederungen unterstellt, wurden in der Soziologie Versuche unternommen, *soziale Lagen* zu beschreiben, anhand von *Lebensstilen* und *Milieus*, in welche die Einzelnen eingebettet seien bzw. welche sie freiwillig wählten. Diese gehorchen stärker kulturellen Vorgaben als ökonomischen Determinanten, bedeuten also eine andere Form der Zuordnung von Gruppe und Individuum. Das Moment der Determination, das in den älteren Entwürfen noch unterstellt wurde, wird so durch eine größere Freiheit ersetzt; doch darf auch gefragt werden, ob und inwieweit solche Freiheit ein Schein sei, der subkutane Determinationen bloß vertusche. Das muss keineswegs ideologiekritisch angeprangert und aufgearbeitet werden, denn solche Bindung kann bereits in der statistisch belegbaren Homogenität von Gruppen bestehen, die deskriptiv zu fassen ist. In soziologischen Analysen wird stets eine Vermittlung der Gruppenzugehörigkeit durch das Subjekt unterstellt; die Form solcher Vermittlung – die ja bereits im alten Klassenbewusstsein vorhanden war – könnte sich verändert haben und verdient gewiss die genauere Betrachtung. Sie

3. Gesellschaft und Gesellschaftsstrukturen

könnte über Veränderungen in diesem Bereich Aufschluss geben, über die Art und Weise also, wie Individualität und Gruppenzugehörigkeit aufeinander bezogen sind und wie Bindungen überhaupt hergestellt werden. Fraglos sind das überaus fruchtbare Ansätze, denen hier aber nicht gefolgt werden soll, weil das in eine soziologieinterne Debatte führt, die kaum die breite Öffentlichkeit erreicht hat; auch berührt das eine Mikrostruktur, die hier nicht behandelt werden kann. Allein das Konzept der *Erlebnisgesellschaft* von Gerhard Schulze (geb. 1944) wird neben der Individualisierungsthese von Beck im Schlusskapitel noch einmal aufgegriffen. Dann wird auch auf den Milieubegriff ein wenig genauer einzugehen sein.

Der Soziologe Rainer Geißler, dem eine präzise Beschreibung der gegenwärtigen deutschen Gesellschaft zu danken ist, hält den neueren Beschreibungsmodellen gegenüber zu Recht fest, dass die Entschichtung und Individualisierung zwar zu beobachten sei, aber die alten Schichten und Klassen weiterhin existierten, ebenso grundlegende soziale Konflikte, die aus der sozialen Ungleichheit resultierten. Deshalb könne auf eine Deskription der Schichten nicht verzichtet werden, wenn ein gesellschaftliches Gesamtbild entworfen werden solle. Die Auflösungstendenzen können nicht geleugnet werden, doch befinden wir uns in einer Situation des Übergangs, die noch zu keinem Ende gekommen ist und deshalb kein endgültiges Urteil erlaubt. Das Beharrungsvermögen der alten Strukturfestlegungen ist fraglos beträchtlich; auch sind die alten Strukturen in der Einschätzung der Gruppen untereinander durchaus noch vorhanden und begleiten das reale gesellschaftliche Miteinander. Relativ fest umrissene Bilder des Unternehmers oder Arbeiters oder Angestellten etwa prägen noch immer die Vorstellungen der Menschen und bestimmen ihr Verhalten. – Das Schichtenmodell jedoch muss einem grundsätzlichen Vorbehalt unterstellen werden: Das Modell dürfe nicht mit der Wirklichkeit selbst verwechselt werden, so die Rechtfertigung von Geißler, sondern sei als Orientierungsangebot zu begreifen, das die Diffusion zwar unterstellt, aber nur als Tendenz, der eine Beharrungstendenz entgegenstehe; werde das Modell als bloße Folie verstanden, welche es erlaube, eine äußerst vielfältige Realität etwas genauer zu sehen, so sei mit ihm sehr wohl zu arbeiten. Die Einschätzung leuchtet ein; der Vorbehalt, es gehe allein um ein Modell, dem auch andere an die Seite gestellt werden könnten, muss aber betont werden.

Das gewiss grobe Modell der sozialen Schichtung von Geißler – dem hier gefolgt werden soll, weil es in sich schlüssig ist und einen

3. Gesellschaft und Gesellschaftsstrukturen

guten Überblick gibt – geht von sechs Schichten aus, die unterschiedlich stark ausgeprägt und auf verschiedene Weise durchlässig sind. Das ältere Modell von Ralf Dahrendorf, das die Bundesrepublik der 1960er-Jahre beschrieb, hatte noch sieben Schichten angenommen; Geißler entwickelt seinen Aufriss als Fortschreibung des Ansatzes von Dahrendorf, entwirft die Schichtenzuordnung aber völlig neu (lässt also nicht etwa nur eine Gruppierung weg) und ist in der Binnendifferenzierung wesentlich genauer. Folgende Gruppierungen sind in seiner Darstellung von Bedeutung: *Eliten; Selbständige, bürgerlicher Mittelstand, Bauern; mittlere und obere Dienstleistungsschichten; Arbeiterschichten; Randschichten; Ausländer.* Ihnen ist im Einzelnen zu folgen.

Das Modell orientierte sich zunächst an der westdeutschen Gesellschaft der ausgehenden 1980er-Jahre, ist aber – in den neueren Auflagen des Buches – bis zum Jahr 2005 ausgezogen worden. Modelle von ganz Deutschland liegen noch nicht vor, weil die Verhältnisse in Ostdeutschland im Fluss sind und sich noch nicht stabilisiert haben. Die sozialen Strukturen, wie sie in der DDR entstanden waren, haben teilweise überlebt und sind gleichzeitig neuen Prägungen gewichen. Ostdeutschland müsste folglich – auch wenn es bereits beträchtliche Überschneidungen gibt – gesondert beschrieben werden, was bislang aber noch kaum geschehen ist, auch sehr schwierig sein dürfte, weil der Umbruch sich in schnellem Tempo vollzieht. Geissler geht auf die Schichtenstruktur der DDR zwar ein, kann aber nur eine flüchtige Skizze der neueren Entwicklung geben. Bei der weiteren Angleichung beider Teile mag das westdeutsche Modell zwar noch modifiziert werden, an seiner grundsätzlichen Dominanz aber dürfte kaum ein Zweifel bestehen. Die bereits bestehende Übereinstimmung in Ost und West geht im oberen Bereich der Gesellschaft recht weit; im mittleren und unteren Feld sind noch beträchtliche Unterschiede festzustellen, etwa in den Einstellungen und Mentalitäten. Hier soll vor allem die westliche Seite dargestellt werden. Das ist gewiss ein Manko und die Erwartung, die westlichen Seite werde sich durchsetzen, ein schwacher Trost, der die Lücke in der Darstellung nur notdürftig rechtfertigen kann. Zwei Beschreibungen aber, die nebeneinander zu stehen hätten, würden den Rahmen des Kompendiums sprengen.

Unter *Elite* versteht man traditionellerweise die Macht Ausübenden, also diejenigen, die relevante Führungspositionen innehaben und die zentralen Entscheidungen treffen. In Deutschland rechnet man dieser Elite die „oberen Dreitausend" zu; das sind unter

3. Gesellschaft und Gesellschaftsstrukturen

1 % der Bevölkerung. Macht wird von einer *Funktionselite* ausgeübt, ist also an bestimmte Positionen gebunden, innerhalb eines „politisch-wirtschaftlich-administrativ-kommunikativen Komplexes"; das Militär spielt dabei – im Gegensatz zu früheren Epochen in der deutschen Geschichte – eine untergeordnete Rolle, ebenso die Kirchen und die kulturellen Eliten. Will man diese Gruppe konkret benennen, so gehören zu ihr die Spitzen aus Politik, Wirtschaft, Verwaltung und Medien; dort werden die politisch und ökonomisch relevanten Entscheidungen getroffen. Man darf diese Einheit nicht mit einer geistigen oder moralischen Elite verwechseln, die eine Führerschaft für sich reklamieren und das kulturelle Klima bestimmen könnte oder gar das Denken festlegen wollte; allein die *Befugnis* zu Entscheidungen, die erhebliche Konsequenzen für Ökonomie und Gesellschaft haben, ist ausschlaggebend. Eine geistige Elite mit der Ambition der Führung in kulturellen und moralischen Angelegenheit existiert kaum, wie ja auch ein kultureller Mittelpunkt fehlt, der die Diskurse determinieren und so etwas wie Verbindlichkeit begründen könnte. Dazu sind die Brüche und Verwerfungen zu groß.

Weder geht die Elite aus einem Stand noch aus einer Klasse hervor, ist also nicht feudal oder bürgerlich-kapitalistisch bestimmt; sie wird allein funktional gebildet. Sie ist keine in sich geschlossene Kaste, kein Spiegelbild der Bevölkerung, sondern eine *Aufsteigerelite*; gleichwohl stammen 42 % der Angehörigen der Elite aus den benachbarten oberen Berufsgruppen, der Aufstieg von unten ist nach wie vor schwierig. Ein Universitätsstudium ist in der Regel die Voraussetzung; Arbeiter gibt es fast nur in der Gewerkschafts- und SPD-Führung. Elite ist immer noch weitgehend eine Männer-Angelegenheit; Frauen gehören selten dazu, auch wenn in den letzten Jahren ein Wandel eingesetzt hat. Sie ist eine Arbeitselite mit hohem Einkommen, doch nur eine kleine Minderheit der Reichen gehört dazu.

Unter dem Oberbegriff *Selbständige, bürgerlicher Mittelstand und Bauern* kann eine Gruppe zusammengefasst werden, die auf die bürgerliche Gesellschaft zurückverweist, weil sie Leitbilder vertritt, die dort von eminenter Bedeutung waren. Bürgerlichkeit definierte sich ja geradezu über Selbständigkeit. Der Begriff *alter Mittelstand* wird in der Regel als Synonym für Selbständige (Unternehmer, Handwerker, Händler, Bauern) verwendet; dagegen gelten die Angestellten und Beamten als *neuer Mittelstand*, der durch das Kriterium der ökonomischen Selbständigkeit gerade nicht

3. Gesellschaft und Gesellschaftsstrukturen

charakterisiert ist. Der Begriff des bürgerlichen Mittelstandes dagegen hält an dem zentralen Kriterium der Selbständigkeit fest.

Die ökonomisch *Selbständigen* machten in den 1980er-Jahren etwa 7 % der Erwerbstätigen aus; heute ist die Zahl auf über 10 % gestiegen; zwei der 10 % sind Ausländer, die in Deutschland ein mehr oder weniger großes Unternehmen betreiben. Hinter der Steigerung der Selbständigenzahl dürften sich vor allem die vielen Kleinstunternehmer verbergen, die in jüngster Zeit in die Selbständigkeit gedrängt worden sind, um so aus der Arbeitslosigkeit herauszufinden, mit welchem Erfolg immer. Weil feste Anstellungen nicht zur Verfügung stehen, flüchten sich nicht wenige – vom Staat finanziell unterstützt – in die „Ich-AG". Definiert ist der Selbständige allein durch die nicht-abhängige Arbeit. Der ältere Typus des Selbständigen, wie er aus der Handwerker- und Bauernschaft hervorgegangen ist, der in einem Familienbetrieb von mithelfenden Angehörigen unterstützt wird, geht mehr und mehr verloren, allenfalls unter den Bauern ist er noch zu finden. Dass unter dem Selbständigen sehr Unterschiedliches gefasst werden muss, ist offensichtlich, sowohl der Großunternehmer, der einen Riesenbetrieb unter sich haben kann, als der kleine Handwerksmeister oder Restaurantbesitzer, welche jeweils allein einen „Betrieb" führen, als auch der ganz auf sich gestellte Klavierlehrer oder der freischaffende Künstler; natürlich zählen der frei praktizierende Arzt, der Rechtsanwalt und der „freie Übersetzer" ebenso dazu.

Das Bild des Unternehmers ist stark durch den finanzstarken Großunternehmer geprägt. Dennoch nimmt der *Kleinunternehmer* eine wichtige politisch-wirtschaftliche Position ein; er kann sehr flexibel und effizient arbeiten und entwickelt ein hohes Innovationspotenzial, deshalb gewinnt er ökonomisch an Bedeutung und wird heute als *Mittelstand* hofiert, von dem man sich die Ankurbelung der Konjunktur erhofft. Heute arbeiten in den kleinen Unternehmen und Praxen mit bis zu 49 Beschäftigten etwa ein Drittel aller Erwerbstätigen; zusammen mit den mittleren Unternehmen bildet der Mittelstand etwa vier Fünftel aller Auszubildenden – *Azubis*, früher Lehrlinge – aus. In dem Maße, wie die alten Beschäftigungslagen sich verändern, könnte der neue kleine Selbständige an Bedeutung gewinnen. Dies ist eine Tendenz, von der alle Parteien sich Erfolge versprechen.

Die soziale Lage und Mentalität der Selbständigen ist naturgemäß sehr unterschiedlich, weil die Gruppe so heterogen ist. Charakteristisch ist die große Autonomie im Arbeitsleben und eine große

3. Gesellschaft und Gesellschaftsstrukturen

Leistungsbereitschaft, ein hohes Einkommen bei den Erfolgreichen, im Durchschnitt über dem 2,2-Fachen des Durchschnittseinkommens, was aber gerade hier wenig besagt, weil die Einkommen beträchtlich schwanken, von sehr hoch bis knapp über dem Existenzminimum. Diese untere Grenze betrifft immerhin 12 % der Selbständigen. Innerhalb der Gruppe gibt es eine hohe Fluktuation; die Übernahme des elterlichen Betriebes, die früher die Regel war, ist heute eher die Ausnahme.

Die *Bauern* bilden eine immer kleiner werdende Gruppe. 1900 zählte ein Drittel der Erwerbstätigen dazu, 1950 noch ein Viertel, heute nur noch knapp 3 % der Bevölkerung; die Zahl der Vollerwerbstätigen beträgt gar nur ein Prozent. Den Hintergrund dazu bildet die grundlegende Umstrukturierung der Landwirtschaft: Seit den 1950er-Jahren verdoppelte sich der Ertrag pro Hektar, und die Produktivität pro Arbeitskraft stieg um ein Mehrfaches. Eine kontinuierliche Schrumpfung der Betriebe ist zu beobachten: 1949 gab es 1 644 000 Betriebe, 2003 noch 364 000, davon allerdings nur 166 000 Vollerwerbsbetriebe; den Rest bilden Kleinstbetriebe, die nur für den Nebenerwerb arbeiten. Heute ist der typische Betrieb ein kleiner oder mittlerer Bauernhof, der vom Besitzer und ein bis zwei Familienangehörigen bewirtschaftet wird. Die Einkommenssituation der Bauern ist häufig angespannt: Zwar gibt es große Vermögenswerte, durch den umfangreichen Grundbesitz, aber nur geringe Einkünfte; das Durchschnittseinkommen der Landwirte liegt unter dem der Gesamtbevölkerung, auch wenn es bei einigen großen Betrieben ansehnliche Gewinne gibt. Die noch immer vorindustrielle Produktionsweise – trotz Technik und Mechanisierung – hat ihre Entsprechung in der bäuerlichen Familienstruktur – die Mehr-Generationen-Familie ist hier besonders häufig zu finden – mit viel Arbeit und nicht selten dem Verzicht auf Urlaub.

Die *Wertorientierung* der Bauern ist sehr häufig konservativ, auch religiös bestimmt, wie in keiner anderen Bevölkerungsgruppe; drei Viertel der Bauern steht parteipolitisch der CDU/CSU nahe. Die extreme Einkommenssituation führt immer wieder zu einer großen Unzufriedenheit – „passive Resignation" –, aber nicht zu einer Anfälligkeit gegenüber politischen Extremen (während des Nationalsozialismus war eine Nähe in manchen Gegenden von Bedeutung). In der Öffentlichkeit entsteht ein widersprüchliches Bild von den Bauern: Zum einen gelten sie als Nutznießer von Zuschüssen, gewährt vor allem von der EU, die zudem von der Produktion von Überschüssen leben, und zum anderen sind sie noch

3. Gesellschaft und Gesellschaftsstrukturen

immer der Inbegriff von Kontinuität und Stabilität. Trotz dieser Wertschätzung existiert in der Öffentlichkeit eine latente „Bauernfeindlichkeit" – vor allem wegen der Massentierhaltung und dem Einsatz von Pflanzenschutzmitteln –, die auf die Bauern selbst zurückschlägt. Sie finden nur schwer eine feste Rolle in der modernen Industriegesellschaft oder gar in einer postindustriellen Gesellschaft; davon zeugt die große Landflucht, vielfach übernehmen die Söhne den väterlichen Betrieb allenfalls ungern.

Typisch für die *Dienstleistungsschichten* ist der *tertiäre* Sektor der Dienstleistungen gegenüber dem *primären* der Produktgewinnung (Landwirtschaft) und dem *sekundären* der Produktverarbeitung (Industrie und Handwerk). Die *Dienstleistungsgesellschaft* ist mittlerweile zum Charakteristikum der modernen Gesellschaft geworden, denn dieser Sektor nimmt gegenüber den beiden anderen immer mehr zu; die Agrargesellschaft hatte sich – so lautet eine bekannte These – zur Industriegesellschaft gewandelt, und diese wiederum zur postindustriellen Dienstleistungsgesellschaft. 1882 waren 43 % der Bevölkerung im primären Sektor beschäftigt, 34 % im sekundären und 23 % im tertiären Sektor. Bereits 1925 hat sich das wie folgt verschoben: 31 % arbeiteten im primären Sektor, 41 % im sekundären Sektor und 28 % im tertiären; 1970 sind 9 % im primären Bereich beschäftigt, 49 % im sekundären und 42 % im tertiären Bereich. 2004 waren in der Bundesrepublik gut 2 % der Beschäftigten im primären Bereich tätig, 31 % im sekundären und 67 % im tertiären Bereich. Ein immer noch steigender Bedarf scheint hier zu vorzuliegen, und eine *Tertiärisierung des sekundären Bereichs* durch Verwissenschaftlichung, durch die Informationsgesellschaft generell, kann als Grundtendenz festgehalten werden. Immer größere Bereiche in der industriellen Produktion nehmen den Charakter der Dienstleistung an und können deshalb ausgelagert werden. Die Zunahme der Zuliefererindustrie ist ein Indiz dafür. Gleichzeitig verlagert sich die Nachfrage; und folglich entstammt eine immer größere Gruppe von nachgefragten Gütern und Leistungen dem tertiären Bereich. Dass die Zukunft der Produktion in diesem Bereich liegt, wird vielfach betont; doch gibt es auch Gegenstimmen, die sagen, diese Entwicklung sei an ihr Ende gekommen und ein erneuter Wandel zu beobachten bzw. anzustreben.

Der typische Vertreter der Dienstleistungsgesellschaft ist der Angestellte. Von Bedeutung ist er seit der Jahrhundertwende vom 19. zum 20. Jahrhundert; 1925 waren 12 % der Erwerbstätigen Angestellte, 1950 16 %, 1974 33 %. 2003 war gut die Hälfte aller Erwerbs-

3. Gesellschaft und Gesellschaftsstrukturen

tätigen als Angestellte beschäftigt, gegenüber einem knappen Drittel von Arbeitern. – Früher war er von den Arbeitern durch arbeits- und sozialrechtliche Privilegien – Monatslohn statt Stundenlohn, längerer Urlaub, besserer Kündigungsschutz etc. – abgehoben; heute sind beide nahezu gleichgestellt. Doch die bessere Bezahlung erhält nach wie vor der Angestellte, denn seine Arbeit verlangt in der Regel eine höhere Qualifikation. Drei Bereiche sind für ihn typisch: Kaufmännische, technische und Verwaltungsberufe bestimmen das Bild. Beschäftigt wird er in allen Bereichen der Wirtschaft und auch des Staates. 2002 waren 48 % aller Beschäftigten im Staatsdienst Angestellte, diese aber stellten nur 10 % der Angestellten insgesamt dar. Auch diese Ausweitung der Angestellten im gesamten Wirtschaftsbereich ist ein Zeichen der Tertiärisierung des sekundären Bereichs.

Insgesamt sind die Angestellten eine sehr schwer zu beschreibende Gruppe, weil ihr die innere Homogenität fehlt; deshalb ist die Differenzierung in zwei bzw. drei Gruppen sinnvoll:

1. Die *ausführende Dienstleistungsschicht* bildet statusmäßig den unteren Teil der Gruppe und ist den Arbeitern am ähnlichsten; dazu zählen etwa der Kellner, der Briefträger oder die Verkäuferin; ihre Tätigkeit beschränkt sich auf die Ausführung bestimmter Aufgaben, verlangt aber keine große Verantwortung oder Selbständigkeit. Ihr gehörten 2002 ca. 9 % der Bevölkerung an, davon ein Drittel ohne Ausbildung; kaum ist eine eigene Mentalität auszumachen. Zu dieser Schicht werden meist auch die Beamten des einfachen Dienstes gerechnet, deren Zahl aber beständig abnimmt; im Jahr 2002 waren das noch 3 % aller Beamten.
2. Zur *mittleren und oberen Dienstleistungsschicht* sind zwei Drittel aller Angestellten sowie die meisten Beamten zu zählen, insgesamt über 40 % der Bevölkerung, doch ist sie wiederum sehr heterogen, weshalb zwei Untergruppierungen genannt seien:
   a. *Mittlere und leitende Angestellte*: Diese sind deutlich besser qualifiziert als die ausführende Dienstleistungsschicht, haben entsprechend verantwortungsvoller und selbständiger zu arbeiten; sie erhalten ein höheres Entgelt und genießen mehr Ansehen. Hier kann eine eigene Mentalität festgestellt werden, angesiedelt zwischen Mitte und Oberschicht, geprägt durch die Absetzung von der Arbeiterschaft, mitunter pointiert antiproletarisch. Vor allem in der ersten Hälfte des 20. Jahrhunderts war dies ausgeprägt; zugleich verfügt die Gruppierung über ein geringes Kollektivbewusstsein und ist – so eine Tendenz, die natür-

3. Gesellschaft und Gesellschaftsstrukturen

lich Ausnahmen kennt – den Gewerkschaften nicht freundlich gesonnen, stattdessen huldigt man einem – wie immer scheinbaren – Individualismus und fühlt sich den Unternehmern und Chefs näher. Die antiproletarische Einstellung führte nicht ganz selten zu einer Neigung gegenüber rechten Ideologien; so spielten die Angestellten eine wichtige Rolle beim Aufstieg des Nationalsozialismus.

b. *Mittlere und höhere Beamte*: Eine hohe Qualifikation ist die Voraussetzung ihrer Beschäftigung; entsprechend großzügig sind auch die Gehälter, zwar sehr deutlich unter den Spitzengehältern der privaten Wirtschaft, aber wiederum deutlich über denen der Arbeiterhaushalte – im Jahr 2002 im Schnitt 38 % darüber – und über denen der Angestellten, ca. 22 %. Die interne Diversifikation ist wiederum groß; zwei Gruppen seien neben den Verwaltungsbeamten besonders genannt: Die Richter und Staatsanwälte sind eine den Beamten sehr ähnliche Gruppe, doch gibt es Unterschiede in der Besoldung und ihm Status, etwa in der Stellung des unabhängigen Richters; und ebenso spielt die umfangreiche Gruppe der Lehrer und Hochschullehrer eine besondere Rolle. Die Tradition einer konservativen Beamtenschaft und Treue gegenüber dem Staat ist von großer Bedeutung, wenn auch sicherlich sehr unterschiedlich etwa bei Verwaltungsbeamten und Juristen einerseits und in Schule und Hochschule andererseits; die gesicherte soziale Sonderstellung mit einer Reihe von Privilegien (Arbeitsplatzgarantie, günstige Sozialversicherung, gute Einkommen) prägt die Haltungen und Einstellungen. Einen Hintergrund für diese Gruppierung bildete das Wachstum des *öffentlichen Dienstes* mit einer Aufgabenerweiterung seit den 1970er-Jahren; mittlerweile ist die Entwicklung wieder rückläufig. Gehalten hat sich der Trend, den einfachen und mittleren Dienst aus dem Bereich auszugliedern und den höheren und gehobenen Dienst auszuweiten, natürlich versehen mit den entsprechenden Aufgaben; 1960 etwa gehörte ein Drittel der Beamten den höheren Rängen an, 2002 mehr als zwei Drittel. Der größte Teil der Beamten – ca. 54 % – ist mit so genannten hoheitlichen Aufgaben betraut; die zweite große Gruppe – ca. 38 % – gehört in den Bereich Bildung und Wissenschaft. – Die Mentalität ist nachhaltig durch den „Dienst" bestimmt, das Beamtenethos, das noch immer in einer – guten – preußischen Tradition Pflichterfüllung kennt und die Unterordnung der persönlichen Belange unter die Sache verlangt. Kehrseite dessen ist der faule Beamte, der seinen Büroschlaf genießt und sich auf seiner Unkündbarkeit ausruht. Beide Bilder sind bis heute in der Öffent-

3. Gesellschaft und Gesellschaftsstrukturen

lichkeit präsent. Die Bereitschaft, sich politisch zu engagieren, ist relativ groß, auch ist die Gelegenheit dazu gegeben, durch die Möglichkeit der Freistellung für einen längeren Zeitraum, also mit Rückkehr in die alte Position, wenn man etwa ein Mandat im Parlament inne hatte.

Seit Anfang der 1950er-Jahre wird immer wieder die These vertreten, die *Arbeiterschaft* habe sich verflüchtigt, es gebe kein proletarisches Bewusstsein mehr. Dagegen richtet sich aber auch heftiger Widerspruch, der in zwei gegenläufigen Thesen vorgetragen wird: Die Existenz der Arbeiterschaft sei nicht an das entsprechende Bewusstsein gebunden, lautet die eine These, ein proletarisches Bewusstsein sei vorhanden, wenn auch in veränderter Gestalt, die Gegenthese. Es gebe weiterhin ein „proletarisches" Verhalten, das zwar nicht mehr in der Opposition zur bürgerlichen Welt bestehe, aber durchaus an bestimmten Merkmalen erkennbar sei, etwa der Kleidung – Trainingsanzug und Netzhemd – des Konsums oder der Massenunterhaltung, etwa im „Unterschichten-Fernsehen" der privaten Sender. Das Verhalten der kritischen – bildungsbürgerlichen – Intelligenz gegenüber diesen Haltungen schwankt zwischen Verachtung und Mitleid; doch sind auch Töne zu vernehmen, die eine Bedrohung artikulieren. Die Furcht – nicht mehr vor der Revolution, aber vor einer Vulgarisierung der Gesellschaft – klingt im kultur- und sozialkritischen Disput immer wieder an.

Der Anteil der Arbeiterschaft an der Gesamtbevölkerung hat sich fraglos drastisch verändert: Um 1900 konnten ca. 58 % der Bevölkerung der Arbeiterschaft zugerechnet werden (wenn man die Marxsche Definition zugrunde legte), seit den 1920er-Jahren ca. 50 %, welcher Stand bis in die 1960er-Jahre gehalten wurde; heute ist der Anteil der Arbeiter an der Gesamtbevölkerung auf ca. 31 % gesunken. Lange Zeit war das Bild des Arbeiters durch die ökonomisch-soziale Lage im 19. Jahrhundert geprägt, doch hat es seitdem deutliche Verbesserungen gegeben. Im 19. Jahrhundert war die Situation gewiss unmenschlich, häufig mit grauenhaften Wohnverhältnissen, Arbeitszeiten von zwölf Stunden und mehr, Sonntagsarbeit, auch Kinderarbeit und insgesamt eine unerträglich niedrige Entlohnung. Eine gewisse Entspannung der Lage ergab sich bereits seit den 1890er-Jahren, zumindest gab es seitdem keine Hungersnot mehr. Doch die Stellung der Arbeiter wurde erst im Weimarer Sozialstaat nachhaltig verbessert, aber auch dort war – insbesondere während der Weltwirtschaftskrise am Ende der 1920er-Jahre – noch

3. Gesellschaft und Gesellschaftsstrukturen

erhebliche Not zu verzeichnen. Nach 1945 ist eine deutliche Verbesserung der Situation der Arbeiter zu verzeichnen, durch die Teilhabe am allgemeinen Wohlstand, auch durch die Dynamisierung der Renten im Jahr 1957, sowie durch die Gleichstellung von Arbeitern und Angestellten bei der Lohnfortzahlung im Krankheitsfall ab 1969 und durch die Einführung der flexiblen Altersgrenze im Jahr 1972. Diese Verbesserung der Lage erst gestattet die Vorstellung einer „Auflösung" der alten Arbeiterschaft.

Eine fortlaufende Verkürzung der Arbeitszeit kann festgehalten werden, von 48 Stunden an sechs Arbeitstagen nach 1945 auf 45 ab 1957, dann ab den 1970er-Jahren auf 40 Stunden an fünf Arbeitstagen, seit den 1980er-Jahren auf unter 40 Stunden. 2003 wurden im Durchschnitt etwa 38 Stunden gearbeitet. Heute ist eine gegenläufige Tendenz zu beobachten bzw. wird als notwendig propagiert, um die Leistungskraft der Wirtschaft aufrecht zu erhalten und die Sozialsysteme zu sichern.

Zweifellos kann man eine *Entproletarisierung* des Lebensstils beobachten, gemessen an den seit dem 19. Jahrhundert eingeübten Verhaltensweisen, damit auch eine Auflösung der alten Arbeiterkultur – spätestens seit den 1960er-Jahren –, mit der Teilhabe der Arbeiter an mittelständischer Kultur und Wohlstand. Die Massenkultur wird von Arbeiterschaft und Mittelstand in gleichem Maße konsumiert; auch dies ist ein wichtiger Aspekt der Angleichung. Kritiker sprechen, wie oben angedeutet, von diesem Prozess als von einer Proletarisierung des Geschmacks, die sich breitenwirksam durchgesetzt habe und eine generelle Nivellierung darstelle. Seit dem Anschluss an die Mittelschichten veränderte sich auch das Selbstverständnis: Der alte Minderwertigkeitskomplex konnte nahezu vollständig abgebaut werden und ebenso das daraus resultierende revolutionäre Bewusstsein, das gewiss als Kompensation einer tief empfundenen Wertlosigkeit eine Funktion hatte. Stattdessen bildete sich ein neues Selbstwertgefühl in der nivellierten Mittelstandsgesellschaft. Dennoch bleibt auch heute noch ein Gefühl der Zugehörigkeit zur „Arbeiterschicht" bei ca. 60 % der Arbeiter erhalten. – Die nicht zu leugnende Angleichung hat gleichwohl nur partiell stattgefunden: Meist verrichten die Arbeiter die deutlich schwerere Arbeit als die Angestellten; sie sind stärker negativen Umwelteinflüssen ausgesetzt, auch größeren gesundheitlichen Risiken. Heute dürfte dies zurückgehen, weil die Auflagen für die Ausgestaltung der Arbeitsplätze die Arbeitsbedingungen deutlich verbessert haben; auch haben die eintönigsten und schlimmsten Arbeiten vielfach

3. Gesellschaft und Gesellschaftsstrukturen

die Roboter und Maschinen übernommen. Noch 1979 gingen 57 % der Arbeiter aus Gesundheitsgründen früher in Rente, also vor dem 65. Lebensjahr, bei den Angestellten waren dies nur 33 %; 17 % der Arbeiter wurden vor dem 50. Lebensjahr berufsunfähig gegenüber 9 % der Angestellten. Auch die Angleichung der Einkommen hat nur partiell stattgefunden: Noch in den 1980er-Jahren lagen die Pro-Kopf-Haushaltseinnahmen der Arbeiterhaushalte deutlich unter dem unteren Drittel der Angestelltenhaushalte. – Ebenso wurden die Bildungschancen, die es zweifellos gab und gibt, längst nicht so wahrgenommen, wie zu erwarten wäre: Arbeiterkinder bleiben nach wie vor sehr häufig in ihrem Milieu, sowohl beruflich als auch in den Ehen, die geschlossen werden. Die Chancen, aus ihrer Schicht in eine andere zu wechseln, wird relativ selten wahrgenommen.

Die Arbeiterschicht ist zweifellos in sich stark differenziert: Unterschiede existieren sowohl im Einkommen als auch in den Arbeits- und Lebensbedingungen. Eine Aufteilung in *drei* Gruppen hat sich als sinnvoll erwiesen: eine Arbeiterelite der Meister und Vorarbeiter, eine Gruppe der Facharbeiter und eine der Ungelernten und Angelernten. Um das Jahr 2000 lebten 2 % der westdeutschen Bevölkerung des Bundesgebietes in Familien der Arbeiterelite, 14 % in Facharbeiterfamilien und 12 % in Familien von Ungelernten oder Angelernten.

1. *Arbeiterelite* (ca. 2 % der Bevölkerung): Sie verfügt über eine deutlich bessere Qualifikation, etwas höhere Einkommen, sicherere Arbeitsplätze; dem entspricht dann eine mentale Mittelschichtenorientierung, verbunden nicht selten mit einem sozialen Aufstieg der Kinder, auch durch den entsprechenden Schulbesuch, etwa des Gymnasiums. Einerseits ist diese Gruppierung einem Schrumpfungsprozess unterworfen – noch in den 1980er-Jahren rechnete man ihr 12 % der Bevölkerung zu –, andererseits dürfte sie von nicht zu unterschätzender Bedeutung sein; große Teile der früheren Arbeiterelite sind heute der mittleren Dienstleistungsschicht zuzurechnen. Die Schrumpfung ist demnach ein Indiz der generellen Weiterentwicklung der Gesellschaft zur Dienstleistungsgesellschaft.
2. *Facharbeiter* (ca. 14 % der deutschen Bevölkerung; dazu kommen noch 2 % an ausländischen Facharbeitern): Sie bilden die traditionelle Arbeiterschaft mit einem relativ großen Beharrungsvermögen, sowohl am Arbeitsplatz als auch im sozialen Umfeld; sowohl der Aufstieg in bessere berufliche Positionen wie der Wechsel in andere soziale Schichten ist selten. Aber auch diese Schicht ist in der Dienst-

3. Gesellschaft und Gesellschaftsstrukturen

leistungsgesellschaft angekommen; die alte proletarische Opposition zur Gesellschaft ist kaum noch anzutreffen.

3. *Ungelernte und angelernte Arbeiter* (ca. 12 % der deutschen Bevölkerung; dazu kommen noch 6 % an ausländischen ungelernten Arbeitern): Sie stellen eine eigene Schicht dar, die der Gefahr der Ausgrenzung unterliegt; sie haben die schwerste und dreckigste Arbeit zu übernehmen, haben eine sehr geringe Selbständigkeit, unterliegen einer ständigen Kontrolle; tendenziell wird diese Gruppe immer kleiner, weil die Arbeitsplätze wegrationalisiert werden. Besonders groß ist die Zahl der Frauen; sie haben häufig den Aufstieg und die bessere Ausbildung nicht geschafft und bleiben dem traditionellen Rollenverhalten verhaftet. Verstärkt wird dies durch die Situation in der Familie; erwartet wurde bis weit in die 1970er-Jahre die Hausfrauen- und Mutterrolle, die durch Berufsausbildung oder -ausübung nicht gestört werden durfte. Die Gruppe insgesamt ist am stärksten von Arbeitslosigkeit bedroht; nur ein sehr kleiner Teil daraus schafft den sozialen Aufstieg; der Anteil der gesundheitlichen Schädigungen, physisch und psychisch, ist – oder war – sehr hoch; die Bildungs- und Mobilitätschancen werden kaum wahrgenommen; damit einher geht die Verhärtung der entsprechenden Mentalitäten.

Die *Randschichten* bilden eine schwer zu beschreibende Gruppe, die sehr heterogen ist und kein Gruppenbewusstsein entwickelt; allenfalls als Arme, Obdachlose und Langzeitarbeitslose sind sie zu charakterisieren; diesen Randgruppen verwandt ist eine – nur langsam schrumpfende – Mehrheit der Ausländer. Ihr gehören etwa 5–6 % der Gesamtbevölkerung an.

Die Rede von der Zwei-Drittel-Gesellschaft, die in der Öffentlichkeit häufig zu hören ist, ist sicherlich falsch. Die Zahl der Ausgegrenzten wird damit unzutreffend benannt, genauer wäre wahrscheinlich eine 80 %- oder 90 %-Gesellschaft, wobei bereits die sichtbar Gefährdeten mitgezählt werden. Die Außenseiter- oder Randschicht von 5–6 % wird zunehmend ergänzt durch die dauerhaft Arbeitslosen, die ihr zugehören, sobald sie aus den Segnungen des sozialen Netzes herausfallen bzw. auf dem untersten Level angekommen sind. Die Gefahr, in dieser Gruppe bleiben zu müssen, nimmt gewiss zu, wenn man sich ihr erst genähert hat, gerade aufgrund einer langfristigen Arbeitslosigkeit. Unterschiede gibt es dabei sicherlich in Ost- und Westdeutschland; in Ostdeutschland ist die Bedrohung noch immer wesentlich größer. Dennoch bleibt das ein zentrales gesamtdeutsches Problem.

3. Gesellschaft und Gesellschaftsstrukturen

Von den Randgruppen unterscheiden sollte man eine Gruppe, die soziologisch sehr schwer zufassen ist, das seit kurzer Zeit sogenannte *Prekariat*. Gemeint sind damit diejenigen, die in prekären Verhältnissen leben, also keine festen Arbeitsverhältnisse haben, diese vielleicht auch nicht haben wollen. Sehr häufig werden damit junge Menschen bezeichnet, die einen Berufsabschluss erreicht haben, nicht selten auch den universitären Abschluss, aber keinen Job finden oder finden wollen, sondern etwa als Praktikanten arbeiten oder in eine wie immer hoffnungslose Selbständigkeit ausweichen. In die bisherigen Raster passt das neue Phänomen nicht. Nicht selten findet man hier eine lange – mitunter gesuchte – Abhängigkeit von den Eltern, auch auf finanzieller Ebene. Zu der Gruppe gibt es noch keine empirischen Erhebungen, als Zeiterscheinung ist sie interessant, weil sie – auch mit dem Namen – auf eine offene Wunde der Gesellschaft verweist.

Im Jahr 2004 lebten noch etwa 7,3 Millionen *Ausländer* in der Bundesrepublik; das sind ca. 9 % der Gesamtbevölkerung; im Jahr 2005 ist die Zahl auf 6,7 Millionen zurückgegangen – aus welchen Gründen immer –, was einem Anteil von 8,1 % an der Wohnbevölkerung entspricht. Die Zahlen sind denen in Frankreich vergleichbar; in Belgien, Österreich und der Schweiz sind sie höher, im sonstigen Europa liegen sie meist darunter. Von den Ausländern leben 97,5 % in Westdeutschland, 2,5 % in Ostdeutschland. Die zahlenmäßig wichtigsten Hauptgruppen sind im Jahr 2004 mit ca. 1,7 Millionen die Türken, mit ca. 550 000 die Italiener, mit ca. 500 000 die Jugoslawen sowie mit ca. 310 000 die Griechen.

Zunächst – in den 1960er-Jahren – war gedacht, dass die „Gastarbeiter" nur für eine jeweils kurze Zeit als „Gäste" da sein sollten und allenfalls in einem rotierenden Verfahren ersetzt werden sollten; das war zum einen gewiss nicht sehr freundlich und zum anderen nicht realistisch. Heute sind viele als ständige „ausländische Arbeitnehmer" da. Die Terminologie in diesem Feld ist schwankend und verrät eine Unsicherheit gegenüber dem Phänomen selbst, zumal der Status der Einzelnen ja höchst unterschiedlich ist. Mittlerweile ist die Bezeichnung „Ausländer" zur gängigen Redeweise geworden, die sich auch in vielen Komposita niederschlägt wie Ausländergesetz, Ausländerpolitik etc. 1988 lebte bereits 43 % länger als 15 Jahre in der Bundesrepublik; natürlich impliziert dies auch einen hohen Anteil hier geborener Kinder; 2004 waren bereits knapp 70 % der in Deutschland lebenden ausländischen Kinder und

3. Gesellschaft und Gesellschaftsstrukturen

Jugendlichen hier geboren. Auch die demographische Struktur hat sich verändert. Anfangs kamen hauptsächlich alleinstehende Männer im mittleren Lebensalter; heute sind auch unter den Ausländern „normale" Familienstrukturen die Regel, mit einem größeren Anteil von Jugendlichen, Kindern und auch älteren Menschen. Neben den „Gastarbeitern", die bis zum Anwerbestop nach Deutschland kamen, spielten die Flüchtlinge, Asylbewerber und Asylberechtigten seit den 1980er-Jahren eine große Rolle. Die Zahl der Asylsuchenden stieg zu Beginn der 1990er-Jahre auf über 400 000 an, um nach der Einschränkung des Asylverfahrens im Jahr 1997 auf 130 000 zu sinken. Wer aus sogenannten „sicheren Herkunftsstaaten" nach Deutschland kommt, hat kaum Chancen, als Asylberechtigter anerkannt zu werden. 1996 gehörte bereits ein Viertel aller Ausländer dieser Gruppe der Flüchtlinge und Asylbewerber an. Die Versuche, die Ausländer ins deutsche System zu integrieren, bereitet erhebliche Schwierigkeiten und stößt auf heftigen Widerstand; die Diskussion zu dem Thema ist keineswegs abgeschlossen, aber deutlich differenzierter geworden. Dass sich dahinter sehr vielfältige Probleme – kultureller, sozialer und ökonomischer Natur – verbergen, wird mittlerweile gesehen; auch dass die Lösungsansätze umfassend sein müssen, also nicht auf Vereinnahmung gerichtet sein dürfen, sondern gerade den Deutschen Toleranz abverlangen, wird heute anerkannt. – Zwar war Deutschland de facto seit den 1960er-Jahren ein Einwanderungsland, doch zunächst eines „wider Willen"; seit kurzem wird der Status als Einwanderungsland akzeptiert und im Jahr 2005 konnte ein erstes Zuwanderungsgesetz in Kraft gesetzt werden. Allmählich wandelt sich die bisherige „Ausländerpolitik" in eine „Migrations- und Integrationspolitik"; dahinter verbirgt sich ein grundsätzlicher anderer Ansatz gegenüber den Jahren zuvor.

Grundsätzlich haben die Ausländer einen minderen Rechtsstatus: Das Recht auf politische Teilnahme ist ihnen auf fast allen Ebenen verwehrt, doch unterscheiden sich auch hier die einzelnen Gruppen. Die Stellung der EU-Bürger ist deutlich besser als die der Nicht-EU-Bürger. Die generell große Unsicherheit in Bezug auf die dauernde Arbeitsplatz- und Aufenthaltsgenehmigung verstärkt nicht gerade das Selbstwertgefühl. Für Nicht-EU-Bürger sieht die gültige Regelung vor, dass erst nach fünf Jahren Aufenthalt eine unbefristete Aufenthaltsgenehmigung erteilt wird.

In der sozialen Hierarchie stehen die Ausländer meist auf den unteren Ebenen: 52 % lebten 2000 in Haushalten von un- und angel-

3. Gesellschaft und Gesellschaftsstrukturen

ernten Arbeitern; 16 % sind Facharbeiter; 20 % gehören den Dienstleistungsmittelschichten an; der Weg in die Selbständigkeit wird nicht selten gesucht, vor allem in der Gastronomie; knapp 10 % haben den Weg in die Selbständigkeit gefunden. Meist aber sind sie in Bereichen eingesetzt, die besonders gefährdet sind, etwa als Ungelernte; die Arbeitslosigkeit unter ihnen ist deutlich höher als unter den Deutschen. Daraus ergibt sich auch eine erschreckende Zahl: Der Anteil derjenigen, die keine abgeschlossene Ausbildung haben, lag 2003 bei den ausländischen Arbeitslosen bei gut 75 %, während der Anteil der gleichen Gruppe bei den deutschen Arbeitslosen bei knapp 29 % lag. Die Einkommen waren im Durchschnitt um 22 % niedriger als die der Deutschen, häufig sind sie auf Sozialhilfe angewiesen. Häufig auch leben sie in schlechteren Wohnungen und Wohngegenden als die Deutschen; dies führt nicht selten zur Ghetto-Bildung. Die Bildungschancen der Kinder sind meist schlecht, auch wenn sich die Situation in den letzten Jahren erheblich verbessert hat. So haben mittlerweile die meisten Jugendlichen zumindest einen Hauptschulabschluss erreicht, aber 37 % von ihnen hatte 2004 keine berufliche Ausbildung abgeschlossen; bei der vergleichbaren Gruppe der Deutschen waren dies nur 11 %. Dennoch kann festgehalten werden, dass die zweite Generation die Chance zum Aufstieg vielfach auch genutzt hat.

Die ablehnende Haltung von vielen Deutschen – wenn nicht gar eine offene Ausländerfeindlichkeit – führt zu einer Isolation, die dann auch in eine Diskriminierung umschlagen kann. Am schwersten belastet sind dabei die Türken, aufgrund der kulturellen Unterschiede, der Rolle der Religion und der unterschiedlichen soziokulturellen Strukturen. Die Integration macht aber in der jüngeren Generation deutliche Fortschritte. – Zweifellos ist der Weg in die multikulturelle Gesellschaft bereits eingeschlagen worden; ob damit aber eine Akzeptanz verbunden ist und welche Folgen dies für das kulturelle Selbstverständnis haben wird, sind noch nicht eindeutig zu beantwortende Fragen. Die Richtung, die in eine multikulturelle Gesellschaft weist, können zwei Zahlen belegen: 1960 war nur in jeder 25. Ehe, die in Deutschland geschlossen wurde, ein Nicht-Deutscher beteiligt; 2004 hatte bereits bei jeder siebten Eheschließung zumindest einer der Partner keinen deutschen Pass. Und 1960 hatte nur 1,3 % aller Neugeborenen eine ausländische Mutter oder einen ausländischen Vater, bereits 1995 zählten zu dieser Kategorie 19,2 %.

3. Gesellschaft und Gesellschaftsstrukturen

Man hat die Zuwanderung der Ausländer in die westeuropäischen Länder etwas unfreundlich als „Unterschichtung" bezeichnet: Sie treten in die untersten Positionen der Sozialstruktur ein, haben deshalb – durch die Ausbildungsdefizite und die verminderten politischen und sozialen Teilnahmechancen – nur den Status von Randschichten. In dem Maße, wie die multikulturelle Gesellschaft Realität wird – mit einer Durchmischung auf allen gesellschaftlichen Ebenen und der Akzeptanz dieses Vorgangs –, mögen die Ausländer nicht mehr eine Randschicht darstellen, sondern können auf allen Ebenen gleichrangig gegenwärtig sein; dann wird die Sozialstruktur – und das Modell, in dem sie abzubilden ist – neu gefasst werden müssen. Heute gibt es zwar eine Präsenz von Ausländern auf verschiedenen Ebenen; das Gros ist aber noch immer auf der untersten Ebene angesiedelt.

Einen Problembereich eigener Art stellt die Frage der Mobilität dar: Wie gelingt der Übergang von einer Schicht in die andere? Welchen Bedingungen unterliegt ein solcher Wechsel? Und in welchem Umfang spielt er in der Gesellschaft eine Rolle? Keine Frage ist, dass solche Mobilität erwünscht ist und die moderne Gesellschaft sich ausdrücklich als offen verstehen möchte. Mobilität spielte in älteren Gesellschaften kaum eine Rolle; in der alten Ständegesellschaft war sie nahezu ausgeschlossen. In der bürgerlichen Gesellschaft gilt sie als Indiz von Modernität. Lange Zeit gab es im sozialen Gefüge Deutschlands nur geringe Verschiebungen, auch weil die überlieferten Strukturen eine beträchtliche Beharrungskraft zeigten. Bereits nach 1918 setzten sich Veränderungen durch, und einen großen Mobilitätszuwachs erfuhr die Gesellschaft dann unter dem Nationalsozialismus, weshalb von einer „sozialen Modernisierung" gesprochen worden ist, welche das Dritte Reich bewirkt habe. Vielfach geschah das unfreiwillig, und gewiss war der Modernitätsschub nicht das erklärte Ziel der Nationalsozialisten. Erneut sind deutliche Mobilitätszunahmen seit den 1960er-Jahren zu verzeichnen; der Bruch, der in den 1960er-Jahren einsetzte und in den 1970er-Jahren zu einem kulturellen und sozialen Wandel führte, bedeutete auch eine erkennbare Umstrukturierung der Gesellschaft. Die Gesellschaft verlangt seitdem immer stärkere berufliche Qualifikationen; dies impliziert einen Zwang zur Orientierung nach „oben", will man nicht allzu schnell in die Unterschichten absinken. Soziale Mobilität wird so auch durch die Dominanz der relativ offenen Bildungsschichten, etwa der Angestellten und Beamten, über die geschlossenen Besitzschichten gefördert; denn die Verpflichtung

3. Gesellschaft und Gesellschaftsstrukturen

auf Bildung und Ausbildung öffnet die Sozialstruktur und stützt eine generelle Offenheit.

Einige generelle Tendenzen in der sozialen Mobilität können festgehalten werden: Die Kinder aus den unteren Dienstleistungsschichten bleiben in der Regel dort, sie können durch die entsprechende Ausbildung zwar gegen den Abstieg gesichert werden, verpassen aber häufig den Aufstieg; die Aufstiegschancen der Arbeiterkinder sind – statistisch gesehen – meist sehr begrenzt; ca. zwei Drittel der Arbeiterkinder werden wieder Arbeiter. Ähnlich schlecht sind die Aufstiegschancen der Bauernkinder; da der Bauernstand insgesamt schrumpft, wechseln die Angehörigen in die anderen Schichten, meist zu den Arbeitern. Der Stand selbst ist fest geschlossen: 93 % der Bauern sind Söhne von Bauern. – Erstaunlich niedrig ist die Selbstrekrutierungsquote bei den Selbständigen: sie liegt bei nur 38 %.; die Schicht ist offen für Zugänge aus allen Bereichen.

Ein eigenes, dem Mobilitätsgebot entgegen stehendes Phänomen ist die Existenz von neuen Besitzschichten, die ein beträchtliches Moment der Beharrung darstellen; sie entstehen in dem Maße, wie erneut – und zwar mittel- und langfristig – Reichtum angehäuft und vererbt wird. Diese Gruppierung, die sich von den alten Besitzschichten des Adels und des Wirtschaftsbürgertums unterscheidet, hat aber bislang kaum eigenes Profil ausgebildet, weshalb sie in der Regel auch nicht als eigene Formation angesprochen wird. Früher hat man solche Schichten verächtlich als „neureich" abgetan; heute fehlt eine Charakterisierung, was wohl ebenfalls auf eine Gesichtslosigkeit deutet. Ob sich hier ein eigenständiges Profil entwickelt, bleibt abzuwarten.

4. Sozialstaat und Soziale Demokratie

4.1 Begriff und Geschichte

Die Festlegung auf den Sozialstaat gehört zu den Fundamenten der Bundesrepublik. Mit dem Postulat soll die in Weimar begonnene Entwicklung – das Sozialversicherungswesen Bismarcks war nur ein Vorläufer – fortgeschrieben und zu einem Abschluss gebracht werden. Der deutsche Typus des Kapitalismus wird – in Absetzung von anderen westlichen Varianten – gern als „rheinischer Kapitalismus" bezeichnet; dessen Kennzeichen ist ein Sozialstaat, der die Härten des Kapitalismus aufzufangen, diesen also zu zähmen und so zu legitimieren habe. Die wechselseitige Abhängigkeit gibt beiden ihre konkrete Gestalt: Der Kapitalismus sei nur zu rechtfertigen, so das aus historischer Erfahrung gewonnene Selbstverständnis, wenn er sozialstaatlich unterfüttert werde, und der moderne Sozialstaat setze die kapitalistische Marktwirtschaft voraus. Zu einem anspruchsvollen theoretischen Konzept ist das Modell unter der Überschrift der *Sozialen Demokratie* jüngst von Thomas Meyer ausgearbeitet worden, der in einem Grundlagenwerk die breite Diskussionen – nicht nur in Deutschland – penibel aufgearbeitet und vor diesem Hintergrund einen eigenen Entwurf vorgelegt hat. Im Sozialstaat erst komme, so seine These, der Demokratiegedanke zu sich selbst. – Verfassungsrechtlich ist das Selbstverständnis in den Artikeln 20 und 28 des Grundgesetzes festgehalten:

> **Art. 20 [Staatsform, Rechtsstaatlichkeit]**
>
> (1) Die Bundesrepublik Deutschland ist ein demokratischer und sozialer Bundesstaat.

Kürzer allerdings könnte die Bestimmung kaum sein, besagt sie doch nur, dass der Staat „sozial" sein solle, ohne auszuführen, was

4. Sozialstaat und Soziale Demokratie

darunter zu verstehen sei. Und auch Art. 28 legt nur fest, dass „die verfassungsmäßige Ordnung in den Ländern [...] den Grundsätzen des republikanischen, demokratischen und sozialen Rechtsstaates im Sinne dieses Grundgesetzes entsprechen" muss, also kein Land aus der allgemeinen Verpflichtung ausscheren darf.

Die Bestimmungen zum Sozialstaat sind im Grundgesetz wohl deshalb so allgemein und knapp gehalten worden, weil man sich 1948 auf eine definitive Bestimmung nicht einigen konnte, die großen Parteien unterschiedliche Vorstellungen hatten und frei sein wollten, diese im Falle einer Regierungsübernahme zu realisieren. Aus ähnlichen Gründen legten sie sich im Grundgesetz nicht auf eine Wirtschaftsordnung fest. Darin mag man sogar eine gewisse Logik erkennen, sind Wirtschafts- und Sozialordnung doch aneinander gekoppelt. Das Prinzip des Sozialstaates jedoch – und damit die Idee der soziale Verantwortung des Staates – ist in zahlreichen Urteilen des Bundesverfassungsgerichts festgeschrieben worden, gestützt nicht zuletzt auf die „Ewigkeitsklausel" des Art. 79 Abs. 3 GG; dieser segnet die „ewige" Gültigkeit ab, indem er die in Art. 20 beschriebene Grundordnung der Änderung und Verfügung durch den Gesetzgeber entzieht, so zwar den Sozialstaat garantiert, aber wiederum nicht ausführt, wie er inhaltlich auszugestalten sei. Bis heute gilt die Festlegung für das bundesdeutsche Selbstverständnis als unumstößlich, stärker sogar als die komplementäre Berufung auf die Marktwirtschaft. Die daraus sich ergebenden Folgerungen jedoch sind immer wieder strittig; auch mag die Zukunft neue Formen verlangen, um der geforderten Verantwortung gerecht zu werden. Wie das Sozialstaatsgebot werden auch die sozialen Grundrechte in der Verfassung nicht näher ausgeführt und konkretisiert, im Gegensatz zur Weimarer Verfassung, welche die Beseitigung der sozialen Ungleichheit zum Staatsziel erklärte. Manche Länderverfassungen gehen bei der Formulierung solcher Grundrechten weiter als das Grundgesetz. Der Kompromiss von 1949 jongliert zwischen der Sicherung des Eigentums, wie sie der Art. 14 Abs. 1 und 2 GG festschreibt, wenn auch mit der strikten Sozialbindung, und der Möglichkeit der Sozialisierung, wie sie der Art. 15 GG ausspricht. Dass der Sozialstaat nur leben kann, wenn er in bestimmtem Umfang eine Umverteilung des Eigentums vornimmt, folglich dessen Schutz, soweit erforderlich, antasten darf, ist dabei stets die Voraussetzung; die einfachste Form solcher Umverteilung ist die Erhebung von Steuern und Abgaben, um mit dem von den

4. Sozialstaat und Soziale Demokratie

finanziell Starken erbrachten Aufkommen den sozial Schwachen zu helfen.

Der zugrunde liegende Kerngedanke lautet: Staat und Gesellschaft sollen für ein – wie immer bestimmbares – Maß an sozialer Gerechtigkeit und Gleichheit sorgen, zumindest eine Begrenzung der Ungleichheit durchsetzen; der Staat – als Verkörperung des Kollektivsubjekts – muss in die gesellschaftlichen Prozesse eingreifen, die zu sozialer Ungleichheit führen, Umstrukturierungen vornehmen oder überhaupt erst Strukturen schaffen, um der Ungleichheit vorzubeugen und allen Bürgern vergleichbare Teilhabe- und Selbstverwirklichungschancen zu geben. Auf dieses recht abstrakte Minimum einigt man sich meist, wenn das Ziel einer sozialen oder ökonomischen Gerechtigkeit formuliert werden soll. Man kann das auch als Verfassungsauftrag interpretieren, dem der Gesetzgeber folgen muss. Der Staat sei verpflichtet, so wird unter Berufung auf Art. 14 GG gesagt, den „Gebrauch des Eigentums" so zu regeln, dass er dem Wohle der Allgemeinheit diene, etwa indem er Regeln aufstellt und Steuern erhebt. Die Formulierungen in manchen Landesverfassungen lassen sehr wohl an einen konkreten Auftrag denken. Art. 168 Abs. 2 der Bayerischen Verfassung z. B. legt fest: „Arbeitsloses Einkommen arbeitsfähiger Personen wird nach Maßgabe der Gesetze mit Sondersteuern belegt."

Das Sozialstaatsgebot steht mithin in einer gewissen Spannung zum Postulat des Rechtsstaates, wie ihn das 19. Jahrhundert entwickelt hatte: Die Sicherung der Freiheit und Autonomie des Einzelnen implizierte auch die Sicherung des Privateigentums, wie das Bürgertum dies – als Voraussetzung der kapitalistischen Ordnung – nachdrücklich verlangte. Dies bedeutete – im Konzept des liberalen „Nachtwächterstaates" – die möglichst weitgehende Trennung der Befugnisse von Staat einerseits und Wirtschaft und Gesellschaft andererseits; dem Staat oblag, die Sphäre der Einzelnen zu sichern, über die Festlegung der rechtlichen Bedingungen des Handelns, doch er sollte nicht in die gesellschaftlichen Verhältnisse eingreifen. In vorbürgerlichen Staats- und Gesellschaftsformen ist die – jetzt als Fortschritt bewertete – Trennung nicht vorgesehen, jedenfalls nicht in der rigiden Form, wie sie insbesondere der Liberalismus vertreten hat und nicht selten heute noch vertritt. Im Sozialstaat ist demgegenüber durchaus wieder eine – begrenzte – Verschmelzung zu konstatieren, mit einer neuen, genau definierten Zuständigkeit des Staates für die Gesellschaft.

4. Sozialstaat und Soziale Demokratie

Die Dichotomie – von politischem Gleichheitsideal und sozioökonomischer Ungleichheit – ist mit großer Schärfe erstmals von Hegel formuliert worden, lange bevor die kapitalistische Gesellschaft sich entfaltet hatte; Ungleichheit sei konstitutiv für die bürgerliche Gesellschaft, weshalb das politische Postulat der Gleichheit nur von einem „leeren Verstande" erhoben werden könne. Sein Diktum hat bei den Denkern, die sich auf ihn berufen haben, zu sehr unterschiedlichen Folgerungen und Postulaten geführt. Früh verband sich mit der zunächst philosophisch artikulierten „sozialen Frage" – die Einlösung des Gebots der Gleichheit – die normative Vorstellung, dass die in der neuen bürgerlichen Gesellschaft angesiedelte Spannung zu überwinden sei, da sie sich zum Sprengsatz auszuwachsen drohte. Die Auflösung der Aporie war entweder auf revolutionärem Weg denkbar – so Marx und Engels – oder die Spannung wurde gar nicht als Aporie begriffen, sondern in eine mildere Form gefasst. Dann war sie durch eine nachhaltige Reformpolitik, die vom Monarchen im christlichen Staat zu betreiben sei, zu lösen, so der konservative Lorenz von Stein, der die Idee eines „sozialen Königtums" verfochten und in der Sozialpolitik eine wesentliche Staatsaufgabe erblickt hat. Die Verwurzelung der Sozialstaatsidee im Staatsdenken, wie sie für die deutsche Tradition charakteristisch ist, hat hier ihren Ursprung; dass allein der starke Staat die Kraft haben könne, die immanenten Spannungen zu überbrücken, war bereits für Hegel eine unumstößliche Gewissheit.

Man kann den Sachverhalt auch so formulieren: Die Einsicht, dass der Einzelne in hochkomplexen Gesellschaften sein Leben nicht allein aus eigener Kraft gestalten kann – dies scheinen die liberalen Versprechungen zu suggerieren –, sondern auf die Einbettung in ein soziales Umfeld angewiesen ist und nur aus diesen heraus handeln kann, Individualität und Sozialität sich also wechselseitig bedingen und durchdringen, führt zu der Notwendigkeit, das Verhältnis von Einzelnem und Gesellschaft politisch zu gestalten, um so einen Ausgleich herzustellen, der beiden Polen gerecht wird. Und diese Vermittlungsaufgabe wird – auch – dem Staat aufgebürdet, so zumindest die deutsche Tradition. Wird die Einbettung in den sozialen Zusammenhang als Schicksal erfahren, dem nicht auszuweichen ist, und begreift sich der Einzelne als Opfer einer Konstellation, so verliert er seinen Status als freies Subjekt und kann nur noch blind reagieren. Den Ausgleich zu schaffen, der Selbstbewusstsein und auch das Gefühl von Freiheit gestatten soll, dies genau macht den Ziel- und Kernpunkt einer demokratischen Gesellschaftspolitik aus

4. Sozialstaat und Soziale Demokratie

und wird heute von Thomas Meyer als Ideal der *Sozialen Demokratie* formuliert. Wie Wohlfahrt und Freiheit zwei Seiten einer Medaille sind – denn Wirtschafts- und Sozialpolitik stehen im Verhältnis der Komplementarität –, so bedingen sich auch freie Subjektivität und Demokratie wechselseitig. Deswegen hat Sozialpolitik nach diesem Konzept mehr als bloße Versorgung zu leisten.

Mitunter wird die Differenz zwischen *Sozial-* und *Wohlfahrtsstaat*, der nicht nur terminologischer Natur ist, im Grad der Zuständigkeit gesehen: Während der Sozialstaat allein allzu krasse Ungleichheiten auszugleichen hat und so die Lebensfähigkeit des Einzelnen garantieren soll, hat der Wohlfahrtsstaat – vor allem in der skandinavischen Ausformung – weitaus stärker in das Wirtschaftsgeschehen einzugreifen, um etwa Vollbeschäftigung zu verbürgen; kollektive Vorsorge und individuelle Freiheit sollen sich wechselseitig ergänzen. Das Sozialstaatsmodell hingegen setzt – in der maßgeblich von Lord William Henry Beveridge (1879–1963) geprägten Fassung – auf eine Grundsicherung, die staatlich zu garantieren ist, während das Wohlfahrtsstaatsmodell einen einmal erreichten und gesellschaftlich „sanktionierten" Lebensstandard garantieren und damit die gewonnene Freiheit auch politisch absichern will. Man kann die wohlfahrtsstaatliche Ausrichtung auch als Korrektur begreifen, durch welche Politik und Ökonomie, die nach liberalem Verständnis zu trennen waren, wieder vermittelt werden sollen. Der deutsche Sozialstaat hat zweifellos wohlfahrtsstaatliche Züge angenommen, möchte aber allzu tief gehende Interventionen vermeiden und die liberal-marktwirtschaftliche Tradition keinesfalls verleugnen. Diese Grundspannung prägt das Selbstverständnis des „rheinischen Kapitalismus", der sie lösen will, indem er in einem schwierigen Spagat beiden Polen gerecht zu werden sucht. Andere europäische Staaten tarieren die Gewichte anders aus. Ob das in Zukunft – im Zeichen von Neoliberalismus und Globalisierung – noch gelingen wird, wird heute bisweilen bezweifelt; die ersten Jahrzehnte der Bundesrepublik indes hat das Modell geprägt.

Allerdings ist es nicht die Aufgabe des Staates – so das Bundesverfassungsgericht und so auch die übereinstimmende Meinung in der Öffentlichkeit –, eine volle soziale Gleichheit zu erreichen, sondern nur einen *sozialen Ausgleich* zu schaffen, der dafür sorgt, dass die Verteilung der Ressourcen keine Konflikte heraufbeschwört. Eine primäre Aufgabe einer jeden Regierung ist es jedoch, den Bürgern durch eine entsprechende Politik *soziale Sicherheit* zu gewähren; darauf richtet sich auch die allgemeine Erwartung, wie Mei-

4. Sozialstaat und Soziale Demokratie

nungsumfragen immer wieder belegen. Werden diese Erwartungen enttäuscht, so wird das politische Selbstverständnis merklich beschädigt und der fragile Konsens aufgekündigt. Daraus folgt rasch Unsicherheit, die politisch gefährlich werden kann, etwa in der Bereitschaft, extreme – nichtdemokratische – Parteien zu wählen oder zu unterstützen.

Die Geschichte der Sozialstaatsidee beginnt im 19. Jahrhundert. Selbstverständlich sind die staatliche Fürsorge und die Verpflichtung auf „Wohlfahrt" älteren Datums, etwa in der Beschreibung der Staatsaufgaben im merkantilistischen Absolutismus; die Fürsorge zählte seit dem Mittelalter zu den Aufgaben des guten Landesvaters und wurde seit dem 18. Jahrhundert hauptsächlich von den Gemeinden – und den Kirchen, später auch von sozialen Vereinigungen – wahrgenommen. Für die Armen und Elenden war zu sorgen, und diese Verpflichtung wurde auch früh schon auf eine rechtliche Basis gestellt, blieb also nicht auf einer unverbindlichen Ebene stehen, als bloße Forderung einer christlichen – oder wie immer begründeten – Mitleidsethik, sondern ging in grundrechtliche, also verfassungsähnliche Regelungen ein, etwa in das *Allgemeine Preußische Landrecht* aus dem Jahr 1794, behielt aber patriarchalischen Charakter. Darin überlebte die Vorstellung aus dem Feudalzeitalter, das neben der *Verfügungsgewalt* des Herrn über die Arbeitskraft der Bauern und Handwerker – sei es des Gutsherrn auf dem Lande oder des Zunftherrn in der Stadt – immer auch eine *Versorgungspflicht* gekannt hatte, etwa im Falle von Alter und Krankheit, der nachzukommen war, wie immer das im Einzelfall ausgesehen haben mag. Soziale Hilfe aber wurde später häufig, zumal dann, wenn der entsprechende Rechtsanspruch nicht mehr aus unmittelbarer Untertänigkeit resultierte und Vertragsverhältnisse die alte Abhängigkeit abgelöst hatten, als Vergabe von Almosen verstanden und hatte oft diskriminierenden Charakter: Wer soziale Leistungen erhielt, verlor seinen vollen Status als Staatsbürger; Armenhilfe und staatsbürgerliche Rechte schlossen sich kategorisch aus. Dem Armen musste nicht auf gleicher Augenhöhe begegnet werden. Diese Praxis wird meist bis 1918 beibehalten; in ihr drückt sich Verachtung in beträchtlichem Umfang aus. Das Ziel des späteren Sozialstaates wird es nicht zuletzt sein, diese Diskriminierung rückgängig zu machen; auch der Arme genießt den vollen Schutz der Menschenrechte und hat ein politisches Mitspracherecht. In anderer, rassistisch gewendeter Form wird die Ächtung im Dritten Reich wiederkehren: An-

4. Sozialstaat und Soziale Demokratie

spruch auf soziale Leistungen haben dort nur die arischen Volksgenossen.

Die Problematik der Verelendung und der notwendigen Hilfe bekam mit der Industrialisierung im 19. Jahrhundert und der Entstehung der sogenannten *sozialen Frage* eine neue Dimension: Die Integration der neu entstandenen Arbeiterschaft in Staat und Gesellschaft – das ist der Kern der Frage – schien vollständig zu misslingen, was eine Explosivkraft erster Ordnung darstellen musste. Die schlimme Verarmung – der sogenannte Pauperismus – eines großen Teils der Bevölkerung, verursacht durch die Einführung des Marktes und der kapitalistischen Wirtschaft, und die Ausgrenzung eines großen und wachsenden Teils der Bevölkerung, vor allem des Proletariats, aus den Segnungen der modernen – liberalen – Gesellschaft, mussten irgendwie aufgefangen werden, wenn nicht das soziale System aufgesprengt werden sollte. Und die Sprengung der bürgerlichen Gesellschaft in einer Revolution war ja das erklärte Ziel der sozialistischen Programme. Also mussten Schritte unternommen werden, um die sozial Schwachen zu stützen und sie in den Staat zu integrieren. Nicht zuletzt sollten die Arbeiter davon abgehalten werden, sich den sozialistischen Parteien anzuschließen; ein Ja der Arbeiter zu Staat und Gesellschaft war nur zu bekommen, so schien es, wenn deren Situation nachhaltig verbessert wurde. Dies ist der Ursprung der modernen Sozialpolitik; Armuts- und Arbeiterfrage verschmelzen in ihr. Und daraus entsteht dann die eigentlich politische Dimension, die über das technisch-organisatorische Problem der Versorgung der Schwachen deutlich hinausgeht.

Die ersten wichtigen Schritte unternahm die Sozialgesetzgebung Bismarcks; sie stand in einer Entwicklungslinie, die seit Mitte des 19. Jahrhunderts zu beobachten war, etwa im preußischen Knappschaftsgesetz von 1854, das bereits eine Pflichtsozialversicherung kannte, und realisierte Vorstellungen, wie sie von konservativer Seite seit einiger Zeit diskutiert wurden. Getragen wurde die Bismarck'sche Sozialgesetzgebung von einem doppelten Motiv, zutreffend im Bild von „Zuckerbrot und Peitsche" umschrieben: *Zum einen* sollten die Sozialdemokraten durch das Sozialistengesetz des Jahres 1878 politisch ausgeschaltet werden, was misslang, vielmehr fand eine Radikalisierung gerade in dieser Zeit statt; nach der Aufhebung des Sozialistengesetzes im Jahr 1890 war die Sozialdemokratie nicht nur stärker als zuvor, sondern – zumindest verbal – auch radikaler. *Zum anderen* begann Bismarck in den 1880er-Jahren mit

4. Sozialstaat und Soziale Demokratie

einer sozialen Gesetzgebung, welche die Arbeiter für den Staat gewinnen wollte, was allenfalls Jahre nach Bismarck gelungen ist. Durch die Sozialversicherungsgesetzgebung wurde eine staatlich garantierte Daseinsvorsorge durchgesetzt, welche die Arbeiter vor den größten Bedrohungen zu schützen hatte. Auf diese Weise sollte ihnen die Angst vor den schlimmsten Bedrohungen in der modernen Welt genommen werden. Man kann darin fraglos patriarchalisch-feudale Vorstellungen erkennen, die das Denken Bismarcks gekennzeichnet haben: Wenn er die Arbeiter gewissermaßen zu Staatsdienern und -rentnern machen möchte, die gut zu funktionieren hatten und deshalb auch entsprechend – aber keinesfalls zu üppig – zu versorgen waren, so tritt die konservative Wurzel des Sozialstaatsgedankens in den Vordergrund. Das Moment des Stillstellens durch die Sozialpolitik ist hier greifbar; bis in die Gegenwart dürfte dies ein – selten nur ausgesprochenes – Motiv sein, das auch bedeutete und noch bedeutet, dass über bestimmte Themen nicht gesprochen werden dürfe, sobald der Preis – das soziale Almosen – erst einmal angenommen war, etwa über eine weiter gehende Demokratisierung oder die Forderung nach größerer Transparenz des Wirtschaftsgeschehens, einschließlich Reichtumsverteilung und Einkommensgerechtigkeit. Leisten sollte all dies die Einführung der gesetzlichen Zwangsversicherungen für die wichtigsten Bereiche, die Unsicherheiten produzierten: Krankheit, Alter, Tod und Invalidität. Grundlegend waren drei Gesetze:

- *Gesetz, betreffend die Krankenversicherung der Arbeiter* (1883),
- *Unfallversicherungsgesetz* (1884),
- *Gesetz, betreffend die Invaliditäts- und Altersversicherung* (1889).

Zunächst gab es nur sehr geringe Leistungen und eine kleine Zahl der Berechtigten; etwa lag die Altersgrenze in der Rentenversicherung bei 70 Jahren, was angesichts der tatsächlichen Lebenserwartung – zu diesem Zeitpunkt lag die mittlere Lebenserwartungen für neugeborene Jungen bei 35 und bei Mädchen bei 38 Jahren – schon an Hohn grenzte; auch waren Leistungen für Familienmitglieder zunächst nicht vorgesehen. Doch war dies der erste Schritt in Richtung eines Sozialstaates; als solcher war er revolutionär und gewiss einmalig in der damaligen kapitalistischen Welt. Bismarcks Verdienst soll nicht klein geschrieben werden. Mit diesem Schritt wur-

4. Sozialstaat und Soziale Demokratie

den die Weichen für ein System gestellt, das bis heute eine Grundlage des politischen Staates bildet. Wenn die Arbeiterpartei zunächst gegen diese Gesetzgebung rebellierte, so wohl nicht nur, weil die Leistungen unbefriedigend waren, sondern weil man den Kaufpreis sah, jene Stillhalteverpflichtung, der man nicht nachkommen wollte. Dennoch wird die SPD nach 1918 diesen Weg fortsetzen, verbunden allerdings mit dem Postulat der Demokratisierung, welche jegliche Verpflichtung zur politischen Zurückhaltung rückgängig machen sollte.

Das Kaiserreich entwickelte folglich auch kein Selbstverständnis als Sozialstaat. Der Bismarckstaat war eine Mischung aus altem Obrigkeitsstaat, im Ansatz noch dem Gottesgnadentum verpflichtet, der die Souveränität bei den Fürsten verankerte und den Gedanken der Volkssouveränität abwies, und liberalem Rechtsstaat, wie der strenge Liberalismus ihn forderte, mit der Funktion des Staates, das Recht zu garantieren, den Markt zu schützen und so die Entfaltung der Wirtschaft zu ermöglichen. Den beiden Kräften, welche die seltsame Bindung eingingen, war eine soziale Verantwortung des Staates im Grunde fremd, auch wenn es auf beiden Seiten ein entsprechendes Engagement – sowohl praktisch als auch theoretisch – gegeben hat; meist jedoch wurde in der Sozialpolitik nur eine Ergänzung der primären Aufgaben gesehen, welcher der Staat sozusagen nebenbei, um das schlimmste Unglück zu verhüten, nachzukommen hatte. Dies ändert sich erst nach 1918. Die Weimarer Republik will ein Sozialstaat sein, begreift sich als Institution, welche die Gesellschaft bewusst formen soll, wenn auch nur in gewissen Grenzen. Nicht die Verwaltung und Bewahrung des Überlieferten stand im Vordergrund, so der konservativ-patriarchalische Standpunkt, sondern die Schaffung und Ausgestaltung eines Neuen, so insbesondere die Sozialdemokraten. Die bürgerliche Position nahm gegenüber beiden Haltungen eher eine neutrale Stellung ein: Der Staat hatte die Rahmenbedingungen zu garantieren und die Gesellschaft sich selbst – bzw. den Privatleuten – zu überlassen; daraus wird sich bald ein Konservativismus neuer Prägung entwickeln. Konzipiert wurde der neue Sozialstaat als Alternative zum sozialistischen Staat, wie ihn Teile der Arbeiterbewegung 1918 gefordert hatten und wie er in den Programmen der Sozialdemokratie in der Vergangenheit eine große Rolle gespielt hatte; die Absage an die Revolution ist seine Prämisse. Die langfristige Umgestaltung der Gesellschaft in Richtung eines freien und demokratischen Sozialismus schwebte vielen Gründern der Republik als Ziel vor, das indes

4. Sozialstaat und Soziale Demokratie

nicht gewalttätig und revolutionär, sondern behutsam und friedlich zu erreichen war. Davon ist nicht viel übrig geblieben. Das einzig wirklich zukunftsträchtige Vorhaben war die Einführung der Arbeitslosenversicherung im Jahr 1927, die aber in der Wirtschaftskrise durchaus nicht leisten konnte, was sie versprochen hatte. Doch wird mit ihr der Weg fortgesetzt, den die Bismarck'sche Sozialversicherungsgesetzgebung eingeschlagen hatte, die Regelung sozialer Notfälle über öffentlich-rechtliche Versicherungen.

Auch der Weimarer Staat war ein Kompromiss, jetzt von bürgerlich-liberalen und sozialdemokratischen Vorstellungen, und vielleicht zum Scheitern verurteilt, weil scheinbar Unvereinbares in ein Modell gezwängt werden sollte, die Erhaltung des Kapitalismus und seine radikale Umgestaltung. Vielleicht hätte die Rückbesinnung auf das Gemeinsame auf beiden Seiten mehr Verständnis erlaubt: Wie der liberale Rechtsstaat den Einzelnen durch die Sicherung des Privateigentums gegen die Gefährdungen des Daseins absichern wollte, so der Sozialstaat das eigentumslose Individuum durch das „soziale Eigentum", die Einbindung in ein kollektives System, das Schutz gewähren sollte, wiederum in Gestalt rechtlicher Absicherung, etwa im Versprechen auf eine angemessene Rente im Alter. Beide Formen, der Rechts- und der Sozialstaat, dienen der Garantie von Freiheit und Autonomie. Der Rechtsstaat und das kapitalistische Marktmodell sind die Voraussetzung des Sozialstaates, und der Sozialstaat kann als notwendige Ergänzung des Rechtsstaates begriffen werden, weil er dessen Segnungen jetzt auch den Eigentumslosen gewähren möchte. Insofern war die Verbindung von Bürgertum und Sozialdemokratie keine Mesalliance, auch wenn das von Teilen des Bürgertums so gesehen wurde, sondern fast eine Notwendigkeit. Die Erwartung war groß, zumindest bei Teilen der Sozialdemokratie, dass der Staat als *demokratischer Sozialstaat* ausgebaut werde und langsam so reformiert werden könne, dass alle Schrecken des Kapitalismus beseitigt würden. Ob dieser dann noch so heißen sollte, sich nicht vielmehr aufgelöst hätte, steht auf einem anderen Blatt. Auf bürgerlicher Seite glaubte man, durch den Kompromiss die Revolution – oder auch nur die Sozialisierungen – endgültig vermieden und die Sozialstrukturen der bürgerlichen Gesellschaft gerettet zu haben.

Der Reformansatz der Sozialdemokratie, der in der Arbeiterbewegung von Beginn an lebendig gewesen war, neben seinem revolutionären Pendant – Lassalle contra Marx –, mündete jetzt in die Aufgabe des Aufbaus einer bislang nur erträumten Gesellschaft und

4. Sozialstaat und Soziale Demokratie

ersetzte das konservativ-paternalistische Element der frühen Sozialstaatsansätze durch eine demokratische Ausrichtung, welche die neue Zielsetzung zudem ins Zentrum der Staatsaufgaben stellte und ihnen nicht eine Randposition zuwies. Dieses Konzept war – so der politische Wille der neuen Sozialdemokratie – gegen die revolutionäre Variante zu verteidigen, verkörpert in USPD und KPD, und gegen die Alternative des Rätemodells durchzusetzen, wie Lenin es seit 1917 zu installieren versuchte. Ob beide Seiten, die Bürger und die Sozialisten, wirklich wussten, worauf sie sich eingelassen haben, darf freilich bezweifelt werden. Das Projekt – auch der 1918 eingegangene Kompromiss von bürgerlichem Kapitalismus und sozialdemokratischer Reform – geriet mit den Turbulenzen der Weltwirtschaftskrise am Ende der 1920er-Jahre in schwere Bedrängnis und scheiterte endgültig mit der Machtübernahme der Nazis: Sie betrieben den Rückbau des *demokratischen Sozialstaates* und schnitten die Beteiligungsrechte der Arbeitnehmer zurück, doch verfügten sie nicht die Zurücknahme der sozialen Leistungen, wie sie von den Versicherungen zu erbringen waren. Diese blieben weitgehend erhalten; der „Volksgenosse" wurde als Versorgungsempfänger konzipiert, der aber keine Mitbestimmungsrechte hatte. Die nationalsozialistische Sozialpolitik orientierte sich am „Volkskörper" – hier schlugen rassistische Vorstellungen der Volksgesundheit durch – und wurde bald militärischen Zwecken untergeordnet; der Kreis der Leistungsempfänger wurde eingeengt, weitgehend auf die „arischen Volksgenossen" beschränkt, und die Leistungen selbst werden teilweise gekürzt. Der Ansatz der sozialen Versorgung aber blieb im Kern unangetastet, ja einige Erweiterungen wurden eingeführt. Der autoritäre Zug ist unübersehbar, und auch das Moment des Stillstellens, das den Bürger verführen soll, die Augen zuzumachen. Dieses Motiv gewann während der Kriegszeit noch beträchtlich an Bedeutung.

Nach 1945 knüpfte der westdeutsche Staat an das Weimarer Modell an, übernahm auch alle Versorgungserweiterungen, die die Nazis durchgesetzt hatten, und restituierte die alten Strukturen. Die doppelte Stoßrichtung – das konservativ-pazifizierende und das demokratisch-gestaltende Moment – blieb in den unterschiedlichen Politikansätzen der großen Parteien erhalten und bestimmt bis heute die Diskussionen. Freilich büßt der Blick für den Zusammenhang manchmal die notwendige Klarheit ein, sodass die Zielvorstellungen in der Diskussion über die Details verloren zu gehen drohen. – Zunächst war das Projekt des neuen Sozialstaats noch offen für

4. Sozialstaat und Soziale Demokratie

weitergehende sozialistische Ambitionen, auf welche die Sozialdemokraten gesetzt hatten; diese aber wurden nicht realisiert, nachdem Adenauer und Erhard ihr Konzept der *sozialen Marktgesellschaft* durchsetzen konnten. Es blieb also bei der Vorstellung eines reformierten Kapitalismus, dessen Erhaltung das soziale Moment eben garantieren sollte. Von den Sozialdemokraten wurde das Postulat einer sozialistischen Transformation des Kapitalismus spätestens mit dem Godesberger Programm von 1959 aufgegeben und seitdem nicht mehr verfolgt.

Ein davon divergierendes Programm wurde in der DDR praktiziert; darauf kann hier im Detail nicht eingegangen werden, nur ein paar Linien seien ausgezogen. Auch dort mussten Kompromisse mit bürgerlichen Vorstellungen gefunden werden, die nicht immer den sozialistischen Idealen entsprachen und so zu Mischformen führten, die insgesamt von der sozialistischen Utopie recht weit entfernt waren. Ob das Modell der DDR als Sozialstaat zu bezeichnen ist, scheint fraglich, denn das Projekt des Sozialstaates war immer eine Variante des Kapitalismus, die dessen Härten aufzufangen hatte. Die DDR-Gesellschaft aber wollte dezidiert nicht eine solche Variante sein, sondern eine Alternative darstellen. Gleichwohl wurde in der DDR ein System der sozialen Sicherung eingeführt, gewiss auch als Fortführung der überlieferten Systeme; die Kontinuität der Sozialleistungen war gegeben, auch wenn nicht wenige Änderungen eingeführt wurden. Als wichtiger Kernpunkt der staatlichen Sozialpolitik galt die strikte Vermeidung von Arbeitslosigkeit, wozu die Betriebe verpflichtet waren; das führte dazu, dass Arbeitsplätze gehalten wurden, auch wenn das ökonomisch nicht mehr vertretbar war. Die mangelnde Rentabilität der Produktion trug nicht wenig dazu bei, dass das System wirtschaftlich zusammenbrach. Ein weiteres Kennzeichen der DDR-Sozialpolitik war die künstliche Verbilligung der Grundnahrungsmittel und der Mieten – faktisch über eine Subventionierung –, was die Lebenshaltungskosten niedrig hielt und wiederum eine an den Kosten orientierte Preispolitik unmöglich machte. Insgesamt darf gesagt werden, dass das konservativ-beruhigende Element, wenn auch in ganz anderer Ausrichtung als im 19. Jahrhundert, in der Sozialpolitik der DDR tonangebend geblieben ist, und die demokratisch-aktivierenden Implikationen des Ansatzes eher unterdrückt worden sind.

Der Sozialstaat im Westen wurde nach der Gründung der Bundesrepublik deutlich ausgebaut und ständig verändert, wobei die Grundstruktur – mit dem Hauptaugenmerk der sozialen *Versor-*

4. Sozialstaat und Soziale Demokratie

gung – erhalten blieb und politisch auch verteidigt wurde. Schwieriger war der Ausbau der *Mitbestimmung* – die Demokratisierung von Wirtschaft und Gesellschaft – als des zweiten Ziels des Modells eines demokratischen Sozialstaates, wie er in Weimar gedacht worden war. Nach einigen Versuchen in diese Richtung wurde eine nur bescheidene Variante realisiert, die eine innerbetriebliche Mitbestimmung zwar vorsah und bis heute vorsieht, aber diese am Ziel des betrieblichen Wohls ausrichtet und die Vormachtstellung der Arbeitgeber- und Eigentümerseite nicht antastet. Indessen konnte die Vorstellung einer überbetrieblichen Mitbestimmung, wie sie die Gewerkschaften ursprünglich verfochten hatten, nicht umgesetzt werden. Man darf in diesem Punkt wohl von einer schweren Niederlage sprechen, welche die Gewerkschaften hinnehmen mussten. Diese Ansätze sollen hier nicht behandelt werden; sie gehören in die Geschichte der nicht realisierten sozialpolitischen Vorstellungen. Derzeit ist nicht absehbar, dass sie wieder reaktiviert werden könnten.

Zur Geschichte der Sozialstaatsentwicklung nach 1945 seien nur einige Daten benannt: Am Beginn der Ära Adenauer standen neben den überkommenen sozialpolitischen Aufgaben die Kriegsopferversorgung – die Folgen des Krieges mussten aufgefangen und die Witwen und Waisen versorgt werden – und ein begrenzter Lastenausgleich. Um die Flüchtlinge und Vertriebenen aus den verlorenen Ostgebieten in die westdeutsche Gesellschaft zu integrieren, wurden beträchtliche Steuermittel aufgewendet; eine Entschädigung für die materiellen Verluste – stets nur ein recht geringer Teil des Verlorenen – sollte geleistet werden, um neue Existenzgründungen zu ermöglichen. Dieses Programm war ein voller Erfolg und hat wohl verhindert – politisch hoch bedeutsam –, dass die Vertriebenen sich in Ghettos zusammenschlossen und von dort eine extreme, vielleicht antidemokratische Oppositionspolitik betrieben. – Der wichtigste Neuansatz für die soziale Ausgestaltung der Marktwirtschaft war die Rentenversicherungsreform von 1957, die eine grundlegende Verbesserung bedeutete. Die 1960er-Jahre waren durch Reformen charakterisiert, die nicht so spektakulär waren: Regelungen zur Sozialhilfe wurden verabschiedet, das Wohngeld – als wichtige Unterstützung für sozial Schwache – wurde eingeführt und die Lohnfortzahlung im Krankheitsfall für die Arbeiter an die der Angestellten angeglichen. Eine wichtige Neuerung im Komplex der Pflichtversicherungen war die Einführung der Pflegeversicherung im Jahr 1995; damit wurde die Zahl der Pflichtversicherungen er-

4. Sozialstaat und Soziale Demokratie

weitert und Vorsorge getroffen für Belastungen, die auf die Gesellschaft aufgrund der gestiegenen Lebenserwartungen zukommen werden. Die Zahl der pflegebedürftigen Alten wird in den kommenden Jahrzehnten drastisch zunehmen. Auf die zu erwartenden demographischen Verschiebungen reagierte auch die Rentenreform aus dem Jahr 2000/2001; die gesetzlichen Renten wurden langfristig gekürzt – weil die Belastungen für die nachfolgenden Generationen kaum noch tragbar wären – und die private Vorsorge gestützt, auch durch staatliche und steuerliche Hilfen, in der sogenannten Riester-Rente. Das bislang jüngste Reformvorhaben – die sogenannten Hartz-Gesetze seit 2003 – reagierten auf die anhaltende Arbeitslosigkeit; Reformen am Arbeitsmarkt und eine Umgestaltung der Arbeitsämter sollten dazu beitragen, die Arbeitslosigkeit einzudämmen und neue Arbeitsplätze zu schaffen. Das umstrittenste Gesetz – Hartz IV aus dem Jahr 2005 – reformierte die Sozialhilfe und die Arbeitslosenunterstützung bzw. legte beide weitgehend zusammen; die Unterstützung für Arbeitslose wurde drastisch gekürzt, weil die Mittel dafür nicht vorhanden seien. Zugleich sollten die Beiträge für die Arbeitslosenversicherung gesenkt und so die Lohnnebenkosten vermindert werden. Man hoffte, dass daraus Anreize für die Arbeitslosen entstehen, sich vermehrt um Arbeit zu bemühen, und dass über die Senkung der Lohnnebenkosten zugleich neue Arbeitsplätze geschaffen werden könnten. Bedeuteten die frühen Sozialreformen fast stets eine Verbesserung für die Betroffenen, so kehrte sich das jetzt um; eine Verschlechterung kann nicht geleugnet werden. Ob der langfristige Effekt, dass Arbeitsplätze geschaffen werden und dadurch eine grundsätzliche Verbesserung auch für die Betroffenen eintritt, erreicht werden kann, ist noch nicht abzusehen. Die positive Wirtschaftsentwicklung der Jahre 2006 und 2007 könnte darauf deuten. Aber auf welche Ursachen diese wiederum zurückgeht – etwa auf die weltwirtschaftliche Konjunktur? –, ist momentan kaum auszumachen.

Die Reformen seit den 1990er-Jahren zeigen, dass der Sozialstaat in eine tiefe Krise geraten ist; die ökonomischen Bedingungen haben sich drastisch verändert, ja der Sozialstaat selbst sei, so seine Kritiker, nicht mehr bezahlbar. Über diese Krise – ihre Ursachen und Auswirkungen – und die Möglichkeit der Reformen wird seit einigen Jahren eine intensive und erregte Diskussion geführt. In dieser stoßen die Verfechter des Neoliberalismus, die den alten Sozialstaat überwinden wollen, und seine Verteidiger, die ihn zum Herzstück der Demokratie erklären, aufeinander. Die Koordinaten dieser „Re-

4. Sozialstaat und Soziale Demokratie

formdiskussion" werden im letzten Teil des Kapitels zu umreißen sein. Zunächst aber sind die Erscheinungsformen des Sozialstaates, die sozialen Sicherungssysteme also darzustellen.

4.2 Prinzipien und System der sozialen Sicherheit

4.2.1 Allgemeines zum System der sozialen Sicherung

Der Komplex der sozialen Sicherheit kann als System beschrieben werden, das einerseits eine gewisse Geschlossenheit zeigt, andererseits in mehrere Einzelbereiche zerfällt, deren Zusammenhang nicht immer konsistent ist. Entsprechend unterschiedlich sind die Ansätze der wissenschaftlichen Deskription; je nachdem, was ins Zentrum gestellt wird, wechseln die Perspektiven. Darauf soll hier nicht eingegangen werden. In diesem System müssen die *Bereiche*, in denen Sicherheit gegeben sein soll, von der Art unterschieden werden, wie sie gewährt werden soll; vorweg aber seien *Grundprinzipien* genannt.

Grundsätzlich soll Sicherheit über vier *Prinzipien* gewährt sein: erstens über die individuelle *Eigenvorsorge* und Selbsthilfe; zweitens durch das Kollektivität begründende oder aus ihr sich ergebende *Solidaritätsprinzip*, das allen genossenschaftlichen Organisationen sowie den *Sozialversicherungssystemen* zugrunde liegt; drittens über eine *staatliche Sozialpolitik*, die einen sozialen Ausgleich über ein direktes Eingreifen schaffen bzw. die entstandene soziale Ungerechtigkeit abmildern soll; und viertens schließlich durch das *Subsidiaritätsprinzip*, das Hilfe von unten vorsieht, von Einzelnen, Familien oder kleineren sozialen Einheiten geleistet; dazu gehören z. B. die Krankenpflege, auch Kindergärten oder Altenpflege, wie und von welchen Trägern immer diese dann konkret organisiert sind. Während die auf Solidarität beruhenden Sozialversicherungen eine Absicherung des Einzelnen vorsehen, das Kollektiv also als Stütze des Einzelnen auftritt, beschreibt die ebenfalls kollektiv verankerte staatliche Sozialpolitik einen Handlungsspielraum, in welchem die Gesellschaft geformt und gestaltet werden soll. Das Kollektiv wird zum Subjekt, das dazu aufgerufen ist, die eigene Zukunft zu planen und ein Selbst zu verwirklichen, auch wenn wiederum die Fürsorge im Mittelpunkt stehen mag. – Entsprechend besteht das System der sozialen Sicherheit aus vier Säulen: die *Eigenvorsorge*, etwa über private Versicherungen, Immobi-

4. Sozialstaat und Soziale Demokratie

lien etc., worüber Mittel für Notfälle zurückgelegt oder bereitgestellt werden; die *gesetzlichen Zwangsversicherungen*, die ein geschlossenes, öffentlich-rechtlich organisiertes System darstellen, in das die meisten integriert sind und das verlässlich Hilfe leisten soll, etwa im Krankheitsfall oder im Rentenalter; die *Sozial- und Fürsorgepolitik*, die außerhalb der Zwangsversicherungen angesiedelt und ganz unterschiedlich organisiert ist, staatlich, betrieblich oder auch verbandsmäßig, und die eine zusätzliche Hilfe anbietet, in akuten Notfällen oder auch langfristig geplant, z. B. als Sozialhilfe oder Betriebsrente. Schließlich darf die *Selbsthilfe von Gruppen, Familien, Nachbarschaften* nicht klein geschrieben werden, als Feld, in dem viel geleistet wird, häufig ohne jedes Entgelt. – Aus der Perspektive der Betroffenen erscheint das System als Komplex von Vorsorgemaßnahmen, welche die eigene Sicherheit über sehr unterschiedliche Rechtsansprüche garantieren, aufgrund von Versorgungsberechtigungen – z. B. auf Krankheitskostenerstattung oder Rente – und Fürsorgeansprüchen, wie etwa die Altenpflege durch die Gemeinde oder den Kinderkrippenplatz, der zur Verfügung gestellt werden sollte, aber nicht muss. Die Erwartung, dass diese Systeme funktionieren, ist in Deutschland groß; treten Anzeichen von Störungen auf, wie etwa in den langen Diskussionen über die Renten, so geht die Verunsicherung tief. Das Vertrauen in diese Basis des täglichen Lebens darf, so wissen die Politiker sehr genau, nicht erschüttert werden, wenn das System als solches funktionieren soll. Deshalb sind beschwichtigenden Appelle – „Die Renten sind sicher!" – hier besonders gefragt; werden sie unglaubwürdig, so entstehen sehr leicht erhebliche Ängste.

Die staatliche Sozialpolitik kann in zwei Maßnahme-Bereiche aufgeteilt werden: *Erstens* sind die *nicht-finanziellen Maßnahmen* zu nennen; hierzu zählen vor allem die gesetzlichen Regelungen, die dem Schutz des Einzelnen dienen; diese schlagen sich in unzähligen Regelungen des Arbeits- oder Sozialrechts nieder, z. B. Beschäftigungsgebote oder -verbote, Kündigungsschutz oder Regelungen über Arbeitszeiten oder -bedingungen, Regelungen für Kinder, Behinderte etc. Der Staat hat einen beträchtlichen Gestaltungsspielraum und legt Rahmenbedingungen fest, die in Wirtschaft und Gesellschaft dann Geltung haben; in dieser Rolle erscheint der Staat als Partner der Einzelnen oder als Institutionalisierung des Kollektivs, welches seinen Angehörigen Schutz gewährt. *Zweitens* spielen *Umverteilungsmaßnahmen* eine große Rolle, die entweder direkt über den Staat erfolgen – indem

4. Sozialstaat und Soziale Demokratie

etwa Steuern erhoben werden, um bestimmte Maßnahmen zu finanzieren – oder vom Staat initiiert werden, etwa indem die Bedingungen für die Versicherungen – insbesondere die Höhe von Abgaben und Beiträgen – festgelegt werden. Diese Umverteilungsmaßnahmen unterteilen sich in wiederum vier Bereiche, die vor allem dadurch unterschieden sind, dass die finanzielle Zuständigkeit je anders organisiert ist, meist über die Delegation der Verantwortung an einzelne Institutionen:

- *Versicherungsmaßnahmen,* etwa die Zwangsversicherungen (Alter, Tod, Krankheit, Pflege, Unfall);
- *Versorgungsmaßnahmen,* z. B. für Kriegsopfer oder Beamte;
- *Fürsorgemaßnahmen* für nur vorübergehend in Not Geratene;
- *soziale Subventionen,* z. B. Steuerpräferenz wie etwa Kindergeld, Freibeträge.

Die gesetzlichen Versicherungen verfügen über eigene Finanzierungssysteme – die Einnahmen ergeben sich zum großen Teil aus den Sozialabgaben, und die Leistungen müssen aus diesen Einnahmen finanziert werden – und sind nicht unmittelbar vom Staat abhängig. Gleichwohl handeln sie als öffentlich-rechtliche Anstalten im Auftrag des Staates und unterliegen seiner Aufsicht; denn der Staat hat bestimmte Aufgaben – das ist das Kennzeichen solch öffentlich-rechtlicher Anstalten – an diese delegiert. Die Versorgungs- und Fürsorgemaßnahmen hingegen sind direkte staatliche Leistungen, die aus Steuermitteln aufgebracht werden. Die sozialen Subventionen sind keine Leistungen des Staates, sondern Steuerverzichte oder -vergünstigungen, die der Staat hinnimmt oder die er gewährt, wenn er Betroffene zur Eigenvorsorge ermuntert; für diesen Zweck erbrachte Leistungen können in einem bestimmten Umfang von der Steuer abgesetzt werden, fehlen also in der Gesamtrechnung des Staates.

Das System der sozialen Sicherheit wird juristisch im *Sozialrecht* dargestellt und zusammengefasst, mit einer eigenen Gerichtsbarkeit, an deren Spitze das Bundessozialgericht steht. Seit 1975 wird ein gesondertes *Sozialgesetzbuch* ausgearbeitet und Zug um Zug verabschiedet, als Zusammenfassung und Erweiterung des geltenden Rechts. Verankert ist das Sozialrecht zusätzlich in der EU; 1964 bereits unterzeichnete die Bundesregierung die *Europäische Sozialcharta,* gedacht als Ergänzung der *Europäischen Menschenrechts-*

4. Sozialstaat und Soziale Demokratie

konvention. Diese enthält 19 soziale Grundrechte. Doch wird dort nicht mehr als ein Mindeststandard beschrieben, der national einzuhalten ist, nicht aber eine konkrete Sozialpolitik vorgegeben, die auf europäischer Ebene etwa zu betreiben sei. In dem Maße, wie Europa zusammenwächst und eine Wirtschaftseinheit darstellt, müsste auch, so vielfach die Forderung, ein europäisches Sozialrecht entwickelt werden. Dies bereitet noch erhebliche Schwierigkeiten. Die europäische Einigungspolitik kann als halbherzig bezeichnet werden, weil sie die eine Seite der Medaille – die Wirtschaft – mit Macht vorantreibt und vereinheitlicht, aber deren Kehrseite – das Soziale – vernachlässigt bzw. den Nationalstaaten überlässt. Nicht wenige Brüche im EU-System können daraus erklärt werden; und ebenso richten sich nicht geringe Hoffnungen darauf, dass hier Erfolge erzielt werden.

Der Ausbau des deutschen Sozialstaats ist ablesbar am Anteil der *Sozialleistungsquote* am Bruttosozialprodukt; das sind die Gesamtausgaben für die soziale Sicherung. Diese Quote ist beständig gestiegen: Im Jahr 1950 lag sie bei 17,1 %, bereits 1960 kletterte sie auf 20,7 %, erreichte 1970 25,7 %, 1980 gar 30,6 % und ist im Jahr 2004 bei 34,1 % angelangt. Nach der Vereinigung ist der Prozentsatz also nicht wesentlich verändert worden. Ihm entspricht 2004 eine beträchtliche Summe – 723 Milliarden Euro –, die insgesamt als Sozialleistungen aufgebracht wurde.

Ein soziales Problem, das in dieser Form lange nicht ins öffentliche Bewusstsein getreten ist, kann daraus entstehen, dass für den Einzelnen nicht allein seine Zuordnung zu bestimmten Gruppen im Produktionsprozess von Bedeutung ist, sondern seine Zugehörigkeit zu *Versorgungsklassen*, seine soziale Position also nicht durch Besitz und Leistung, auch nicht durch Tarifverträge bestimmt ist, sondern durch die Abhängigkeit von Umverteilungsmaßnahmen. Hier gewinnt eine Aufteilung Relevanz, die von der überlieferten Sozialstruktur, wie sie oben dargestellt wurde, abweicht und neben dieser zu beachten ist. Die jeweilige Zuordnung, etwa als Rentner oder als Arbeitsloser, legt sein Wohlergehen und die Rolle in der Gesellschaft fest. Durch die vermehrte Abhängigkeit in einem kompakten Versorgungssystem – natürlich auch durch die Aufmerksamkeit darauf – wird eine neue Dimension in die soziale und politische Auseinandersetzung eingeführt. In der Politik, vor allem von der CDU, wurde dies bereits vor etwa 20 Jahren als „neue soziale Frage" thematisiert. Die soziale Sicherheit derer, die nicht in „normalen" Arbeitsverhältnissen stehen, sondern vom umfassenden

4. Sozialstaat und Soziale Demokratie

Versorgungssystem anhängig sind, etwa auch die Hausfrauen, wird damit angesprochen; sie haben im Wirtschafts- und Sozialsystem in der Regel keine institutionalisierte Vertretung, wie etwa die Arbeitnehmer in Gestalt der Gewerkschaften, und sind auf die besondere Aufmerksamkeit des Staates angewiesen. Der Sachverhalt gewinnt an Bedeutung, seitdem die Zahl derjenigen, die in „normalen" Arbeitsverhältnissen stehen, zurückgeht, weil der Faktor Arbeit in Wirtschaft und Gesellschaft an Bedeutung verliert und das System sich neu ausrichtet.

Das heißt auch, dass die Sozialpolitik in einem neuen Kontext diskutiert werden muss. Die Notwendigkeit der alten Sozialpolitik ergab sich aus den Zwängen und Verwerfungen des kapitalistischen Systems, dessen Härten aufzufangen waren; deshalb orientierte sie sich am Grundkonflikt von Kapital und Arbeit. Die neue Sozialpolitik ist einerseits Resultat der veränderten Arbeitswelt im postindustriellen Zeitalter und reagiert andererseits auf die Entwicklungen und Festlegungen des Sozialstaates selbst, auf die Einbettung des Einzelnen in die sich verselbständigenden Versorgungssysteme. Was daraus folgt, ist noch nicht abzusehen. Muss die vermehrte Abhängigkeit als Fehlentwicklung interpretiert werden, die ein drastisches Zurückschneiden des Sozialstaates verlangt? Oder reicht eine moderate Anpassung an die neuen ökonomischen Gegebenheiten? Werden die Verteilungskämpfe künftig nicht mehr am Markt ausgefochten, sondern als politische Auseinandersetzung um die Teilhabe am allgemeinen Kuchen? Erfordert dies eine grundlegende Reform des Systems, weil dieses, so einige Kritiker, nicht mehr leisten könne, was ihm abverlangt wird, und weil die Koordinaten sich verändert haben, in denen es angesiedelt ist? Die Sozialpolitik wird, das ist leicht vorauszusagen, das umstrittenste Politikfeld der Zukunft sein.

4.2.2 Einzelne Bereiche der sozialen Sicherung

Über drei Komplexe der sozialen Sicherheit muss etwas ausführlicher gesprochen werden, die *Ordnung der Arbeitswelt*, das *System der Sozialversicherungen* und die unter den Begriffen *Versorgung und Fürsorge* zusammengefasste staatliche Sozialpolitik.

Arbeit ist der zentrale Faktor, der in der Regel über die Lebensmöglichkeiten der Einzelnen und ihre Stellung in der Gesellschaft entscheidet; über die Beteiligung am Produktionsprozess werden die für den Unterhalt notwendigen Mittel verteilt. Die Erwerbsarbeit erfüllt somit – neben dem Kapital – eine ungemein wichtige

4. Sozialstaat und Soziale Demokratie

Platzierungs- und Sozialisationsfunktion. Man spricht von der *primären Einkommensverteilung*, beruhend auf abhängiger Erwerbsarbeit, selbständiger Tätigkeit und Kapitaleinkünften, welcher die *sekundäre Einkommensverteilung* gegenübersteht, die über Sozialleistungsansprüche geregelt ist. Doch sind beide Formen ineinander verschachtelt und voneinander abhängig; welche Sozialansprüche die Menschen haben, hängt zum großen Teil von der Art und dem Umfang ihrer Arbeit ab, etwa bei Rentenansprüchen; deshalb ist die Ordnung der Arbeitswelt von größter Bedeutung für die Systeme der sozialen Sicherheit insgesamt. Nur unter diesem Aspekt soll sie hier betrachtet werden.

In diesen Bereich fallen zwei wichtige Formen der sozialen Absicherung, die *Lohnfortzahlung* im Krankheitsfall und die Abfederung der *Arbeitslosigkeit*. Die Lohnfortzahlung durch die Arbeitgeber war eine lang umkämpfte Forderung, die in verschiedenen Etappen durchgesetzt wurde; für die Versorgung der Arbeitslosen ist die Arbeitslosenversicherung zuständig. Heute ist die Lohnfortzahlung im Allgemeinen auf sechs Wochen begrenzt, doch gibt es sehr unterschiedliche Regelungen in einzelnen Bereichen der Wirtschaft und des öffentlichen Dienstes, auf die im Detail nicht eingegangen werden soll; die Anschlussversorgung haben dann die Kranken- und eventuell die Rentenkassen zu übernehmen. – Die *Arbeitslosenversicherung* wurde 1927 gesetzlich eingeführt. Sie bedeutet eine Sicherung für diejenigen, die ihren Arbeitsplatz verlieren. Als Zwangsversicherung für Notfälle war sie gedacht; heute hat sich das Problem verlagert: Die strukturelle Arbeitslosigkeit mit der großen Zahl der Langzeitarbeitslosen – etwa ein Drittel aller Arbeitslosen – ist über Regelungen für Notfälle kaum zu bewältigen; sie verlangt nach einem grundsätzlichen Nachdenken über die Stellung von Arbeit und Erwerb in der postindustriellen Gesellschaft. Hintergrund dafür ist u. a. die *technologische* oder auch *dritte Industrielle Revolution* mit enormen Rationalisierungen, die ständig Arbeitsplätze vernichten; die neue Produktionsweise bedeutet einerseits eine Verknappung der Arbeit und fordert andererseits neue, hoch qualifizierte Arbeitsplätze. Daraus ergeben sich zwei Konsequenzen: *Erstens* bessere Ausbildung und häufigere Umschulungen und Weiterbildungen für jeden Einzelnen, der sich auf den veränderten Arbeitsmarkt einzustellen hat, und *zweitens* das Postulat der generellen Neuverteilung der Arbeit, eventuell mit einer Verkürzung der Arbeitszeit oder mit Teilzeitarbeit in großem Umfang. Beides kann hier nicht weiter verfolgt werden; doch dürfte

4. Sozialstaat und Soziale Demokratie

deutlich sein, dass Bildungspolitik ein Feld der Sozialpolitik darstellt, vielleicht das wichtigste, weil nur ausreichende Qualifikation vor Arbeitslosigkeit schützt, und dass ein grundsätzliches Nachdenken über die Struktur der Arbeitswelt neue organisatorische Grundlagen wird schaffen müssen – welcher Art immer –, die in Zukunft Arbeit und Sicherheit für alle versprechen können. Neustrukturierungen können z. B. dafür sorgen, dass Berufsarbeit und Kindererziehung besser miteinander vereinbar sind. Hier wären sehr wohl andere Arbeitsmodelle als die bislang üblichen denkbar; auch könnten andere Wertigkeiten eingebracht werden, wenn etwa nicht allein die Berufs-, sondern auch die Familien- und Sozialarbeit gewürdigt würde.

Die Absicherung gegen die Folgen der Arbeitslosigkeit erfolgte lange Zeit auf zweierlei Weise, das *Arbeitslosengeld* und die *Arbeitslosenhilfe*. Die älteren Regelungen sind mit der unter dem Kürzel Hartz IV benannten Reformen stark verändert worden, im allgemeinen Bewusstsein und im öffentlichen Diskurs aber noch so gegenwärtig, dass darüber berichtet werden muss. Auch bilden sie den Hintergrund für die neueren Festlegungen.

Das *Arbeitslosengeld* war eine Versicherungsleistung: Der Arbeitslose erhielt 60–67 % des letzten Nettoeinkommens, wenn er innerhalb der letzten drei Jahre mindestens ein Jahr lang Beiträge in die Arbeitslosenversicherung eingezahlt hatte. Die Bezugsdauer war nach Alter gestaffelt und konnte bis zu drei Jahre ausmachen; die Zahlung erfolgte in der Regel nur für ununterbrochene, unfreiwillige Arbeitslosigkeit. Wer Arbeitslosengeld erhielt, musste nicht bedürftig sein, konnte also durchaus Vermögen besitzen oder mit einem gut verdienenden Partner zusammenleben. Die *Arbeitslosenhilfe* war eine Sozialleistung: Diese wurde nach Abschluss der Zahlungen des Arbeitslosengeldes gewährt; 57 % des letzten Nettoeinkommens wurden ausgezahlt, gestaffelt nach Bedürftigkeit; etwa gab es beträchtliche Abzüge, wenn der Ehepartner eine Arbeitstelle hatte. – Die Zahlungen des Arbeitslosengeldes erfolgten über die Arbeitsämter und war im Wesentlichen durch die Einnahmen der Arbeitslosenversicherung gedeckt. Die Arbeitslosenversicherung lebte und lebt von den Zahlungen der Beitragspflichtigen; das sind alle abhängig Arbeitenden sowie die jeweiligen Arbeitgeber. Die Beiträge betragen im Jahr 2007 4,2 % des Bruttoeinkommens und sind von Arbeitgeber und Arbeitnehmer je zur Hälfte zu tragen. – Trägerin der Arbeitslosenversicherung ist die *Bundesagentur für Arbeit* mit Sitz in Nürnberg, wiederum eine Körperschaft des öf-

4. Sozialstaat und Soziale Demokratie

fentlichen Rechts; ihr sind alle Arbeitsämter und Arbeitsagenturen auf Länderebene und auf kommunaler Ebene zugeordnet.

Nach einer langen Reformdiskussion ist im Jahr 2004 eine Neuregelung diskutiert und zum Jahresbeginn 2005 eingeführt worden, bekannt als Hartz IV, nach dem früheren Arbeitsdirektor bei VW benannt, der als Vorsitzender einer Reformkommission einen entsprechenden Entwurf vorgelegt hatte. Diesem Gesetzespaket waren drei andere vorausgegangen, die alle dem Ziel galten, den Arbeitsmarkt zu reformieren und die Effektivität der Arbeitsämter, die jetzt Arbeitsagenturen heißen, zu verbessern. Hartz IV legt die Höhe und Modalitäten der Zahlungen neu fest: Wer bis zum 31. Januar 2006 arbeitslos wurde, erhielt das *Arbeitslosengeld I (ALG I)* – so lautet die neue Bezeichnung – wie bisher für die Dauer von maximal 32 Monaten (57-Jährige und Ältere). Wenn diese Anspruchsdauer erschöpft ist, erhalten die Arbeitslosen eine neue Grundsicherung, die als *Arbeitslosengeld II (ALG II)* die bisherige Arbeitslosenhilfe ersetzt. Wer nach dem 31. Januar 2006 arbeitslos wird, erhält das Arbeitslosengeld I nur noch 12 Monate, ältere Menschen – über 55 Jahre – 18 Monate. Die Leistungen des Arbeitslosengeldes II sind gegenüber der bisherigen Arbeitslosenhilfe deutlich abgesenkt. Für Ost- und Westdeutschland gab es zunächst unterschiedliche Pauschalen; mittlerweile sind sie angeglichen worden: Das Arbeitslosengeld II beträgt seit dem Jahr 2006 in den alten und neuen Bundesländern einheitlich 345 Euro pro Monat. Eigenes Vermögen wird angerechnet, wenn es bestimmte Freibeträge übersteigt. Das Arbeitslosengeld II kann drastisch reduziert werden, wenn der Arbeitslose ihm etwa angebotene Stellen ausschlägt. Beim Übergang vom Arbeitslosengeld I zum Arbeitslosengeld II wird zudem für zwei Jahre ein Zuschuss gezahlt; dieser wird nach dem ersten Jahr halbiert. Die Zuständigkeit für die beiden Formen der Unterstützung blieb wie bisher: Das Arbeitslosengeld I wird von der Arbeitslosenversicherung gezahlt, ist also weiterhin durch die Beiträge gedeckt; das Arbeitslosengeld II wird von den Kommunen und – zum größeren Teil – von der Bundesagentur aufgebracht; es ist grundsätzlich steuerfinanziert. Eine Entlastung der Kommunen ergibt sich vor allem dadurch, dass das Arbeitslosengeld II in der Regel deutlich unter der früheren Arbeitslosenhilfe liegt.

Die Motivation für die neue Regelung ist sehr eindeutig: Arbeitslose sollen stärker als bisher dazu angehalten werden, sich um Arbeitsplätze zu bemühen; der Verdacht besteht, dass sich viele in den Segnungen des sozialen Netzes allzu wohlig ausgeruht haben. Na-

4. Sozialstaat und Soziale Demokratie

türlich ist die gesamte Regelung auf heftige Kritik gestoßen, weil die Arbeitslosigkeit keineswegs rosig gewesen sei und weil Arbeitsplätze, nach denen man sich umschauen könnte, kaum zur Verfügung stünden. Das ist vor allem in Ostdeutschland der Fall, wo die Arbeitslosigkeit in einzelnen Regionen über 25 % liegt und Arbeitsplätze in auch nur halbwegs ausreichender Zahl nicht angeboten werden. Folglich lautete die sehr scharfe Kritik, dass mit dem neuen Gesetz das eigentliche Problem – die strukturelle Arbeitslosigkeit – nur verdeckt werde, auf Kosten der Arbeitslosen. Ein weiterer, sehr umstrittener Punkt von Hartz IV war die nun vorgesehene, enge Zusammenarbeit der zuständigen Stellen: Künftig sollen die regionalen Agenturen für Arbeit mit den Kommunen besser zusammenarbeiten. Das ineffiziente und teure Nebeneinander bundeseigener Arbeitsagenturen und kommunaler Sozialämter soll damit beendet werden. Zweifel wurden laut, dass dies gelingen könne.

Hinter den erregt ausgetragenen Debatten – als Teil der in den letzten Jahren geführten Reformdiskussion – stand auch das grundsätzliche Problem der Zuständigkeit: Fällt die Verantwortung für seine Arbeit, als der wichtigsten Quelle des Erhalts, in die Zuständigkeit des Individuums, das als frei gedacht wird und auf dem Markt seinen Platz finden soll? Oder ist dies eine Illusion, die in Zeiten der hochkomplexen postindustriellen Gesellschaft zu Grabe getragen werden muss, weil die Freiheit nur vor dem Hintergrund der Einbettung in einen sozialen Zusammenhang gedacht werden kann? Ist also die reale Hilflosigkeit des Arbeitslosen dessen eigene Sache oder eine Angelegenheit der Gesellschaft, die eben für ausreichend Arbeitsplätze zu sorgen hat? Und ist nicht umgekehrt auch das Glück desjenigen, der Arbeit gefunden hat und erfolgreich ist, nicht zu einem großen Teil der Gesellschaft geschuldet, welche die Voraussetzungen für solches Glück geschaffen hat und weiterhin erhält? Der Anteil des Einzelnen an seinem Erfolg – auch des Selbständigen – hängt, so darf gefolgert werden, wenn die These der Einbettung richtig ist, in hohem Maße an Bedingungen, die nicht in seiner Macht stehen. Dann freilich ist das subjektive Verdienst beträchtlich zu relativieren. Ist die Verantwortung für den Arbeitsplatz also zu privatisieren oder zu kollektivieren? Die Spannung zwischen Individuum und Kollektiv ist auch für diesen zentralen Bereich der modernen Arbeitsgesellschaft konstitutiv. Wie sie auszugestalten und zu gewichten ist, ist die große Frage; jede Verselbständigung der einen oder anderen Seite dürfte der Sache nicht gerecht werden.

4. Sozialstaat und Soziale Demokratie

Neben der Arbeitsvermittlung und Versorgung der Arbeitslosen – also vor allem die Verwaltung und Auszahlung der entsprechenden Gelder – gehören in den Aufgabenbereich der Arbeitsämter oder -agenturen *erstens* Maßnahmen der Arbeitsbeschaffung von staatlicher Seite und solche der Infrastrukturförderung. Über *Arbeitsbeschaffungsmaßnahmen* (*ABM*) wollte und will man Arbeitslose wieder in das Berufsleben integrieren; heute sind die Programme deutlich zurückgenommen worden, spielen aber in Ostdeutschland noch eine Rolle. Über die *Infrastrukturförderung* werden Zuschüsse vergeben, durch die Beschäftigung schaffende Vorhaben unterstützt werden sollen. Darüber sollen die Rahmenbedingungen für neue Arbeitsplätze insgesamt verbessert werden. – *Zweitens* ist es Sache der Arbeitsagenturen, Umschulungsmaßnahmen zu organisieren und den Arbeitslosen anzubieten, um diese so – über eine bessere Qualifikation – wieder in den Arbeitsmarkt integrieren zu können. Bildungsfunktionen haben somit in beschränktem Umfang auch die Arbeitsagenturen zu übernehmen.

Auf die Entwicklung der Arbeitslosigkeit in Deutschland sei an dieser Stelle kurz eingegangen. Die Geschichte in Ostdeutschland soll nicht dargestellt werden; festgehalten sei nur, dass es dort vor der Vereinigung praktisch keine Arbeitslosigkeit gegeben hat. Dies aber beruhte auf einer ökonomischen Selbsttäuschung: Arbeitsplätze durften nicht abgebaut werden, auch wenn Arbeit nicht mehr zur Verfügung stand; das führte zu einer ökonomischen Blase, die 1990 mit der Einführung der Marktwirtschaft in sich zusammenfiel. Freilich hat diese Erfahrung – der vollständigen Absicherung durch stets vorhandene Arbeitsplätze – die Menschen geprägt und Erwartungen erzeugt, die nach der Vereinigung nicht eingelöst werden konnten. Und daraus wiederum entstanden politische Vorbehalte gegenüber dem neuen System, die bis heute anhalten. – In Westdeutschland kann die Entwicklung nach 1945 in drei Phasen beschrieben werden. Die *erste Phase* umfasst den Wiederaufbau und den Beginn des Wirtschaftswunders von 1945 bis gegen Mitte der 1950er-Jahre; 1950 gab es noch eine Arbeitslosigkeit von über 10 %; 1960 ist sie auf 1,3 % gesunken. Gründe für die frühe hohe Arbeitslosigkeit lagen zunächst in den Umstellungsschwierigkeiten von der Kriegs- auf die Friedenswirtschaft sowie in den gewaltigen Zerstörungen, die beseitigt werden mussten, bevor an ein normales Arbeiten zu denken war; verschärft wurde die Situation durch die enorme Zahl von Flüchtlingen und Vertriebenen, die auf den

4. Sozialstaat und Soziale Demokratie

Arbeitsmarkt drängten. Das zunächst sehr geringe Wirtschaftswachstum konnte aber bald gesteigert werden, bis auf 8 % in den späten 1950er-Jahren. Die *zweite Phase* der Vollbeschäftigung dauerte von Mitte der 1950er-Jahre bis zum Ölpreisschock von 1973; in dieser Zeit stieg die Nachfrage nach Arbeitskräften, sodass nach dem Mauerbau 1961, als der Zustrom aus dem Osten versiegte, ausländische Arbeitnehmer angeworben wurden. Die *dritte Phase* begann um 1974 und ist bis heute nicht abgeschlossen. Seitdem haben wir eine konstant hohe – wenn auch in Phasen an- und abschwellende – Arbeitslosigkeit, von zunächst 4 % auf über 10 % ansteigend. Die westdeutsche Arbeitslosigkeit lag 2005 bei 11 %, die ostdeutsche bei 20 %, die gesamtdeutsche bei 13 %. Sie konnte trotz eines Wirtschaftswachstums nicht abgebaut werden, von keiner der inzwischen amtierenden Bundesregierungen, weil – so die gewiss allzu einfache Diagnose – zum einen die umfassenden Rationalisierungen Arbeitsplätze aufgefressen haben und zum anderen die Zahl der Erwerbspersonen, also derjenigen, die arbeiten wollen, drastisch zugenommen hat. Die vielfältigen Ursachen, die eine Rolle gespielt haben, können hier nicht verfolgt werden; dies verlangte nach einer genauen Diskussion der ökonomischen und sozialen Lage. Die Situation wurde durch die Vereinigung, die noch höhere Arbeitslosigkeit in Ostdeutschland (nach der Wende ist dort ein Drittel der Arbeitsplätze fortgefallen) und die große Zahl von Aussiedlern (zwischen 1989 und 1995 insgesamt 1,9 Millionen) noch zusätzlich verschärft. – Der Wirtschaftsaufschwung seit dem Jahr 2006 führte zu einem zunächst nur geringen Abbau der Arbeitslosigkeit; zur Jahresmitte 2007 jedoch ist die Zahl der Arbeitslosen auf nur noch 3,8 Millionen gesunken, was einer gesamtdeutschen Arbeitslosenziffer von 8,8 % entspricht. Das ist gewiss erfreulich, und daran knüpfen sich schnell große Hoffnungen. Ob diese berechtigt sind und eine grundsätzliche Trendwende eingetreten ist, die gar das strukturelle Problem lösen kann, vermag aber noch niemand zu sagen.

In den nächsten zehn bis zwanzig Jahren wird die Zahl der Erwerbspersonen vermutlich deutlich schrumpfen; man rechnet mit einem Rückgang von 41 Millionen Erwerbspersonen im Jahr 1994 auf 27 Millionen im Jahr 2030. Damit dürfte das Problem sich grundlegend verschieben – schon jetzt ist von einem drohenden Fachkräftemangel in einzelnen Branchen die Rede –, was hier wiederum nicht diskutiert werden kann. Ohne eine Zuwanderung von außen, so sagen die Experten, wird das entstehende Defizit kaum aufgefangen werden können, auch wenn mit weiteren Rationalisie-

4. Sozialstaat und Soziale Demokratie

rungen zu rechnen ist, sodass die ausreichende und geregelte Zuwanderung von Arbeitskräften darüber entscheiden dürfte, ob die Wirtschaftsproduktion im bisherigen Umfang aufrecht erhalten werden kann. Man rechnet – jetzt nicht demographisch, sondern ökonomisch gedacht – mit einem notwendigen Zuwachs von ca. 400 000 Menschen pro Jahr; das sind deutlich mehr, als zur Zeit nach Deutschland einwandern. Die damit zusammenhängenden Probleme werden – wie oben bereits dargestellt – überaus kontrovers diskutiert, weshalb lange Zeit eine Einigung zwischen den großen Parteien nicht absehbar war; auch ist es bislang nicht gelungen, der Öffentlichkeit die Brisanz der Angelegenheit zu vermitteln. Auch hier dürfte sich reichlich Diskussionsstoff angesammelt haben. Die Diskussion über die strukturellen Probleme der Verteilung von Arbeit wird mit diesen Aussichten nicht überflüssig, sondern umso notwendiger, weil zu den bisherigen Problemen der Verteilung grundsätzlich neue Dimensionen hinzutreten, der Organisation der Arbeit einerseits und der Bildung und Qualifikation andererseits.

Das *System der gesetzlichen Sozialversicherungen* besteht aus vier Bereichen, der Renten-, Kranken-, Pflege- und Unfallversicherung. Jeweils werden die Versicherungen in der Hauptsache von öffentlich-rechtlichen Anstalten getragen; Privatversicherungen spielen demgegenüber eine nur untergeordnete Rolle, doch wächst deren Bedeutung. Die Versicherungen finanzieren sich vornehmlich über Beiträge, die von den Mitgliedern entrichtet werden, meist von Arbeitgebern und Arbeitnehmern, doch jeweils zu unterschiedlichen Bedingungen und in unterschiedlicher Höhe des Prozentsatzes der Beteiligung. Da ihre Finanzkraft, vor allem in der Rentenversicherung und in der Arbeitslosenversicherung, nicht ausreicht, müssen die Versicherungsanstalten – auch die Bundesagentur für Arbeit – durch Zuschüsse vom Staat unterstützt werden. Das bedeutet u. a., dass die Renten zu einem bestimmten Prozentsatz – zur Zeit ca. 33 % – aus Steuermitteln bestritten werden. Der Staat kommt vor allem für Leistungen auf, denen keine Beiträge gegenüber stehen oder gestanden haben, etwa für Folgekosten der Vereinigung oder zuvor des Zweiten Weltkrieges, z. B. bei Witwen- und Waisenrenten. Solche Zuschüsse sind durch die Ökosteuer der rot-grünen Koalition – im Jahr 1999 in Kraft gesetzt und 2004 vom Bundesverfassungsgericht als grundgesetzkonform gebilligt – auf eine neue Ebene gehoben worden: Die Steuer wird auf den Verbrauch von

4. Sozialstaat und Soziale Demokratie

Kraftstoff und Strom erhoben; die Einnahmen werden in den Haushalt der gesetzlichen Rentenversicherung überführt und sollen zugleich die Lohnnebenkosten senken; denn ohne diese Umverteilung hätten die Beiträge angehoben werden müssen. Die ökologische Ausrichtung einer Reduktion des Energieverbrauchs wird so – und darin besteht das Neue – mit ökonomischen und sozialpolitischen Zielsetzungen gekoppelt.

Die Rentenversicherung ist eine Pflichtversicherung für alle Arbeitnehmer, die auch die Familienangehörigen einschließt. Zuständig ist die *Bundesversicherungsanstalt für Angestellte*, die *Landesversicherungsanstalten* sowie die *Knappschaftsversicherungen* (zuständig für die Berufszweige Bergbau, Hochseeschifffahrt und Bahn), die insgesamt seit 2005 in der *Deutschen Rentenversicherung* zusammengefasst sind. – Die Höhe der Renten richtet sich nach den Versicherungsjahren und der Höhe der zuvor eingezahlten Beiträge; der durchschnittliche Rentnerhaushalt erhielt 2002 als Jahreseinkünfte 21 600 Euro, das bedeute pro Haushaltsmitglied 13 100 Euro.

Der Beitrag für die Rentenversicherung wird von den Arbeitnehmern und Arbeitgebern je zur Hälfte getragen. Die Beitragshöhe ist abhängig von den jeweiligen Auszahlungsverpflichtungen der Kassen; er war auf über 20 % gestiegen und beträgt momentan – 2007 – 19,9 % des Bruttoeinkommens. Dahinter stehen wiederum die vieldiskutierten Lohnebenkosten, welche die Arbeit verteuern und so die Wirtschaft belasten: Je höher diese Lohnnebenkosten werden, desto teurer wird Arbeit in Deutschland; wird sie allzu teuer, so sind zum einen die Einkünfte zu niedrig – und die Binnennachfrage sinkt –, und zum anderen steigt die Neigung der Unternehmer, Arbeitsplätze ins kostengünstigere Ausland zu verlegen. – Die Beitragsbemessungsgrenze für die Rentenbeiträge lag 2007 bei 5250 Euro monatlich im Westen und 4550 Euro im Osten. Wer – als abhängig Arbeitender – mehr verdient, zahlt Beiträge zu dem Höchstsatz, hat aber auch nur die daraus resultierenden Ansprüche; Selbständige müssen für ihre Altersvorsorge auf private Versicherungen oder Vermögen zurückgreifen. Die zu erwartende Rente sollte ursprünglich – als die Renten 1957 neu konzipiert wurden – nach 45 Erwerbsjahren ca. 70 % des durchschnittlichen Nettoeinkommens ausmachen und die Funktion des Lohnersatzes erfüllen, also ein vertretbares Auskommen garantieren; seit der Reform im Jahr 2001 – mit der Einführung der zusätzlichen, kapitalgedeckten Privatvorsorge – ist eine schrittweise Senkung des Niveaus der

4. Sozialstaat und Soziale Demokratie

gesetzlichen Rente vorgesehen, bis auf ca. 40 %. Damit verliert die Rente die Lohnersatzfunktion. Die neue Rentenreform verlangt deshalb von allen Arbeitnehmern – nicht verbindlich, sondern als dringende Empfehlung – eine private Vorsorgung, für die es eine staatliche Unterstützung gibt, die sogenannte *Riester-Rente*, damit das Auskommen im Alter gesichert werden kann.

Wichtigster Neuansatz nach 1945 war der Generationenvertrag von 1957, der die bis heute geltende Regelung umschreibt: Die Rente wird seitdem nicht wie ein Sparguthaben angespart, auch nicht in einem Vertrag mit der Versicherungsgesellschaft auf eine Höhe festgelegt, sondern die jeweils im Erwerbsleben Stehenden sorgen für die Alten und Kinder. Dies bezeichnet man als *Umlagefinanzierung*; denn die eingehenden Beiträge der Arbeitenden werden umgehend in Leistungen an die Rentner umgesetzt. Die Festlegung folgt – so expressis verbis die Begründung – einem moralisch verstandenen Solidaritätsprinzip, das in gewisser Weise dem ökonomischen Äquivalenzprinzip entgegengestellt wird, denn dieses sieht die genaue Entsprechung von Beitragszahlungen und empfangenen Leistungen vor. Bei der – höchst komplizierten – Berechnung der jeweiligen Rentenhöhe spielt das Äquivalenzprinzip gleichwohl eine Rolle, denn diese ist abhängig von der Höhe der früheren Beitragszahlungen sowie von der Zahl der Beitragsjahre. Äquivalenz- und Solidaritätsprinzip sollen so in ein Gleichgewicht gebracht werden. Verbunden ist mit der neuen Regelung die *Dynamisierung der Renten*, also ihr ständige – meist jährliche – Anpassung an die allgemeine Lohnentwicklung, gedacht als Verlängerung der Solidargemeinschaft in eine Zukunft hinein. Die solidarische Hilfe ist mithin nicht allein horizontal, sondern ebenso vertikal ausgerichtet; der heutige Beitragszahler, der gegenwärtig die Rentner finanziert, vertraut darauf, dass künftige Beitragszahler später ihn finanzieren werden. Natürlich ist dieses Vertrauen nicht blind, sondern verfassungsrechtlich und gesetzlich abgesichert und nimmt folglich die Form eines Rechtsanspruchs an. Deshalb kann gesagt werden, dass mit dem Rentenanspruch ein „soziales Kapital" angesammelt wird, das einen Schutz bedeutet und sich vom bloßen Almosen unterscheidet.

1972 wird die Rentenversicherung für alle Erwerbstätigen geöffnet – heute sind ca. 80 % der Erwerbstätigen in der gesetzlichen Rentenversicherung versichert – und die *flexible Altersgrenze* eingeführt; der Beginn des Rentenalters wird von den Einzelnen – in einem relativ engen Rahmen – selbst bestimmt. Freilich bedeutet

4. Sozialstaat und Soziale Demokratie

eine frühe Verrentung auch eine Minderung der Rente. Dies ist eine zweischneidige Angelegenheit: Zum einen können dadurch Arbeitende relativ leicht vorzeitig aus dem Arbeitsleben ausscheiden, also auch Arbeitsplätze für die Jüngeren freimachen, zum anderen erhöht sich so die Zahl der zu Versorgenden. Deshalb gibt es seit den 1990er-Jahren starke Bemühungen, das vorzeitige Ausscheiden zu erschweren und die Grenze, bis zu der gearbeitet werden soll, auf das 67. Lebensjahr zu verlegen. Das Gesetz über die stufenweise Einführung der Rente mit 67 ist 2007 von der Großen Koalition verabschiedet worden.

Zur Kritik am Generationenvertrag ist vielfach angemerkt worden, dass die Kinderlosen zu gut wegkommen, weil sie die Kosten der Kindererziehung nicht – oder kaum – zu tragen haben, aber voll in den Genuss des Generationenvertrages kommen; deshalb gab es z. B. 1992 – anlässlich eines neuen Rentenreformgesetzes – den Vorschlag, die Kinderlosen durch einen besonderen „Solidarbeitrag" stärker an der Finanzierung ihrer künftigen Rente zu beteiligen. Dies ist seitdem immer wieder diskutiert worden, doch bislang gibt es keine entsprechenden Entscheidungen. In den Steuerreformen, die in den letzten Jahren beschlossen worden sind, wurden die Kinderlosen gegenüber denjenigen, die Kinder haben, noch immer begünstigt.

Die *Gesetzlichen Krankenversicherungen* bestehen seit 1883; heute sind dort ca. 90 % der Bevölkerung versichert. Dies beinhaltet eine Pflichtversicherung für alle Arbeitnehmer unterhalb einer Versicherungspflichtgrenze; diese Grenze lag 2007 bei knapp 4000 Euro monatlich. Ausnahmen gab es lange Zeit – wie bei der Rentenversicherung – bei sehr geringem Einkommen; sie sind aber 2003 aufgehoben oder modifiziert worden. Die Versicherten haben seit 1992 die freie Wahl zwischen einer Reihe von gesetzlichen Versicherungen, die auf dem Markt miteinander konkurrieren. – Wer nicht pflichtversichert ist, ist in aller Regel privat versichert; Sonderregelungen gibt es für Beamte und die höheren Besoldungsgruppen des öffentlichen Dienstes mit Beihilferegelungen, also Zuschüssen des Staates zu den Krankenkosten.

Die Beitragssätze werden wiederum von Arbeitgebern und Arbeitnehmern zu gleichen Teilen getragen. 2004 lagen diese bei knapp 15 % des Bruttoverdienstes, doch bei den einzelnen Versicherungen ergeben sich geringfügige Unterschiede; stets gilt die Versicherung für die ganze Familie. Um die stark steigenden Kosten der gesetzlichen Krankenversicherungen zu senken, hat man in der

4. Sozialstaat und Soziale Demokratie

Reform der letzten Jahre unterschiedliche Formen der Selbstbeteiligung eingeführt, etwa die Beteiligung an Medikamenten und den Arztkosten, aber auch deutliche Einschränkungen bei den Leistungen verfügt.

Eine umfassende Neuregelung war in langen Auseinandersetzungen von den Parteien diskutiert worden; die gegensätzlichen Positionen von Union und SPD führten zu einem Kompromiss, der 2007 als Gesundheitsreform beschlossen wurde. Auf die Einzelheiten kann hier nicht eingegangen werden; die Grundstrukturen des Versicherungssystems sind nicht verändert worden. Von den konkreten Veränderungen sei nur erwähnt, dass erstens das Verhältnis der gesetzlichen und privaten Versicherungen auf eine neue Basis gestellt wird, dass zweitens die Versicherungspflicht für alle eingeführt wird und drittens ein Gesundheitsfonds für die gesetzlichen Versicherungen vorgesehen ist, der einen Ausgleich zwischen diesen herstellen soll. Ob das Versprechen eingelöst werden kann, die medizinische Versorgung zu halten, gar zu verbessern und gleichzeitig die Kosten zu senken und die Beiträge nicht zu erhöhen – um die Lohnnebenkosten zu begrenzen –, wird erst die Zukunft erweisen.

Als neue Form der Versicherung ist 1995 die obligatorische *Pflegeversicherung* eingeführt worden, welche die Kosten – in eng umschriebenen Grenzen – im etwa eintretenden Pflegefall zu übernehmen hat. Die Beiträge werden wiederum von Arbeitgebern und Arbeitnehmern zu gleichen Teilen übernommen; ein kompliziertes System regelt die unterschiedlichen Leistungen bei den verschiedenen Pflegefällen.

Die *Unfallversicherung* ist eine Haftpflichtversicherung der Arbeitgeber zugunsten der Arbeitnehmer für alle Arbeitnehmer; wiederum ist es eine Pflichtversicherung, die aber allein vom Arbeitgeber zu tragen ist. Träger der Unfallversicherung sind die gewerblichen und landwirtschaftlichen Berufsgenossenschaften sowie die Unfallversicherungsträger der öffentlichen Hand.

Als eigenes System des Ausgleichs müssen die direkten Leistungen des Staates gelten, die also nicht über das Versicherungswesen gedeckt werden. Hierzu zählen zum einen alle *Versorgungsmaßnahmen*, wie etwa die Beamtenbesoldung, die während des Dienstes als Gehalt, im Ruhestand als Pension aus den Steuermitteln der jeweiligen staatlichen Ebene zu erbringen ist, und hierzu müssen zum anderen alle *Fürsorgemaßnahmen* gerechnet werden, die vor allem für Notfälle gedacht sind. Als besondere sozialpolitische

4. Sozialstaat und Soziale Demokratie

Maßnahmen gelten diese den sozial Schwachen, nachdem eine Bedürftigkeitsprüfung die Notlage bestätigt hat; die Finanzierung erfolgt ausschließlich über Steuergelder. Zahlungen gehen an die Einzelnen als direkte Zuwendungen oder auch als indirekte – steuerliche – Vergünstigungen. Versorgungs- und Fürsorgemaßnahmen sind gewiss heterogenen Ursprungs – Beamtengehälter sind, weil ihnen eine unmittelbare Gegenleistung entspricht, keine Sozialleistungen, wohl aber die späteren Pensionen (wie auch die Renten) – und resultieren aus ganz unterschiedlichen Rechtsansprüchen; gemeinsam ist ihnen nur, dass die Leistung aus Steuermitteln erfolgt, und nicht aus Versicherungsbeiträgen. Während die Berechnung und Auszahlung im Bereich der Renten-Versicherungssysteme über öffentlich-rechtliche Anstalten geregelt ist, sind für die Versorgungs- und Fürsorgezahlungen staatliche Ämter zuständig.

Die wichtigste Form der Fürsorge ist – oder war – die *Sozialhilfe*. Die ursprüngliche Bedeutung der Sozialhilfe bei ihrer Einführung im Jahre 1962 durch das neue Bundessozialhilfegesetz bestand in einer Ausfallbürgschaft bei individuellen – atypischen – Notlagen; natürlich ging diese Form der staatlichen Fürsorge auf ältere Formen zurück, für die jetzt eine neue rechtliche Basis geschaffen wurde. Bis dahin galt die Regelung der Sozialfürsorge aus dem Jahr 1924; mittlerweile wurde sie als nicht mehr zureichend angesehen. Gedacht als eine Art Feuerwehr, hatte die Sozialhilfe einzuspringen, wenn Brände auftraten. In Zeiten einer nicht mehr florierenden Wirtschaft wurde dies bei vielen Beziehern zu einer dauerhaften Grundversorgung. Zuständig dafür sollten die Kommunen sein, die ihren Angehörigen in der Not eben beizustehen hatten. Die Rückbindung an die Kommunen knüpfte an die alte, noch aus vorbürgerliche Zeiten stammende Praxis an, die die Armenfürsorge ganz wesentlich als Gemeindeaufgabe betrachtet hatte.

Wer das Existenzminimum nicht aufbringen kann, hat einen Anspruch auf Sozialhilfe; heute ist dies zu einem Massenphänomen geworden. Als Mitte der 1970er-Jahre die Massenarbeitslosigkeit einsetzte, erhielt die Sozialhilfe eine neue Funktion und führte zu einer erheblichen Belastung der Kommunen. Im Osten gingen zwei Drittel der Fälle, in denen Sozialhilfe geleistet wurde, auf Arbeitslosigkeit zurück, im Westen ein Drittel. Die Zahl derjenigen, die Sozialhilfe auf Dauer bezogen, erhöhte sich in den letzten Jahren – insbesondere in Ostdeutschland – drastisch; 1992 waren dies bereits 41 % der Bezieher; insbesondere waren es immer wieder die Alleinerziehenden, die dauerhaft auf Sozialhilfe angewiesen waren.

4. Sozialstaat und Soziale Demokratie

Nicht zuletzt um die Gemeinden zu entlasten, ist mit den letzten Sozialreformen im Zuge von Hartz IV auch die Sozialhilfe reformiert worden: Sie erhielt nicht nur den neuen Namen *Sozialgeld* – Sozialhilfe kann als Geld-, Sach- oder Dienstleistung gegeben werden, die Geldleistung trägt den Namen Sozialgeld –, sondern wurde auch eingeschränkt. Zudem wurde mit Hartz IV das Arbeitslosengeld II der Sozialhilfe angeglichen: Arbeitslosengeld II erhalten diejenigen, die als erwerbsfähig eingestuft werden, während diejenigen, die als nicht erwerbsfähig gelten, Sozialgeld bekommen. Während die Sozialhilfe von den Kommunen zu finanzieren ist, müssen die Arbeitsagenturen im Wesentlichen für das Arbeitslosengeld aufkommen; deren Defizite werden aus Steuermitteln des Bundes finanziert. Mithin führt die Neuregelung zu einer Entlastung der Kommunen; alle Notfälle, die auf Arbeitslosigkeit zurückgehen, werden dem Bund aufgebürdet.

Wohngeld wird an Einkommensschwache gezahlt; das geschieht über eine komplizierte Berechnung, in der andere Zahlungen verrechnet werden müssen. Die Wohngeldzahlung ist ausgeschlossen, wenn bestimmte andere Leistungen bereits gewährt wurden, etwa Arbeitslosengeld II oder Sozialhilfe. Bislang waren die Zahlungen beträchtlich; wie sich die Zahlungen nach den Neuregelungen von 2005 entwickeln werden, ist kaum abzusehen. Statistiken liegen noch nicht vor.

Eine andere Form der direkten Unterstützung aus Steuermitteln ist das *Kindergeld,* auf das alle Eltern Anspruch haben, solange die Kinder noch in der Ausbildung sind, höchstens bis zum Alter von 25 Jahren. Vor der Einführung des Kindergeldes gab es eine Unterstützung von Eltern mit Kindern durch steuerliche Vergünstigung, die sogenannten Kinderfreibeträge, was dazu führte, dass Eltern mit hohem Einkommen begünstigt wurden. Seitdem erfolgt der Ausgleich durch Zahlung eines einheitlichen Kindergeldes, ab 1999 154 Euro für jedes Kind, für das vierte und jedes weitere Kind 179 Euro; Freibeträge können nur selten – bei sehr hohen Einkommen – geltend gemacht werden und werden dann gegen das Kindergeld verrechnet. De facto werden kaum noch Freibeträge gewährt, sondern eben das einheitliche Kindergeld für alle gezahlt. Über die Art und Weise der Entlastung der Kinder erziehenden Familien ist ausgiebig gestritten worden. Die gegenwärtige Form findet die Unterstützung der großen Parteien; doch tauchen immer wieder neue Vorschläge auf, durch welche die Geburtenzahl erhöht soll und die Kindererziehung attraktiver werden könnte, etwa durch finanziel-

4. Sozialstaat und Soziale Demokratie

len Anreize, die einen größeren Teil der Kosten abdecken sollten. In die gleiche Richtung zielen Vorschläge, welche die Kinderbetreuung verbessern sollen, über die Bereitstellung von Kinderkrippen- und Kindergartenplätzen, um so Kindererziehung und Erwerbsarbeit gleichzeitig zu ermöglichen. Für den Kindergartenplatz gibt es seit 1999 einen Rechtsanspruch, für die Kinderkrippe noch nicht; in diesem Bereich sind die Verhältnisse in den neuen Bundesländern deutlich besser als in den alten.

Vom Kindergeld zu unterscheiden ist das Erziehungs- oder Elterngeld; die frühere Regelung mit der Bezeichnung *Erziehungsgeld*, die zum 1.1. 2007 ausgelaufen ist, sollte Eltern in die Lage versetzen, Kinder in der ersten Lebensphase zu betreuen und dabei auf Berufstätigkeit ganz oder teilweise zu verzichten. Das neue *Elterngeld* folgte derselben Intention, ist aber bei der Gewährung von Hilfe wesentlich großzügiger. Das Erziehungsgeld – auf die Darstellung der komplizierten Regelungen im Einzelnen kann hier verzichtet werden – wurde für 24 Monate gewährt und betrug maximal 307 Euro pro Monat und Kind; es konnte auch auf maximal 460 Euro pro Monat erhöht werden, wenn dann die Laufzeit verkürzt wurde, auf höchstens ein Jahr. Das Elterngeld ist großzügiger bemessen und soll Eltern – oder einen Elternteil – in die Lage versetzen, für maximal 14 Monate auf die Berufstätigkeit zu verzichten; die normalerweise gewährten zwölf Monate können um zwei Monate verlängert werden, wenn auch der Partner für diesen Zeitraum die Berufstätigkeit aufgibt. Die Bezieher erhalten bis zu 67 % des letzten Einkommens, sodass das Elterngeld als vorübergehender Entgeltersatz fungiert; als Höchstgrenze sind 1800 Euro pro Monat festgelegt. Das Motiv des neuen Elterngeldes ist nicht das der Fürsorge, sondern die Absicht, die Geburtenrate zu erhöhen; der Anreiz ist letztlich demographisch begründet. Das alte Erziehungsgeld hatte noch den Charakter der unterstützenden Sozialleistung; das neue Elterngeld ist als Entgeltersatzleistung konzipiert und kann als Sozialinvestition in die Zukunft begriffen werden.

Seit 1971 gibt es das *Bundesausbildungsförderungsgesetz* (= *BAföG*). Leistungen bestehen aus Zuschüssen für Schüler und Darlehen für Studenten; seit 1990/91 muss nur noch die Hälfte des zinslos gewährten Darlehens fünf Jahre nach Abschluss des Studiums in Raten zurückgezahlt werden. Die Berechtigung ist nach Einkünften und Vermögen der Eltern geregelt. Da die Berechnungsgrundlagen der allgemeinen Entwicklung nicht nachkamen, wurde eine Zeit lang – bis Ende der 1990er-Jahre – die Zahl der BAföG-Bezieher

4. Sozialstaat und Soziale Demokratie

immer kleiner. Deshalb wurden 2001 Neuregelungen geschaffen; im Jahre 2003 erhielten wieder mehr als 25 % der Studierenden Förderung. Nachdem in den meisten Bundesländern Studiengebühren eingeführt worden sind – mit beträchtlichen Unterschieden in den einzelnen Ländern, was den Zeitpunkt der Zahlung betrifft, von Beginn an oder erst nach Abschluss der Regelstudienzeit –, hat sich die Situation drastisch verändert. Weiterhin soll aber das Studium auch jungen Menschen aus einkommensschwachen Familien ermöglicht werden. Die entsprechenden Regelungen sehen unterschiedlich aus und sind zum Teil noch in der Diskussion, weshalb hier nicht darauf eingegangen werden soll.

Neben den genannten Unterstützungen über staatliche Aufwendungen gibt es noch eine Reihe von weiteren Förderungen: z. B. Kriegsopferversorgung, Behindertenversorgung. Sie sollen nicht im Einzelnen aufgezählt werden. – Von Bedeutung sind im Zusammenhang der direkten staatlichen Leistungen auch Steuervergünstigungen, also indirekte Leistungen, etwa zur Vermögensbildung – beschränkt allerdings durch Einkommensgrenzen – oder zum Erwerb oder Bau von Wohnungen. Auch dies dient der sozialen Absicherung des Einzelnen, der in den Stand gesetzt werden soll, Vermögen zu bilden, um in Notfällen darauf zurückgreifen zu können. Auch werden die Lebenshaltungskosten natürlich gesenkt, wenn man in einer eigenen Wohnung wohnt, die bezahlt ist; dies ist etwa für Rentner wichtig. Deshalb wird diese Form des Vermögenserwerbs als eine Form der Altersvorsorge gepriesen.

4.3 Reformdiskussion zur Krise und Zukunft des Sozialstaates

Mit dem Ende der alten Industrie- und Arbeitsgesellschaft und dem gleichzeitigen Übergang in ein postindustrielles Zeitalter, meist auf die 1970er-Jahre datiert, geriet der Sozialstaat in eine Krise, die bis heute nicht überwunden ist, sondern bedrohliche Züge angenommen hat; seitdem wird eine lebhafte Diskussion über dessen Zukunft geführt. In der politischen Auseinandersetzung ist die tiefere Dimension des Problems lange kaum wahrgenommen worden; vielmehr haben die großen Parteien, so der immer wieder erhobene Vorwurf, stärker auf die Symptome als auf die Ursachen geblickt. Ob die mittlerweile vorgelegten Rezepte der Überwindung tatsächlich an die wirklichen Gründe heranreichen, kann durchaus bezweifelt werden. Schon wenn die Arbeitslosigkeit – fraglos ein Kern des

4. Sozialstaat und Soziale Demokratie

Sachverhalts – nicht als strukturelles, sondern als konjunkturelles Problem begriffen wird, das einzudämmen sei, sofern nur an ein paar Stellschrauben gedreht und Konjunktur ankurbelnde Maßnahmen ergriffen würden, könnte dies eine Verharmlosung sein, der die großen Parteien nur allzu gerne folgen; diese Haltung, die von allen Bundesregierungen seit Beginn der Krise mehr oder weniger übereinstimmend vertreten wurde – nur in Details gibt es Differenzen –, beschönigt die Problematik, so die dringliche Kritik daran, und verhindert das genauere Nachdenken über den Kern des gegenwärtigen Umbruchs. Ob dies als Mangel an Visionen bezeichnet werden muss, wie manchmal beklagt wird, oder als fehlende theoretische Kraft oder nur ob nur der Mut nicht vorhanden ist, die nötigen Folgerungen aus den Einsichten abzuleiten, dies sei hier nicht entschieden.

Wird der Versuch unternommen, jene Wandlung präziser zu beschreiben, so werden in der gegenwärtigen Debatte meist vier Problemkomplexe genannt: *Rationalisierung, ökonomische Verschiebung* sowie die *politische Veränderung* unter dem Vorzeichen von *Globalisierung* und *Europäisierung*. Diese sollen hier knapp skizziert werden (ohne damit den Anspruch zu erheben, das Feld vollständig aufgelistet zu haben), um den Rahmen der Diskussion sichtbar zu machen und die Richtung zu bezeichnen, in welche die Auseinandersetzung sich bewegt. Gewiss können hier keine Lösungen offeriert werden, denn diese sind bislang weder in der wissenschaftlichen noch in der politischen Debatte erkennbar, zumindest nicht in einer Konsens ermöglichenden Form, allein das Feld der Argumentation ist abzustecken. Der Sozialstaat selbst bildet den Kern. Seine Existenz scheint zur Disposition zu stehen: Während seine neoliberalen Kritiker ihn nur in reduzierter und modifizierter Form noch dulden und rechtfertigen wollen, weil er zu teuer geworden sei und die Einzelnen aus der Verantwortung für ihr Leben entlasse, verteidigen ihn seine Anhänger glühend; ohne ihn habe die Demokratie keine Zukunft, erst Sozialität gewährleiste Autonomie, und die Vermittlung gelinge ohne die stützende und helfende Hand des Staates nicht.

Als *ersten Grund* für die derzeitige Beschädigung des Sozialstaates mag man den Übergang von der alten, auf Arbeit gegründeten Industriegesellschaft zur postindustriellen Dienstleistungsgesellschaft ansehen, charakterisiert durch ein bislang unbekanntes Ausmaß an *Rationalisierung*, das mit der dritten industriellen Revolution, durch den Einsatz von EDV und Computer, möglich wur-

4. Sozialstaat und Soziale Demokratie

de und das zur weitgehenden Automatisierung der Produktion geführt hat. Dass jegliche Rationalisierung zunächst die minder Qualifizierten trifft, deren Arbeitsplätze eben vernichtet werden, dürfte auf der Hand liegen; dass sie aber auch Formen entfremdeter und inhumaner Arbeit überflüssig macht bzw. diese an Maschinen delegiert, sollte nicht geleugnet und erst recht nicht beklagt werden. Mit der fortschreitenden Vernichtung von Arbeitsplätzen ist die Zahl der zu Versorgenden gestiegen und gleichzeitig die Zahl derjenigen gesunken, die als Beitrags- und Steuerzahler diese Versorgung zu leisten haben. Die Situation ist durch den Vereinigungsprozess noch einmal verschärft worden; denn die notwendige Umstellung der Produktion in Ostdeutschland löste wiederum eine Rationalisierungswelle mit den bekannten Folgen aus. Dazu kam die Belastung der westdeutschen Sozialversicherungssysteme durch die Transferleistungen von West nach Ost.

Hinter die Rationalisierung zurückzugehen ist unmöglich und gewiss auch nicht wünschenswert; Lösungen sind nur in der Weise vorstellbar, dass die Folgen sozialverträglich gestaltet werden. Zwei sehr simple Schlussfolgerungen sind aus dem Sachverhalt zunächst gezogen worden: Zum einen könnten und sollten, so die dem Markt verpflichteten Wirtschaftsstrategen und -politiker, Beschäftigungsverhältnisse geschaffen werden, deren Entlohnung den bislang gewohnten Standard unterläuft, ein Niedriglohnsektor also, der die Ausgeschiedenen auf niedrigerem Niveau auffangen soll; überhöhte Standards hätten Ansprüche aufgebaut, die nicht zu halten seien, wenn ihnen keine Qualifikationen entsprächen. Selbstverständlich protestierten die Gewerkschaften vehement; denn den Schutz der Ausgegrenzten hatten sie schon immer auf ihre Fahnen geschrieben. Zum anderen wird der Ausbau der Bildungseinrichtungen – im Bereich von Schule und Hochschule – als notwendige Antwort auf die Herausforderung verstanden, was aber zusätzliche Mittel erfordert. Sollen höher qualifizierte Stellen geschaffen und die Produktion in Deutschland auf einem international herausgehobenen Standard – mit den entsprechenden hochbezahlten Stellen – angesiedelt werden, so sind erhebliche Investitionen in Forschung, Entwicklung und Bildung erforderlich, weshalb nicht selten die These vertreten wird, dass die Bildungspolitik die Sozialpolitik der Zukunft sei, denn Wissen sei das Kapital der Informationsgesellschaft und nur dieses gestatte ein Überleben und humane Lebensformen.

Zweitens hatten die westdeutschen Versicherungssysteme – mit dem Generationenvertrag als ihrem Kernpunkt – stets Wachstum

4. Sozialstaat und Soziale Demokratie

zur Voraussetzung; als dieses – als notwendige Folge einer Sättigung? – sich nicht mehr in nennenswertem Maße einstellte, schienen die Bedingungen aufgekündigt, zu denen das System bislang funktioniert hatte. Die stillschweigende Prämisse war gewesen, dass aufgrund des Wachstums Arbeitsplätze in ausreichender Zahl zur Verfügung stünden oder ohne größere Schwierigkeiten geschaffen werden könnten; kann das Wirtschaftssystem das nicht mehr leisten, so stehen die sozialen Sicherungssysteme vor beträchtlichen Schwierigkeiten. Und werden die Kosten denen aufgebürdet, die noch im Produktionsprozess stehen, aber immer weniger werden, so müssen zwangsläufig die Beiträge und Abgaben steigen; werden diese als Lohnnebenkosten den Produktionskosten zugeschlagen, so verteuert sich diese ebenso zwangsläufig, was wiederum zu einer Schrumpfung führen muss. Dieser Mechanismus führte zur Überforderung, und der Sozialstaat kann, so die heute allgegenwärtige Einschätzung, unter den veränderten Bedingungen nicht mehr leisten, was ihm abverlangt wird. Man kann dieses Argument als *ökonomisches* bezeichnen, das den Sozialstaat in Zeiten verminderten Wachstums zu einem Ende zu bringen scheint; seine Wirkung entfaltet es freilich nur im Zusammenhang mit dem Rationalisierungsargument, das den Hintergrund bezeichnet, vor welchem die ökonomische Problematik Brisanz gewonnen hat. – Die Vereinigung stellt einen Komplex dar, in welchem beide Fäden zusammenlaufen, ja beide Komponenten verstärken sich in ihr wechselseitig; doch ist die Vereinigung nicht die Ursache der Entwicklung, sondern nur das Ereignis, das die Widersprüche ausgestellt und verschärft hat. Die Politik der Bundesregierungen der letzten beiden Jahrzehnte folgte, um die Problematik zu lösen, mehr oder weniger stark neoliberalen Konzepten: Über eine Verbesserung der Ertragslage der Wirtschaft könne es zu Neuinvestitionen – mit der Schaffung neuer Arbeitsplätze – kommen, also sei über Steuersenkungen und – gewiss nur zaghaft durchgesetzte – Deregulierungen die Wirtschaft anzukurbeln; dies helfe, die Arbeitslosigkeit zu überwinden. Und werden die sozialen Risiken zudem privatisiert, also dem Einzelnen höhere Ausgaben zugemutet, so könne der Sozialstaat verschlankt werden. Der Einwand, der dagegen vor allem von Gewerkschaftsseite vorgebracht worden ist, lautet, dass zum einen trotz steigender Gewinne die Investitionen nicht erfolgt seien oder allenfalls neue Rationalisierungsmaßnahmen begünstigt hätten, also Arbeitsplätze in nennenswertem Umfang nicht geschaffen worden seien, und dass zum Zweiten dadurch eine Tendenz befördert werde, die zur Ver-

4. Sozialstaat und Soziale Demokratie

mehrung des Reichtums einer kleinen Gruppe führe, während die große Masse der abhängig Beschäftigten das Nachsehen habe, gar verarme, also mit der Verteilungsungerechtigkeit die Spaltung der Gesellschaft vorangetrieben werde. Die Produktion kann so zwar angeworfen werden, doch generiere der Markt keine zusätzlichen Arbeitsplätze; der Nutzen der Belebung falle einem geschlossenen Kreis der Privilegierten zu, beseitige aber nicht die grundlegende Misere. – Ein anderer Schluss, der von einigen Kritikern, Vertretern einer „alternativen Wirtschaftspolitik", gezogen wird, lautet, dass über das System selbst, den Kapitalismus und seinen Widerpart, den ihn bändigenden Sozialstaat, nachzudenken und beider Balance neu auszutarieren wäre; denn die Verhältnisse haben sich geändert. Die bisherigen Motoren – Wachstum und Arbeit – scheinen ihre Kraft verloren zu haben. Hier könnte eine Debatte ansetzen, welche die grundlegende Struktur zum Thema hätte; diese ist zudem durch die immer stärker ins Bewusstsein tretende ökologische Problematik betroffen und erhält dadurch neue Brisanz. Gewiss kann eine Debatte über die Zukunft eines zugleich sozialen und ökologisch vertretbaren Kapitalismus nur mit äußerster Behutsamkeit und Vorsicht geführt werden, und ebenso gewiss führt sie inhaltlich vor die größten – hier nicht einmal andeutungsweise zu benennenden – Schwierigkeiten, die Dringlichkeit dazu aber dürfte kaum zu leugnen sein. Dabei dürfte eine weitere Voraussetzung ins Blickfeld treten. Der Sozialstaat stellt ein Projekt dar, das im Rahmen des Nationalstaates geschaffen worden war und dort eine Funktion hatte, wie auch die herkömmlichen kapitalistischen Systeme stets den begrenzten – nicht aber den geschlossenen – Handelsstaat vorausgesetzt hatten, trotz des internationalen Handels, der bereits seit dem 19. Jahrhundert von größter Bedeutung gewesen ist; die Rahmenbedingungen von Sozial- und Wirtschaftsstaat wurden vom souveränen Nationalstaat gesetzt. Diese aber stimmen heute nicht mehr.

So ist denn *drittens* geltend zu machen, dass die politischen Rahmen sich verschoben haben; im Zeichen der Globalisierung entfallen die überlieferten Bedingungen und das Kapital agiert auf einem Markt, der kaum noch zu kontrollieren ist. Man kann diesen Komplex als *Globalisierungsargument* bezeichnen, das die Ab- oder Auflösung des Sozialstaats aus der In-Frage-Stellung jener Rückkoppelung erklärt, die ihm bislang Halt gegeben hatte. Die Globalisierung hat das Geschehen des Kapitalmarkts von dem nationalen und sozialen Hintergrund abgeschnitten; der Finanzmarkt hat sich verselbständigt und den Zusammenhang aufgekündigt, in dem er

4. Sozialstaat und Soziale Demokratie

gestanden hat. Allenfalls als lästiges Übel, das nicht gänzlich zu beseitigen ist, mag die soziale Seite in den internationalen Wirtschaftsprozessen noch eine Rolle spielen. Die neoliberalen Verteidiger der Globalisierung sind gegenüber dieser Entwicklung nicht blind und können auch nicht leugnen, dass hier ein Problem von erheblicher Explosivkraft vorliegt. Die Lösungen freilich, die – meist unausgesprochen – nahe gelegt werden, sind brutal und laufen auf Beschwichtigung hinaus; man ist bereit, so scheint es, hinzunehmen, dass ein beträchtlicher Teil der Gesellschaft abgeschrieben wird und nur noch zu versorgen ist. Diese Alimentation habe der Staat zu leisten; dazu sei er auszustatten – so sparsam wie möglich. Dass aber die beschwichtigende Pazifizierung eines wachsenden Teils der Bevölkerung – durch mäßige Sozialleistungen und ein ausgebautes Unterhaltungsprogramm der Medien – eine Lösung darstellen könnte oder sollte, darf bezweifelt werden.

Durch die nahezu vollständige Freigabe der Finanzmärkte und des Handels operieren nicht nur die großen Unternehmen und Konzerne auf internationaler Ebene, zunehmend ist dies auch das Feld mittelständischer Unternehmen geworden; Arbeitsplätze können nahezu mühelos in Billiglohnländer verlagert und die Gewinne können dort versteuert werden, wo die Steuersätze am günstigsten sind. Damit kann sich das Kapital, so kann böse formuliert werden, einer Verantwortung entledigen, die im Grundgesetz noch festgeschrieben war, als soziale Verpflichtung, der das Eigentum unterliegt. Dazu kommt eben das, was als *jobless growth* bezeichnet worden ist: ein Bedeutungsverlust des Faktors Arbeit gegenüber dem Kapital, der sich nicht zuletzt darin ausdrückt, dass immer weniger Menschen erforderlich sind, um wachsenden Wohlstand zu produzieren. Zugleich aber bleibt die Einkommensverteilung an den Zugang zum Arbeitsmarkt gekoppelt. Dies führt zur Verselbstständigung der Welt der Arbeit Habenden und erst recht der über Kapital Verfügenden gegenüber ihren Gegenwelten, mit dem bekannten Effekt des immer stärkeren Auseinanderklaffens von Arm und Reich. Die Botschaft, welche die postmoderne Wohlstandsgesellschaft an immer mehr Menschen zu richten scheint, lautet demzufolge, sie seien überflüssig und es gehe nur darum, so der untergründige Zynismus, sie zu versorgen und ruhig zu stellen, etwa mit den bewährten Betäubungsmitteln von Sport und Unterhaltungsindustrie, seit kurzem als „Unterschichten-Fernsehen" recht treffend charakterisiert. Auch dieses Phänomen gehört in den Komplex der

4. Sozialstaat und Soziale Demokratie

strukturellen Arbeitslosigkeit und bildet eine Kehrseite der gegenwärtigen Krise des Sozialstaates.

In dem Maße, wie dieser Prozess, vor allem die Verselbständigung der Finanzmärkte, fortschreitet, werden der Politik die Instrumente aus der Hand genommen, welche bislang eingesetzt werden konnten, um eine aktive sozial- oder wohlfahrtsstaatliche Politik zu betreiben, nicht zuletzt das Recht auf Steuererhebung bzw. die Chance, eine nationale Steuerpolitik durchzusetzen, die auch das auf den internationalen Finanzmärkten agierende Kapital erfasst. Und da der Staat über nur geringe Mittel verfügt, kommt er auch nicht als Instanz in Frage, die neue Arbeitsplätze – im öffentlichen Sektor – schaffen könnte (gesellschaftlich sinnvolle Arbeit gäbe es dort genug, nur ist sie ökonomisch nicht rentabel). Der Verlust an Kompetenz und die Einschränkung der Gestaltungsspielräume mündet in eine Ohnmacht der Politik, welche heute allenthalben beklagt wird. Wenn aber wirtschaftspolitische Entscheidungen in hohem Maße nicht mehr von den politischen Instanzen getroffen werden, sondern diese nur noch Vorgaben folgen können, die anderswo geschaffen worden sind, so ist die Politik auch im Feld der Sozialpolitik kaum handlungsfähig, kann nur reagieren und nicht mehr aktiv gestalten. Die missliche Situation trifft vor allem den bisherigen Gegenspieler des Kapitals im Bereich der Wirtschaft, die Gewerkschaften, deren Hilflosigkeit – kompensiert allenfalls durch Drohgebärden – der tägliche Blick in die Zeitungen zeigt. Mit dem drohenden Zerfall des Sozialstaats scheint die Instanz verloren zu gehen, die bislang ihre Existenz legitimiert und zugleich das Feld abgesteckt hat, in welchem sie im Zeitalter des alten Industriekapitalismus agieren konnten. Wenn dieser Prozess sich fortsetzt, könnten die Gewerkschaften genötigt sein, ihre Rolle im ökonomischen und politischen Feld gänzlich neu zu definieren, um auf diese Weise Positionen zu finden, die einer radikal veränderten Lage gerecht zu werden hätten. Noch ist es nicht so weit, doch gibt es Zeichen, die in diese Richtung weisen.

Ein *vierter Bereich* ist dem dritten verwandt, aber mit ihm nicht identisch. Die *Europäisierung* der Politik kann als Teil der weltweiten Globalisierung gefasst werden, ist aber doch etwas Eigenständiges. In dem Maße, wie mit der Schaffung der Wirtschafts- und Währungsunion innerhalb der EU ein supranationaler Wirtschaftsraum errichtet worden ist, der auch eine selbständige Wirtschaftspolitik verlangt, wenn auch nur in bestimmten Grenzen, sind den nationalen Regierungen Zügel angelegt und durch den Souveränitätstrans-

4. Sozialstaat und Soziale Demokratie

fer auch Handlungsmöglichkeiten genommen worden; diese betreffen nicht nur die Wirtschaftspolitik selbst, sondern im gleichen Maße deren Widerpart, die Sozialpolitik. Ansätze zu einer europäischen Sozialpolitik hat es fraglos gegeben, vor allem in der Ära des Kommissionspräsidenten Jacques Delors (geb. 1925), doch sind die nebeneinander bestehenden Sozialstaatsmodelle in Europa, vom angelsächsisch-liberalen über den zentraleuropäisch-konservativen bis zum skandinavisch-sozialdemokratischen Typus, so unterschiedlich, dass eine Angleichung schwer nur denkbar und eine Ersetzung der verschiedenen Varianten durch ein gemeinsames Modell unwahrscheinlich, wenn nicht ausgeschlossen ist oder scheint. So blieb und bleibt eigentlich nur der – zudem manchmal halbherzig unternommene – Versuch, Mindeststandards zu formulieren, deren Verabschiedung und Durchsetzung aber auf Schwierigkeiten stoßen muss, denn in diesem Politikbereich verlangen, so der Vertrag von Nizza, Abstimmungen im Rat Einstimmigkeit. Gleichwohl sind Erfolge erzielt worden, und der Weg zu einer Angleichung der Systeme ist nicht vollständig verstellt, zumal der Europäische Gerichtshof hier eine wichtige Rolle spielen kann, indem er auf der Einhaltung der einmal gesetzten Normen besteht. – Dennoch gerät die nationale Sozialpolitik in eine Schieflage, die schwer nur aufgefangen werden kann, da der Wirtschaftspolitik auf EU-Ebene bislang keine Sozialpolitik als gleichwertig entgegengestellt werden konnte. Die Dichotomie von supranationaler Wirtschaftspolitik und nationaler Sozialpolitik könnte die sozialpolitische Zielsetzung, die seit dem Amsterdamer Vertrag als Gemeinschaftsaufgabe von Belang ist, aus den Angeln heben. Die Problematik war solange verdeckt, wie die beteiligten Partner sich auf einem einigermaßen gleichwertigen Niveau bewegt haben; in dem Maße, wie Länder mit einem deutlich verminderten Sozialniveau dazu gekommen sind, steigt die Gefahr des Sozial- und Lohndumpings. Der Wettlauf um die billigsten Arbeitskräfte – und die niedrigsten Lohnnebenkosten und Steuern – könnte dazu verführen, die Sozialleistungen insgesamt abzusenken, womit der Sozialstaat als solcher nachhaltig beschädigt würde. Das Problem wird heute zweifellos gesehen – und dürfte ein wesentlicher Grund für die Ablehnung des europäischen Verfassungsvertrags in Frankreich und in den Niederlanden im Jahr 2005 gewesen sein –, welche Folgerungen daraus gezogen werden, ist noch nicht erkennbar. Die Abschottung der nationalen Sozialsysteme dürfte auf Dauer kaum wünschenswert sein, auch dürfte eine Politik, die dies versuchte,

4. Sozialstaat und Soziale Demokratie

nicht erfolgreich sein, weil die Öffnung der Märkte ja bereits Realität ist; so bleibt – als großes Zukunftsprojekt – eigentlich nur, den Sozialstaat selbst neu zu konzipieren und den veränderten Verhältnissen anzupassen. Vielleicht hätte er ja sogar in seiner alten Funktion – als Bändiger des Kapitalismus – eine Überlebenschance; doch ist es heute nicht mehr allein der ausbeuterische Manchesterkapitalismus, der im Rahmen des nationalen Sozialstaats zu zähmen war, sondern sein neoliberaler Nachfolger im Zeichen des Globalisierung, der sich anschickt – so seine Kritiker –, über Leichen zu gehen und den nationalen Sozialstaat auszuhebeln. Ob sich daraus langfristig ein europäischer Sozialstaat ergeben wird, etwa im Sinne der *Sozialpolitischen Agenda* von Nizza oder im Kontext der ehrgeizigen Lissabonner Erklärung für das Jahr 2010, und wie dessen Kompetenzen aussehen könnten, vermag heute niemand zu sagen; noch weniger kann darüber spekuliert werden, ob das alte Ziel des Sozialstaates – die Demokratisierung von Wirtschaft und Gesellschaft – wiederbelebt werden kann, um so die Autonomie des Einzelnen zu stärken, statt ihn zum geduldigen, über den Medienkonsum ruhig gehaltenen Almosen- oder Versorgungsempfänger zu machen. Doch dass das Modell in seinem Ursprung nicht nur ein Instrument war, um Notfälle zu lösen und kollektive Vorsorge zu leisten, sondern den hohen Anspruch hatte, Demokratie in einem umfassenden Sinne überhaupt erst zu realisieren, sollte nicht vergessen werden.

Im Zusammenhang mit der Europäisierung kann ein weiterer Aspekt angeführt werden, den ich aber nicht als gesonderten fünften Komplex bezeichnen möchte, weil er die bisher benannten Felder miteinander verbindet und aufeinander bezieht, ja eine Art Untergrund darstellt, aus dem sich die Idee als solche speist: Der Sozialstaat lebt von der Ressource *Solidarität*. Diese – und damit die normative Kraft, die Demokratie als soziales Projekt begründet hat – ist gegenwärtig aus zwei Gründen im Schwinden begriffen: Zum einen spielt sie in Gesellschaften, die durch eine zunehmende Individualisierung – und einen wachsenden Egoismus – gekennzeichnet sind, als emotionaler Wert und kollektive Kraft eine immer geringere Rolle und kann so die benötigten Bindungen nicht mehr bereitstellen, zum anderen wird immer zweifelhafter, wer eigentlich das Solidarität verbürgende Kollektiv abgeben soll. Der erste Aspekt ist subjektiver Natur und betrifft die Einstellung der Einzelnen zum Kollektiv, der zweite hat rechtliche, politische und kulturelle Implikationen, die aber auf den ersten Zusammenhang zurückverweisen. Bereits auf nationaler Ebene stellt sich die Frage der Zuge-

4. Sozialstaat und Soziale Demokratie

hörigkeit zur Solidargemeinschaft: Sind alle Angehörigen der Nation – oder die in ihrem Raum Lebenden und Arbeitenden – auch Angehörige der Solidargemeinschaft? Dann wäre es gerechtfertigt, die Sozialsysteme über Steuern zu finanzieren, die von allen erhoben werden, etwa ein *Bürgergeld* zu garantieren, das eine Grundsicherung bedeuten könnte, oder eine *Bürgerversicherung* einzuführen, die eine Zwangsmitgliedschaft aller voraussetzt, eventuell mit unterschiedlichen Beiträgen, je nach finanzieller Potenz. Solche Modelle werden heute sehr ernsthaft diskutiert, in der Politik und in der Wissenschaft. Wenn aber nur diejenigen Mitglieder der jeweiligen Sozialkassen als Solidargemeinschaft fungieren, die später auch als Leistungsempfänger in Frage kommen, dann können andere, etwa die Selbständigen oder die Arbeitslosen, leicht aus der Verantwortung entlassen oder simpel ausgegrenzt werden. Unterschiedliche soziale Systeme für die Armen und Reichen wäre die Folge. Deshalb wird immer wieder betont, die Wohlhabenden seien wesentlich stärker an den Sozialsystemen zu beteiligen. Über die Senkung der Lohnnebenkosten könne zwar Arbeit geschaffen werden, doch verlange dies gleichzeitig höhere, von den Vermögenden zu erbringende Steuern. In welcher Weise aber kann das in einen Konsens umgesetzt werden? Gibt es das Kollektiv noch, das arm und reich umfasst? In welcher Höhe sollen diejenigen, die über Einkünfte aus Kapital – z. B. über Zinsgewinne, Dividenden oder Mieteinnahmen – verfügen und davon leben, an der Solidargemeinschaft beteiligt werden? Können alle am Wirtschaftsprozess Beteiligten in die Solidargemeinschaft hineingeholt werden oder ist diese längst aufgekündigt? Solche Fragen von In- und Exklusion werden seit wenigen Jahren sehr kontrovers diskutiert und können zu unterschiedlichen Modellen einer künftigen sozialen Sicherung führen. Sollen die Sozialsysteme stärker über den Faktor Kapital statt über den Faktor Arbeit finanziert werden? Wenn die Gewichte im Produktionsprozess sich verschoben haben und das Kapital eine immer größere Rolle spielt, so müsste, wie manche Autoren meinen, auch das Kapital stärker an den sozialen Systemen beteiligt werden. Dort freilich wächst die Neigung zur Verweigerung, insbesondere dann, wenn Steueroasen im Ausland locken. Kann die erforderliche Solidarität vom Gesetzgeber verfügt werden? Oder droht eine Kapitalflucht, welche die Misere nur verschlimmern würde? Zerfällt die Gesellschaft angesichts der Globalisierung notwendigerweise in Gewinner und Verlierer und wiederholt sich das Spiel auf internationaler Ebene? Löst die Solidargemeinschaft sich auf, wenn nicht

4. Sozialstaat und Soziale Demokratie

mehr gesagt werden kann, wer ihr zugehört, und büßt der Staat seine Kraft ein, wenn die bislang unterstellten Bindungen nicht mehr eingefordert werden können? Ist das normative Fundament der Solidarität selbst, das den Staat bisher getragen hat, damit in Frage gestellt?

Noch schwieriger wird dies, wenn europäische Solidarsysteme aufgebaut werden sollen. Kann dort eine entsprechende Solidarität unterstellt werden? Woran orientiert sie sich und wen spricht sie an? Gibt es ein europäisches Kollektiv, das Solidarität einfordern könnte? Das berührt eine grundsätzliche Frage. Solidarität setzt Identifikation mit einem Kollektiv voraus. Wie kann im Zeitalter der Individualisierung eine kollektive Identität konstruiert werden, welche Identifikation ermöglicht? Das bereitet bereits auf nationaler Ebene erhebliche Schwierigkeiten. Wie soll das auf supranationaler Ebene gelingen? Reicht der juristische Zwang aus – indem etwa Steuern oder Abgaben erhoben werden – oder muss eine emotionale Bereitschaft vorausgesetzt werden, damit das System funktioniert? Wenn aber heute eine kollektive Identität emotional kaum ernsthaft vertreten werden kann, weil der Missbrauch in der Geschichte zu groß gewesen ist, oder oberflächlich bleibt – wie die über den Sport hergestellte, etwa die so kommode wie fragile Fußballbegeisterung –, so müsste auf intellektueller Ebene – also reflexiv – eine solche konstruiert werden. Ist das überhaupt denkbar? Und hat solche die nötige Kraft?

Die Notwendigkeit, den Sozialstaat neu zu konzipieren, folgte in der hier nachgezeichneten Diskussion der Einsicht, dass die tiefe Krise zu Lösungen zwinge, wenn nicht ein Zusammenbruch mit verhängnisvollen Folgen eintreten soll. In der Auseinandersetzung müssen die Ursachen von den Leitvorstellungen geschieden werden. Neben den beiden zuletzt genannten Zielvorstellungen – Demokratisierung und Identitätsfindung über die Solidargemeinschaft – kann als drittes Ziel die Erhaltung der Funktionsfähigkeit der Gesellschaft angeführt werden. Will man insgesamt die Zwecke bestimmen, welche den Sozialstaat zu legitimieren haben, so ergeben sich – so seien die hier vorgetragenen Überlegungen zum Schluss zusammengefasst – drei unterschiedliche Argumentationsmuster: Wenn der Sozialstaat als Komplementärfigur zur Marktgesellschaft gesehen wird, so kann dessen Notwendigkeit *funktional* begründet und ökonomisch gerechtfertigt werden. Erst über den Sozialstaat, so lautet die Begründung, werden die Ressourcen freigesetzt, welche die Gesellschaft benötigt, um zu überleben; und nur

4. Sozialstaat und Soziale Demokratie

über ihn kann ein Gleichgewicht geschaffen werden, das die Explosion verhindert. Eine Verschwendung von Ressourcen könne die Gesellschaft sich nicht leisten; deshalb sei die Integration – und Bildung – der momentan Ausgegrenzten oberstes Gebot. Wenn die demokratischen Hoffnungen, wie sie seit Weimar im Typus des Sozialstaats angesiedelt waren, ins Zentrum gestellt werden, so wird das Modell unter *politischen* Aspekten gesehen, mit Freiheit und Demokratie als regulativer Ideen, welche das Handeln zu leiten und Autonomie zu ermöglichen haben. Das ist das Konzept der Sozialen Demokratie. Wenn schließlich der Aspekt der Solidarität in den Mittelpunkt rückt, so enthält der Sozialstaat das Versprechen einer Gemeinschaft, das nicht ausgeschlagen werden darf, wenn Identität ausgebildet werden soll; dann hat der Sozialstaat starke *kulturelle* Implikationen, die auch das schwierige Verhältnis von Individuum und Kollektiv zum Thema haben und letztlich dazu dienen, Selbstachtung zu erlauben. Hier ergibt sich eine Verschränkung von Sozial- und Kulturstaat. Man wird keine dieser Dimensionen verabsolutieren, aber auch keine vernachlässigen dürfen. Eine zureichende Bestimmung dürfte nur gelingen, wenn alle drei herangezogen und ineinander verschränkt werden.

All diese Fragen sind gegenwärtig ungelöst bzw. führen nicht zu einem Konsens. Wollte man bei dem Versuch weiterkommen, Rechtfertigungen zu finden und Gültigkeiten zu erweisen, so müsste eine tiefe Ebene von Kultur und Gesellschaft angesprochen werden, die häufig aber zugedeckt bleibt und kaum ins öffentliche Bewusstsein tritt. Auf dieser Ebene greifen die Problemkomplexe ineinander; die geforderte Reflexion dürfte nur zu einem Ende zu bringen sein, wenn der Zusammenhang ins Blickfeld gehoben werden könnte. Hier waren keine Antworten zu geben; allein ein Aufriss war zu zeichnen, in dem die Fragen des Sozialstaates anzusiedeln sind.

5. Geschlechterverhältnis, Ehe und Familie

Die Sozialstruktur ist nicht nur durch Einkommen, Arbeit, die Stellung im Produktionsprozess und die soziale Hierarchie bestimmt, sondern auch durch das Verhältnis der Geschlechter und – davon abhängig – durch die „Basisformation" der Familie, welche in hohem Maße für die biologische und soziokulturelle Reproduktion der Gesellschaft zuständig und deshalb von nicht zu unterschätzender Bedeutung ist. Beides soll hier als zusammenhängender Komplex dargestellt werden, der Eigenständigkeit für sich beanspruchen darf, also – trotz vielfältiger Überlappungen – nicht in Gesellschaft oder Kultur aufgeht. Auch dieser Bereich ist einem beständigen Wechsel unterworfen, weshalb wiederum die gegenwärtigen Verhältnisse vor dem Hintergrund der geschichtlichen Entwicklung darzustellen sind. Die schon mehrfach angesprochene Umbruchsituation – mit dem Ende des bürgerlichen Zeitalters und dem Ausklingen der Moderne – schlägt auch im Geschlechterverhältnis durch und bewirkt einen grundlegenden Wandel in den Familienvorstellungen. Bislang ist der Transformationsprozess kaum bündig zu charakterisieren, geschweige denn abschließend zu bewerten; doch können Tendenzen festgehalten werden, die auf tiefer liegende Veränderungen verweisen.

In der Frühphase der modernen Gesellschaft hatte sich eine – bürgerliche – Familienformation herausgebildet, die durch eine spezifische Rollenaufteilung der Geschlechter in den zentralen Bereichen von privater Sphäre, Arbeitswelt und öffentlichem Leben gekennzeichnet war: Der Mann hatte die Rolle des Ernährers wahrzunehmen und war zuständig für die *Außenwelt* von Gesellschaft und Politik; der Frau fiel die „dienende" Rolle in der *Innenwelt* der Familie zu, mit den besonderen Verpflichtungen von Haushaltsführung, Kindererziehung und Fürsorge für den Ehemann.

Dem entsprach dann das Klischee des „harten" Mannes, der sich in einer feindlichen Umwelt, insbesondere in der Wirtschaft, durchsetzen muss, für den Unterhalt zu sorgen, auch öffentliches Anse-

5. Geschlechterverhältnis, Ehe und Familie

hen zu erlangen hat, sowie der „weichen" Frau, die für das „Gemüt" zuständig ist, das Seelenleben zu pflegen hat und der allgemein die Welt des Emotionalen und Musischen – gefasst als Komplement jener harten Außenwelt – zugeordnet wird. Etwa war die Pflege der Hausmusik, die im bildungsbürgerlichen Haushalt eine große Rolle gespielt hat, vornehmlich Sache der Frau. Diese „höhere" Sphäre kennzeichnet eine eigenartige Doppeldeutigkeit: Zwar kommt ihr eine besondere Bedeutung zu, die sie der Alltagswelt und dem schnöden Mammon entrückt, ja diese übersteigt, zugleich aber ist sie von minderem Rang, denn das Eigentliche und Fundamentale ist eben doch der Gelderwerb und die Verwurzelung in der sogenannten „Realität". Entsprechend widersprüchlich ist das damit verbundene Frauenbild: Einerseits ist die Frau ein zu verehrendes Wesen, das an der Welt des Geistes und der Schönheit teil hat, andererseits ist sie abhängig und auf die Gunst des Mannes angewiesen, der sie zu ernähren hat.

Der Sachverhalt kann auch unter dem Aspekt der Macht gesehen werden und gewinnt dann erst seine eigentümliche Ambivalenz: Die männliche Fixierung auf die äußere Realität produziert Defizite, die Kompensation erfordern, welche eben das Weibliche zu gewähren hat; das wird durchaus als Schwäche erfahren. Und umgekehrt bedeuten die weibliche Einschränkung auf das Innere und Musische sowie die Unterordnung unter die männliche Obhut einen Verzicht auf Selbstbestimmung, der als Manko erlebt werden kann und nach einem Ausgleich verlangt; doch diese Schwäche kann auch in Stärke verwandelt werden, und die Verfügung über das Höhere und Schöne mag dann eine neue Überlegenheit begründen. So entstehen Machtverhältnisse, die das Geschlechterverhältnis im bürgerlichen Zeitalter bestimmen; sie sind keineswegs eindeutig, sondern gestatten Sieger- und Machtposen aus beiden Haltungen heraus. Da die Verhältnisse zudem in die ihrerseits von Stärke und Schwäche bestimmten Bezirke von Erotik und Sexualität hineinreichen, also einem nicht primär sozialen und kulturellen Bereich zugeordnet sind, ergeben sich vielfache Brechungen. Diese determinieren die Bilder von Männlichkeit und Weiblichkeit, indem sie Erwartungshaltungen prägen und Identitäten festlegen, und sie führen zugleich – aus der Rebellion dagegen – in die Emanzipationsprozesse. Die Vorstellungen von Selbstbehauptung und Unterwerfung sind bereits – manchmal freilich verdeckt – in der frühen romantischen Verklärung von Liebe und Ehe gegenwärtig und kehren dann in den Bildern der Auflösung und des Kampfes in der Literatur um

5. Geschlechterverhältnis, Ehe und Familie

1900 wieder. In der Kunst und Literatur des 19. und frühen 20. Jahrhunderts insgesamt ist die Zwiespältigkeit von eminenter Bedeutung und bildet – auch in den Versuchen, Klischees aufzubrechen – den Hintergrund für spätere Ausformungen des Weiblichen, etwa als Dämon oder *femme fatale*, wie sie in der Oper der Moderne, z. B. Alban Bergs (1885–1935) *Lulu*, bedeutsam wird; die Frau wird gleichzeitig zur Göttin erhoben und zur Magd und Dirne erniedrigt.

Nicht selten werden die mentalen Haltungen auch mythisiert oder anthropologisch verklärt, d. h. mit den entsprechenden wissenschaftlichen oder quasireligiösen Weihen versehen. Die Frau sei eben weich, emotional, musisch; dies gilt dann als generelles und – von wem immer, meist von Gott oder der Natur – vorgegebenes Kennzeichen des Weiblichen, während der Mann hart, rational und realistisch sei oder zu sein habe. So als seien solche Charakteristika von den sozio-kulturellen Konditionen ihrer Entstehung zu lösen und als biologische Konstanten zu nehmen. Die Polemik dagegen erübrigt sich heute, doch sind die Muster in der Gesellschaft noch immer verwurzelt, nicht zuletzt, weil sie bequem sind und von beiden Seiten genutzt werden, um Änderungen in den Verhaltensweisen zu blockieren.

Die bürgerliche Rollenaufteilung wird in den letzten Jahrzehnten zunehmend delegitimiert, durch die Emanzipationsbewegung seit Beginn des 20. Jahrhunderts, mit einem starken Schub in den 1920er-Jahren, einem Rückfall im Dritten Reich und einem neuen Anstoß nach 1945, noch einmal beschleunigt nach 1968. Die soziale Ungleichheit der Geschlechter wird von den Frauen als ungerecht empfunden und bekämpft. Dieser Prozess ist kurz nachzuzeichnen; er verläuft in der Nachkriegszeit in beiden deutschen Staaten je anders, doch ergeben sich auch hier interessante Parallelen und reziproke Entsprechungen. Die Prägungen der alten DDR sind in Ostdeutschland noch heute gegenwärtig, wenn auch gebrochen, und tragen zu den Spannungen bei, die das Ost-West-Verhältnis bestimmen.

Grundsätzlich gehen beide Gesellschaften von der Gleichheit der Geschlechter aus. Das Grundgesetz hält ausdrücklich fest:

Art. 3 [Gleichheit vor dem Gesetz]

(2) Männer und Frauen sind gleichberechtigt. Der Staat fördert die tatsächliche Durchsetzung der Gleichberechtigung von Frauen und Männern und wirkt auf die Beseitigung bestehender Nachteile hin.

---

5. Geschlechterverhältnis, Ehe und Familie

Mittlerweile ist die Vorstellung einer partnerschaftlichen statt einer patriarchalischen Ehe grundlegend. Dem verfassungsrechtlich verankerten Auftrag, Gleichberechtigung herbeizuführen, suchte u. a. das „Gesetz zur Reform des Ehe- und Familienrechts" von 1977 gerecht zu werden. Zwei wichtige Neuerungen haben sich daraus ergeben: Die Ehe soll erstens aus den überkommenen Rollenfixierungen gelöst werden, weshalb die Funktionsteilung in der Ehe der freien Entscheidung der Ehegatten überlassen wird; und zweitens tritt das Zerrüttungsprinzip bei Scheidungen an die Stelle des Schuldprinzips. Unterhaltsregelungen dürfen seitdem nicht von Schuldvorwürfen abhängig gemacht werden. Die Ehe geht allein auf den Willen der Ehepartner zurück und setzt beider Gleichberechtigung voraus; der Rückbezug auf eine höhere Instanz – etwa religiöse Vorgaben – ist Privatsache und berührt das Vertragsverhältnis nicht mehr. In der Abkehr vom Schuldprinzip ist das besonders deutlich; Schuld ist immer auch eine Schuld vor Gott. Diese aber soll den säkularisierten Staat nichts angehen; gleichwohl hat er das Institut der Ehe zu schützen. Der Ort zwischen Privatheit und Öffentlichkeit – sie ist allein Sache der Betroffenen, bedarf aber der öffentlichen Absicherung – siedelt die Ehe in einem Zwischenbereich an, der auf einen Kern des bürgerlichen Denkens verweist, die Vermittlung von Privatheit und Öffentlichkeit, die voneinander getrennt sind und einander doch bedürfen.

5.1 Soziale Ungleichheit zwischen den Geschlechtern

In der DDR war die Gleichstellung von Beginn an nicht nur als Grundrecht in der Verfassung verankert, sondern erklärtes Ziel der sozialistischen Gesellschaftspolitik; durchgesetzt wird sie als *Emanzipation von oben*. Dies war ideologisch und ökonomisch motiviert, denn zum einen wurden Arbeitskräfte benötigt, zum anderen war die Befreiung aus den Zwängen der bürgerlich-kapitalistischen Welt das erklärte Ziel der sozialistischen Erneuerung. Für die umfassende Berufstätigkeit der Frauen war eine Änderung der Vorstellungen und Verhaltensweisen notwendig. In der Bundesrepublik war die Gleichstellung der Frau lange Zeit nicht erklärtes Ziel der Politik, wurde folglich auch nicht von der Politik durchgesetzt, sondern als *Emanzipation von unten* in den letzten drei Jahrzehnten erkämpft; dies ist als Erfolg der neuen *Frauenbewegung* und des *Feminismus* zu werten. – Ungleichheiten zwischen Mann und Frau können in

5. Geschlechterverhältnis, Ehe und Familie

beiden Systemen in vier – hier kurz darzustellenden – Bereichen verfolgt werden, als *Ungleichheiten* im *Bildungssystem*, in der *Arbeitswelt*, der *Politik* und der *Familie*.

Unterschiede der Geschlechter konnten im Bildungsbereich am schnellsten abgebaut werden. Seit den 1950er-Jahren wurden die Schulen weitgehend geöffnet, in der DDR etwas schneller und früher als in der Bundesrepublik; seit Beginn des 20. Jahrhunderts war der Besuch von höheren Schulen für Mädchen möglich und wurde zunehmend auch nachgefragt, nach 1945 erst wurde er zur Selbstverständlichkeit. Das Bildungsdefizit der Mädchen verwandelte sich schnell in einen Bildungsvorsprung: Bereits seit den 1970er-Jahren lag der Anteil der Mädchen in den Oberschulen der DDR über 50 %; in der Bundesrepublik zogen die Mädchen erst in den 1980er-Jahren gleich. In den höheren und mittleren Abschlüssen – Abitur und Realschulabschluss – sind die Mädchen im Jahr 2003 überrepräsentiert, mit 56 % bzw. 52 %; bei den Absolventen mit oder ohne Hauptschulabschluss sind sie mit 37 % dagegen unterrepräsentiert. Man kann es als Erfolg der Emanzipationsbewegung sehen, dass heute in der pädagogischen Diskussion – und natürlich in der Praxis der Schulen – die Jungen als Problemfeld gelten, denen die größte Aufmerksamkeit zu gelten hat. Mag die Rede von „Opfern" der Emanzipation auch übertrieben sein, so haben sich doch die Gewichte eindeutig verlagert.

Schwieriger war der Weg in den Hochschulen. Noch 1965 waren in beiden Staaten drei Viertel der Studierenden Männer; die DDR schaffte es, über eine schärfere Reglementierung des Hochschulzugangs und durch frauenfreundlichere Bedingungen – Kinderkrippen und Kinderzuschlag bei Stipendien – den Frauenanteil deutlich zu erhöhen. Die Bundesrepublik war bei Weitem nicht so erfolgreich: 1989 betrug der Anteil der Frauen unter den Studierenden in der DDR 49 %, in der Bundesrepublik 41 %. Bis zur Mitte der 1990er-Jahre haben die Frauen weitgehend gleichgezogen; im Jahr 2003 waren die Studienanfänger in den alten Ländern zu 51 % weiblich, in den neuen Ländern zu 53 %. Unterrepräsentiert waren und sind die Frauen bei den höheren Abschlüssen: Nur 39 % der vergebenen Doktortitel gingen 2004 an Frauen und nur 23 % der Habilitationen. Im Jahr 2004 ist ca. 29 % des wissenschaftlichen Personals an den Hochschulen weiblich (Professoren nicht einbezogen), aber noch immer sind nur 9 % der C4-Professuren von Frauen besetzt.

Im Westen dürften zwei Gründe für die lange währende Ungleichheit im Bildungssektor ausschlaggebend gewesen sein: *Ers-*

5. Geschlechterverhältnis, Ehe und Familie

tens konnte und kann die traditionelle Familienorientierung nicht durchbrochen werden; deshalb kommt es auch häufiger zu Studienabbrüchen und zum Verzicht; *zweitens* spielen zweifellos verengte Studien- und Berufsperspektiven eine Rolle. Bestimmte Studienrichtungen wurden und werden nach wie vor von Frauen gemieden, insbesondere gelten die Naturwissenschaften, Ingenieurwissenschaften, Wirtschaftswissenschaften, auch manche Sparten der Medizin als Männerberufe – in der DDR konnten diese Fächer weit stärker für Frauen geöffnet werden –, andere werden noch immer als „typische" Frauenberufe angesehen, vor allem Lehramt und Sprachen. Es kam also darauf an, die Verhaltensweisen zu ändern.

In der Berufsausbildung waren die Frauen in der Bundesrepublik eindeutig benachteiligt. Sie erhielten schwerer eine Lehrstelle und wurden nach der Ausbildung auch seltener in den Beruf übernommen. Auch hier bestand und besteht das Problem wieder darin, dass sich die Mädchen in wenigen Ausbildungsberufen zusammendrängen: 53 % der Mädchen eines Jahrgangs drängten im Jahr 2004 in die 10 häufigsten Berufe, dagegen nur 39 % der Jungen in die ebenfalls 10 häufigsten Berufe; zudem gibt es bei den Frauen ein primäres Interesse an Dienstleistungsberufen: Pflegen, Helfen, Verkaufen, Betreuen. Man folgt hier noch einem traditionellen Frauenbild, rechnet damit, dass man bald heiraten, dann für Haus und Kinder zuständig sein werde, weshalb sich größere Investitionen in Beruf und Karriere nicht lohnen. Mittlerweile lockert sich dies, doch sind die alten Festlegungen nicht vollständig überwunden, auch wenn Erwerbstätigkeit fast stets zum Lebensentwurf von Frauen gehört.

Weit deutlicher ist die Benachteiligung in der Arbeitswelt: Männerprivilegien werden hier wesentlich erfolgreicher verteidigt. Die Erwerbsquote der Frauen in der DDR war sehr hoch: 92 % der 25–60-jährigen Frauen arbeiteten; in der Bundesrepublik waren 1989 nur 60 % der Frauen im Erwerbsleben. Schaut man genauer hin, ergibt sich ein differenzierteres Bild: 1988 waren 47 % der westdeutschen Frauen mit einem minderjährigen Kind berufstätig, in der DDR waren dies 94 %; 35 % der Frauen mit drei und mehr Kindern arbeiteten im Westen, in der DDR 83 %. Allein bei den kinderlosen Frauen erreichte die bundesrepublikanische Erwerbsquote DDR-Niveau, nämlich 90 %. Doch hat die Berufsorientierung von Müttern in den letzten beiden Jahrzehnten im Westen stark zugenommen; knapp 60 % der Frauen mit Kindern sind heute berufstätig. Dahinter steht nicht nur die Notwendigkeit des Hinzuverdienstes – weil das

5. Geschlechterverhältnis, Ehe und Familie

Einkommen des Mannes für die Familie nicht reicht –, sondern stärker noch der Wunsch nach Selbstverwirklichung im Beruf. In der Bundesrepublik war jede dritte Frau teilzeitbeschäftigt, in der DDR ein wesentlich geringerer Anteil. Heute nimmt bei berufstätigen Müttern die Teilzeitarbeit einen sehr großen Raum ein: Im Jahr 2000 arbeiteten drei von fünf Müttern mit einem minderjährigen Kind in Teilzeitbeschäftigung. Ein Grund dafür dürfte im fehlenden Angebot an Ganztagsschulen liegen; die Notwendigkeit der Kinderbetreuung zwingt zur Teilzeitbeschäftigung. Darauf reagiert in den letzten Jahren die Politik, mit dem Bemühen, die schulische Betreuung auszudehnen, um so die Möglichkeit der Vollerwerbstätigkeit auch für Mütter zu schaffen.

Trotz der mittlerweile hohen Einbeziehung der Frauen in den Arbeitsprozess gibt es für sie nach wie vor markante Nachteile: geschlechtsspezifische Arbeitsmärkte, schlechtere Arbeitsbedingungen, niedrigere Einkommen sowie höhere Armuts- und Arbeitsplatzrisiken. Bestimmte Industriezweige und Berufsfelder sind entweder von Frauen oder von Männern besetzt und durch ein erhebliches Einkommensgefälle charakterisiert; diese Tendenz schwächt sich zwar ab, bestimmt aber noch immer das Bild. Etwa arbeiteten 2001 zwei Drittel aller Arbeiterinnen als Ungelernte oder Angelernte; in der DDR waren die Verhältnisse ähnlich. Zudem wurden in beiden Staaten Frauen häufiger als Männer unter ihrem Ausbildungsniveau eingesetzt.

Daraus resultiert dann auch die Einkommensdifferenz von Männern und Frauen: Frauen erzielten 2004 als vollbeschäftigte Angestellte nur 71 %, Industriearbeiterinnen nur 75 % der Bruttoverdienste der vergleichbaren Männer. In der DDR war dies nur geringfügig besser: Vollbeschäftigte Frauen kamen im Durchschnitt auf 78 % der Männerverdienste. – Lohnungleichheit hatte in beiden Gesellschaften die gleichen Ursachen. Kaum je spielte direkte Lohndiskriminierungen eine Rolle – das gab und gibt es auch, ist aber vergleichsweise selten –, sondern: Frauen machen weniger Überstunden, haben häufig kürzere Wochenarbeitszeiten, weniger übertarifliche Zulagen, vor allem aber sind Frauen in den schlechter bezahlten Berufsfeldern oder Lohngruppen beschäftigt. Daraus folgt dann das erhöhte Armuts- und Arbeitsplatzrisiko. Die Arbeitslosenquote der Frauen war in den 1970er-Jahren um 20–30 % höher als bei den Männern; Frauen wurden nicht nur häufiger arbeitslos, sondern blieben dies auch länger. Mittlerweile hat es eine erkennbare Angleichung gegeben, die Zahl der arbeitslos gemeldeten Frauen

5. Geschlechterverhältnis, Ehe und Familie

und Männer war 2004 etwa gleich hoch. Dennoch scheint die Arbeitslosigkeit die Frauen insbesondere in Ostdeutschland stärker als die Männer zu treffen; der Anteil der Langzeitarbeitslosen unter den Arbeitslosen lag 2004 in den neuen Bundesländern bei den Frauen bei 49 %, derjenige der Männer bei 39 %. In Westdeutschland waren die entsprechenden Anteile zum selben Zeitpunkt etwa gleich hoch, bei etwa 35 %.

Die soziale Ungleichheit wird noch größer, wenn man die Karrierechancen betrachtet. In beiden Gesellschaft wurde die männliche Dominanz umso stärker, je höher die berufliche Position angesiedelt war. Zwar waren in der sozialistischen Wirtschaft ein Drittel der Leitungsfunktionen mit Frauen besetzt, doch dort wiederum vorwiegend im unteren Bereich, in Spitzenpositionen konnten sie nur in Ausnahmefällen vordringen. Ähnliches gilt für die westdeutsche Wirtschaft; in den Vorständen und Geschäftsführungen von mittleren und großen Unternehmungen liegt der Frauenanteil unter 10 %; für das Jahr 1995 hat man für die schmale Schicht der bundesdeutschen Eliten einen Frauenanteil von 13 % errechnet. In der bundesdeutschen Justiz konnte der Anteil der Richterinnen und Staatsanwältinnen von 10 % im Jahr 1977 auf knapp 33 % im Jahr 2003 gehoben werden, der Anteil in den höchsten Gerichten aber liegt mit 25 % darunter. Ähnlich ist die Situation in den Hochschulen und Krankenhäusern. In den letzten Jahren versuchte man von Seiten des Staates hier gegenzusteuern, doch noch nicht immer mit dem erwünschten Erfolg. Nicht untypisch für die Verhältnisse sind viele Schulen, wo insgesamt mehr Lehrerrinnen als Lehrer tätig sind, die Schulen selbst aber häufig von Männern geführt werden, in der DDR in 68 %, in der Bundesrepublik sogar in 80 % der Fälle.

Ursachen für die Aufstiegsbarrieren sind noch immer patriarchalische Familien- und Arbeitsweltstrukturen sowie die geschlechtsspezifische Sozialisation. Die ausgeprägte Berufs- und Karriereorientierung der Männer – als „männliches Persönlichkeitsmerkmal" – prägt die Sozialisationsbedingungen und das Verhalten in Beruf und Arbeitswelt. Wenn der Chef mit der Faust auf den Tisch haut, gilt dies bis heute als bewundernswert, weil es als dynamisch und durchsetzungsstark eingestuft wird; wenn eine Frau dies tut, gilt sie als hysterisch und abschreckend. Die Kompatibilität von Beruf und Familie, einschließlich der Kindererziehung, wird zwar proklamiert, hat sich in der Praxis aber keineswegs durchgesetzt; dies gilt insbesondere in den gehobenen Positionen. Rücksicht auf die Familien-

5. Geschlechterverhältnis, Ehe und Familie

verhältnisse könne nicht genommen werden, so lautet noch immer der gängige Bescheid, wenn Führung verlangt wird.

Zusammenfassend kann für die Berufswelt gesagt werden: In beiden Gesellschaften sind die Frauen zunehmend in das Erwerbsleben eingedrungen, von einer Gleichstellung waren sie aber zum Zeitpunkt der Vereinigung recht weit entfernt; ein gewisser Vorsprung war in der DDR zu beobachten. Heute kann die Tendenz zu weiterer Angleichung nicht geleugnet werden, ja unbestreitbar müssen Erfolge konstatiert werden, doch ist der Prozess keineswegs abgeschlossen. Die Veränderung mag auch daran ablesbar sein, dass das Thema in den Medien nicht mehr so präsent ist und die entsprechenden Positionen nicht mehr so aggressiv vertreten werden. Emanzipation und Gleichstellung werden als Ziel kaum noch in Frage gestellt.

Was in der gehobenen Berufswelt allgemein zu beobachten war, wiederholt sich in der Politik: Die Frauen erobern sich Positionen, der Frauenanteil in den Parteien steigt, aber je höher die Positionen desto schwieriger wird es für die Frauen. Vergleichbar sind die Verhältnisse auch hier; doch wieder ergab sich ein sichtbarer Vorsprung für die DDR, auf den unteren und mittleren Positionen deutlich, nicht aber – oder kaum – auf der höchsten Ebene. Der Anteil der Frauen in den Kommunal- und Landesparlamenten – d. h. in den Räten der Kreise oder der Bezirke – war in der DDR wesentlich höher als im Westen; 30 % der Bürgermeister waren Frauen, aber fast nur in den kleineren Gemeinden. Der Anteil der Frauen in Führungspositionen auf der höchsten Ebene war bis 1989 in Ost und West gleich minimal. Seitdem bemühen sich die Parteien – mit oder ohne Quotenregelungen – den Frauenanteil zu erhöhen. Immerhin haben wir jetzt mit Angela Merkel nicht nur eine Vorsitzende einer großen Partei, sondern seit 2005 auch eine Bundeskanzlerin; in Schleswig-Holstein regierte mit Heide Simonis von 1993 bis 2005 eine Ministerpräsidentin und das Bundesverfassungsgericht hatte von 1994 bis 2002 mit Jutta Limbach eine Präsidentin. Und auch die Zahl der Bundesministerinnen ist seit der rot-grünen Bundesregierung unter Gerhard Schröder merklich angehoben worden.

Die Stellung von Mann und Frau in der bürgerlichen Gesellschaft war geprägt durch beider Stellung in der Familie; deshalb dürfte eine Änderung nur erreichbar sein, wenn auch in diesem Bereich Änderungen eintreten. Möglichkeiten ergeben sich auf zwei Ebenen: Erstens kann die Arbeitsteilung in der Familie verändert, zweitens kann Familienarbeit auch ausgegliedert und rationalisiert

5. Geschlechterverhältnis, Ehe und Familie

werden. Die Tendenz zur Ausgliederung der Alten- und Krankenpflege kann schon seit dem 19. Jahrhundert beobachtet werden; die Rationalisierung des Haushalts ist ein sehr neues Phänomen. Dienstleistungen, die eine Berufstätigkeit der Frauen ermöglichen sollten, wurden in der DDR stark ausgebaut: Kinderkrippen, Kindergärten und Schulhorte. 80 % der Kinder bekamen in den Schulen ein warmes Mittagsessen; Dienstleistungen in den Betrieben – Wäschereien, Nähereien, Bügelstuben – waren in der DDR wesentlich häufiger als in der Bundesrepublik. Im Westen mag der Zeitaufwand für Hausarbeiten geringer – keine Versorgungslücken und Warteschlangen – und die Technisierung der Haushalte stärker entwickelt gewesen sein.

Die traditionelle Arbeitsteilung in der Familie wurde in beiden Systemen nicht wesentlich gelockert, vielleicht in der DDR etwas stärker als im Westen: Kindererziehung galt – und gilt – in beiden Gesellschaften als Frauenarbeit und wird nur langsam als Aufgabe für die Väter angesehen. Neuerdings erst spricht man von „neuen Vaterrollen". Die Kinderbetreuung im Krankheitsfall ist fast immer Frauensache; der Mann „darf" am Arbeitsplatz nicht fehlen, weil er etwa ein krankes Kind zu hüten hat. Hausarbeit ist bis heute meist Frauensache – Wäsche, Bügeln, Kochen, Saubermachen –, während der Mann allenfalls Gartenarbeit und Hausreparaturen zu versehen und das Auto zu waschen hat. Deshalb gibt es auch nach wie vor mehr Freizeit für die Männer. Die traditionellen Rollenklischees dürften das Haupthindernis für die Gleichstellung sein. Und Teilzeitarbeit ist eine Ausflucht, die solange das Problem nicht löst, wie sie vorwiegend von Frauen wahrgenommen wird. Denn nach wie vor gilt meist die Vorgabe, dass wegen der „Wichtigkeit" der männlichen Berufstätigkeit die Frau sich mit der halben Stelle zu begnügen hat.

Spitzenpositionen sind in der Regel „Anderthalb-Personen-Berufe". Jemand muss dem Erfolgreichen den Rücken freihalten, ihn familiär entlasten und auch seelisch stützen; diese stützende Rolle wird kaum von Männern wahrgenommen. Um in Spitzenpositionen aufzusteigen, muss man kontinuierlich präsent sein; für Kinder ist deshalb keine Zeit. Solche Stellungen verlangen häufig den Wechsel des Wohnortes; auch dies wird in der Regel den Frauen zugemutet – wenn etwa die Familie dem Arbeitsplatzwechsel des Mannes zu folgen hat –, kaum aber Männern. So werden die beruflichen Ambitionen der Frauen meist niedriger angesetzt als die der Männer; sie üben Verzicht zugunsten der Familie und des Partners.

5. Geschlechterverhältnis, Ehe und Familie

Als Bilanz kann festgehalten werden: Die Unterschiede zwischen DDR und Bundesrepublik dürften in diesem Feld nur gradueller Natur, nicht aber prinzipieller Art gewesen sein, zumal in beiden Gesellschaften die aus der Kollision von Verpflichtungen in und außerhalb der Familie sich ergebenden Probleme als Frauen- und nicht als Männerproblem betrachtet wurden. Die „Emanzipation von oben" hat nur begrenzt zu einem emanzipatorischen Bewusstsein geführt. Dennoch hatte die DDR einen Gleichstellungsvorsprung erzielt – durch einen größeren finanziellen und strukturellen Aufwand –, der aber den Kern nicht nachhaltig berührt hat: Man hat die Auswirkungen der Ungleichheit gemildert, diese selbst aber befestigt, denn die traditionelle Rollentrennung wurde nicht angegangen oder gar aufgehoben. Im vereinten Deutschland ist vieles von Errungenschaften der DDR zurückgenommen worden, etwa Kindergärten- und Kinderkrippenplätze; die alleinerziehenden Mütter sind denn auch die große Risikogruppe in der neuen Gesellschaft. Die gegenwärtige Diskussion sieht die Defizite und ist auch um Lösungen bemüht, etwa bei der Kinderbetreuung; doch dürften tiefer reichende Änderungen noch viel Zeit benötigen.

5.2 Ehe und Familie

Die Familie nimmt in der Gesellschaft eine besondere Stellung ein. Mit der Zeugung und Pflege des Nachwuchses erfüllt sie die zentrale Funktion der Reproduktion; die primäre Sozialisation der Kinder mit dem Erwerb der Sprache sowie der Einführung in die Werte und Normen der Gesellschaft ist ihre Aufgabe. Folglich ist sie kulturell und sozial von höchster Bedeutung. Auch in der modernen Gesellschaft wurde diese Funktion lange Zeit von der *Kern- oder Kleinfamilie* erfüllt, eine auf zwei Generationen beschränkte Gefühlsgemeinschaft von Eltern und ihren Kindern; heute jedoch ist diese Basisformation immer weniger durch Dauer und Festigkeit charakterisiert und unterliegt einem Erosions- und Transformationsprozess. Nicht nur die wachsende Scheidungshäufigkeit, sondern auch die Bereitschaft, „Ehen auf Zeit" oder „auf Probe", also vorläufige oder befristete Lebensgemeinschaften einzugehen, zu deren Eingangsbedingungen die möglicherweise baldige Trennung gehört, führen immer häufiger zu „Patchworkfamilien" mit einem grundsätzlich transitorischen Status. So ist auch die überlieferte Familienvorstellung seit ca. 20 Jahren einem radikalen Wandel unterworfen, der als *Pluralisierung der Familie* zu beschreiben ist; unterschiedliche Familienformen werden toleriert, neue Lebensfor-

5. Geschlechterverhältnis, Ehe und Familie

men geduldet. Der Wandel schlägt sich auch im Definitionsansatz nieder: Galt im bürgerlichen Zeitalter die Ehe als Grundvoraussetzung, welche die Familie begründete, so wird heute häufig von den Kindern aus argumentiert: „Familie ist, wo Kinder sind".

Der gesellschaftlichen Reproduktionsfunktion steht eine zweite Perspektive gegenüber, die nicht minder wichtig ist: Aus der Sicht des Individuums ist die Familie der Ort der primären – emotionalen – Sozialisation und wird häufig als Quelle jeglicher Festigkeit erlebt, ja als Ursprung von Bindungsfähigkeit überhaupt erfahren; die familiären Bindungen sind in der Regel nachhaltig und bestimmen das Alltagsleben in hohem Maße. Kommen solche Beziehungen nicht in einer Form zustande, die Stabilität ermöglicht, so entstehen – auch gravierende – Störungen, welche die individuelle Entwicklung negativ beeinflussen und Asozialität produzieren. Diese betreffen die Gesellschaft in hohem Maße; denn die Defizite müssen in den Schulen aufgefangen werden – was allzu häufig misslingt – und determinieren Lebenswege, die dauerhaft auf gesellschaftliche Hilfe angewiesen sind, weil sie nicht aus eigener Kraft bewältigt werden können. – Freilich ist die Familie nicht nur ein Ideal, das aufrecht erhalten wird und eine Funktion in der Gesellschaft erfüllt, sondern sie stellt noch immer – trotz aller Brechungen und In-Frage-Stellungen sei das festgehalten – eine empirisch verifizierbare Realität dar und wird auch – in welchem Umfang immer – den Erwartungen gerecht, die in sie gesetzt werden. Die Einbindung des Einzelnen kann auf zwei Ebenen beobachtet werden: Neben der frühkindlichen und kindlichen Erfahrung, welche den Lebensverlauf des Einzelnen stark prägt, steht nicht selten auch eine die Generationen übergreifende Bindung an einen Familienverband und eine Familiengeschichte; solche Bindung gewinnt eine Kraft, welche den gesellschaftlichen Determinationen – von Schicht oder Milieu – gleichwertig gegenüber steht. Was die Großeltern oder gar Urgroßeltern getan haben und wer und was sie gewesen sind, ist für die Enkel und Urenkel oft von erheblicher Relevanz. Diese Rückbindung wird zugleich von einer gegenläufigen Erfahrung gebrochen, die Generationenerfahrung; der Einzelne erlebt die eigene Selbstfindung im Zusammenhang einer Generationskohorte, charakterisiert durch jeweils ähnliche – affirmative oder kritische – Haltungen gegenüber Kultur und Gesellschaft. Und dieses Erlebnis steht in einer deutlichen Spannung zu den familiären Bindungen, die eben – zumindest für eine Zeit, etwa während der Pubertät – aufgekündigt oder relativiert werden. Die Brechung beider Bindungen determi-

5. Geschlechterverhältnis, Ehe und Familie

niert in hohem Maße den Lebensweg der Einzelnen. So hat denn auch die Beschreibung solcher Generationszugehörigkeiten – die Flakhelfergeneration, die skeptische Generation, die 68er-Generation, die Null-Bock-Generation – sehr viel Erhellendes zur Charakterisierung ganzer Jahrgänge beitragen können. Familien und Generationen stehen in einem eigentümlichen Verhältnis im Selbstfindungsprozess des Einzelnen: Zwar setzen die Familien sich über die Generationen fort und versprechen einen Halt, doch bedarf solche Konstanz paradoxerweise gleichzeitig der Sprengung, wenn sie Haltbarkeit gewinnen soll; gerade die Schnittpunkte determinieren die individuellen Biographien und stiften – im günstigen Fall – eine Balance, aus der der Einzelne dann lebt. Familien- und Generationenzugehörigkeiten stehen im Verhältnis der Komplementarität und müssen beide als Fundamente gelten, auf welchen Lebensläufe errichtet werden. Dies kann hier nicht weiter verfolgt werden, bildet aber einen interessanten Ansatzpunkt für die Deskription der individuellen Schicksale; diese Determination dürfte an Kraft der sozialen und kulturellen Prägung nicht nachstehen, sondern ihr ebenbürtig sein, nicht zuletzt weil sie eine Perspektive vorgibt, aus welcher jene erlebt wird. Auch das große, bis heute anhaltende Interesse am Nationalsozialismus ist nicht selten familiengeschichtlich motiviert; was die Eltern oder Großeltern im Dritten Reich getan oder nicht getan haben, bestimmt das Selbstverständnis des Einzelnen ebenso wie die Generationenerfahrung, die den Winkel festlegt, aus welchem darauf geblickt wird. Die je eigene Identität ist von einer Familienidentität und der Generationenerfahrung abhängig und erhält durch beide erst die besondere Färbung.

In der Bundesrepublik ist die Familie durch das Grundgesetz geschützt; sie ist der Inbegriff des Privaten und Intimen, weshalb ihre Autonomie sowie die Unverletzlichkeit der Wohnung – als Ort, wo das Familienleben sich abspielt – besonders zu sichern sind:

5. Geschlechterverhältnis, Ehe und Familie

> **Art. 6 [Ehe und Familie]**
>
> (1) Ehe und Familie stehen unter dem besonderen Schutz der staatlichen Ordnung.
> (2) Pflege und Erziehung der Kinder sind das natürliche Recht der Eltern und die zuvörderst ihnen obliegende Pflicht. Über ihre Betätigung wacht die staatliche Gemeinschaft.
> (3) Gegen den Willen der Erziehungsberechtigten dürfen Kinder nur auf Grund eines Gesetzes von der Familie getrennt werden, wenn die Erziehungsberechtigten versagen oder wenn die Kinder aus anderen Gründen zu verwahrlosen drohen.
> (4) Den unehelichen Kindern sind durch die Gesetzgebung die gleichen Bedingungen für ihre leibliche und seelische Entwicklung und ihre Stellung in der Gesellschaft zu schaffen wie den ehelichen Kindern.

Dazu kommt die Unverletzlichkeit der Wohnung; als Bereich und Refugium des Einzelnen und der Familie bedarf sie des besonderen Schutzes:

> **Art. 13 [Unverletzlichkeit der Wohnung]**
>
> (1) Die Wohnung ist unverletzlich.
> (2) Durchsuchungen dürfen nur durch den Richter, bei Gefahr im Verzuge auch durch die in den Gesetzen vorgesehenen anderen Organe angeordnet und nur in der dort vorgeschriebenen Form durchgeführt werden.
> (3) Eingriffe und Beschränkungen dürfen im übrigen nur zur Abwehr einer gemeinen Gefahr oder einer Lebensgefahr für einzelne Personen, auf Grund eines Gesetzes auch zur Verhütung dringender Gefahren für die öffentliche Sicherheit und Ordnung, insbesondere zur Behebung der Raumnot, zur Bekämpfung von Seuchengefahr oder zum Schutze gefährdeter Jugendlicher vorgenommen werden.

Auch finanziell wird die Ehe bevorzugt behandelt; die wechselseitige Unterhaltspflicht der Ehepartner – und natürlich auch die Unterhaltspflicht gegenüber den Kindern – begründet zum einen ihre steuerliche Begünstigung, das sogenannte *Ehegattensplitting*. Dies bedeutet, dass das Einkommen in der Regel gemeinsam versteuert wird, was vor allem dann große Vorteile hat, wenn nur ein Ehepartner arbeitet, weil in diesem Fall die Steuerlast geteilt, also halbiert wird. Das ist in der öffentlichen Diskussion sehr umstritten, vor allem dann, wenn die Ehe kinderlos ist und die Bezüge des allein

5. Geschlechterverhältnis, Ehe und Familie

verdienenden Mannes hoch sind, denn die Steuerausfälle sind beträchtlich; für das Jahr 2000 hat man Steuerverluste von 22 Milliarden Euro aus dem Ehegattensplitting errechnet. Zum anderen folgt aus der sozialen und finanziellen Privilegierung der Ehe die Hinterbliebenenversorgung, auf welche beide Partner einen Anspruch haben, meist zu 60 % der Rentenansprüche des Ehegatten. Bis 1986 wurde solche Versorgung nur Witwen gewährt, immer noch davon ausgehend, dass der Mann selbst für sich zu sorgen habe; seitdem gilt der Anspruch auch für Witwer. Und drittens schließlich ist die gesetzliche Krankenversicherung in der Regel eine Familienversicherung, die nicht nur die nicht arbeitende Hausfrau, sondern auch die Kinder einschließt.

Der rechtliche Status von Ehe und Familie war in der Geschichte sehr verschiedenartig. Die katholische Lehre gibt der Ehe seit dem 12. Jahrhundert den Rang eines Sakramentes, erklärt sie damit für unauflöslich und letztlich vor Gott geschlossen. Praktisch bedeutete dies über Jahrhunderte, dass Ehen nur mit dem Segen der Kirche geschlossen werden konnten; die Ehe war nicht Teil der bürgerlichen Rechtsordnung, sondern des Kirchenrechts. Die Verletzung oder Auflösung der Ehe verstieß gegen göttliches Recht; dieser Aspekt ist stets gegenwärtig, wenn bei einer Scheidung vom Schuldprinzip die Rede ist. Gegen den sakramentalen Status wandten sich bereits Martin Luther und die Reformation, doch wird die Ehe auch im Protestantismus vor Gott geschlossen und impliziert ein vor Gott und der Gemeinde abgegebenes Versprechen. Die Trauung selbst war bis weit ins 19. Jahrhundert allein eine Angelegenheit der Kirche und blieb juristisch in ihren Händen, sowohl der katholischen wie der protestantischen Kirche; diese allein konnten Eheschließungen vornehmen. Die Zivilehe wird im Deutschen Reich erst im Jahr 1875 eingeführt. Die Vorstellung, dass die Ehe auf einem Vertrag beruhe, ist bürgerlich-aufklärerischen Ursprungs; sie spielte bereits in den Reformwerken des 18. Jahrhunderts eine Rolle, zur Zeit des aufgeklärten Absolutismus in Österreich und Preußen, und ging dann – über den *Code Civil* – in das Bürgerliche Recht ein. Dies allerdings schloss zunächst nicht aus, dass eine Unterordnung der Frau vorgesehen war: Das Bürgerliche Gesetzbuch von 1900 legte noch kategorisch fest, dass die Frau für den Mann den Haushalt zu führen habe und dass die Erwerbsarbeit Sache des Mannes sei. Diese Vorstellung hält sich sehr lange; noch 1957 legt ein Familienanpassungsgesetz fest, dass die Erwerbstätigkeit der Frau nur gestattet sei, „soweit dies mit ihren Pflichten in Ehe und Familie

5. Geschlechterverhältnis, Ehe und Familie

vereinbar ist". Erst 1977 wird in einer Neufassung des entsprechenden Gesetzes festgelegt, dass die Ehegatten die Haushaltsführung „im gegenseitigen Einvernehmen" zu regeln hätten. Und ebenso unterstellt das alte Eherecht faktisch eine Vormachtstellung des Mannes – der ja für den Unterhalt in der Ehe zuständig war –, wenn es bei der Scheidung das Schuldprinzip gelten ließ. Eine schuldig geschiedene Frau hatte keinen Anspruch auf Unterhaltszahlungen. Und selbst eine schuldlos geschiedene Frau hatte einen Anspruch nur, sofern sie ihren Unterhalt nicht aus eigenem Vermögen oder aus eigener Erwerbsarbeit bestreiten konnte. Wurde ein Mann schuldig geschieden, so durften seine Zahlungen seinen standesgemäßen Unterhalt nicht gefährden. Erst die Eherechtsreform aus dem Jahr 1977 beseitigte das Schuldprinzip; Ehen werden seitdem geschieden, wenn sie als „zerrüttet" angesehen werden können. Die Unterhaltspflicht beider Partner, die über die Scheidung hinaus besteht, bedeutet, dass der finanziell Schwächere zu unterstützen sei – unabhängig von seinem Geschlecht – und dass dieser gleichzeitig verpflichtet wird, möglichst rasch selbständig für den eigenen Lebensunterhalt zu sorgen. Die Berufstätigkeit der Frau wurde damit vom Gesetz als Normalfall eingestuft und nicht mehr als etwas Zweitrangiges, das den Ehepflichten unterzuordnen wäre; erst damit dürfte auch juristisch die volle Gleichberechtigung erlangt worden sein.

Zur bürgerlichen Vorstellung der Ehe gehört die Autonomie der Beteiligten, die sich frei zu der Gemeinschaft entscheiden müssen und denen niemand das Recht dazu verweigern darf. Heute sind Vorbehalte, die gegen eine Eheschließung vorgebracht werden, ja diese verhindern können, auf ein Minimum begrenzt. Das war nicht immer so. Die Instanzen, die Einspruch erheben konnten, waren die Kirche, die Eltern und die Gemeinden, aus recht unterschiedlichen Gründen. Die kirchlichen Vorbehaltsrechte erloschen mit der Zivilehe bzw. galten dann nur noch für die kirchliche Trauung, die Elternrechte konnten in dem Maße nicht mehr geltend gemacht werden, wie die Mündigkeit oder Volljährigkeit ernst genommen wurde. Bis ins letzte Drittel des 19. Jahrhunderts hatten vielfach auch die Gemeinden ein Einspruchsrecht, wenn der Nachweis eines „ausreichenden Nahrungsstandes" nicht erbracht werden konnte; die ökonomische Existenz der Ehe sollte gesichert werden, damit in Zeiten des Pauperismus Fürsorgefälle nicht in zu großer Zahl auftraten. Die Ehebeschränkungen hatten durchaus Folgen; aus sozialen Gründen sind im 19. Jahrhundert, zumindest in der ersten Hälf-

5. Geschlechterverhältnis, Ehe und Familie

te, etwa 20–30 % eines Jahrgangs unverheiratet blieben. Solch soziale Gründe spielten in bürgerlichen Ehen noch lange eine erhebliche Rolle, ohne dass dies in eine rechtliche Form gegossen wurde; nicht nur war die Erwartung stets da, dass die zu schließenden Ehe die recht engen Schranken der jeweiligen Schicht nicht überschritte, weder nach unten noch nach oben, sondern als Voraussetzung galt regelmäßig auch, dass der Mann fähig sei, die Familie zu ernähren. Daraus erklärt sich die relativ große Altersdifferenz der Ehepartner bis ins 20. Jahrhundert hinein – nicht selten war der Mann zehn Jahre älter als die Frau – und dies wiederum bekräftigte eine patriarchalische Machtstellung. Solche Vorbehalte spielen heute kaum eine Rolle; doch die wechselseitige Unterhaltspflicht – sowie die auch finanzielle Verantwortung für die Kinder – ist geblieben.

Der Wandel der Familienformen in der Gegenwart ist nur verständlich vor dem Hintergrund der Geschichte der Familienvorstellungen und -formen, die sich von den rein juristischen Vorgaben unterscheiden, weshalb darauf kurz einzugehen ist. Die vorindustrielle Wirtschaft war vornehmlich eine Familienwirtschaft; die Hausgemeinschaft bildete die Basis für die Arbeitsorganisation. Grundsätzlich war sie patriarchalisch strukturiert; nicht nur die engeren Familienmitglieder gehörten dazu, sondern auch nichtverwandte Angehörige: Knechte oder Mägde, Lehrlinge, Dienstboten. Deshalb wird häufig auch vom „Haus" statt der „Familie" gesprochen. Schon das lateinische Wort *familia* bezeichnet nicht eine Verwandtschaftsbeziehung, sondern alles, was unter die Herrschaft des Hausherrn – des *pater familias* – fällt: Kinder, Hörige, Sklaven, Vieh, Besitz. Dieses „Haus" bildete eine Produktionseinheit, die dem gemeinsamen Unterhalt diente, sichtbar vor allem in den Landwirtschafts- und Handwerksbetrieben. Das Wort Familie wird erst seit dem 18. Jahrhundert aus dem Französischen ins Deutsche übernommen und nimmt dann rasch die heutige Bedeutung an, verdrängt also die alte Bedeutung von „Haus".

Meist gab es die Drei-Generationen-Familie: Großeltern, Eltern, Kinder. Diese Form war nicht nur auf dem Lande, im städtischen Handwerk und in den großen Kaufmannsfamilien gängig, sondern stellte auch beim Adel die Grundform des Zusammenlebens dar. Allein in den Bauernfamilien überlebt die Tradition bis in die Gegenwart. Mit der Auflösung der ständischen Ordnung gingen die alten Familienfunktionen weitgehend verloren, die Industrialisierung brachte neue Zusammenhänge von Familienleben und Produktionsweise.

5. Geschlechterverhältnis, Ehe und Familie

Die typisch bürgerliche Familienform etablierte sich im 19. Jahrhundert. Die wichtigste Neuerung war die Trennung von Wohnung und Arbeitsstätte; ökonomische Produktion und Erwerbstätigkeit fanden nicht mehr in der Familie, sondern außerhalb statt. Solche Trennung gab es gewiss bereits vor der Industrialisierung, jetzt aber werden sie zur Regel. Die bürgerliche Familie bekommt damit eine *neue Funktion*: Die Produktionsfunktion der Familie wird ersetzt durch die Regenerationsfunktion; gesucht wird die häusliche Geborgenheit als Zufluchtsstätte nach den Mühen des Arbeitstages, heute als Gemeinschaft für Konsum, Freizeit und Entspannung. Jetzt wird die Familie zur *Innenwelt* des Privaten gegenüber der *Außenwelt* von Wirtschaft und Politik, mit den jeweils entsprechenden Funktionen und Rollenerwartungen für Frauen und Männern; daneben ist sie natürlich weiterhin für Kindererziehung und Erziehung zuständig. Dieser Familientypus mag in der sozialen Wirklichkeit relativ selten gewesen sein – weil allzu häufig die materiellen Voraussetzungen fehlten – als Leitbild aber war er prägend.

Die Industriearbeiterfamilie war in einem Punkt der bürgerlichen Familie ähnlich: Die Trennung von Arbeit und Privatleben, von Fabrik und Wohnung, prägte auch sie. Der ökonomische Mangel allein – mit der Notwendigkeit von Frauen- und Kinderarbeit – verhinderte, dass das Leitbild der bürgerlichen Familie in der Arbeiterschaft realisiert werden konnte; als solches ist es aber auch hier präsent. Die Ansätze zu einer eigenen Familienkultur sind überaus bescheiden, auch wenn sie nicht geleugnet werden sollen.

Der Strukturwandel der Familie wiederholt damit nur, was das Bürgertum als Aufspaltung des gesellschaftlichen Lebens ausgebildet hat, die Trennung in eine *unpersönliche* und *öffentliche Sphäre* – von Wirtschaft und Gesellschaft, auch von Arbeit und Politik – und eine *intime* und *individualisierte Privatsphäre*, die der Familie zugeordnet wird. Entlastung von den Mühen der Arbeit soll die Privatsphäre bieten. Mit der Einführung der rechtlichen Gleichheit und der Selbständigkeit, wie sie ökonomisch, so die zugrunde liegende Idee, vor allem aus der Arbeit resultieren sollte, ergab sich die Möglichkeit der Eheschließung und Familiengründung für jedermann; nicht ständische Rücksicht stand im Mittelpunkt, sondern die freie Entscheidung. Und nicht zuletzt dies berechtigt, von einer Familiarisierung der Gesellschaft zu sprechen, die im 19. Jahrhundert begonnen und sich im 20. Jahrhundert fortgesetzt hat, heute aber gestoppt oder von gegenläufigen Tendenzen unterlaufen wird.

5. Geschlechterverhältnis, Ehe und Familie

Freilich ist dies nur ein Aspekt, unter dem die gesellschaftliche Entwicklung gesehen werden kann. Die Familie wurde zur Grundeinheit der Gesellschaft stilisiert; mit der Fähigkeit zur Familiengründung erst wurde man zum vollwertigen Mitglied der Gesellschaft. Die Ordnung selbst beruhte auf dem unterstellten Gleichgewicht von Ökonomie und Arbeit einerseits und dem Privaten und Intimen andererseits. Solche Balance mag sehr schnell aus den Fugen geraten sein, doch bezeichnet sie ein Ideal, welches das Modell bis heute zu tragen hat, auch wenn es zunehmend durchlöchert wird. Ob gegenwärtig von einer Entfamiliarisierung oder nur einer Pluralisierung der Familienformen gesprochen werden sollte, ist dabei gleichgültig; zweifellos hat die Grundspannung andere Formen angenommen, als Grundmuster aber – auch als Zwang der Arbeitswelt und Selbstbestimmung in der Freizeit – ist sie noch immer präsent. – Als Hort des Abgeschiedenen und Privaten kann die Familie aber auch zur Terrorinstitution werden; gegen Ende des 19. Jahrhunderts wurde sie in der Literatur allzu häufig so beschrieben. Ihrem „Gefängnis" war – so schien es und so wurde oft geklagt – nur schwer zu entkommen. Die Verteufelung bildet das nahezu zwangsläufige Gegenbild zur Idealisierung.

Eine Emotionalisierung implizierte auch das Ideal der „romantischen Liebesbeziehung", das es zuvor – vor dem bürgerlichen Zeitalter – so nicht gegeben hat oder das zumindest nicht das allein anzustrebende Ideal gewesen ist. Die Fokussierung auf Liebe implizierte zudem ein Verhältnis zur Sexualität, wie es für das Bürgertum kennzeichnend war: Legitime Sexualität war an die Ehe gebunden, und uneheliche Kinder bedeuteten für die Frau in der Regel eine Katastrophe; entsprechend war die Erziehung und das gesellschaftliche Verhalten. Auch dieser Komplex ist insgesamt für das bürgerliche Zeitalter charakteristisch; und wiederum nicht zufällig kann die Institution der bürgerlichen Ehe zum Ort der Gewalt und zum Inbegriff der Tortur werden. August Strindberg (1849–1912) und Henrik Ibsen (1828–1906) sind diejenigen gewesen, die dies am genauesten in ihren Dramen wiedergegeben haben, als Ehehöllen, welche das Traumbild der Liebesehe zum Schrecken pervertierten. Gleichzeitig wurde das Thema in der Gesellschaftskomödie aufgegriffen, vor allem in Frankreich, und avancierte so zum Gegenstand des Spottes. Und nicht selten führten die überzogenen Erwartungen und rigiden Moralvorstellungen zu verkorksten und verlogenen Liebesverhältnissen, mit dem Recht des Mannes auf voreheliche Sexualbeziehungen und der ebenso scharfen Verweigerung dessel-

5. Geschlechterverhältnis, Ehe und Familie

ben Rechts für die Frau; um 1900 hat Arthur Schnitzler (1862–1931) dies sehr scharf bloßgestellt. Die bürgerlichen Ehe- und Liebesformen waren – mit gewiss sehr genauen Unterschieden und in hervorzuhebenden Schattierungen – ein europäisches Motiv, das die Literatur des 19. Jahrhunderts ausgiebig beschäftigt hat.

Zugleich bedeutete die neue Rolle und Bewertung der Familie eine deutliche Aufwertung der Kindheit, ja so etwas wie die Ausgrenzung der Kindheit als eines eigenständigen Erziehungs- und Verhaltensbereiches; Kinderarbeit war in den vorbürgerlichen Familienverhältnissen eher die Regel als die Ausnahme. Erst seit dem ausgehenden 18. Jahrhundert und der Romantik wird – nicht zufällig – Kindheit auch glorifiziert und mythisiert. Und wiederum nicht zufällig wird die Erziehung in der engen bürgerlichen Familie seit dem Ende des 19. Jahrhunderts äußerst kritisch dargestellt; wieder gilt das Gefängnis als zutreffendes Bild für diesen Ort, etwa bei Frank Wedekind (1864–1918) in seinem Stück *Frühlings Erwachen* aus dem Jahr 1901. Der romantischen Glorifizierung um 1800 entspricht eine grausame Desillusionierung um 1900.

Diese Entwicklung mit dem Funktionsverlust der ökonomisch orientierten „Haus-Familie" und der gleichzeitigen Privatisierung der Familie, die mit der *Emotionalisierung der Familienverhältnisse* sowie mit den entsprechenden Rollenvorstellungen von Männern und Frauen verbunden war, war 1945 noch sehr stark präsent. Der Weg von einer patriarchalischen zu einer partnerschaftlichen Familie war, wenngleich natürlich schon beschritten, noch weit, zumal ja gerade die Rollenvorstellungen der Geschlechter einen stark männlich betonten Akzent behielten.

In der DDR wurde zunächst der Versuch unternommen, die überkommene Familienvorstellung als bürgerlich zu diskreditieren und ihr das Bild einer sozialistischen Familie gegenüber zu stellen, das Freiheit versprechen sollte. Dies aber wurde früh schon aufgegeben, sodass sich die familialen Leitbilder in beiden deutschen Staaten schließlich recht ähnlich waren. In beiden Gesellschaftstypen galten Ehe und Familie als Grundformen oder kleinste Zellen, die für die Erziehungs- und Sozialisationsfunktion wie für die soziokulturelle Reproduktion der Gesellschaft von übergroßer Bedeutung waren. Unterschiede gab es dennoch, etwa die wirksamere Durchsetzung des Gleichheitsgrundsatzes und die stärkere Betonung der Erziehungsfunktionen der Gesellschaft in der DDR. In der Bundesrepublik war die Gesellschaft für den öffentlichen Bereich der Erziehung – in den Schulen – zuständig, sollte aber in den intimen

5. Geschlechterverhältnis, Ehe und Familie

Bereich der Familie nur eingreifen, wenn dort offensichtlich etwas schief lief; in der DDR waren solche Eingriffe schon viel früher möglich und sollten – zumindest in den sozialistischen Vorstellungen – auch die Inhalte der „privaten" Erziehung betreffen. Die private Erziehung durfte die öffentliche nicht unterlaufen oder gefährden, sondern hatte systemkonform zu sein. In der Realität jedoch bildete die Familie in der DDR eine Art Refugium vor den umfassenden Ansprüchen der Gesellschaft, auf das man sich zurückziehen konnte. Deshalb war der sozialistische Erziehungsauftrag auch relativ erfolglos; und der Rückzug in die Datschen-Gesellschaft war gewiss nicht das sozialistische Ideal. Dennoch mag die Erziehung mehr bewirkt haben, als die Menschen gerne wahrhaben wollten; sonst wären bis heute die Vorstellungen in Ost und West nicht so unterschiedlich. – Weit über 90 % der DDR-Jugendlichen haben dem Komplex Liebe und Familie einen sehr großen Stellenwert für die Lebensgestaltung beigemessen; hier spielt der Refugiums-Gedanke wohl die zentrale Rolle.

Ebenso wurden Ehe und Familie im Westen als kulturelle Selbstverständlichkeit angesehen, zumindest bis in die 1960er- oder 1970er-Jahre. Seitdem kann eine Pluralität von Privatheitsmustern beobachtet werden: Neben der herkömmlichen Kleinfamilie gibt es zunehmend andere Formen von Privatheit, die auch gesellschaftlich akzeptiert werden. Die reale Entwicklung bedeutete eine Abnahme der Mehrkinderfamilien – mit mehr als zwei Kinder – und eine Zunahme der kinderlosen Familien. 1900 betrug die Zahl der Kinder pro Ehe durchschnittlich 4,1, 1910 noch 3,0, 1960 noch 2,1 und 2002 nur noch 1,3. 1899 waren 8,4 % der Ehen kinderlos, heute fast ein Drittel. Dies hängt auch mit der immer späteren Mutterschaft zusammen: Noch 1970 bekamen verheiratete Frauen im statistischen Durchschnittsalter von 24 Jahren ihr erstes Kind, während das statistische Mittel 2003 bei 30 Jahren lag; damit ist das biologische Zeitfenster, in dem überhaupt Kinder geboren werden können, relativ eng geworden. – Heute wollen ca. 30 % der Frauen kinderlos bleiben, und auch ein Drittel der Paare verzichtet bewusst auf Kinder. Unter Akademikerinnen ist die Zahl der kinderlos bleibenden Frauen besonders hoch, freiwillig oder unfreiwillig; er liegt heute bei 40 %. Hier ergibt sich ein Zielkonflikt der Familien- und Bildungspolitik: Wie soll gleichzeitig die Zahl der Akademiker und die der Kinder erhöht werden? Und wie soll das Gebot der Emanzipation der Frauen mit demjenigen des Erhalts der Gesellschaft in Einklang gebracht werden?

5. Geschlechterverhältnis, Ehe und Familie

Das Heiratsalter ist ebenfalls gestiegen, bei Frauen von 23,7 Jahren im Jahr 1960 auf 25,5 Jahre im Jahr 1988, bei Männern im gleichen Zeitraum von 25,9 auf 28 Jahre. Schaut man sich allerdings das Heiratsalter in einem größerem Rahmen an, so heißt dies, dass man sich nur wieder einer „Normalität" angenähert hat: 1910 betrug das Heiratsalter bei Männern 27,4 Jahre, bei Frauen 24,8; 1920 bei Männer 28,6 und bei Frauen 25,7; 1930 bei Männern 27,5 und bei Frauen 24,3 Jahre. – Drastisch ist die Zahl der Scheidungen gestiegen: Die Wahrscheinlichkeit einer Eheauflösung hat sich in den beiden letzten Jahrzehnten des 20. Jahrhundert verfünffacht; 2004 werden ca. 40 % der in den Jahren zuvor geschlossenen Ehen wieder aufgelöst. Und die Tendenz dürfte keineswegs gebrochen sein. Daneben fällt auf, dass die Zahl der frühen Scheidungen zunimmt, und dass heute zwei Drittel der Scheidungen von Frauen beantragt werden. Auch sinkt zum einen die Neigung, sich überhaupt zu verheiraten, zum anderen die Bereitschaft, erneut zu heiraten, wenn eine Ehe auseinander gegangen ist; bis in die 1960er-Jahre sind ca. 75 % der Geschiedenen eine zweite Ehe eingegangen, heute tut dies nur etwa die Hälfte.

In der DDR waren die Tendenzen ähnlich, eher noch stärker ausgeprägt; vor allem war die Scheidungsbereitschaft größer, und auch die Zahl der Scheidungen lag deutlich höher. Von 1960 auf 1985 hatte sich die Anzahl der Scheidungen dort mehr als verdoppelt. Mittlerweile aber ist die Scheidungshäufigkeit in Ostdeutschland niedriger als in Westdeutschland.

Seit den 1970er- und 1980er-Jahren wächst die Zahl und die Akzeptanz nichtehelicher Lebensgemeinschaften. Dies bedeutet auch, dass gleichgeschlechtliche Partnerschaften zunehmend nicht nur geduldet, sondern auch rechtlich akzeptiert werden; doch die volle rechtliche Gleichstellung bereitet noch immer Schwierigkeiten. – Die voreheliche Partnerschaft, die bis in die 1960er-Jahre gesellschaftlich nicht akzeptiert wurde, ist heute fast zum Normalfall geworden. 1980 lebten 85 % der Paare, die heirateten, zuvor schon zusammen, 1950 nur 4 %. Die „wilde Ehe" galt bis in die 1960er-Jahre als „Hort der Sittenlosigkeit". Heute halten ca. 35 % der Jugendlichen die Ehe für eine überlebte Form des Zusammenlebens; nichteheliche Kinder werden nicht nur akzeptiert, sondern auch der Wunsch nach Kindern ohne Heiratsabsicht ist relativ häufig, etwa bei einem Viertel aller Studenten. Auch diese Tendenz gab es bereits in der DDR: 1987 lebten über 25 % der Frauen und Männer unverheiratet zusammen; die Zahl der nichtehelichen Lebensgemeinschaften mit Kindern war

5. Geschlechterverhältnis, Ehe und Familie

größer als in der Bundesrepublik, doch die Zahl der kinderlosen Ehen deutlich niedriger. – Insgesamt kann für die DDR festgehalten werden: größere Heiratshäufigkeit, niedrigeres Heiratsalter, höhere Geburtenquoten und höhere Scheidungsraten. Hier spielte sicherlich der starke Rückgang jeglicher kirchlichen Bindung eine Rolle.

So haben auch die sogenannten *Ein-Eltern-Familien* sehr deutlich zugenommen; in Großstädten stellen sie bis zu 25 % der Erziehungsgemeinschaften. Ihr Anteil hat sich seit 1971 mehr als verdoppelt; 1988 waren bereits 13,8 % aller Familien Ein-Eltern-Familien. Im Jahr 2003 lebten etwa 15 % aller Minderjährigen in solchen Familien. Auffällig ist auch die steigende Zahl alleinerziehender Väter; mittlerweile liegt ihr Anteil bei ca. 16 % aller Ein-Eltern-Familien. In diesen Familien überwiegt die Ein-Kind-Familie. Ähnlich war es wieder in der DDR: 1981 waren 18 % aller Familien Ein-Eltern-Familien, davon bestanden 96 % aus Müttern, die zu ca. einem Drittel ledig waren. Doch ist die Bezeichnung Ein-Eltern-Familie auch irreführend, denn „alleinerziehend" muss nicht bedeuten, dass nicht eine neue Partnerschaft eingegangen wurde; etwa 25 % der juristisch „Alleinerziehenden" – also Erziehungsberechtigten – leben in neuen nichtehelichen Lebensgemeinschaften. So besitzt auch unter den Ein-Eltern-Familien die Vorstellung der auf Partnerschaft beruhenden „normalen" Familie einen hohen Stellenwert, als anzustrebendes Ideal, das aber nicht immer in die Ehe münden muss. Dem entspricht eine andere – heute gesamtdeutsche – Beobachtung: Die Zahl der Frauen, die ein zweites Kind bekommen, liegt ziemlich konstant bei 70 %; dies bedeutet, dass die Wunschentscheidung meist lautet, zwei oder keine Kinder; im Schnitt entfallen auf Frauen, die überhaupt Kinder bekommen, 2,1 Kinder. Und ebenso werden die „Zwei-Kinder-Familien" in der Regel partnerschaftlich organisiert, ob nun ehelich gebunden oder nicht.

Drastisch zugenommen hat die Zahl der Einpersonenhaushalte, die sogenannten *Singles*: 1925 waren dies 7 %; von 1939 bis 2004 steigerte sich der Anteil von 10 % auf 37 %, mit den Zwischenstationen im Jahr 1957 bei 18 % und 1975 bei 28 %. Ein Anstieg war auch in der DDR zu verzeichnen, aber längst nicht so deutlich; mittlerweile sind kaum noch Unterschiede zwischen Ost- und Westdeutschland auszumachen. Um diese Entwicklung zu bewerten, sind jedoch Differenzierungen notwendig: Ein großer Teil der Alleinlebenden tut dies nicht freiwillig, sondern unter einem Zwang, etwa die verwitweten über 65-Jährigen, unter denen die Zahl der Frauen wiederum wegen der höheren Lebenserwartung besonders

5. Geschlechterverhältnis, Ehe und Familie

groß ist. Dennoch ist die Zahl derjenigen, die diese Lebensform bewusst gewählt haben, beträchtlich, vor allem, da eine nicht geringe Zahl von ihnen – ca. ein Drittel – wiederum Partnerschaften pflegt, die nicht in einem Zusammenleben – einer gemeinsamen Wohnung – realisiert werden. Das Phänomen ist im Zusammenhang der allgemeinen Individualisierung zu sehen, mit der kulturellen Wertschätzung des Singles, des bewusst allein Lebenden. Früher war dies eine eher negativ etikettierte Lebensform, die Skurrilität signalisierte und bestenfalls Mitleid zu erregen vermochte; heute erfreut sie sich – *einerseits* – eines wachsenden Prestiges, zumal das Bildungsniveau der Alleinlebenden durchschnittlich höher ist als das der Verheirateten. Der bewusst allein lebende Single war in der DDR bei Weitem nicht so häufig wie in der Bundesrepublik; auch das ist kulturell interessant. Der Unterschied dürfte darin begründet sein, dass die Bundesrepublik sich zum neuen, positiv gesehenen Gesellschaftstypus der *Erlebnisgesellschaft* entwickelte, für die eine Isolierung der Einzelnen typisch ist bzw. die diese als notwendiges Produkt der Erlebniszentrierung hinnimmt, während die alternativen Lebensformen in der DDR meist nur ein Negativbild der propagierten Formen darstellten, allenfalls mit der sozialistischen Ideologie sich in der Ablehnung der bürgerlichen Lebensform trafen. Die positive Bewertung des Singles im Westen resultiert aus einer Bejahung des gegenwärtigen Gesellschaftstypus, während sie in der DDR die Negation der dortigen Gesellschaft zur Voraussetzung hatte. Doch kann – *andererseits* – eine Ablehnung oder Brechung des generellen Trends auch im Westen beobachtet werden: Das eigentliche Ideal ist häufig nicht der Single, wie neuere Erhebungen ergeben, sondern das Paar, das aber auf die Selbständigkeit der Partner großen Wert legt, gegebenenfalls eben auch in getrennten Wohnungen.

Insgesamt also haben wir eine Pluralisierung familialer Lebensformen zu konstatieren; dennoch werden die Alleinerziehenden, Singles und kinderlosen Ehen immer noch nur von einer Minderheit als idealer und dauerhafter Status des Privaten angesehen. Das Kleinfamilienmodell ist in seinem Monopolanspruch zwar relativiert, bleibt für eine Mehrheit der Bevölkerung aber Fixpunkt und Leitbild familialer Orientierung: Sehr grob kann festgehalten werden, dass Privatheit sich heute in einen Familien- und einen Nicht-Familien-Sektor aufteilt. Ein Drittel der Bevölkerung bevorzugt – wie freiwillig immer – den Nicht-Familien-Status, zwei Drittel leben in überkommenen Familienverhältnissen. Die Akzeptanz der neuen

5. Geschlechterverhältnis, Ehe und Familie

Lebensformen ist unleugbar groß, der Wunsch nach den alten Formen aber nicht grundsätzlich aufgehoben, wohl aber zurückgegangen. – So mag es auch nicht überraschen, dass die Großfamilie – mitunter sogar über vier Generationen – wieder an Attraktivität gewinnt, vielleicht als Gegenbewegung zur Individualisierung, denn diese bedeutet eben auch Isolation.

6. Soziologische Beschreibungsmodelle und kulturelles Selbstverständnis

Trivial mag die Einsicht sein, dass das Bild einer Gesellschaft von dem Winkel abhängig ist, aus dem auf sie geblickt wird; doch Identitäten ergeben sich erst aus Perspektiven, folglich dürfte ihre Deskription nur gelingen, wenn jene benannt und präzise rekonstruiert werden. Solche Perspektiven markieren Fluchtpunkte, welche die Diskursen tragen, deren Horizont abstecken und sich schließlich zu einem Selbstverständnis verdichten. Grundsätzlich sind es zwei Positionen, aus denen Identitäten bestimmt werden, diejenige des Angehörigen und die des Beobachters. Beide sind voneinander abhängig und ergänzen sich wechselseitig. In dem Maße, wie eine zunächst nur supponierte, quasi unmittelbare Identität in ein Selbstverständnis überführt, also reflexiv eingeholt und ausdrücklich artikuliert wird, wandelt sich auch die Binnenperspektive zur Außenperspektive, welche den eigenen Ort im Akt der Selbstreflexion auf seine Legitimität befragt und damit zugleich zur Disposition stellt. In allen innergesellschaftlichen Diskursen ist dies zu beobachten; jegliches Ich, das sich in einem Diskurs zu Wort meldet, unterstellt ein Wir, von dem notfalls anzugeben ist, was es sei und mit welchem Recht es sein dürfe, was es sein wolle. Selbstverständigungsdiskurse, die das Wir zum Thema erheben, können offen geführt werden – das kollektive Selbst wird explizit zum Gegenstand der Auseinandersetzung gemacht –; die unterschiedlichen Positionen können aber auch naiv, verdeckt und unartikuliert, gegenwärtig sein, wenn gegensätzliche Vorstellungen eines Selbst aufeinander prallen, gar aggressiv und unversöhnlich, und nicht in einem Konsens aufgehoben werden. Dann entsteht eine Spannung, die produktiv sein mag, weil sie auf Lösungen drängt, aber auch zerstörerisch wirken kann, wenn die für das kollektive Handeln nötige Übereinstimmung nicht erzielt wird. Das *kulturelle Selbstverständnis* stellt eine Mitte dar und gilt als notwendige Annahme,

6. Soziologische Beschreibungsmodelle

auf die kein Kollektiv verzichten kann; zumindest ansatzweise muss es gegeben sein, wenn das Kollektiv kommunikations- und damit lebensfähig sein soll. Ihm ist folglich ein starkes normatives Moment inhärent. Solche Mitte bildet den Referenzpunkt, auf den das Kollektiv sich explizit berufen kann und implizit beziehen muss, wenn es erfolgreich kommunizieren will. Freilich ist sie stets nur ein Konstrukt, das aber unterstellt werden muss, wenn ein Halt gewonnen werden soll. Ihm entspricht kein Gegenpol in der Realität; das kollektive Selbst darf also nicht als Substanz gedacht werden, gar als empirisch zu fassende. Der arbiträre Status mindert seine Relevanz nicht, bedeutet aber, dass sein Ort allein im Akt der Reflexion zu gewinnen und zu beschreiben ist. Die Verankerung im kollektiven Subjekt legt die Diskurse einerseits auf die Binnenperspektive fest, verpflichtet diese aber andererseits – durch die Einsicht in den prekären Status – zur reflexiven Haltung, in welcher die Mitte, das Selbst, eingeholt und dargestellt werden kann. Dann nimmt dieses die Form eines Selbstverständnisses an.

Die Außenperspektive – mit der Festlegung auf die Rolle des Beobachters – ist, so die generelle Vorgabe, Sache der Wissenschaft, die auf die reflexive Haltung geradezu verpflichtet ist und diese zur nicht hintergehbaren Geschäftsgrundlage erhebt. Die Sozialwissenschaften können als Institutionalisierung dieser Haltung beschrieben werden; eine Funktion wächst ihnen im gesellschaftlichen Zusammenhang in dem Maße zu, wie die Beschreibung des jeweiligen kollektiven Selbst fragwürdig geworden und nicht mehr selbstverständlich gegeben ist. Ihre Aufgabe ist die Deskription; sie haben gesellschaftliche – und kulturelle – Sachverhalte zu beschreiben, so der allgemeine Konsens, nicht aber präskriptiv Vorgaben zu machen. Doch sind diese „Sachverhalte" kaum zu fassen, wenn nicht die innergesellschaftlich unterstellten Bezugspunkte als Fluchtpunkte gesehen werden, auf die sich das gesellschaftliche Handeln bezieht, also jenes Selbstverständnis ins Spiel kommt und in seiner grundlegenden – normativen – Funktion erkennbar wird. Insofern wohnt allen empirischen Darstellungen ein hermeneutisch-reflexiver Zug inne: Auch Daten bekommen ihren Wert erst vor dem Hintergrund des jeweils unterstellten Selbstverständnisses. Die Konvention legt die Sozialwissenschaften auf die bloße Beobachterrolle fest; Spiegel sollen sie sein, nicht aber Kämpfer im politischen Schlachtfeld. Nüchterne Distanz sei ihre Sache. Solche Nüchternheit hat eine Funktion: Die Gesellschaft kann die notwendige Reflexion über den eigenen Ort und das eigene Selbstverständnis nur leisten,

6. Soziologische Beschreibungsmodelle

wenn ihr ein Gegenüber gestattet, den Blick in den Spiegel zu werfen. Und diese Rolle haben im vergangenen Jahrhundert weitgehend die Sozial- und Kulturwissenschaften übernommen. Insofern haben diese auch eine Aufgabe, die über die bloße Deskription deutlich hinausgeht. Die Spiegelfunktion ist noch nicht präskriptiv, enthält aber die Aufforderung zur Selbstreflexion, der in der entwickelten Moderne nicht mehr auszuweichen ist.

Für den innergesellschaftlichen Diskurs heißt dies, dass er sinnvoll nur zu führen ist, wenn die Angebote aufgegriffen werden, welche die Sozialwissenschaften unterbreiten. Und dies wiederum führt dazu, dass hier Interpretationen wiederkehren, die zuvor in der Wissenschaft diskutiert worden waren. Der Selbstverständigungsdiskurs der Gesellschaft knüpft an den Wissenschaftsdiskurs an und setzt ihn in einer charakteristischen Wendung fort: Das, was dort Gegenstand der Beobachtung und Reflexion gewesen ist, löst jetzt Betroffenheit aus, mutiert zum Selbst, das umstritten und umkämpft ist, das in dieser Gestalt politisch gewollt oder nicht gewollt wird, das zu rechtfertigen oder nicht zu rechtfertigen ist. Dieser Vorgang ist in der deutschen Selbstverständigungsdiskussion überdeutlich zu sehen. Die wissenschaftlichen, zunächst meist sehr theoretischen Annahmen – wie die Gesellschaft zu beschreiben oder zu begreifen sei – sickern in den gesellschaftlichen Diskurs ein und bekommen hier ein neues Gesicht. Man kann das positiv sehen als ein Aufgreifen des Reflexionsangebotes, das die Wissenschaften unterbreiten, sollte aber stets im Auge behalten, dass damit ein Wechsel des Stellenwertes verbunden ist, den die Aussagen annehmen.

Wenn dieser Prozess hier in einem abschließenden Kapitel verfolgt werden soll, so ist an die Rahmenbedingungen des Landeskunde-Kompendiums zu erinnern, wie sie eingangs erläutert wurden. Hier sollen nicht Diskussionen referiert werden, die in der Soziologie gegenwärtig geführt werden, gar mit der Absicht einer Einführung und Einübung in den entsprechenden wissenschaftlichen Diskurs (dazu wäre z. B. ein umfassender Anmerkungsapparat mit den entsprechenden Verweisen erforderlich, auch die detaillierte Auseinandersetzung mit den einzelnen Autoren); vielmehr sollen allein Positionen wiedergegeben werden, die aus dem Wissenschaftsdiskurs in den politisch-kulturellen Selbstverständigungsdiskurs der Gegenwart eingewandert sind und dort eine neue Präsenz gewonnen haben, etwa im politischen Feuilleton, das also, was in der ernsten und anspruchsvollen, außerwissenschaftlichen Diskussion lebendig ist und für Streit und Auseinandersetzung sorgt. Und dies erfordert eine zweite Einschränkung: Keinesfalls kann ein Anspruch auf Vollständigkeit erhoben oder gar befriedigt werden; nur wenige Positionen – von denen allerdings angenommen wird, dass sie für die gegenwärtige Auseinandersetzung relevant sind – sollen erörtert werden. Auch beschränkt sich die Darstellung auf eine Skizze, die sich nicht auf die diffizile Analyse der jeweiligen Argumentation einlassen kann. Die genaue – diskursanalytische – Untersuchung, die den Texten sich zuwenden, in ihre Mikrostruktur sich versenken müsste, wäre eine Aufgabe, welche der Kulturwissenschaft im engeren – strengeren – Sinne obliegt; ihr kann ein Kompendium nicht genügen, das nur einen Überblick geben, gleichwohl auf die nötige Tiefenschärfe nicht verzichten will.

Die Felder, in denen die Diskussionen sich bewegen, sind vielfältig, sodass der Anspruch, dem Phänomen auch nur halbwegs gerecht zu werden, kaum eingelöst werden kann. Nicht nur müsste jenes kulturelle Selbst in einen umfassenden kulturtheoretischen Rahmen gestellt und vor dem Hintergrund der politischen und sozialen Geschichte gesehen werden, sondern auch die gesellschaftlichen Strukturen und Zielvorstellungen müssten beachtet und gewürdigt werden. Das Unternehmen verlangte die Zusammenführung höchst divergierender Ansätze und hätte seinen Gegenstand im Schnittpunkt sich überkreuzender Linien. Und dies erforderte einen wissenschaftlichen Aufwand, der kaum aufzubringen ist – schon gar nicht in einem Kompendium – und zu dem heute der begrifflich-theoretische Rahmen fehlt. Gleichwohl sind alle diese Aspekte in der aktuellen Diskussion gegenwärtig und dürfen nicht vernachlässigt werden, wenn ein Verständnis vermittelt werden soll. So bleibt hier nur das entschuldigende Bekenntnis zum Dilettantismus; eine vorläufige Skizze mag die genaue theoretische Reflexion und die umfassende Darstellung ersetzen.

6.1 Ältere Beschreibungsmodelle

Für die Beschreibung der bundesrepublikanischen Gesellschaft gibt es zahlreiche *Interpretationsansätze*, die aus wissenschaftlichen Beschreibungsmodellen hervorgegangen und in die aktuelle Diskussion eingeflossen sind. Vier Ansätze seien zunächst genannt; sie gehen aus meist recht einseitigen Festlegungen hervor, sind wissenschaftlich entsprechend umstritten und werden auch in der tagespolitischen Auseinandersetzung heftig kritisiert. Dennoch spielen sie bis heute eine Rolle und dürfen keinesfalls als überwunden abgetan

6. Soziologische Beschreibungsmodelle

werden. Die Kennzeichnung der bundesdeutschen Gesellschaft als *nivellierte Mittelstandsgesellschaft*, als *spätkapitalistische Klassengesellschaft*, als *technokratische Wohlstandsgesellschaft* sowie als *moderne Leistungsgesellschaft* seien kurz skizziert, jeweils auch die zentralen Kritikpunkte benannt, welche die Gültigkeit der Konzepte in Frage stellen. – Anschließend sollen drei neuere Entwürfe etwas genauer vorgestellt werden, welche die Brüche und Verwerfungen seit den 1980er-Jahren theoretisch zu fassen suchen; sie stießen in der Öffentlichkeit sofort auf ein großes Interesse und wurden zu Referenzpunkten, auf die sich die aktuelle gesellschafts- und kulturpolitische Auseinandersetzung immer wieder bezogen hat und noch bezieht. Nacheinander sollen das Konzept der *Risikogesellschaft*, wie es insbesondere Ulrich Beck vertritt, der *Erlebnisgesellschaft*, wie Gerhard Schulze sie beschrieben hat, sowie die Vorstellung einer *Wissens- oder Informationsgesellschaft*, auch *Kommunikationsgesellschaft*, beschrieben und diskutiert werden. Der dritte Ansatz ist nicht so eindeutig an bestimmte Autoren zu binden wie die beiden anderen, sondern geht aus einer breiten Diskussion hervor; international ist diese an so unterschiedliche Namen wie Daniel Bell, André Gorz oder Manuel Castells gebunden, in Deutschland können als prominenteste Vertreter Richard Münch, Helmut F. Spinner oder Nico Stehr genannt werden.

Den Begriff der *nivellierte Mittelstandsgesellschaft* hat Helmut Schelsky (1912–1984) geprägt. Seit den 1950er-Jahren wurde die bundesdeutsche Gesellschaft gerne mit diesem Etikett versehen, nicht zuletzt weil damit die marxistische Klassentheorie als obsolet zurückgewiesen werden konnte. Und dies war wohl auch das eigentliche Motiv für die Formulierung der historisch wirkungsmächtigen Theorie. Die neue Gesellschaft sei durch Mobilität und Durchlässigkeit charakterisiert; der Abbau der Klassengegensätze habe zu einer Vereinheitlichung der sozialen und kulturellen Verhaltensformen geführt und einen einheitlichen Lebensstil produziert. Dahinter stand nicht nur der Aufstieg des Proletariats – im Sinne einer Verbesserung der materiellen Lebensbedingungen – und dessen Anschluss an die Mittelschichten, sondern auch der Abstieg des Bildungsbürgertums, das die hochfliegenden Projekte einer kulturellen Selbstverwirklichung nicht einlösen konnte bzw. diese – angesichts des Scheiterns des eigenen Anspruchs in der Katastrophe des Nationalsozialismus – aufgeben musste. Und zugleich reagierte die Auseinandersetzung auf Vermischungen, die sich aus den Bevölkerungswanderungen nach dem Zweiten Weltkrieg ergaben;

6. Soziologische Beschreibungsmodelle

diese waren vielfach mit einer materiellen und geistigen Entwurzelung verbunden und verlangten nach Neuorientierung, welche dann – wie unzureichend immer – die Konsumgesellschaft zu geben schien. Es sind also vielfältige Brechungen, die in dem Konzept anwesend sind. Ob die nivellierte Mittelstandsgesellschaft nur eine Fortsetzung der nationalsozialistischen Volksgemeinschaft unter anderen Vorzeichen war, also entnazifiziert und nunmehr auf Konsum ausgerichtet, wie dem Entwurf böse entgegen gehalten wurde, muss hier nicht entschieden werden; dass aber die Frage von Kontinuität und Diskontinuität sich stellte, kann nicht verschwiegen werden. – *Kritisch* kann auf einer einfachen, weil nicht kulturkritisch aufgeladenen Ebene gegen das Konzept eingewendet werden: Solche Nivellierung sei schwer nur zu belegen und zu konkretisieren; gewiss ist die Beobachtung richtig, dass sich die Mittelschichten beträchtlich ausgeweitet haben und der Klassenkonflikt sein Gewicht verloren hat; gleichwohl bestehen erhebliche Unterschiede fort, nicht nur in den Einkommensstrukturen. Und eine Soziologie der „feinen Unterschiede" – und auch der gröberen – hat ihren Gegenstand durchaus nicht verloren; vielmehr hat sich eine neue Differenzierung ergeben, die sich etwa in den neuen Milieustrukturen niederschlägt. Damit scheitert – so darf die heute gängige Einschätzung zusammengefasst werden – die These von der nivellierten Massengesellschaft, die ihre Berechtigung in der ersten Nachkriegszeit gehabt haben mag, sowohl im Bereich der materiellen Lebensbedingungen als auch in der sozio-kulturellen Sphäre der Lebensweisen und Sinnsetzungen. Als Hintergrund für alle späteren Diskussionen bleibt sie aber bedeutsam.

Als *spätkapitalistische (Klassen-) Gesellschaft* sei, so die auf Marx sich berufenden Theoretiker, die Gesellschaft nach wie vor durch das Verhältnis zu den Produktionsmitteln gekennzeichnet, also durch die Eigentumsverhältnisse, welche die einen zu Kapitalisten und Arbeitgebern machten, weil sie über das Eigentum an den Produktionsmitteln verfügten, und die anderen zur Rolle der Arbeitnehmer und Ausgebeuteten verurteilten, die vom Verkauf ihrer Arbeitskraft gegen Lohn leben müssten. Während die einen enorme Profite aus der sich steigernden Produktion zögen, würde den anderen nach wie vor ein Anteil daran, der ihrer Leistung angemessen wäre, vorenthalten. Und dies gebe der Rede von einem Klassenkampf nach wie vor ihre Berechtigung. – Die *Kritik* lautet jetzt: Die Klassenkampfmentalität sei verflogen, damit auch die politische Ausrichtung an der Utopie einer sozialistischen Gesellschaft, welche

6. Soziologische Beschreibungsmodelle

die bürgerlich-kapitalistische abzulösen habe; und ohne das entsprechende Bewusstsein gebe es auch keine Klassen. Die Frage des Eigentums an den Produktionsmitteln sei in Zeiten der guten Gehälter und des breit gestreuten Vermögens nicht mehr die zentrale, sie werde vielmehr von anderen überlagert. Auch könne der Vorwurf der Entfremdung nicht mehr erhoben werden, denn solche Entfremdung werde von den Betroffenen nicht empfunden, vielmehr sei eine breite Zufriedenheit zu beobachten. – Gewiss ist es richtig, dass die marxistische Theorie ihrem eigenen Selbstverständnis nach auf politische Praxis gerichtet war und ohne die Forderung nach einer Aufhebung der bestehenden Verhältnisse ihren Stachel verliert, denn Klassenkampf ist ohne ein proletarisches Bewusstsein nicht denkbar; so ist denn auch dieser Teil des marxistischen Konzepts weitgehend aus der politischen Diskussion verdrängt und spielt heute selbst in der PDS nur eine marginale Rolle. Sollte der marxistische Gedanke reaktiviert werden, so müsste er sehr stark modifiziert, durch kulturelle Komponenten ergänzt und der gänzlich veränderten Situation im Zeichen der Globalisierung – mit der Verselbständigung der Finanzmärkte – angepasst werden. Brisanz gewinnt der theoretische Ansatz heute aus anderer Perspektive: Wenn glaubhaft gemacht werden kann, dass ein Zusammenhang besteht zwischen kapitalistischer Produktion, also der ausschließlichen Ausrichtung an Wachstum und Profit, und der Zerstörung der natürlichen Lebensbedingungen, dass also eine ursächliche Korrelation von Klimawandel und profitorientierter Produktion besteht, so könnte der Gedanke erhebliche Sprengkraft gewinnen; denn er unterstellt, dass eine Rettung des Planeten nur durch strukturelle Veränderungen, und zwar in erheblichem Umfang, gelingen könne. Genau diese These wird von neueren marxistischen Theoretikern – etwa von Elmar Altvater (geb. 1938) – vertreten. Freilich gewinnt sie Gültigkeit nicht mehr im nationalen, sondern im globalen Rahmen, weshalb sie auch kaum herangezogen werden kann, wenn die deutschen Besonderheiten zu beschreiben sind. Wenn die Gemeinsamkeiten der westlichen Gesellschaften betont werden, so dürfte sie sehr wohl aussagekräftig sein.

Die Bezeichnung der Gesellschaft als *technokratische Wohlstandsgesellschaft* unterstellt, dass die ideologischen Gegensätze verflogen seien und Wohlstand sich unter der Perspektive einer generellen Machbarkeit darstelle. Die Gesellschaft sei im Kern durch die Standards der technologischen und industriellen Entwicklung geprägt, welche jenen allgemeinen Wohlstand erlaubten. Die

6. Soziologische Beschreibungsmodelle

These hat heute erheblich an Glanz verloren und ist spätestens seit den 1970er-Jahren, als die natürlichen Grenzen des Wachstums ins Bewusstsein traten, in dieser Form kaum noch vertreten worden. Die sehr einfache *Kritik* lautet denn auch: Dies bedeute eine Vereinseitigung des technologisch-industriellen Aspekts und impliziere die Ausblendung vielfältiger – politischer und kultureller – Komponenten; diese aber seien nach wie vor von Bedeutung, nicht nur als soziale Frage, sondern gerade auch als ökologische Kehrseite der technischen Entwicklung. Mag deshalb die These in der intellektuellen Diskussion nahezu verschwunden sein, so dürfte sie im Denken vieler Menschen durchaus noch präsent sein, und sei es nur im alltäglichen – wie immer blinden – Vertrauen auf die Nachhaltigkeit der Entwicklung. Dass die Dinge geregelt seien und geregelt werden könnten, suggerieren nicht nur Werbung und Medien, sondern auch die Parteien. Insofern kann die These und das mit ihr einhergehende optimistische Selbstverständnis geradezu den Charakter einer Blockade annehmen, die daran hindert, dass in die politische Diskussion der tatsächlichen Fundamente eingetreten werde. Wenn etwa in der gegenwärtigen Diskussion zu Umweltschutz und Klimawandel meist davon ausgegangen wird, dass sich für die Einzelnen nichts ändern dürfe, ja ihm Änderungen nicht zuzumuten seien, so ist jene Hoffnung auf die unbegrenzte Steigerung und technokratische Sicherung des Lebensstandards noch immer gegenwärtig.

Die Kennzeichnung der Gegenwartsgesellschaft als *Leistungsgesellschaft* greift ein altes Deutungsmuster auf. Max Weber hatte den Kapitalismus aus dem Geist des Protestantismus abgeleitet; die Verpflichtung auf Arbeit und innerweltliche Askese hätten eine Mentalität begründet, die den Weg in die Moderne gebahnt habe. Er erklärt damit ein religiös-kulturelles Muster zur Matrix des Denkens und Verhaltens, die neben der technischen und ökonomischen Formation, die Weber sehr wohl auch gesehen hat, das Fundament des modernen Kapitalismus gebildet habe. Von dem dort unterstellten Leistungsethos ist heute wenig mehr als ein ideologischer Rest geblieben. Für Weber bereits ist das Profitstreben zum Korsett geworden, das „uns", wie es auf den letzten Seiten der *Protestantischen Ethik* heißt, „mit überwältigendem Zwange bestimmt und vielleicht bestimmen wird, bis der letzte Zentner fossilen Brennstoffes verglüht ist". Die Verpflichtung auf „Berufsethos" und Leistung bedeute, so schon der frühe Einwurf, eine Verkümmerung auf anderer Seite. In der heutigen *Kritik* an der Leistungsgesellschaft ist zwar auch dies gegenwärtig, bildet aber nicht mehr den zentralen

6. Soziologische Beschreibungsmodelle

Punkt. Die Unterstellung, dass die Gesellschaft den Einzelnen nach seinen Leistungen belohne, gilt vielfach, so z. B. Heribert Prantl, als „Selbsttäuschung", welche als Ideologie die reale Ungleichheit zu überdecken habe. Große Bevölkerungsteile werden erst gar nicht in die Lage versetzt, Leistungen zu erbringen. Die Selbstbeschreibung als Leistungsgesellschaft – die in den Parteien häufig vertreten wird – setzt ein Einvernehmen darüber voraus, was als Leistung anzusehen und wie welche Leistung zu bewerten sei; eine Diskussion zum Thema jedoch findet kaum statt, vielmehr wird als Leistung meist nur unterstellt, was unmittelbar in Profit umzusetzen ist. Das aber ist eine ungebührliche Verkürzung. Wenn gar dem Markt aufgebürdet wird, darüber zu entscheiden, so ist er hoffnungslos überfordert; denn er kann zwar über Angebot und Nachfrage Auskunft geben, kaum aber über Leistung. Der Gedanke der Leistung hat so eine eigentümliche Wandlung durchgemacht: Zwar ist er am Ursprung des Kapitalismus angesiedelt, gar als primärer Motivationsimpuls, verkommt heute aber zunehmend – so die harsche Kritik – zum Ideologem, das die Gesellschaft – und gerade die Parteien – vor sich herträgt, um über die reale Ungerechtigkeit, insbesondere der Chancen- und Einkommensverteilung, hinwegzutäuschen.

Die vier vorgestellten Varianten eines zugleich gesellschaftlichen und kulturellen Selbstverständnisses gehen noch weitgehend vom nationalen Rahmen ihrer Konstruktion aus. Dieser Hintergrund bleibt bis in die 1980er-Jahre erhalten, wird seitdem aber in Frage gestellt; denn die nationalen Kulturen verändern, eingebettet in die globale – westliche – Informationsgesellschaft, ihr Gesicht und geben den Gesellschaften eine neue Gestalt. Zwar hatte bereits die Festlegung auf den Kapitalismus die Gesellschaften einander angeglichen, doch waren die überlieferten Grundmuster lange bestimmend geblieben. Nationale Kultur und kapitalistische Gesellschaft sollten – so der grundlegende Gedanke – in einem komplementären Verhältnis zueinander stehen; darin nicht zuletzt bestand das spezifisch bürgerliche Moment. Im Zeichen von Globalisierung und Postmoderne aber verschiebt sie die grundlegende Spannung; eine dritte Größe – der globalen Ausrichtung selbst – erscheint auf dem Plan und erzwingt ein neues Verhältnis. Der Wandel bezeichnet zunächst nur einen Trend, verweist aber auf einen tieferen, noch nicht abgeschlossenen Transformationsprozess. Man sollte ihn nicht als bloßen Auflösungs- und Ersetzungs-, sondern als Durchdringungsprozess beschreiben, in welchem nationale Identitäten be-

6. Soziologische Beschreibungsmodelle

wahrt werden können, aber in einer veränderten Welt eine neue Gestalt annehmen müssen. Der Gegenpol – von Ulrich Beck jüngst als „Weltrisikogesellschaft" ausführlich beschrieben und von John W. Meyer als „Weltkultur" bezeichnet, in welcher die westlichen Prinzipien sich durchgesetzt haben – verfügt noch nicht über scharfe Konturen, doch seine Macht und Präsenz kann nicht geleugnet werden. Die Begriffe Gesellschaft und Kultur selbst bekommen, werden sie in diesen Zusammenhang gestellt, einen neuen Status und ein neues Profil. Dieser Prozess ist noch im Fluss, weshalb hier auch nur Tendenzen angeführt werden können.

Sucht man die historischen Ursachen für den Wechsel zu benennen, so scheinen *drei* Komplexe von Bedeutung zu sein: *Erstens* ist die rasant beschleunigte technische Entwicklung seit der Dritten industriellen oder digitalen Revolution zu nennen, die zweifellos von globaler Bedeutung ist, *zweitens* der Abschied vom Nationalstaat als der zentralen politischen Institution, nicht nur im Zusammenhang der europäischen Integration, sondern auch vor dem Hintergrund einer neuen „Weltinnenpolitik", und *drittens* schließlich der Zusammenbruch des Ostblocks mit dem Ende sozialistischer Utopievorstellungen, damit auch dem Ende des bisherigen kapitalismuskritischen Deutungsmusters.

Der erste Komplex ist relativ einfach zu umreißen. Und der mit ihm angesprochene Prozess ist gewiss unumkehrbar; er führt in Bereiche, welche die ökonomische Produktion deutlich übersteigen, und postuliert ein neues gesellschaftliches Selbstverständnis, das als *Informationsgesellschaft* umschrieben werden kann: In dem Maße, wie Wissen zentrale Bedeutung erlangt, verändern sich auch die sozialen Strukturen; denn wenn die Verfügung über Wissen gesellschaftliche Macht impliziert und festlegt, so ergeben sich soziale Hierarchien nicht mehr aus der Einordnung in eine soziale Gruppe wie in den feudalen Gesellschaften, noch aus der Stellung im Produktionsprozess wie in der überlieferten kapitalistischen Gesellschaft, sondern verlangen nach neuer Fundierung. Die alten Kategorien spielen gewiss noch eine Rolle, gehen aber neue Verbindungen ein. Dass die Form dieses Wissens – nicht zuletzt auch durch die Möglichkeit der globalen Kommunikation – das kulturelle Selbstverständnis verändert und weiterhin verändern wird, dürfte unmittelbar einsichtig sein.

Der zweite Komplex – die Ablösung der Idee des Nationalgedankens – stellt einen gebrochenen Vorgang dar. Zwar ist die Entmächtigung des Nationalstaates seit Jahren unübersehbar, weshalb

6. Soziologische Beschreibungsmodelle

etwa Jürgen Habermas von einer „postnationalen Konstellation" gesprochen hat, welche die Gegenwart charakterisiere, doch gibt es auch die gegenläufige Tendenz: Nicht nur spielt das Nationale vielerorts wieder eine Rolle – etwa im zerfallenden Ostblock und auf dem Balkan – und bestimmt die politische Organisationsform der Völker, wenn neue Staaten gebildet werden, sondern das in der Geschichte der letzen zwei Jahrhunderte dominante, national ausgerichtete kulturelle Selbstverständnis bleibt auch in den postnationalen Ausrichtungen oder supranationalen Institutionen erhalten und wird durch die Internationalisierung und Globalisierung nur neu geformt.

Der dritte Komplex ist der komplizierteste und bedarf, soll er erläutert werden, eines kurzen geschichtlichen Rückblicks: Die bürgerliche Gesellschaft des 19. Jahrhunderts setzte aus ihrem Zentrum heraus – der kapitalistischen Produktion – das Gegenbild einer besseren – sozialistischen – Gesellschaft frei, die nicht allein durch eine andere Art und Weise der Produktion, sondern durch andere Formen von Staat und Gesellschaft charakterisiert sein sollte; dies implizierte auch die Vorstellung einer neuen Kultur, die es zu gewinnen gelte. Die Idee prägte einerseits die Arbeiterbewegung und war andererseits als Utopie in den Vorstellungen vieler Intellektuellen präsent; gleichzeitig bestimmte sie die Befürchtungen vieler Bürger, die sie als Bedrohung ansahen und alles daran setzten, um eine entsprechende Zukunft zu verhindern. Die Umsetzung der Vorstellung führte zum einen in die Perversion einer sozialistischen Diktatur und zum anderen zum heute umstrittenen Sozialstaat; und schließlich setzte – unter anderem – der Versuch, die sozialistische Revolution um jeden Preis zu vermeiden, die Diktatur des Nationalsozialismus frei. Nach 1945 prägten die beiden älteren Varianten – das bürgerliche, sozialstaatlich gebrochene Modell und seine sozialistische Alternative – die geschichtliche Entwicklung in beiden deutschen Staaten, freilich auf östlicher Seite unter sehr schwierigen Bedingungen, die verhinderten, dass die sozialistische Alternative eine ernsthafte Chance erhielt. Die Ost-West-Spannung setzte stets beide Deutungsmuster voraus, und die Vereinigung konnte als Sieg des sozialstaatlich gebändigten Kapitalismus gefeiert werden. – In den 1970er-Jahren jedoch bereits gewannen Vorstellungen an Bedeutung, welche das überkommene Muster außer Kraft zu setzen drohten: Erstens sei das industrielle Wachstum an ein Ende gekommen, weil die industrielle Expansion an Grenzen stoße, die das System als solches sprengen könnten, nicht aufgrund eines sozialen

6. Soziologische Beschreibungsmodelle

Konfliktes, sondern weil die ökologische Rahmenbedingungen zerstört würden. Und zweitens wurde seit diesem Zeitpunkt sichtbar, dass die fortschreitende Rationalisierung in eine Krise der Arbeitsgesellschaft führte, die mit den alten Mitteln nicht bewältigt werden konnte – so zumindest der Eindruck bei vielen Kritikern. Damit aber wurde ein neues Raster sichtbar, das die Kritik an der Gesellschaft und ihrer Entwicklung künftig speisen musste. Nicht die durch das kapitalistische System bedingte soziale Verelendung, sondern die Sprengung der ökologischen Rahmenbedingungen setzte den Maßstab für die neue Gesellschaftskritik; zugleich schien die fortschreitende Rationalisierung das ihr innewohnende Ziel zu verfehlen, die Humanisierung von Arbeitswelt und Gesellschaft, denn sie brachte – über die strukturelle Arbeitslosigkeit – neue Formen der Exklusion hervor und unterstellte – so zumindest eine deutliche Tendenz – die auf diese Weise Ausgegrenzten allein noch den medialen Beruhigungsinstanzen. Nicht soziales Elend bestimmt deren Situation, sondern die Stillstellung bei einer ausreichenden, wenn auch dürftigen Versorgung; damit wird eine generelle – nicht nur die Arbeitslosen betreffende – Tendenz erkennbar, welche das alte Ideal der Selbstverwirklichung durch Beschwichtigung und Unterhaltung ersetzt. Die doppelte Infragestellung war rein negativ ausgerichtet und hat kaum ein positives Gegenbild produziert, das dem Denken eine neue Orientierung hätte geben und Ziele hätte setzen können. Und diese Situation wurde mit dem Verlust der sozialistischen Utopie noch einmal verschärft. Der Zusammenbruch des Ostblocks war nur für kurze Zeit als Triumph des Kapitalismus zu feiern; denn dieser wies seinerseits so offensichtlich Risse auf, dass er das Bild des strahlenden Siegers nur für einen Moment abgeben konnte. Nunmehr wurde endgültig sichtbar, dass die Gesellschafts- und Kulturkritik neu zu verankern war; doch trat gleichzeitig eine Leere schmerzlich ins Bewusstsein. Die erste scharf gesellschaftskritische Bewegung in der alten Bundesrepublik – die Studentenrevolte – war noch davon ausgegangen, dass die sozialistische Alternative bereit stünde. Jetzt fehlt diese und gestattet einerseits eine ungleich freiere und offenere Diskussion, die auch Zusammenhänge aufgreifen kann und muss, die zuvor ausgeblendet waren; andererseits stürzt die neue Perspektivlosigkeit die Diskutierenden in immer neue Depressionen, da – so die pessimistische Einschätzung – eine positiv besetzbare Zukunft nicht sichtbar ist. Mitunter wird das als Mangel an Visionen beklagt. Eine eigenartige Spannung von Freiheit und Melancholie bestimmt die gegenwärtige

6. Soziologische Beschreibungsmodelle

Diskussion. Ob die Besinnung auf die – historischen, kulturellen und sozialen – Bedingungen und Voraussetzungen hier helfen kann, ist schwer zu sagen; doch eine Alternative dazu ist nicht sichtbar.

6.2 Neuere Beschreibungsmodelle

Beschreibungsansätze, welche das Selbstverständnis jenseits des Gegensatzes von bürgerlichem Kapitalismus und Sozialismus neu festlegen und zugleich die neueren Umbrüche reflektieren, werden seit dem Umbruch der 1980er-Jahren interessant. Drei Modelle seien hier kurz und grob skizziert: *Erstens* die auf Ulrich Beck zurückgehende Vorstellung einer reflexiven Moderne oder *Risikogesellschaft*, *zweitens* die Beschreibung der deutschen Gesellschaft als *Erlebnisgesellschaft*, wie Gerhard Schulze sie vorgelegt hat, und *drittens* schließlich die Beschreibung als *Informations-*, *Wissens- oder Kommunikationsgesellschaft*.

6.2.1 Risikogesellschaft

Die neue Bezeichnung der gegenwärtigen Gesellschaft als *Risikogesellschaft* sieht diese durch eine drastische Zunahme von Risiken charakterisiert, von der Umweltzerstörung bis zur Gefährdung der bislang Sicherheit versprechenden sozialen Systeme, und unterstellt, dass mit der Einsicht in die Problemlage auch die Mittel wachsen, damit fertig zu werden. Die Moderne sei – als „reflexive Moderne" – in einen grundlegenden Transformationsprozess eingetreten, erlebe die eigenen Nachtseiten – insbesondere aber die Folgewirkungen ihrer Erfolge – und könne die Krise, in die sie gerät, nur überwinden, sofern sie den Problemen sich stelle und die eigene Lage im Prozess anhaltender Selbstreflexion aufarbeite, als Wissensgesellschaft mithin ein Bewusstsein ihrer selbst gewinne. Als „erste Moderne" erscheint die Industrialisierung; diese habe sich heute – seit den 1970er-Jahren – zur „zweiten" oder „reflexiven Moderne" entwickelt. Natürlich ist das ein langer Prozess, der kaum auf genaue Daten gebracht werden kann; seine Erkennbarkeit mag seit kurzem erst gegeben sein. Wie die erste Modernisierung im 19. Jahrhundert die traditionale, ständisch gegliederte Gesellschaft aufgelöst habe, so zersetze heute die zweite Modernisierung die – nunmehr alte – Industriegesellschaft. Die Moderne werde mit den eigenen Errungenschaften konfrontiert, die sich, zunächst auf einer materiellen Ebene, ins Negative kehren, und müsse die Grundlagen überdenken, welche sie getragen haben und welche sie künftig tragen sollen;

6. Soziologische Beschreibungsmodelle

der eingeschlagene Weg könne nicht umstandslos und naiv fortgesetzt werden, sondern erfordere stattdessen eine erhöhte Reflexivität. Die Drohung des Zusammenbruchs ist die grundlegende Erfahrung, welche die Reflexion vorantreibt; einzig die Einsicht in die Bedingungen der eigenen Existenz – der jetzigen und der künftigen – gebe eine Chance des Überlebens. Dem Pessimismus allerdings – angesichts eines Weges in die Katastrophe, der paradoxerweise auf Siegen beruht – korrespondiert eine optimistische Haltung; die Zukunft sei zu sichern, wenn die Reflexion gewissenhaft sei und der Einsicht eine entsprechende Politik folge. Das klingt sehr dramatisch, dürfte aber eine Grundschicht im Befinden der Menschen treffen und einen Nervenpunkt der gegenwärtigen Moderne berühren; so nur kann der überwältigende Erfolg des Buches sofort nach seinem Erscheinen erklärt werden. Veröffentlicht wurde es 1986, dem Jahr der Katastrophe von Tschernobyl, und schien die Theorie zum Ereignis zu liefern; doch war es geschrieben, bevor die Explosion erfolgte. Ulrich Beck hat den Ansatz seitdem beträchtlich erweitert und vielfach variiert; in seiner jüngsten Veröffentlichung – der *Weltrisikogesellschaft* aus dem Jahr 2007 – erhebt er den Anspruch, eine globale Theorie zu liefern, weil auch der Gegenstand sich nur einem globalen Denken erschließe. Die alte Industriegesellschaft sei noch national ausgelegt gewesen und entsprechend gedacht worden, die neue – postindustrielle – Gesellschaft sei zunehmend transnational und global ausgerichtet und allein unter „kosmopolitischen" Aspekten zu begreifen; die Verschränkungen seien zu beachten, wenn der Gegenstand angemessen erfasst werden solle. Der „kosmopolitische Blick" sei nicht nur der des Wissenschaftlers, sondern müsse von den Angehörigen der Gesellschaft übernommen werden, gleichsam als Ausweis der neu zu gewinnenden Reflexivität.

Veränderungen in der Gesellschaft sieht Beck auf *drei* Ebenen: *Zum Ersten* produziere der Kapitalismus nicht nur – oder nicht mehr nur – Reichtum, sondern in hohem Maße Risiken; hier stehen die ökologischen Gefahren an erster Stelle. Die Zerstörung der natürlichen Grundlagen des Lebens – vom Raubbau an der Natur bis zum Waldsterben und zum Klimawandel – sei unübersehbar; zudem produziere die technologische Entwicklung immer neue Gefahren, chemische Gifte, Veränderungen von Lebensmitteln etc. Das Besondere der neuen Risiken ist erstens, dass sie nicht unmittelbar erfahrbar sind wie Hunger oder materielle Not, sondern nur indirekt – vermittelt über ein entsprechendes Wissen – wahrgenommen

6. Soziologische Beschreibungsmodelle

werden können, und zweitens, dass nicht eintreten darf, was befürchtet wird, weil die Folgewirkungen so immens seien, dass ihre Begrenzung nicht gelingen könne. Der große Atomunfall oder die schlimmsten Varianten des Klimawandel – mit der Erwärmung der Erdatmosphäre um mehrere Grad Celsius – markieren die entsprechenden Szenarien. Die Antizipation der Katastrophe im Bewusstsein soll ihr Eintreten verhindern; auch in diesem Sinne will die Soziologie Becks eine Wissenssoziologie sein, welche die Vermittlung durch ein reflektierendes Bewusstsein thematisiert.

Zum Zweiten drohen Gefahren aus dem Zusammenbruch der ökonomischen und – damit zusammenhängend – der sozialen Systeme, welche die Sicherheit nicht mehr garantieren können, die in der Blütezeit des Nachkriegskapitalismus selbstverständlich schien. Die daraus resultierende Angst artikuliert sich als Zweifel an der Leistungsfähigkeit der Sozialsysteme – etwa als Angst vor der Altersarmut – wie auch als Misstrauen gegenüber der Wirtschaft, der nicht zugetraut wird, langfristig ausreichend Arbeitsplätze zur Verfügung zu stellen, aber auch als Furcht vor der demographischen Entwicklung und als tief sitzende Besorgnis gegenüber der Armutsentwicklung in der Welt. Zudem scheint die Entwicklung der globalen Finanzmärkte, von denen das Wohl aller abhängig ist, mit den Begriffen der Vernunft nicht mehr fassbar zu sein; sie drohen ins Chaos abzudriften bzw. in Anarchie unterzugehen. Steht gar ihr Zusammenbruch bevor und damit ein Kollaps der Weltwirtschaft? Oder eine Revolution der armen Völker gegen die reichen Industriestaaten, wenn die Schere zwischen Arm und Reich allzu groß wird und keine Besserung der Gesamtlage in Sicht ist? Und sind nicht Kriege um die verbleibenden Ressourcen – einschließlich des Wassers – die Folge? Wie begründet immer diese Ängste sein mögen, ihre Präsenz im Denken der Menschen ist kaum zu leugnen; dies produziert eine Stimmung, die es in dieser Form zuvor nicht gegeben haben dürfte, auch wenn apokalyptische Untergangsvisionen gewiss nichts Neues sind. Das mangelnde Vertrauen in eine Zukunft dürfte ein wesentlicher Grund für die Kinderarmut sein und sollte als Faktor der demographischen Entwicklung gewürdigt werden.

Beck beschreibt die Industriegesellschaft somit aus doppelter Perspektive: Die industrielle Revolution und die Entwicklung zum Sozialstaat seien ihre herausragenden Kennzeichen; gemeinsam hätten sie die Erfolge der Vergangenheit verbürgt. Die geschichtliche Entwicklung des Kapitalismus beruhe – so die Unterstellung –

6. Soziologische Beschreibungsmodelle

auf der nahezu unbeschränkten Verfügung über die Natur, und der Sozialstaat könne – so die Hoffnung – die wirtschaftlichen Härten des Kapitalismus ausbalancieren. Unter dem ersten Aspekt sei die Produktion und Ansammlung von Reichtum erfolgt, unter der zweiten die Absicherung der Einzelnen. Die erfolgreiche Geschichte der bürgerlichen Gesellschaft war auf zweifache Weise einem Fortschrittsdenken unterstellt: Dass *zum einen* ausreichend Schätze in der Natur vorhanden seien, wurde und wird angenommen, und ebenso, dass diese technologisch genutzt werden und damit den Reichtum der Gesellschaft sichern können; *zum anderen* könne über die gesellschaftliche Organisation das Auskommen und Glück des Einzelnen gesichert werden, es müsse nur der Reichtum gerecht verteilt werden und jeder seinen Beitrag – in Gestalt von Arbeit – dazu leisten. Die Zuversicht, dass erstens Arbeit genügend zur Verfügung stehe und die Güter gerecht verteilt werden können, habe das Gefühl einer nicht zu brechenden Aufwärtsentwicklung vermittelt. Diesen Optimismus der bürgerlichen Gesellschaft sieht Beck heute in Frage gestellt. Die alte Moderne habe ihre „Unschuld" verloren und müsse den Verlust nunmehr reflexiv aufarbeiten, als *Wissenssoziologie der Gesellschaft*.

Zum Dritten schließlich spielt im Denken von Beck die Notwendigkeit eines kulturellen Neuansatzes eine Rolle; die überkommenen Formen des Selbstverständnisses seien angesichts der doppelten – ökologischen und sozialen – Bedrohung nicht mehr vertretbar, weshalb im Bereich der Kultur ebenfalls eine radikale Selbstreflexion gefordert sei, die zu einem nachbürgerlichen Selbstverständnis führen müsse. Dieser Punkt, der bereits in der *Risikogesellschaft* angesprochen, nicht aber ausgeführt wird, ist in den späteren Büchern stark zurückgetreten: Kultur erscheint primär als Modus der jeweiligen Wirklichkeitskonstruktion – etwa durch die in den Medien gegenwärtigen Denk- und Wahrnehmungsweisen –, nicht aber als Forum, auf welchem die jeweiligen Identitätskonstruktionen zu diskutieren sind und sich zu legitimieren haben. Kulturkritik – auch die konstruktive – ist seine Sache nicht; in diesem Feld gewinnt die Argumentation deshalb auch nicht die Schärfe, die sie sonst auszeichnet. Mit der Betonung des „kosmopolitischen Blickes" reagiert er auf Verlagerungen der Identitätskonstruktion in der Realität und wendet die Beobachtung ins Normative; niemand mehr, erst recht kein Kollektiv, könne sich selbst bestimmen, ohne den Blick zugleich auf alle anderen zu richten. Und dass diese Veränderung das nationale Selbstverständnis aufsprengt und

6. Soziologische Beschreibungsmodelle

die Welt zu einer geschlossenen macht, soll gewiss nicht in Frage gestellt, sondern in ihrer Notwendigkeit bekräftigt werden. Doch stellt dieser „kosmopolitische Blick" nur, so kann dagegen eingewandt werden, eine Erweiterung oder Ergänzung dar, welche das Denken generell zu öffnen hat, nimmt aber nicht die Form der kulturellen Selbstreflexion an, weder unter systematischem noch unter historischem Gesichtspunkt. Beck ist auf die dramatisch veränderte Situation im ökologischen und sozialen Bereich fixiert und führt wohl deshalb den kulturellen Ansatz nicht in der Weise aus, wie dies notwendig wäre. Die Ausführungen im letzten Kapitel der *Weltrisikogesellschaft* greifen den Punkt unter dem Stichwort einer „Dialektik der Moderne" zwar auf, doch gewinnen die Überlegungen inhaltlich nicht die Konkretion, welche die Sache erforderte. Und wenn er in diesem Buch den Terrorismus den anderen Gefahren als gleichwertig an die Seite stellt, so dürfte das eine Verkürzung sein, die sich aus der Vernachlässigung der kulturellen Seite ergibt. Der Terrorismus erscheint als Gefahr, welche die westlichen Gesellschaften bedroht, gleichsam von außen, auch wenn die Angreifbarkeit Gründe in der wachsenden Komplexität und Fragilität der Systeme hat, etwa in der relativ leichten Umfunktionierung eines Flugzeugs zur Waffe. Diese Gefahr soll eingedämmt und bekämpft werden; dass dabei die Freiheit im Inneren zugunsten der Sicherheit eingeschränkt werden kann, manchmal auf eine Weise, die das Zentrum – jene Freiheit – aufzuheben scheint, sieht und diskutiert Beck sehr wohl. Damit aber – so wichtig die Diskussion ist – bewegt man sich noch auf der Oberfläche. Kulturelle Relevanz würde die Auseinandersetzung mit dem Fundamentalismus – meist die Grundlage des Terrorismus – gewinnen, wenn sie auf das eigene Innere zurückgewendet, vielleicht gar die Leerstelle thematisiert würde, die im Kern des eigenen Selbst angesiedelt ist. Der heutige Fundamentalismus ist selbst ein Produkt der Moderne, und kann nur erklärt werden, wenn auch deren Defizite benannt werden. Das könnte zu den Diskussionen führen, die oben bereits angesprochen wurden; der Gedanke einer reflexiven Identität hätte auf die Erfahrung der Leerstelle zu antworten und die dem Thema geltende Debatte könnte im kulturellen Sektor die Stelle einnehmen, die der Reflexion im ökologischen und sozialen Bereich so fraglos zugebilligt worden war. Das aber darf nicht abstrakt bleiben, sondern müsste konkret ausgeführt werden. Und solche Reflexivität könnte die Stärke geben, welche den Dialog der Kulturen erst ermöglicht, statt des Kampfes und der Abschottung. Das muss hier nicht noch

6. Soziologische Beschreibungsmodelle

einmal wiederholt und kann erst recht im Detail nicht ausgeführt werden; nur der Zusammenhang, in welchem auch Becks Theorie steht, sei erwähnt. Der historische Hintergrund der zweiten Moderne ist nicht nur die Industrialisierung und der Sozialstaat, sondern im gleichen Maße das Scheitern des kulturellen Ansatzes der bürgerlichen Moderne; deren Verwerfungen wären aufzuarbeiten, wenn die zweite Moderne Selbstreflexion auch als Aufgabe der Kultur verstehen wollte. Die normativen Implikationen des so anspruchsvollen wie gefährdeten Kulturbegriffs wären zu entfalten, damit dieser die nötige Prägnanz gewönne. Der zutiefst bürgerliche Gedanke der Selbstverwirklichung selbst sollte und müsste dabei – trotz der nicht zu leugnenden Beschädigungen – nicht aufgegeben, sondern seinerseits der Reflexion unterworfen werden; diese müsste radikal sein, wenn sie erfolgreich sein sollte, und hätte folglich den Bedingungen der eigenen Möglichkeit zu gelten. Auch hier ist eine neue Form des Wissens gefordert, die gegenüber dem eigenen Selbst nicht blind sein darf, dieses nicht als etwas Faktisches und gleichsam Natürliches unterstellen sollte, sondern seine grundsätzliche Konstruiertheit zu berücksichtigen und sich auch dem Zwang zur Legitimation zu stellen hätte. Dann – wenn die Vertretbarkeit eines Selbst mit Gründen gesichert wäre – wäre auch eine neue Festigkeit möglich. Diese Seite der zweiten oder reflexiven Moderne aber wird von Beck kaum angesprochen.

Neben der Gefährdung durch Risiken und der daraus sich ergebenden Forderung nach Selbstreflexion – die freilich immer nur ein primäres Geschehen einzuholen hat und der folglich ein Transformationsprozess in der Realität vorausgeht – und neben der daraus sich ergebenden Betonung der Notwendigkeit einer Wissensgesellschaft, die der eigenen Bedrohungslage nur gerecht werden könne, wenn sie alle Naivität abstreift und reflexiv wird, sich also einer zweiten Reflexion stellt, neben all dem verfolgt Beck, und scheinbar unabhängig davon, einen zweiten und ergänzenden Gedanken, die zunehmende *Individualisierung*. Den tieferen Zusammenhang leugnet er nicht, führt ihn aber nicht so präzise aus, wie dies erforderlich wäre, sondern behandelt die Individualisierung zunächst nur als Faktum, das nicht zu leugnen ist. Die Gesellschaft sei durch sie im Kern gekennzeichnet; die überlieferten Bindungen lösten sich auf und die Einzelnen würden in einem Maße freigesetzt, wie das in keiner früheren Gesellschaft zu beobachten gewesen sei. Das erscheint einerseits als Gewinn einer neuen Freiheit, die zu verteidigen sei, ist aber andererseits ein Verlust, der nur schwer aufzufan-

6. Soziologische Beschreibungsmodelle

gen ist. Wieder sieht Beck die alte Parallele: Wie die Menschen in der ersten Moderne die Bindungen von Tradition und Religion der Vormoderne abgestreift hätten, so würden sie jetzt aus den Sozialformen der bürgerlichen Industriegesellschaft entlassen. Dabei gewinnen, wie oben bereits beschrieben, auch neue Privatheitsformen an Bedeutung. Ob solch neue Individualisierung den Namen aber verdient, wenn der Einzelne vom kollektiven Teil seiner selbst abgekoppelt und das kollektive Selbst seinerseits der Diskussion entzogen wird, muss hier nicht noch einmal erörtert werden. Wie Identitäten ausgebildet werden sollen, wenn keine Bindungen aufgebaut werden können, bleibt eine offene Frage. Die Beobachtung jedoch, dass die vielen Einzelnen auf sich zurückgeworfen sind, die übergreifenden Bindungen ihre soziale Kraft verloren haben und eine kulturelle Verbindlichkeit kaum noch hergestellt werden kann, kann fraglos bestätigt werden (auch wenn die Prozesse in ihren Brechungen differenzierter beschrieben werden müssten). Wie die Risikoproduktion in der zweiten Moderne an die Stelle der Reichtumsproduktion getreten sei, so ersetze ein neuer Egoismus die älteren Formen der Solidarität; das führt in das Paradox eines „Kapitalismus ohne Klassen", wie er heute zu beobachten sei. Dieser bedeutet zwar in der Regel eine Anhebung des Lebensstandards, etwa mit dem bekannten „Fahrstuhl-Effekt", der einen gemeinsamen Aufstieg ganzer Gruppen ermöglicht, aber auch die soziale Ungleichheit erhält, nur eben auf einem höheren Niveau. Der neue Kapitalismus sei aber auch dadurch charakterisiert, dass die sozialen Risiken – insbesondere die Arbeitslosigkeit – nicht mehr Gruppen betreffen, sondern die Einzelnen. So könnten diese Risiken auch zunehmend nicht durch die Vertretungen der Gruppen aufgefangen werden, etwa über die gewerkschaftliche Interessenvertretung, sondern werden individuell erfahren und erlitten. Dies wird als Individualisierung der Risiken beschrieben. Gesellschaft und Individuum stünden einander unvermittelt gegenüber. Damit aber wird das alte bürgerliche Gesellschafts- und Kulturmodell aufgekündigt; dieses hatte neben der starken Betonung des Subjekts stets auch eine soziale Solidarität – etwa in den Halt gebenden Verbänden – sowie eine Verbundenheit in der Kultur vorausgesetzt. Jetzt tritt die Gemeinsamkeit im Konsum an die Stelle der sozialen und kulturellen Bindungen; und ein autistisches Genussverhalten ersetzt die Verantwortung für das kulturelle Selbst. Die Medien produzieren zwar einen Oberflächenkonsens, der aber eine tiefere Gemeinsamkeit eher unterläuft als herstellt; allenfalls in der künstlich gezüchteten Sport-

6. Soziologische Beschreibungsmodelle

begeisterung wird ein gemeinsamer Nenner gefunden. Gewiss ist das nur eine starke Tendenz, der auch Gegenbewegungen gegenüber stehen, etwa im heute nicht nur proklamierten, sondern vielfach auch praktizierten Engagement für die Zivilgesellschaft. Und die ernsthaften Diskussionen zum Thema im politischen Feuilleton seien ebenfalls nicht geleugnet. Die Beobachtung des Zerfalls der sozialen und kulturellen Bindungen im Übergang von der ersten zur zweiten Moderne sei aber festgehalten; ob das eine Festigung des Individuums bedeutet, darf füglich bezweifelt werden.

Beck hofft, die Verluste durch eine neue Form der Politisierung begrenzen, ja sie darüber gar rückgängig machen zu können: Das Politische sei neu zu erfinden, wie der Titel des Buches aus dem Jahr 1993 emphatisch proklamiert hat; die Reflexion auf das notwendige, auch zwischen den Bereichen vermittelnde Wissen könne zu einer Ausrichtung der Politik führen, wie sie der veränderten Moderne angemessen sei. Weder stehe die Interessenvertretung im Vordergrund noch die Rückbindung an Subkollektive, vielmehr könne das seiner Subjektivität sich bewusst werdende Individuum aufgrund seiner Mündigkeit die Dinge selbst in die Hand nehmen. Das Subjekt, das die geforderte Reflexion leiste, gewinne die Freiheit, eine veränderte Moderne zu gestalten, nicht zuletzt in einer Kooperation von unten; Beck hofft auf basisdemokratische Initiativen, welche den überlieferten Politikformen widersprechen, und glaubt, die Reflexion auf die Risiken werde neue Ansätze erzwingen. – Doch mag man bezweifeln, ob die heute zu beobachtende Individualisierung bereits eine Stärkung von Autonomie bedeutet – immerhin könnte sie in den bloßen Egoismus zurückfallen und autistisch verkümmern –, und ebenso fraglich erscheint, ob das reflexiv gewordene Subjekt, das sich die eigene Einbindung in den umfassenden Zusammenhang ins Bewusstsein hebt, die notwendige Stärke bereits über die politisch-moralische Ausrichtung aufzubringen vermag. Zur reflexiv gewonnenen Freiheit gehört auch die reflexiv vermittelte Identität; diese jedoch ist auch im Zeitalter der Post- oder Spätmoderne ohne Bildung nicht zu haben. Und diese wiederum setzt in der spätmodernen Kristallisationsform die Einsicht in die kulturellen Brüche voraus, um daraus Konsequenzen für das erst zu bildende Selbst abzuleiten. Der Oberflächenkonsens, wie die Medien ihn heute produzieren, dürfte davon recht weit entfernt sein.

Der Theorieentwurf von Beck ist in der gegenwärtigen Diskussion überaus präsent. Soll aber gefragt werden, welche Auswirkungen er für ein Selbstverständnis hat oder welche Angebote er macht,

6. Soziologische Beschreibungsmodelle

die etwa aufzugreifen wäre, so sind die Antworten nicht ganz einfach zu geben. Beck reagiert auf eine Gefühlslage, welche die Gefährdungen sieht, wenn auch meist nur diffus, und er artikuliert ein entsprechendes Bewusstsein. Doch bleibt dies weitgehend negativ. Die Bedrohung wird angesprochen – auch als „Gemeinsamkeit der Angst", welche die alte „Gemeinsamkeit der Not" ersetzt habe –, kaum aber wird ein positives Gesellschaftsbild ausgemalt, auch nicht als Zielprojektion, die etwa anzustreben sei. Fraglos sucht Beck der vorhandenen Angst zu begegnen, indem er Wege der Überwindung zeigen möchte, doch bleibt er – was ihm nicht vorgeworfen werden kann und soll – in der Deskription einer Übergangssituation stecken. Sein Entwurf ist durch eine Offenheit charakterisiert, die scharfe Konturen nicht erlaubt; ein normatives Fundament aber, das die theoretische Ausrichtung verlangt, wird nicht formuliert. Und so wurde ihm wissenschaftsintern denn auch vorgehalten, dass sein Konzept die erforderliche begriffliche Prägnanz vermissen lasse. Beck sagt sehr genau, was die Gesellschaft nicht mehr ist, kaum aber, was sie sein soll; was sie gegenwärtig ist, ergibt sich so allein aus den Brüchen, die sie durchlebt hat und noch erlebt. Ob der Epochenbruch damit bereits bündig formuliert und begrifflich gefasst worden ist, wie Beck suggeriert, mag man durchaus bezweifeln; eine seismographische Wachheit gegenüber den untergründigen Veränderungen aber wird man ihm kaum absprechen können. Seine Theorie ist eine des Übergangs, von dem noch nicht gesagt werden kann, wohin er führt; das bedeutet ein großes Verdienst – wegen der Schärfe des zeitdiagnostischen Blickes auf eine diffizile Empfindungslage –, bezeichnet aber auch die Grenzen, die mit der Bindung an den Augenblick unvermeidbar sind.

6.2.2 Erlebnisgesellschaft

Mit der Charakterisierung der gegenwärtigen Gesellschaft als *Erlebnisgesellschaft* unternimmt Gerhard Schulze den höchst anspruchsvollen Versuch, *die* Gesellschaft in den Blick zu bekommen, ihr Wesen also zu erkennen und begrifflich zu fassen. Indem er die Lebensstile und Lebensformen beschreibt, in welche die Einzelnen eingebettet sind und in welchen sie die Gesellschaft erfahren, will er einen Zugang gewinnen, der es erlauben soll, aus der je individuellen Perspektive das gesellschaftliche Ganze zu benennen. Kultur erscheint als das, was den Lebensweisen ihre Gestalt gibt, nicht also – wie hier meist unterstellt – als Reflexionsform von Praxis, sondern quasi als diese selbst, als deren konkrete Ausformung im kollekti-

6. Soziologische Beschreibungsmodelle

ven Verband; die *Kultursoziologie der Gegenwart*, die Schulze im Untertitel verspricht, versteht sich als empirische Wissenschaft, die in der Deskription dessen, was ist, ihr Genüge hat und nicht kritisch nach Berechtigungsnachweisen fragt. Ein Zentrum ergebe sich aus der Binnenperspektive; freilich bedarf der je individuelle Blick der übergreifenden Reflexion, soll er sich seinerseits nicht ins Zufällige verlieren und soll das, was als Mitte oder Kern der Gesellschaft bezeichnet werden kann, auf den Begriff gebracht werden.

Ulrich Becks Beschreibung der Risikogesellschaft verdankte sich der Beobachterperspektive und forderte die Einzelnen auf, sich ein Wissen anzueignen, das dem gesellschaftlichen Ganzen gerecht werden müsse und nur darüber – weil erst dann die Risiken ins Blickfeld kommen – eine Überlebenschance gebe; Schulze geht vollständig auf die Einzelnen zurück und kann das Ganze nur konstruieren – so die implizite Vorgabe –, wenn die Rückbindung an die Individuen gewährleistet ist. Die historische Reflexion, die für Beck ein Ausgangspunkt für alle Überlegungen war und die die unmittelbare Erfahrung verstehend aufzufangen hatte, nimmt bei Schulze eine nachgeordnete Stellung ein: Erst nachdem der empirische Befund aufgearbeitet und geordnet worden ist, kann die historische Reflexion einsetzen. Schulze selbst gibt sie nur, indem er den Begriff der Erlebnisrationalität entfaltet – ganz affirmativ – und von dem älteren der Zweck- und Handlungsrationalität absetzt; kaum aber ordnet er die eigenen Beobachtungen in einen umfassenden historischen Zusammenhang ein. Und ebenso verweigert er die kulturkritische Reflexion der Grundlagen, wie er – geradezu programmatisch – auf jede Form der Kulturkritik verzichtet. Mit Nachdruck wird der Gedanke des Normativen abgewiesen, wie immer er ausgerichtet sein mag. Der geschichtliche Rahmen für die Argumentation von Beck ist die Entwicklung der Moderne seit der Industrialisierung, einschließlich ihrer unmittelbaren Vorgeschichte; der Hintergrund für Schulzes Darstellung ist die sehr kurze Nachkriegsgeschichte. Das alles wird hier nicht konstatiert, um den einen Entwurf gegen den anderen auszuspielen, sondern nur, um die Vorgehensweisen zu charakterisieren und die Unterschiede zu benennen. Becks Intention ist es, in der scharfen Zuspitzung einen Epochenbruch verständlich zu machen, um aus der Einsicht politische Folgerungen abzuleiten; Schulze möchte die gegenwärtige Gesellschaft von innen beschreiben, um zu sehen, was sie von ihren Vorgängern unterscheidet und was aus der Perspektive der Mitglieder als ihr Charakteristikum gelten kann. Beck erhebt die ver-

6. Soziologische Beschreibungsmodelle

borgenen Risiken zum entscheidenden Kennzeichen und ihre Erkenntnis zum grundlegenden Postulat, Schulze erblickt im Rekurs auf das „Erlebnis" und in der Aufwertung des in diesem Begriff Gefassten das Neue, das die Gegenwart von jeglicher Vergangenheit unterscheidet. Konnte Becks Beschreibung der Vorwurf gemacht werden, sie dringe zum kulturellen Zentrum nicht vor, weil sie die entsprechende Dimension nicht ausreichend entfalte, so weckt der Ansatz von Schulze die Hoffnung, diesen Mittelpunkt zu treffen. Denn seine Intention ist es, die Gesellschaft zu verstehen; dieses Verständnis mündet gleichsam unmittelbar in ein Selbstverständnis. Er geht davon aus, dass beides nahezu deckungsgleich sei und nicht getrennt werden könne. Jene Mitte ergebe sich nur aus dem Blickwinkel der Individuen und habe keinen Ort außerhalb dieser Perspektive.

Der Titel Erlebnisgesellschaft freilich kann nur aus einer Beobachterposition vergeben werden und ist kaum eine Bezeichnung der Gesellschaft selbst; die Bündelung der je individuellen Erfahrungen zur umfassenden Theorie ist Sache des Soziologen, der die Gesellschaft – oder ihre Kultur – begreifen möchte und dazu Distanz benötigt. Folglich löst sich Schulze von der bloß empirischen Deskription – fast gegen die eigene Intention – und sucht den allgemeinen – deskriptiven, aber nicht normativen – Begriff. Den Befund, der empirisch höchst eindrucksvoll belegt ist, setzt er dann mit dem Selbst der Gesellschaft in eins. Die Gesellschaft sei, als was sie ihren Mitgliedern erscheine. Hier ist ein Ansatzpunkt für die Kritik gegeben; denn solche Identifikation erscheint fragwürdig, weil dem Kollektiv – der Gesellschaft und Kultur – die Rolle des Widerparts genommen und damit auch die Spannung aufgelöst wird, die beider Verhältnis bislang bestimmt hatte. Dem Kollektiv wird seine Selbständigkeit aberkannt, und die normativen Grundlagen, die den Gedanken seiner Autonomie gestützt hatten, werden beiseite geschoben. – Welche Konsequenzen sich aus der Rezeption der Darstellung für die Gesellschaft ergeben könnten, ist denn auch eine Frage, der Schulze nicht nachgeht. Muss die Erkenntnis in Kritik umschlagen, weil das Ergebnis dem normativen Bild nicht entspricht, das die Gesellschaft von sich entwickelt hat? Oder kann sie mit der Beschreibung leben, weil das Bild den Anforderungen einer kulturellen Legitimität genügt? Muss gar das alte – seit bürgerlichen Zeiten erhobene – Postulat der Legitimation als obsolet angesehen werden, weil die Gesellschaft nunmehr – nachdem sie zur Erlebnisgesellschaft und damit „glücklich" geworden ist – den Zwängen jeglicher

6. Soziologische Beschreibungsmodelle

Rechtfertigung enthoben ist und sich selbstzufrieden im Glanz ihrer Errungenschaften sonnen darf? Dann hätte die Gesellschaft eine Naivität gewonnen, wie sie zuvor undenkbar war, und müsste diese als etwas Neues verteidigen, also ihrerseits reflexiv aufarbeiten und rechtfertigen. Als solche Apologie aber ist das Buch von Schulze schwerlich zu lesen. Dies alles sind Fragen, die kaum zu beantworten sind, aber gestellt werden dürfen, auch wenn sie ins Feld der von Schulze perhorreszierten Kulturkritik fallen.

Die Ansätze von Beck und Schulze weisen große Unterschiede auf; gleichzeitig treffen sie sich in mindestens drei Punkten. Gemeinsam ist ihnen *erstens*, dass sie überaus erfolgreich gewesen sind, wohl weil sie Entscheidendes berührt haben: Sowohl die Risiko- als auch die Erlebnisgesellschaft ist heute in aller Munde; die innergesellschaftlichen Selbstverständigungsdiskurse der letzten Jahre umkreisen die Begriffe immer wieder und finden in ihnen Bezugspunkte, welche ein genaueres Nachdenken gestatten sollen. *Zweitens* begreifen beide die Gegenwart aus einer tiefen Zäsur; der Einschnitt – vor allem seit den 1980er-Jahren – wird als so scharf empfunden, dass allein Theorien, die ihn thematisieren, als zeitgemäß gelten können. *Drittens* schließlich haben sie einen Schnittpunkt, in dem sie sich – trotz aller Differenzen – treffen: Die Erfahrung einer extremen Individualisierung gilt beiden als wesentliches Merkmal der Epoche; die Folgerungen freilich, die daraus abgeleitet werden, sind höchst unterschiedlich.

Schulze greift Vorstellungen auf, die von dem Amerikaner Ronald Inglehart (geb. 1934) in seinem zuerst 1989 erschienenen Buch *Kultureller Umbruch. Wertwandel in der westlichen Welt* unter dem Stichwort des „Wertwandels" entwickelt wurden; in den gesättigten Wohlstandsgesellschaften des Westens hätten neue – moralisch-idealistische – Motivationen die rein materielle Ausrichtung verdrängt. Die gesteigerte Aufmerksamkeit auf die veränderte Innenseite der Gesellschaft gebe, so Schulze, den Blick auf einen neuen Gesellschaftstypus frei: Während sowohl das bürgerliche als auch das sozialistische Konzept eine Objektivität versprechende Außenseite in den Mittelpunkt gestellt hätten, vor allem die Ökonomie und die sozialen Strukturen, gewinne die postmoderne Gesellschaft ihr Profil durch die je subjektive, innere Motivation; zumindest trete dieser Aspekt – auch als „innengerichtete Modernisierung" (Schulze 1993, 41) bezeichnet – in den Vordergrund und präge das Erscheinungsbild nachhaltig. Die neue Form der Vergesellschaftung, der Vermittlung also von Subjekt und Ge-

6. Soziologische Beschreibungsmodelle

sellschaft, gestatte es, von einem selbständigen Gesellschaftstypus zu sprechen, der sich von allen Vorgängern unterscheide. Die verstärkt seit den 1980er-Jahren zu beobachtende Erlebnis- oder Innenorientierung bedeute, dass es in der Gesellschaft „in bisher unbekanntem Maße auf das Subjekt" (Schulze 1993, 47) ankomme, das sich mittels seiner „schönen" Erlebnissen bilde, ja erst hervorbringe. Dieser Akt der Selbstkonstitution – der in schroffer Absetzung von der Gesellschaft erfolgt – ist zugleich der eigentliche Gründungsakt der postmodernen Erlebnisgesellschaft. Nach überlieferter Vorstellung müsste das Subjekt im gleichen Akt auch die Gesellschaft ausbilden; denn diese habe in der Sicht der Teilhaber erst ihre Realität und bilde einen Widerpart, der das Ich erst trägt. Die postmoderne Konstitution des Individuums negiert das Kollektiv, und das Ich stürzt in eine neue Privatheit. Der bislang so mächtige Gegenspieler verflüchtigt sich und verliert seine Konturen; wo der Einzelne zuvor das Andere seiner selbst finden sollte, entsteht eine Leere. Schulze verhält sich gegenüber dem Sachverhalt auf eigentümliche Weise widersprüchlich: Einerseits konstatiert er ihn und belegt ihn mit eindrucksvollem statistischem Material, andererseits weigert er sich fast, ihn zu benennen, und teilt den gängigen Optimismus, der in den Erlebnissen eine neue Erfüllung erblickt. Das kann aber sehr wohl kritisch befragt werden; und dann muss festgehalten werden, dass die Erlebnisse sich in einem Vakuum verlieren. Für die Gesellschaft heißt dies, dass sie als Antipode ausgespielt hat und zum bloßen Angebot schrumpft, aus dem die Einzelnen sich jeweils zu bedienen haben. Kultur degeneriert zum Markt, der Erlebnisse zur Verfügung stellt. Der Wählende ist die paradigmatische Gestalt der Gegenwart; diese Figur kann freilich erst auftreten, nachdem der Mangel und die Not weitgehend behoben sind. Die Erlebnisgesellschaft ist eine Gesellschaft des Reichtums und des Luxus, welche erst die Konzentration auf das Schöne erlauben und die Menschen vor die Notwendigkeit der Wahl stellen; die alltäglichen Entscheidungen, welche der Einzelne zu treffen hat, dienen nicht der Lebenserhaltung, sondern verlangen – jenseits der Befriedigung des Notwendigen – die Wahl zwischen mehr oder minder „schönen" Dingen oder Situationen.

Mit der Transformation der Kultur zum bloßen Angebot auf dem Markt – so sie denn tatsächlich konstatiert werden muss – haben die Deutungsmuster, mit denen Kultur, Gesellschaft und Individuum gesehen werden, sich entscheidend verändert; die konstitutive Beziehung, welche die bürgerliche Moderne unterstellt hatte, indem

6. Soziologische Beschreibungsmodelle

sie den drei Eckpunkten einen großen Eigenwert gegeben und sie zugleich aus der Relation zueinander bestimmt hatte, ist verloren gegangen. Damit aber ist jede einzelne Größe beschädigt und verlangt danach, neu ausgerichtet zu werden. Wenn Schulze suggeriert, die Abtrennung des Individuums von seinen Gegenspielern könne als Befreiung interpretiert werden, so missachtet er, dass die Abwertung von Gesellschaft und Kultur das Gleichgewicht stören, ja dessen Verlust bedeuten und auch das Individuum tangieren muss, und geht deswegen wohl auf die daraus sich ergebenden Folgen nicht ein.

Mit der „Ästhetisierung des Alltagslebens", der die als Konsumenten gedachten Einzelnen ausgesetzt sind, sei die „Modernisierung" selbst „in ein neues Stadium eingetreten", in welchem sich der besondere Typus einer „Erlebnisrationalität" herausgebildet hat (Schulze 1993, 419). Dieser ersetze die alten außenorientierten Formen der Zweckrationalität des Handelns oder ergänze sie zumindest. Zweckrationalität unterstellt den Einzelnen als Handelnden und selbstbewusstes Subjekt, das in einer Außenwelt etwas erreichen möchte, also einem außerhalb seiner selbst angesiedelten Zweck folgt, und das sich an dieser Aufgabe abarbeitet. Solche Zwecke ergaben sich zunächst aus sehr simplen materiellen Erfordernissen, wie eben die Lebenserhaltung und die Beseitigung des Mangels, und wurden mit der Ansammlung von Reichtum als grundlegender Handlungsausrichtung nur geringfügig verschoben; die Außenorientierung gab dem Handeln seine Welthaltigkeit und öffnete Räume, in denen das Ich zu agieren und sich zu entfalten hatte. Die Erlebnisrationalität hingegen begreift den Einzelnen als jemanden, der jegliches Handeln auf die eigene, innere Bedürfnisbefriedigung begrenzt und seinem Tun allein unter diesem Aspekt Relevanz zumisst: Was trägt es zum Wohlbefinden bei und welchen Genuss kann es bereitstellen? Der Hedonismus wird zum neuen Epochenmerkmal, und zwar nicht untergründig und verschämt, vielmehr sei das Bekenntnis zu ihm gesellschaftsfähig geworden und stoße auf breiten Konsens. Unter Berufung auf Max Weber begreift Schulze Modernisierung als „zweckrationale Umbildung von Handlungsstrukturen"; solch zweckrationales Handeln hatte die spezifische Aktivität und Außenorientierung im Kapitalismus begründet und die Moderne von den traditionalen, religiös bestimmten Gesellschaften unterschieden. Die neue Form der „Modernisierung des Erlebens" indessen bedeute eine „Wendung der Zweckdefinition nach innen" (Schulze 1993, 419); nicht mehr das

6. Soziologische Beschreibungsmodelle

Engagement für die Welt, die es zu gestalten gelte, stehe im Vordergrund, sondern der Rückzug aufs eigene Innere bzw. das pure Wohlbefinden, das Lebensgenuss gestatten soll. Dies sei bestimmend für den Typus der postmodernen Erlebnisgesellschaft, doch bleibe die Gesellschaft zugleich auf die alten Formen angewiesen: „Auf dem Erlebnismarkt verschränken sich die innenorientierte Rationalität der Nachfrager und die außenorientierte Rationalität der Anbieter zu einem dynamischen Gemenge" (Schulze 1993, 421). So kann die Erlebnisgesellschaft – mit ihrer hohen Wertschätzung des Müßiggangs – zum einen als Ausweitung einer Haltung begriffen werden, die früher allein wohlhabenden Schichten, etwa dem Adel, vorbehalten war, zum anderen ist sie selbst in der späten Moderne nur als Ergänzung zu sehen, welche die grundlegende bürgerlich-kapitalistische Einstellung nicht aufheben kann. Der Konsum mag in den Vordergrund treten, doch setzt er weiterhin Arbeit und Produktion voraus; deshalb werden auch die Probleme der sozialen Ungleichheit vom neuen Selbstverständnis nicht aufgehoben, sondern allenfalls verdeckt und an den Rand gedrängt. Die Dominanz der Innenorientierung allein soll die Bezeichnung Erlebnisgesellschaft rechtfertigen.

Der in der öffentlichen Diskussion mitunter synonym verwendete Begriff der *Freizeitgesellschaft* entspricht dem Phänomen nicht in derselben Weise, denn er stellt nur einen Aspekt in den Vordergrund, scheint die Arbeitswelt auszublenden und trifft deshalb allenfalls eine Seite: Dass das Denken und Handeln der Menschen seinen Mittelpunkt nicht – wie wohl früher, doch auch dies dürfte eine Verkürzung sein – in der Sphäre von Arbeit findet, wird damit unterstellt, vielmehr sei das, was auf die Arbeit folge, eben die Freizeit, von entscheidender Bedeutung. Das Konzept der Erlebnisgesellschaft geht darüber hinaus und will eine durchgängige Veränderung der Erfahrungsweisen beschreiben, damit auch einen Wechsel in der Identitätsbildung bezeichnen; die neue Fokussierung stehe nicht neben der Ausrichtung auf Arbeit, sondern übergreife diese. Auch die Arbeit folgt nicht mehr – so suggeriert die These – einer primären Aufgabe, ist also selten nur an einen Zweck ausgerichtet, der um seiner selbst willen zu vertreten ist, sondern generiert zum Job, der möglichst viel Geld einzubringen habe, um jenes Wohlbefinden ausleben zu können; der Dienst an der Sache, der das bürgerliche Verhalten ausgezeichnet hatte, wird zum Relikt, das allenfalls belächelt wird. Die polemische Charakterisierung als *Spaßgesellschaft* gibt dies genauer wieder, übt aber zugleich Kritik daran. Die einseitige Orientierung am Spaß verfällt schnell der Verachtung. Die Unterstellung, dass dies mit Verdummung einhergehe, ist nicht weit; und der Vorbehalt der Beliebigkeit und der Verflachung darf nicht fehlen. Ob das berechtigt ist, soll hier nicht überprüft werden; allein Haltungen gilt es zu beschreiben, den Wechsel vom bürgerlichen Ernst zur postmodernen Beliebigkeit, von der im bürgerlichen Zeitalter positiv besetzten Arbeit – als Medium auch der Selbstverwirklichung – zu dem ständig feiner und subtiler werdenden Erleben, verbunden mit der Rücknahme des Wesentlichen aus dem Gesellschaftlichen ins Private und Subjektive. Die Verlagerung des Selbst aus einem Außen- in einen Innenraum ist danach das Kennzeichen der Epoche.

Ein Grundphänomen, das den Weg in die Erlebnisgesellschaft geebnet habe, sei die *Ästhetisierung der Lebenswelt*, wie sie von Soziologen vielfach als Charakteristikum der heutigen Moderne angesprochen wird. Dies bedeutet zumindest zweierlei: Zum einen wird die „Verpackung" der Welt in den Vordergrund gestellt, die Phänomene erscheinen unter dem Aspekt des Angebots, auch der Werbung und Verführung, welche den Konsumenten herausfordern; zum anderen heißt dies, dass die Unmittelbarkeit des Umgangs mit den Dingen verloren gegangen ist, dass eine künstliche Distanz zwischen die Individuen und die Gesellschaft sowie die Welt der Erscheinungen geschoben wird, welche Direktheit ausschließt. Niklas Luhmann (1925–1998) hat dies mit dem Begriff einer „zweiten Ordnung" oder der „Verdoppelung der Realität" beschrieben, die den Einzelnen dazu verurteile, jeder Beobachtung eine Beobachtung der Beobachtung hinzuzufügen. Sichtbarstes Zeichen dafür seien die Massenmedien, welche die Wahrnehmung heute festlegten, indem sie die Deutungsmuster prägten, unter welchen Welt überhaupt erfahren werde; dies trete meist ins Bewusstsein der Beteiligten, weshalb sie auch in der Lage seien, die Angemessenheit der eigenen Beobachtungen gegenüber den Rastern der Medien zu überprüfen – und sich diesen dennoch fast immer zu beugen. Nicht das Leben aus zweiter Hand selbst ist die Grunderfahrung, sondern die Erkenntnis, das dies unumgänglich sei und es keine Alternative gebe; Naivität und Direktheit, die ja Stabilität versprechen, lösen sich ins – unverbindliche und ironische – Spiel auf, das immer von einem Bewusstsein seiner selbst begleitet wird. Der Wählende weiß, dass er ein Wählender ist und letztlich bei seiner Suche nach dem jeweils „Schönsten" keine Gründe für die zu treffende Wahl hat; der Dezisionismus bleibt blind. Darin mag sogar

6. Soziologische Beschreibungsmodelle

etwas Abgründiges liegen, ebenso Resignation, weshalb Melancholie auch als Kehrseite des narzisstischen Hedonismus beschrieben werden kann.

Schulzes Einteilung der Gesellschaft in einzelne – stets offene – Milieus oder besser *Lebenslagen* geht von drei *alltagsästhetischen* Hauptmustern der kollektiven Orientierung aus – dem *Hochkulturschema*, dem *Trivialschema* und dem *Spannungsschema* – und ordnet ihnen drei *Bedeutungen* – *Genuss, Distinktion* und *Lebensphilosophie* – zu. Aus deren Verbindung ergeben sich die Merkmale der einzelnen Lebenslagen.

1. Das *Hochkulturschema* orientiert sich als Haltung an den Vorgaben des alten Bildungsbürgertums, mit der Vorliebe für klassische Musik, „gute" Literatur und das Museum; es gestattet sich Genuss nur, wenn er in kontemplativer Einstellung möglich ist, verabscheut geradezu die ekstatische Hingabe und setzt sich mit der Berufung auf humanistische Ideale von allem Barbarischen ab; das Ziel der Lebensausrichtung ist Perfektion, die zu erreichen sei, wenn das eigene Leben überblickt und geordnet, also reflexiv eingeholt und beurteilt werden könne.
2. Das *Trivialschema* orientiert sich an kulturellen Mustern, die von den Vertretern des Hochkulturschemas verachtet werden; das Fernsehquiz, der billige Unterhaltungsroman oder der Schlager dienen der bloßen Unterhaltung; ausgerichtet ist es an Vorstellungen der Gemütlichkeit, die aus der Abwesenheit jeglicher Spannung resultiert; man sucht, so die lebensphilosophische Grundeinstellung, Harmonie, um möglichst in Eintracht mit allem und allen zu leben; verhasst ist dieser Einstellung alles Exzentrische, das eben jene Harmonie stören könnte.
3. Das *Spannungsschema* schließlich sucht die Aufregung, wie sie etwa die Rockmusik bietet oder der Thriller; die Disco, die Kneipe oder das Kino sind wichtig, wo Spannungen ausgelebt werden können. „Action" spielt eine Rolle und ist der kontemplativen Einstellung ebenso wie der harmonischen Gemütlichkeit entgegen gesetzt; man will antikonventionell sein und bekennt sich ausdrücklich – als Lebensphilosophie – zu einem Narzissmus, der ungebrochen vertreten wird.

Das Muster wird durch zwei Parameter – *Alter* und *Bildung* – noch einmal gebrochen. Aus der Zuordnung der Kategorien ergeben sich dann fünf Milieus, die für die bundesrepublikanische Gesellschaft der 1980er-Jahre typisch seien; fraglos hat sich das Schema fortge-

6. Soziologische Beschreibungsmodelle

setzt und ist auch heute relevant, wenngleich einige Brüche zu verzeichnen sind (Zahlen- oder Prozentangaben über eine heutige Zugehörigkeit sind kaum zu geben, denn sie verändern sich überaus rasch). Die Zugehörigkeit resultiert nicht – oder zumindest nicht in erster Linie – aus der Verkettung mit einer „Klasse" oder „Schicht", also aus einer sozialen, von Eigentum und Arbeit geprägten Struktur, sondern aus dem kulturellen Verhalten; die individuelle Entscheidung legt, so die Unterstellung, die Zugehörigkeit fest. Ob solche Wahl nicht ihrerseits in soziale Kontexte eingebunden, damit auch weniger frei ist, als Schulze vermutet, ist eine andere Frage, die hier nicht zu diskutieren ist; darüber könnte die Beschreibung der Gesellschaft über die Milieus und Lebenslagen an die älteren Konzepte, welche die sozialen Strukturen als wesentlich stärker ansahen, zurückgebunden werden. Hier ergäben sich Vergleichspunkte und Gegensätze zu den verwandten Theorieentwürfen von Richard Sennett (geb. 1943) und Pierre Bourdieu (1930–2002). – Die Bindung an das Alter der Personen impliziert, dass jegliches Milieubild nur ein momentanes sein kann. Die fünf von Schulze in den 1980er-Jahren beobachteten Milieus, die sich in der Grundausrichtung fraglos erhalten haben, können wie folgt charakterisiert werden:

1. Das *Niveaumilieu* umfasst die Älteren, die über eine „höhere" Bildung verfügen; typisch sind akademische Berufe, die konservative Kleidung, Restaurants mit „gehobener" Atmosphäre und die Zuordnung zum Hochkulturschema.
2. Dem *Harmoniemilieu* gehören Menschen mit geringerer Bildung an, also kaum Akademiker, sondern ältere Arbeiter, Rentner etc.; die Kleidung ist eher billig und unauffällig; der Fernsehkonsum ist groß und die Bild-Zeitung die bevorzugte Informationsquelle; das Trivialkulturschema ist charakteristisch. Die Reiselust wird durchs Pauschalreiseangebot befriedigt.
3. Das *Integrationsmilieu* umfasst wiederum ältere Bürger mit mittlerer Bildung, etwa mittlere Angestellte oder Beamte; es kann deshalb als Mischform der beiden erstgenannten erscheinen; gediegene und unauffällige Kleidung ist typisch; man ist in Vereinen tätig, pflegt die Geselligkeit; die ästhetischen Vorlieben sind breit gestreut.
4. Das *Selbstverwirklichungsmilieu* setzt sich aus jüngeren Menschen zusammen, die meist über eine höhere Bildung verfügen; die Verpflichtung auf neue – alternative – Kulturszenen ist konstitutiv; die unterschiedlichsten Kneipen werden aufgesucht, soziale und pädagogische Berufe sind bevorzugt, und einem Individualismus wird

6. Soziologische Beschreibungsmodelle

explizit gehuldigt, weshalb etwa die Pauschalreise – als Inbegriff des Konventionellen – verworfen wird. Sehr häufig gehören die Einzelnen einem großen Freundeskreis an. Die Kleidung ist lässig und modern. Das grundlegende Erfahrungsschema ist das Spannungsschema.

5. Dem *Unterhaltungsmilieu* gehören ebenfalls jüngere Menschen an, die über eine geringere Bildung verfügen; die Kleidung ist oft sportlich, aber meist die gängige Massenware, das Interesse am Sport und am Fernsehen ist groß; Volksfeste werden gerne besucht, häufig ist auch eine dialektgefärbte Sprache.

Vor allem durch Alter und Bildung wird eine Hierarchie hergestellt, die aber ihrerseits gebrochen ist. Schulze spricht von einer „gespaltenen Vertikalität", denn die beiden Achsen weisen in entgegengesetzte Richtungen: „Der Vertikalisierungseffekt der Bildung wird durch den Horizontalisierungseffekt des Lebensalters konterkariert" (Schulze 1993, 401). Zwischen den Milieus gebe es kaum eine Verständigung: Es „herrscht ein Klima von Indifferenz oder achselzuckender Verächtlichkeit, nicht geregelt und hierarchisiert durch eine umfassende Semantik des Oben und Unten" (Schulze 1993, 405). Der ältere sozial-kulturelle Konflikt der Klassen und Schichten wird ersetzt durch den „sozialen Frieden gegenseitigen Nichtverstehens" (Schulze 1993, 408). Und darin mag man das entscheidende Charakteristikum der Erlebnisgesellschaft erblicken; freilich besteht dieses in einem Negativum, einer Leerstelle, die nicht zu füllen ist.

Die neue Form der Erlebnisrationalität hat tiefgreifende Konsequenzen sowohl für das Verständnis von Kultur und Individualität als auch für die Relation, in der diese zueinander stehen: Das Spannungsverhältnis, welches das bürgerliche Kulturmodell charakterisiert hatte, wird zugunsten des Individuums aufgelöst, das sich der Kultur nur noch bedient, diese als etwas unterstellt, das allein die gewünschten Erlebnisse zu liefern habe. Kultur hat sich, so die Erwartung, am Erlebnismarkt zu orientieren und die geforderten Erlebnisse bereitzustellen. Dem entspricht eine Kulturpolitik, die sich als „Strukturpolitik" versteht und „einen kommunalpolitisch wichtigen Teil des Erlebnismarktes pflegen und fördern soll" (Schulze 1993, 497). Dies impliziert, dass Kultur nicht länger als Inbild eines Ganzen der Gesellschaft begriffen wird – auch nicht von den Vertretern des Hochkulturschemas – und nicht den je Einzelnen als ein Feld gegenüber steht, wo diese den anderen – kollektiven – Teil ihrer selbst auszubilden haben, sondern dass sie darauf reduziert wird, Erlebnismöglichkeiten der unterschiedlichsten Art

6. Soziologische Beschreibungsmodelle

zu liefern, die dann von den als Konsumenten gedachten Gesellschaftsmitgliedern abgefragt werden. Auch die überlieferte Kultur – von der Musik bis zur bildenden Kunst – hat sich dem zu beugen und erscheint fast nur noch unter dem Aspekt des Genusses. Typisch für die jetzt übliche Haltung sei, so Schulze, das Gespräch nach einem Konzert- oder Opernbesuch: Nicht die Frage, was das dargebotene Werk sei oder zu sagen habe, errege die Gemüter, sondern allein die nach der „Güte" der Sänger oder Musiker, welche gourmethaft überprüft werde, denn die Verpackung sei das Entscheidende. Folglich haben alle „Verantwortlichen" auch „längst [...] die gesellschaftliche Folgenlosigkeit einer Kultur begriffen, die nur der Abwechslung und des Erlebnisreizes halber goutiert wird" (Schulze 1993, 517). – Mit dem Wandel des Konzeptes von Kultur geht ein Wandel des Subjekts einher: Wie jene ihre Verbindlichkeit verliert, so erhält dieses etwas Transitorisches, es wird zur wechselnden Hülle von Erlebnissen und läuft der Fiktion hinterher, dass es in der Steigerung von immer neuen und immer raffinierteren Erlebnissen so etwas wie Identität finden könne. Die Vorstellung von Identität, die das bürgerliche Kulturmodell geprägt hatte, scheint endgültig zerschlagen und weicht der impressionistischen Vorstellung einer Selbst-Erfüllung im Momentanen. Und dies ist nicht eine hämische Feststellung, die kritisch gegen den Kulturbetrieb vorgebracht werden könnte, gar mit der Absicht, etwas Verborgenes bloßzustellen und anzuprangern, sondern die allgemeine Geschäftsgrundlage, über die weitgehend Einigkeit besteht. Zwar mag solche Einsicht mit Bedauern – auch Zorn oder Trauer – verbunden sein, an der Sache selbst kommt sie nicht vorbei. Der kulturkritische Protest dagegen scheint heute weitgehend verflogen, und jegliches Rütteln an den Stäben des Gefängnisses, in das man sich begeben hat, hat etwas Verschrobenes.

Auch das Verhältnis der Einzelnen zu den Objektivationen der Kultur – insbesondere der Kunst – ändert sich damit grundlegend: War es im bürgerlichen Zeitalter noch durch eine Subjekt-Objekt-Spannung gekennzeichnet, die das Kunstwerk als Gebilde dachte, das in seiner Objektivität zu würdigen sei und dem das Subjekt als betrachtendes gegenüberzutreten habe, so verschiebt sich in der globalen Kulturindustrie, die als Korrelat der Erlebnisgesellschaft verstanden werden kann, das Verhältnis von Beobachter und kulturellem Objekt. Nicht mehr Inhalte und deren Darstellung stehen im Vordergrund, sondern die technische und mediale Vermittlung; deshalb gilt die ganze Aufmerksamkeit diesem Vorgang. Der Ge-

6. Soziologische Beschreibungsmodelle

genstand wird zum „Event", dessen Aufmachung zu genießen ist. Die frühere Haltung – wie immer passiv oder aktiv – wird durch „Interaktivität" ersetzt: Der „Benutzer", der sich als Fachmann für die Vermittlung versteht, ist der Held der jeweils neuesten Technologie und der jeweils modischen Inszenierung; freilich hat er sich unterzuordnen, seine Fähigkeit besteht darin, den Vorgaben zu genügen. Das betrifft nicht allein die digitalen Techniken, sondern auch die Auslieferung an die Programmvorgaben und -gestaltung der Medien, insbesondere bei Rundfunk und Fernsehen. Durch solch interaktives Benutzen aber verschwimmt die Grenze zwischen Produkt und Rezipient; die klassische Beziehung zwischen Kunstwerk und dem Betrachter, der im bewussten Akt des Verstehens dieses quasi noch einmal hervorbringt und in seiner Objektivität setzt und damit eben als Subjekt sich „bildet", wird aufgelöst, und an ihre Stelle tritt eine Form der bloß kulinarischen Teilhabe bzw. der Vereinnahmung. Die Distanz aufhebende *Event-Kultur* ist das Korrelat der Erlebnisgesellschaft.

Das bürgerliche, auf Selbstverwirklichung setzende Modell, begriff Autonomie als Befähigung zum selbstverantwortlichen Handeln und Urteilen und sah Identität als Konstanz verbürgende Institution, die zu vertreten war und ein ganzes Leben zu tragen hatte. Die Idee des autonomen Individuums setzte stets die Vorstellung eines Ganzen der Kultur voraus, an dem es sich zu orientieren und das es immer wieder neu hervorzubringen hatte, das also keineswegs etwas Festes und Fertiges sein durfte, sondern im Bildungsprozess immer neu zu gewinnen war, gleichwohl aber eine Eigenständigkeit hatte. Die verstehende Aneignung der Kultur, wie sie programmatisch in der romantischen Hermeneutik entworfen wird, begreift Verstehen zwar als Produktion eines stets Neuen und Kultur als Projekt, das jede Generation neu zu entwerfen und für sich zu erarbeiten hat; gleichwohl billigt sie ihrem Gegenstand eine Autonomie zu, die auch Verbindlichkeit fordern muss. Diese Ambivalenz von Eigenständigkeit und Neuentwurf charakterisiert die bürgerliche Kultur, als dialektischer Kern, der sie am Leben erhält. Wird ihr diese Selbständigkeit und Verbindlichkeit genommen, so wird auch das Subjekt auf sich zurückgeworfen und verliert den Halt, der es bislang getragen hatte. Das Konzept von Subjektivität selbst muss dann eine andere Gestalt annehmen und bedarf eines neuen Fundaments. Dies mag ein Prozess sein, der sich gegenwärtig vollzieht; Resultate sind kaum greifbar, jedoch dürfte der hedonistische Narzissmus schwerlich das letzte Wort sein.

6. Soziologische Beschreibungsmodelle

Auch in der Erlebnisgesellschaft wird das Subjekt als reflektierendes vorausgesetzt, doch beschränkt sich dessen Reflexion auf die Vergewisserung der Erlebnisse – die Erlebnisse gelten als solche erst, wenn sie ins Bewusstsein gehoben werden können und das „Haben" der „richtigen" Erlebnisse registriert werden kann – sowie auf die vorgängige Befähigung, ein Selbst zu entwerfen und zu setzen. Das Modell unterstellt für dieses Selbst eine im Psychischen angesiedelte Substanzialität und hofft, dass dieser Kern die Außenwelt so instrumentalisieren könne, dass es zu den gewünschten Erlebnissen komme und dass der Entwurf des Selbst so bestätigt werde: „Der Mensch wird zum Manager seiner eigenen Subjektivität, zum Manipulator seines Innenlebens" (Schulze 1993, 40). Das Subjekt aber, das sich über das Haben der Erlebnisse konstituiert, bleibt narzisstisch in sich selbst versenkt und richtet sich kaum auf ein Äußeres. Die Welthaltigkeit, welche das bürgerliche Handeln gekennzeichnet hatte, verliert sich, und das auf Privatheit reduzierte Ich findet die Räume nicht mehr, in denen es sich verwirklichen könnte. Deshalb stellt das allein psychisch fundierte Selbst eine Verkürzung dar; ihm ist die Entfaltung versagt, die den Reichtum des bürgerlichen Subjekts ausgemacht hatte.

Eine solche Beurteilung mag ungerecht sein, weil sie das Individuum noch aus der Perspektive bürgerlicher Subjektivität sieht und einen Verfall diagnostiziert. Doch spricht auch Schulze – und öffnet dabei der ansonsten verteufelten Kulturkritik eine kleine Pforte – von einer Krise des Subjekts, der unter den Vorgaben der ausgebildeten Erlebnisgesellschaft kaum zu begegnen sei. Er schließt sein Buch mit den wenig tröstlichen Worten: „Die gegenwärtige Krise des Subjekts ist durch fürsorgliche Entmündigung jedoch nicht zu entschärfen. Wir, das Publikum, müssen erkennen, dass wir die Situation, in der wir uns befinden, nicht anders verdienen" (Schulze 1993, 549). Weshalb wir die Situation aber verdienen und wie wir in die Krise geraten sind, führt er nicht aus. Allein dass „das ungeschminkte, zweckbezogene Anbieten von Erlebnissen […] im Zeitalter industrialisierter Erlebnisproduktion (erst hoffähig)" geworden ist (Schulze 1992, 437), gilt ihm als ausgemacht.

Selbstverständlich tragen zur Entwicklung der Erlebnisgesellschaft sehr unterschiedliche Faktoren bei, etwa die Verselbständigung der technologischen Rationalität oder die Eigendynamik einer auf Massenproduktion und Massenkonsum angelegten kapitalistischen Wirtschaft. Und die Erlebnisgesellschaft ist gewiss ein Phänomen der westlichen Welt – oder des Spätkapitalismus – insge-

6. Soziologische Beschreibungsmodelle

samt. Deren Durchsetzung in Deutschland aber ist geprägt durch die besondere deutsche Geschichte, sowohl durch die Brechung des bürgerlichen Anspruchs im Nationalsozialismus als auch durch die spezifische Form der Verarbeitung dieser Brechung im Nachkriegsdeutschland. Das freilich ist ein weites Feld, das hier nicht noch einmal abgeschritten werden soll.

6.2.3 Wissens-, Informations- oder Kommunikationsgesellschaft

Bereits die Beschreibung der Risikogesellschaft unterstellte, diese sei angemessen nur als Wissensgesellschaft zu fassen; allein die Antizipation der Katastrophe im Wissen könne deren Eintreten verhindern und so Zukunftschancen bieten. Und ebenso ging die Deskription als Erlebnisgesellschaft von der Annahme aus, dass der Einzelne seine Erlebnisse reflexiv aufgearbeitet haben müsse, um ihrer sicher zu sein, und dass auch die Gesellschaft zu einem Bewusstsein ihrer selbst kommen müsse – und sei es nur in der bescheidenen Bestimmung als Erlebnisgesellschaft –, um zur Verteidigung fähig zu sein; ein reflexiv abgesichertes Selbstverständnis erst könne Halt versprechen. Dies war auch der Punkt, wo Kritik angemeldet werden konnte, weil hier eine Leerstelle im postmodernen Kulturverständnis sichtbar wurde. Doch dass Reflexivität vorauszusetzen und Wissen zu fordern war, galt als generelle Prämisse; folglich kann auch die Erlebnisgesellschaft als Wissensgesellschaft beschrieben werden.

Damit freilich ist erst ein Aspekt benannt, der dazu berechtigt, heutige Gesellschaften als Wissensgesellschaften zu bezeichnen, eben jene grundsätzliche Reflexivität, welche sie von ihren traditionalen – und religiös bestimmten – Vorgängern unterscheidet und welche ein zusätzliches Gewicht dadurch bekommt, dass die bürgerliche Gesellschaft ihrerseits das Stadium der Selbstreflexion erreicht hat. Dies verurteilt sie zu einer zweiten Reflexion, welche nicht nur die erste – die ihrer Konstitution – zu verstehen, sondern auch die eigene Geschichte aufzuarbeiten hat. – Mindestens zwei weitere Aspekte sind zu beachten, wenn die heute gängige Rede von der Wissensgesellschaft gewürdigt werden soll: *Zum einen* will die Beschreibung als *Medien- und Informationsgesellschaft* einen Kern treffen; der durch die Medien bestimmte Zugang zum Wissen sei von gravierender Bedeutung, ja enthalte die Frage nach der Macht, weil er die inneren Verhältnisse festlege, und das Wissen selbst sei der primäre ökonomische Produktionsfaktor, weshalb die

6. Soziologische Beschreibungsmodelle

Deskription als Informationsgesellschaft den entscheidenden Sachverhalt – der Macht und der Produktion – wiedergebe. *Zum anderen* begründe der Blick auf die Kommunikationsabläufe innerhalb der Gesellschaft eine eigene Perspektive, unter welcher die Gesellschaft als Ganze ins Blickfeld treten könnte. Wissen entstehe in Kommunikationen, setze diese voraus und sei auch in seiner Verwendbarkeit von den entsprechenden Prozessen abhängig. Folglich berühre deren Organisation auch die Frage, was die Gesellschaft sei. Die Befähigung zur Kommunikation sei eine normative Vorgabe und lege das gesellschaftliche Selbstverständnis fest: Nur wenn das Versprechen der umfassenden und aufrichtigen Kommunikation eingelöst werde, könne die Gesellschaft als frei bezeichnet werden; dann erst sei das Projekt der bürgerlichen Moderne gelungen. Auch dieser Komplex soll in einem knappen Überblick skizziert werden. Wieder geht es nur darum, die in den öffentlichen Diskursen präsenten Begriffe aufzuhellen und ihnen konkrete Inhalte zuzuweisen. Weder kann in die jeweils sehr differenzierten, sozialwissenschaftlichen Forschungsgebiete eingeführt, noch können zu den dort diskutierten Fragen Antworten gefunden werden; allein eine erste Orientierung soll gegeben und ein Bild der gegenwärtigen Debatten in groben Zügen gezeichnet werden.

Der Begriff der Informationsgesellschaft taucht erstmals in den 1960er-Jahren auf; verbunden ist damit die Vorstellung, dass *Information* neben anderen Größen – etwa Arbeit oder Technik – einen Grundfaktor der neuen Gesellschaft bilde. Mit der Einführung des Computers seit Anfang der 1980er-Jahre und der jetzt gegebenen Möglichkeit, mit großen Datenmengen relativ problemlos umzugehen, hat diese Einsicht stark an Gewicht gewonnen und das Denken drastisch verändert: Information, Wissen und deren Weitergabe gelten in der Soziologie seitdem als Grundeinheiten in sozialen Vorgängen, aus denen sich das Wesen der Gesellschaft ableiten lässt; und folglich kommt den *Medien,* die solches Wissen speichern und bereitstellen, eine Schlüsselfunktion zu. Das Medium selbst – auch dies ist eine Begleiterscheinung des Prozesses – wird zum Inhalt und verliert die nur dienende Stellung. Solche Verselbständigung darf nicht nur beklagt werden – als eine der Perversionen des informationsseligen und -süchtigen Zeitalters –, sondern muss als Tatbestand der heutigen Welt akzeptiert und zunächst wertneutral gesehen werden. Weil der Stellenwert der Informationen von solchem Gewicht ist und die Verfügung darüber schlicht Macht bedeutet, wurde das postindustrielle Zeitalter als Informationszeitalter

6. Soziologische Beschreibungsmodelle

bezeichnet; nicht die industrielle Produktion allein sei das Entscheidende, sondern ebenso die Disposition über Wissen, Daten und Kommunikationskanäle. Dies erlaubt es sogar, von einem postkapitalistischen Zeitalter zu sprechen, weil nicht mehr das Eigentum an den Produktionsmitteln der zentrale Faktor sei, sondern die Verfügung über die nötigen Informationen. Macht sei nicht primär ans Kapital gebunden, sondern erscheint als Dispositionsmacht auf dem Informations- und Meinungsmarkt; und nicht allein das Haben der Information sei entscheidend, sondern die Fähigkeit, Informationen zu erzeugen, zu steuern und zu verbreiten. Deshalb wird fast gleichlautend von der *Informations- und Mediengesellschaft* gesprochen. Doch kann dieser Sachverhalt auch an die kapitalistische Grundstruktur zurückgebunden werden: Dann ist von „Wissensökonomie" die Rede und von einer Transformation, die der Kapitalismus durchlaufen habe, ohne sich im Kern – der Ausrichtung an der Macht und ihrer Aufrechterhaltung – zu verändern; das Wissen ist zwar zur ersten der Produktivkräfte aufgestiegen, hat aber die Grundkonstellation nicht verschoben. Freiheit sei – so lautet das neue Credo – nur in einer befreiten Wissens- und Kulturgesellschaft zu erlangen.

Dies jedoch sind recht allgemeine Beobachtungen, die etwas schärfer gefasst werden müssten, wenn sie als Kennzeichen eines neuen Gesellschaftstypus gelten sollen. Zumindest *zwei* Aspekte der Informationsgesellschaft seien kurz festgehalten: *Erstens* bilden die Medien mit den von ihnen produzierten Sinnmustern einen Machtkomplex, der das gesellschaftliche Leben bestimmen und das Denken der Menschen festlegen kann. Gesellschaft ist – so lautet die einfache Erkenntnis – primär in dem Wissen präsent, das von ihr gebildet wird; denn die Realität selbst ist eine gesellschaftliche Konstruktion. Und diese Konstruktion erfolgt zu einem großen Teil über die Medien; zumindest geben diese vor, wie solche Konstruktionen aussehen können oder sollen, und haben infolgedessen einen großen Einfluss darauf, welches Wissen produziert und in der Gesellschaft verbreitet wird. Wer darüber verfügt, hat eine Machtposition inne. Mit der Erkenntnis dieses Zusammenhangs aber verändern sich die Medien selbst: Jegliche Unmittelbarkeit, die einmal naiv unterstellt worden sein mag, verflüchtigt sich und die Einsicht in den medial vermittelten Charakter von Wirklichkeit – die Medialität von Realität – gibt den Medien eine neue Verantwortung; der Informant über die Wirklichkeit mutiert zu deren Produzenten. Wirklichkeit selbst wird zum hochkomplexen Konstrukt; die Wissensso-

6. Soziologische Beschreibungsmodelle

ziologie hat dem nachzugehen und den Prozess der Hervorbringung im Detail zu analysieren. Niklas Luhmann hat die Implikationen des Gedankens – der Produktion der Realität durch die Medien – mit großer Konsequenz entfaltet. Das Medium wird autonom – zumal dann, wenn es ein Bewusstsein der eigenen Funktion und Macht entwickelt – und Medialität zur eigentlichen Realität. Dieser Sachverhalt wird mit dem Terminus *Mediengesellschaft* wiedergegeben; er bezeichnet zunächst die Einsicht in die Konstruiertheit von Realität – und Gesellschaft – und sieht die Medien in der Rolle der Konstrukteure. Ihr Einfluss und ihre Relevanz kann natürlich höchst unterschiedlich bewertet werden; denn fraglos können die Erkenntnisse zu diversen Zwecken genutzt werden. Früh schon – von Marx bis zur Kritischen Theorie – ist der Zusammenhang kritisiert worden: Den Medien werden ideologische Absichten unterstellt – und seien es unbewusste –, die darauf zielten, die Menschen zu manipulieren und ihnen ein „falsches Bewusstsein" zu vermitteln; mit der *Kulturindustrie*, welche sich die Konsumenten untertan mache und sie hemmungslos manipuliere, werde den Menschen – so Horkheimer und Adorno im einschlägigen Kapitel der *Dialektik der Aufklärung* – das Denken ausgetrieben. Ein umfassender *Verblendungszusammenhang*, der aus dem Inneren des Systems nicht mehr aufzudecken sei, ersticke die Autonomie der Individuen, die hilflos am Tropf dieser Industrie hängen, heute vor allem des Fernsehens. Mit dem Begriff *Industrie* bezeichnen die Autoren nicht allein die industrielle Fertigung und den Ort ihrer Erzeugung, sondern vor allem zwei Aspekte: Die Berechnung der Wirkung, die mit den Produkten erzielt werde, also die kalkulierte Beeinflussung und Verdummung, sowie die Gleichförmigkeit der von Werbung und Medien gefertigten Produkte, die – als industriell gefertigte – ihre Individualität einbüßten und damit Individualität selbst negierten. Die bewusst erzeugte Verblendung habe eine künstliche Integration der Gesellschaft zum Ziel; dieser Aspekt ist in der weiteren Auseinandersetzung häufig aufgegriffen worden, gewiss auch mit weniger scharfem Akzent. Nicht selten wird die Beobachtung schlicht als unhintergehbarer Sachverhalt behandelt, dass nämlich solche Integrationspunkte stets Konstrukte seien und ihnen Unmittelbarkeit und Natürlichkeit gar nicht zukommen könnten. Der Zusammenhang war oben schon – im Kontext der kulturkritischen Diskussion – referiert worden; hier ist darauf als einem zentralen Aspekt der Wissensgesellschaft nur noch einmal zu verweisen.

6. Soziologische Beschreibungsmodelle

Unter einem *zweiten* Aspekt erscheint die *Informationsgesellschaft*, wenn man Wissen und Information als wichtigste Grundlage der Produktion versteht und so einen Wechsel von der Industrie- zur Informationsgesellschaft beschreibt. Von Helmut F. Spinner (geb. 1937) ist dieser Punkt in verschiedenen Publikationen sehr eindrucksvoll dargestellt worden, weshalb hier hauptsächlich ihm gefolgt werden soll; daneben ist im deutschsprachigen Raum vor allem Nico Stehr (geb. 1942) zu nennen, der eine ausgearbeitete Theorie der Wissensgesellschaft vorgelegt hat; dieser soll hier aber nicht gefolgt werden, da dies den Rahmen sprengen würde. Vier Beobachtungen seien festgehalten, die es gestatten, von einer Informationsgesellschaft im angesprochenen Sinne zu sprechen:

1. Das Wissen selbst ist zum dritten „Grundstoff" geworden, der neben den beiden früheren – Materie und Energie – in wachsendem Maße die Produktion bestimmt; so kann davon gesprochen werden, dass sich das Wirtschaftswachstum von den früher primär wichtigen Ressourcen – Rohstoff- und Energieverbrauch – abgekoppelt habe und neben dem Kapital – das zunehmend den Faktor Arbeit ersetzt – das Wissen als wichtigste Produktivkraft etabliert habe. Deshalb könnte es in Zukunft eine Hierarchie der Wissenden und Informationsproduzenten geben; der Rang des Einzelnen in der Gesellschaft – vielleicht sogar das Privileg, überhaupt arbeiten zu dürfen – wäre an seiner Beteiligung am Wissen zu bemessen, insbesondere an seiner Fähigkeit, neues Wissen zu kreieren, also an seiner Innovationskompetenz. Statt des sozialstaatlichen Ideals eines „Wohlstands für alle" könnte die Forderung eines „Wissens für alle" erhoben werde. Das Gleichheitspostulat ist bildungspolitisch auszurichten, wenn der Zugang oder Nicht-Zugang zum Wissen als Hauptursache der sozialen Ungleichheit firmiert.
2. Das Wissen selbst hat dabei eine neue Qualität angenommen. Mit den neuen *Informations- und Kommunikationstechnologien* ist ein Typus des Wissens entstanden, der sich von früheren unterscheidet: Nicht mehr das klassische *Theorie- und Reflexionswissen*, wie Philosophie und Geisteswissenschaft es hervorgebracht haben, sei gefragt, auch nicht das *naturwissenschaftlich-technische Anwendungswissen*, wie es vor allem in den technischen Disziplinen genutzt worden ist, sondern ein *modernes Daten- und Regelwissen*, das sich den Systemen leicht einpasse, diese erweitere, aber letztlich bestätige; die explosionsartige Ausweitung solchen Wissens, auch die Kreation eines immer neuen Wissens, bleibe aber immanent und bedeute die Sicherung und reibungslose Fortführung der bereits

6. Soziologische Beschreibungsmodelle

etablierten Systeme. Der Wissensmanager hat hier seine Aufgabe und kann eine Rolle als neuer Vermittler spielen; die Aufrechterhaltung des Betriebs und die Affirmation des Bestehenden sind seine primäre Aufgabe. Dagegen kann natürlich kritisch eingewandt werden, dass die Festlegung auf diese Wissensformen eine schlimme Verengung darstelle und jegliche Kritik ausschalte bzw. sie nur zulasse, wenn sie sich in die Systeme einfüge. Die Technisierung des Wissens ist fraglos ein Grundzug der postindustriellen Welt, neben der Kommerzialisierung von Information und Kommunikation und neben der Globalisierung der Märkte. Dies habe – so Spinner – gleichzeitig zu einer *Informationsexplosion* und *-implosion* geführt: Das neue, elektronisch verfügbare Wissen durchdringe mittlerweile nahezu alle Lebensbereiche, auch des Alltagslebens, und gestatte – durch die Bereitstellung ungeheuer komplexer Datenmassen – auch neue Formen der Regulierung von gesellschaftlichen Entwicklungen; die Vereinnahmung durch die Systeme komme einer Auslieferung gleich, die reflexiv nicht mehr aufgearbeitet werden könne. Mit der Computertechnik hat sich zudem eine in den Schulen zu lehrende Kulturtechnik gebildet, die neue Fähigkeiten vermittelt, aber auch Unterwerfung verlangt; und dies schon zeige die Macht des neuen Produktionsfaktors. Wichtig sei nicht nur, dass große Wissensmengen leicht und nahezu unbeschränkt zu Verfügung stünden und über die „flachen" Netzwerke genutzt werden könnten, was zugleich Globalität bedeute und Interaktivität fordere, also Weite und Nähe zugleich gestatte, sondern stärker noch, dass das Wissen selbst sich verändert habe: Die „Informatisierung des Wissens" erst, also die Technisierung, die Anpassung an die technischen Systeme, die eben Daten und Regeln verlangten und nicht die kritische Reflexion, gestatte es, vom Weg in die Informationsgesellschaft zu sprechen. Die Reduktion des Wissens auf die bloße Information sei eine Verkürzung, die seine Konstitution ausblende, eine Quantifizierung hinnehme und sich der Instrumentalisierung beuge.

3. Dies alles verlangt erstens neue *Wissensordnungen*, welche den Umgang mit dem dritten Grundstoff Wissen regeln, und zweitens eine neue *Wissensarbeitsteilung*, die neben die alte ökonomische Arbeitsteilung tritt. Spinner unterscheidet dazu drei grundsätzliche Bereiche: funktionelle, institutionelle und professionelle Arbeitsteilung. Dies erzwinge ein neues soziales Raster in der Informationsgesellschaft, welches den Einzelnen sowohl bestimmte Formen der Wissensverarbeitung zuweise als auch seinen Rang in der Gesellschaft festlege. Eine Wissensordnung könne oder müsse neben die beiden anderen grundlegenden Ordnungen treten, die Rechtsordnung einerseits, die zudem durch entsprechende informationsrecht-

6. Soziologische Beschreibungsmodelle

liche Regelungen zu ergänzen sei, und die Wirtschaftsordnung andererseits, welcher zusätzlich die neue Branche einer Informationsökonomie einzugliedern sei. Solche Wissensordnung müsse eine Wissenschaftsverfassung und eine freiheitliche Wissens- und Medienordnung implizieren; letztere habe die grundlegende Freiheit im Felde des Wissens zu sichern. Und dadurch könnten die negativen Begleiterscheinungen, die mit der Reduktion des Wissens auf die Information einhergingen, zumindest teilweise aufgefangen werden. Der Status solcher Wissensordnung jedoch ist nicht restlos geklärt: Sie muss einerseits als etwas schon Etabliertes begriffen werden, das sich in den Köpfen der Menschen bereits durchgesetzt hat, also implizit gegeben ist und den Arbeitsalltag bestimmt, und ist andererseits Gegenstand einer neuen sozialen Ordnung, die erst noch geschaffen werden muss. Die Dinge sind hier im Fluss, und die Ordnung in den Köpfen hat durchaus nicht immer einen Ort in den Gesetzen gefunden.
4. So ist es nur schlüssig, wenn Spinner davon spricht, dass die bisherigen drei Sektoren der Industriegesellschaft – Agrar-, Industrie- und Dienstleistungssektor – durch einen vierten ergänzt werden müssten, den Informationssektor, welcher sich vom Dienstleistungssektor abgespalten habe. Wenn man sagen kann – dies ist in der empirischen Soziologie üblich –, dass die Gesellschaft dadurch charakterisiert werde, wer, also welche Mehrheit, im jeweiligen Sektor beschäftigt sei, so bewegen wir uns zweifellos auf die Informationsgesellschaft zu, die denn auch neue Rangfolgen und Statusgruppen festlegt.

Folgt man diesen Vorgaben, wird man sich fragen dürfen – und Spinner tut dies ausdrücklich –, ob damit ein Gesellschaftstyp beschrieben wird, der nach einer eigenen politischen Ordnung verlangt. Spinner verneint dies und meint, dass die elektronische Revolution weder in eine politische münden müsse noch gesellschaftliche Reformen erzwinge. Freilich müsse die Entwicklung in den neuen Wissensordnungen aufgefangen werden. Vermutlich ist es noch zu früh, um abschließend zu beurteilen, ob und wie das gelingen kann; man wird wohl festhalten können, dass von den neuen Wissensformen zunächst die Ökonomie betroffen ist, denn vor allem die Produktion hat sich durch den neuen Produktionsfaktor grundlegend geändert. Ob die technische Revolution auf Dauer ohne Auswirkungen auf Politik und Gesellschaft bleiben kann, darf bezweifelt werden. Wie die kapitalistische Gesellschaft mit der Industriegesellschaft entstanden ist oder zumindest ein

6. Soziologische Beschreibungsmodelle

neues Gesicht angenommen hat, so ist sehr wohl denkbar, dass die wissensbasierte und elektronisch gestützte Produktion eine andere Form der Gesellschaft erzwingt und vielleicht auch zu veränderten politischen Formen nötigt. Ob eine solche Entwicklung bereits stattfindet, gar schon abgeschlossen oder nur in Ansätzen erkennbar ist, sei hier nicht entschieden: Die Transformation der politischen Systeme hat allenfalls begonnen, im Rahmen einer Internationalisierung; die soziale und kulturelle Umwandlung ist gewiss unübersehbar, doch die Gestalt, welche die neue Gesellschaft annehmen könnte, ist noch nicht zu sehen, die Konturen sind noch nicht so scharf, dass von einem festen Typus gesprochen werden könnte. Wir befinden uns wohl – so muss wiederum sehr vorsichtig gesagt werden – in einem Übergangsstadium. Die weiteren Zukunftsaussichten gehen mit Hoffnungen einher – auf eine Befreiung, die von den Zwängen der harten Arbeitsgesellschaft entlasten und den Einzelnen aus den überkommenen Bindungen lösen könne –, aber auch mit der Befürchtung, dass der Konformitätsdruck sich erhöhen, die Einpassung des Einzelnen in die übergreifenden und präzise zu steuernden Systeme immer besser funktionieren werde und dass die neue Freiheit eine nur scheinbare sei. Der Prozess werde statt der freien Individuen nur noch genauer gesteuerte Rädchen in einer sich verselbständigenden Maschine hervorbringen und parallel dazu bestenfalls den rundum versorgten und medial stillgestellten Konsumenten freisetzen. Das soll hier nicht verfolgt werden; dass aber gegenwärtig Weichen in diese Richtung gestellt werden, kann nicht geleugnet werden.

Neben der Beschreibung der Gesellschaft als Wissensgesellschaft steht heute diejenige als *Kommunikationsgesellschaft*; dieser Ansatz ist sehr viel breiter, sodass es wiederum unmöglich ist, den hier ablaufenden Diskussionen auch nur halbwegs gerecht zu werden. So bleibt nur eine kurze Abschweifung, welche die Relevanz der Debatte verdeutlichen mag. In den beiden großen soziologischen Entwürfen, die seit den 1980er-Jahren die Diskussion bestimmt haben und die weltweit als wichtiger deutscher Beitrag zur Auseinandersetzung um eine Gesellschaftstheorie beachtet wurden, steht der Begriff der Kommunikation im Vordergrund: Jürgen Habermas hat mit dem Titel seines 1981 erschienenen Hauptwerks *Theorie des kommunikativen Handelns* ein Stichwort gegeben, das die folgenden Auseinandersetzungen geprägt hat, und Niklas Luhmann hat in seiner Fassung der Systemtheorie, die er 1984 mit dem theoretischen Grundlagenwerk *Soziale Systeme. Grundriss einer allgemeinen*

6. Soziologische Beschreibungsmodelle

liche Regelungen zu ergänzen sei, und die Wirtschaftsordnung andererseits, welcher zusätzlich die neue Branche einer Informationsökonomie einzugliedern sei. Solche Wissensordnung müsse eine Wissenschaftsverfassung und eine freiheitliche Wissens- und Medienordnung implizieren; letztere habe die grundlegende Freiheit im Felde des Wissens zu sichern. Und dadurch könnten die negativen Begleiterscheinungen, die mit der Reduktion des Wissens auf die Information einhergingen, zumindest teilweise aufgefangen werden. Der Status solcher Wissensordnung jedoch ist nicht restlos geklärt: Sie muss einerseits als etwas schon Etabliertes begriffen werden, das sich in den Köpfen der Menschen bereits durchgesetzt hat, also implizit gegeben ist und den Arbeitsalltag bestimmt, und ist andererseits Gegenstand einer neuen sozialen Ordnung, die erst noch geschaffen werden muss. Die Dinge sind hier im Fluss, und die Ordnung in den Köpfen hat durchaus nicht immer einen Ort in den Gesetzen gefunden.

4. So ist es nur schlüssig, wenn Spinner davon spricht, dass die bisherigen drei Sektoren der Industriegesellschaft – Agrar-, Industrie- und Dienstleistungssektor – durch einen vierten ergänzt werden müssten, den Informationssektor, welcher sich vom Dienstleistungssektor abgespalten habe. Wenn man sagen kann – dies ist in der empirischen Soziologie üblich –, dass die Gesellschaft dadurch charakterisiert werde, wer, also welche Mehrheit, im jeweiligen Sektor beschäftigt sei, so bewegen wir uns zweifellos auf die Informationsgesellschaft zu, die denn auch neue Rangfolgen und Statusgruppen festlegt.

Folgt man diesen Vorgaben, wird man sich fragen dürfen – und Spinner tut dies ausdrücklich –, ob damit ein Gesellschaftstyp beschrieben wird, der nach einer eigenen politischen Ordnung verlangt. Spinner verneint dies und meint, dass die elektronische Revolution weder in eine politische münden müsse noch gesellschaftliche Reformen erzwinge. Freilich müsse die Entwicklung in den neuen Wissensordnungen aufgefangen werden. Vermutlich ist es noch zu früh, um abschließend zu beurteilen, ob und wie das gelingen kann; man wird wohl festhalten können, dass von den neuen Wissensformen zunächst die Ökonomie betroffen ist, denn vor allem die Produktion hat sich durch den neuen Produktionsfaktor grundlegend geändert. Ob die technische Revolution auf Dauer ohne Auswirkungen auf Politik und Gesellschaft bleiben kann, darf bezweifelt werden. Wie die kapitalistische Gesellschaft mit der Industriegesellschaft entstanden ist oder zumindest ein

6. Soziologische Beschreibungsmodelle

neues Gesicht angenommen hat, so ist sehr wohl denkbar, dass die wissensbasierte und elektronisch gestützte Produktion eine andere Form der Gesellschaft erzwingt und vielleicht auch zu veränderten politischen Formen nötigt. Ob eine solche Entwicklung bereits stattfindet, gar schon abgeschlossen oder nur in Ansätzen erkennbar ist, sei hier nicht entschieden: Die Transformation der politischen Systeme hat allenfalls begonnen, im Rahmen einer Internationalisierung; die soziale und kulturelle Umwandlung ist gewiss unübersehbar, doch die Gestalt, welche die neue Gesellschaft annehmen könnte, ist noch nicht zu sehen, die Konturen sind noch nicht so scharf, dass von einem festen Typus gesprochen werden könnte. Wir befinden uns wohl – so muss wiederum sehr vorsichtig gesagt werden – in einem Übergangsstadium. Die weiteren Zukunftsaussichten gehen mit Hoffnungen einher – auf eine Befreiung, die von den Zwängen der harten Arbeitsgesellschaft entlasten und den Einzelnen aus den überkommenen Bindungen lösen könne –, aber auch mit der Befürchtung, dass der Konformitätsdruck sich erhöhen, die Einpassung des Einzelnen in die übergreifenden und präzise zu steuernden Systeme immer besser funktionieren werde und dass die neue Freiheit eine nur scheinbare sei. Der Prozess werde statt der freien Individuen nur noch genauer gesteuerte Rädchen in einer sich verselbständigenden Maschine hervorbringen und parallel dazu bestenfalls den rundum versorgten und medial stillgestellten Konsumenten freisetzen. Das soll hier nicht verfolgt werden; dass aber gegenwärtig Weichen in diese Richtung gestellt werden, kann nicht geleugnet werden.

Neben der Beschreibung der Gesellschaft als Wissensgesellschaft steht heute diejenige als *Kommunikationsgesellschaft*; dieser Ansatz ist sehr viel breiter, sodass es wiederum unmöglich ist, den hier ablaufenden Diskussionen auch nur halbwegs gerecht zu werden. So bleibt nur eine kurze Abschweifung, welche die Relevanz der Debatte verdeutlichen mag. In den beiden großen soziologischen Entwürfen, die seit den 1980er-Jahren die Diskussion bestimmt haben und die weltweit als wichtiger deutscher Beitrag zur Auseinandersetzung um eine Gesellschaftstheorie beachtet wurden, steht der Begriff der Kommunikation im Vordergrund: Jürgen Habermas hat mit dem Titel seines 1981 erschienenen Hauptwerks *Theorie des kommunikativen Handelns* ein Stichwort gegeben, das die folgenden Auseinandersetzungen geprägt hat, und Niklas Luhmann hat in seiner Fassung der Systemtheorie, die er 1984 mit dem theoretischen Grundlagenwerk *Soziale Systeme. Grundriss einer allgemeinen*

6. Soziologische Beschreibungsmodelle

Theorie begründet und seitdem in einer Reihe von Einzelbänden zu den jeweiligen Teilbereichen vervollständigt hat, ebenfalls den Begriff in den Mittelpunkt gestellt; beide Theorien aber dürfen darauf nicht reduziert werden. Auch können die Ansätze gegensätzlicher kaum sein: Habermas sieht in den Kommunikationen und vor allem in dem Rückgriff auf eine in der Sprache selbst angesiedelten Vernunft ein normatives Fundament, das eine Gesellschaftstheorie begründen könne und den Hintergrund für jegliche Kritik abgeben müsse; der Zusammenhang von Sprache und Öffentlichkeit bildete früh schon – als Frage nach der Möglichkeit des öffentlichen Vernunftgebrauchs im Sinne Kants – den Ansatzpunkt, dem er treu geblieben ist. Daraus folgt dann später eine Demokratietheorie, welche in der Deliberation den entscheidenden Impuls sieht, der ein politisches Selbstverständnis erlaube und auch Entwicklung gestatte. Der aufklärerische Grundansatz wird aufgegriffen, und sogar der Optimismus der Aufklärung, der hofft, die Moderne aus dem Geist der Vernunft begründen zu können, findet eine Fortsetzung. Gerade gegen die äußerst negativen Erfahrungen des 20. Jahrhunderts werden noch einmal die Intentionen und Motive der Aufklärung gesetzt und emphatisch verteidigt: Die Autonomie des Subjekts erfülle sich in der intersubjektiven Kommunikation, und Freiheit sei ein nur kommunikativ zu gewinnendes und zu verwirklichendes Gut. Demgegenüber ist der Ansatz von Luhmann zum einen ungleich konservativer und zum anderen pessimistischer: Aus der *funktionalen Differenzierung*, welche die Gesellschaft der Moderne grundsätzlich auszeichne, folge eine Verselbständigung der Teilsysteme – wie Wirtschaft, Politik, Gesellschaft, Kunst etc. – und zugleich deren Verhärtung und Abschottung gegeneinander, die nicht aufzubrechen sei. Ein Ganzes gäbe es nicht mehr, allenfalls in der Idee der funktionalen Differenzierung selbst, die aber kaum eine positive Bestimmung erlaubt; und der Zerfall der Systeme in jeweils autonome – oder *autopoietische*, wie das neue Schlagwort lautet, also sich jeweils selbst hervorbringende und fortsetzende – Subsysteme sei nicht rückgängig zu machen und gestatte keinen Standpunkt jenseits derselben. Die von Luhmann vorgelegte Theorie erhebt ihrerseits nicht den Anspruch, eine solche Position gefunden zu haben; allein als Beobachter tritt sie auf. Das Medium aber, das generell die Fortschreibung der jeweiligen Systeme erlaube, sei Kommunikation; diese freilich arbeite in den Teilbereichen mit jeweils anderen Mitteln: Geld in der Wirtschaft, Macht in der Politik, Anerkennung in der Gesellschaft etc. Kommunikation wird als

6. Soziologische Beschreibungsmodelle

etwas Übergreifendes verstanden, das der Fortsetzung des Bestehenden dient – gewiss auch Veränderungen erlaubt – und solche Fortführung auch versprechen kann, weil die Kommunikationen ihrerseits reflexiv ausgelegt sind, also ein Bewusstsein ihrer selbst entwickeln, in Gestalt eines ständigen, alle Kommunikationen begleitenden Beobachters. Aufgrund solcher Reflexivität sind begrenzt Innovationen möglich, denn Störungen können so integriert werden. Freilich sind die Kommunikationen kaum an den Subjekten ausgerichtet, gar an deren Autonomie interessiert, und werden auch nicht als Handlungen begriffen, sondern als bloße Funktionen, die der subjektiven Motoren nicht mehr bedürfen und unabhängig von ihnen arbeiten, gleichsam als Maschinen, die sich verselbständigt haben. Die Abschottung der Systeme untereinander schließt nicht aus, dass es auch Durchdringungen geben könne – *Interpenetrationen* –, die dann ihrerseits die Form von Kommunikationen annehmen, aber nicht in der Lage sind, die Differenzierung selbst aufzuheben oder den Gesamtprozess zu bremsen.

Beiden Theorieentwürfen ist gemeinsam, dass sie gesellschaftstheoretisch ausgerichtet sind und zu einem Kern vordringen wollen: Der Ansatz von Habermas sucht solchen Kern in einem *normativen* Fundament – oder zumindest einem Fundament, das seinerseits Normen begründen könne, die dann aus ihm abgeleitet werden können – und findet dies im Rekurs auf Sprache und der in ihr angesiedelten Vernunft; der Ansatz von Luhmann ist deskriptiv – wenngleich hoch abstrakt – ausgerichtet und begnügt sich damit, die Gesellschaft *funktional* zu beschreiben. Hinter dem Vernunftanspruch von Habermas steht noch das Pathos der Aufklärung mit dem Verlangen nach Emanzipation, hinter der funktionalen Deskription ein konservativer Pessimismus, also ein melancholischer Verzicht auf Änderung – der so alt ist wie der aufklärerische Optimismus –, sowie die Einsicht, dass das Verlangen nach Autonomie auf Illusion beruhe. An Schärfe stehen beide Entwürfe einander in nichts nach; so haben sie beide die Diskussionen entscheidend beeinflusst und sind bis heute in der öffentlichen Debatte präsent. Eine weitere Gemeinsamkeit könnte festgehalten werden: Beide Konzepte liefern kaum einen Beitrag zu einem kulturellen Selbstverständnis, weil sie auf die Gesellschaft fixiert sind und Geschichte und Kultur in den Theorieentwurf nicht integrieren. Wohl kann von ihnen gesagt werde, dass sie jeweils für sich beanspruchen – und beanspruchen dürfen –, ihrer Zeit Ausdruck zu verleihen, in dem Sinne, dass die theoretische Reflexion die historischen Erfahrungen

6. Soziologische Beschreibungsmodelle

in den Entwurf einbringt, aber nicht in dem Sinne, dass die historische Erfahrung unmittelbar und inhaltlich thematisiert würde. Luhmann war in diesem Punkt von großer Zurückhaltung und hat höchst selten auf die kulturelle Diskussion der Gegenwart zurückgegriffen, weil diese die funktionale Differenzierung nicht zu berühren vermochte, ihr sozusagen nachgelagert schien. Habermas hat eine für ihn charakteristische Arbeitsteilung vorgenommen, indem er die Rollen als Philosoph und Theoretiker einerseits und die als zeitgenössischer Intellektueller andererseits scharf getrennt hat. Als Zeitgenosse und Staatsbürger hat er sich durchaus in das politische und kulturelle Geschehen eingemischt, aber stets darauf gedrungen, dass diese Rolle von der des Wissenschaftlers zu scheiden sei. Der Wissenschaftler dürfe der Autonomie des Bürgers, der über seine Angelegenheiten selbst zu entscheiden habe, nicht vorgreifen, weshalb eine Gesellschaftstheorie zwar normative Fundamente formulieren und die Regeln der Demokratie aus einem allgemeinen Vernunftanspruch ableiten solle, aber nicht präskriptiv verfahren dürfe. Solche Zurückhaltung mag durchaus verteidigenswert und verständlich sein, führt aber dazu, dass die kulturellen Implikationen der Theorie eigentümlich blass bleiben. Und infolgedessen haben die Entwürfe von Habermas und Luhmann zwar die Begrifflichkeit in der intellektuellen – nicht allein der wissenschaftlichen – Diskussion in hohem Maße prägen können, aber nur wenig dazu beigetragen, das kulturelle Bild einer Kommunikationsgesellschaft zu bestimmen. Das, was hier als kulturelles Selbstverständnis bezeichnet wurde, geht weder in der normativen Beschreibung der deliberativen Demokratie auf noch gewinnt es seine Farbe aus den Determinationen der funktionalen Differenzierung. Das soll natürlich nicht gegen die Entwürfe formuliert werden, als Grenze aber sei es festgehalten, welche die kulturelle Diskussion von der gesellschaftstheoretischen trennt.

Den Einwand müsste man zurücknehmen, wenn man die Kommunikationsgesellschaft ein wenig anders bestimmte: Werden die Grenzen der Gesellschaft mit denen möglicher Kommunikation in eins gesetzt, sodass Gesellschaften stets Kommunikationseinheiten wären, so ausdrücklich Luhmann, dann sind beide Ansätze zweifellos Bestandteil dieser Kommunikationsräume. Doch ist dies eine bloß formale Bestimmung. Heute gibt es gewiss die Tendenz zur „Weltgesellschaft", von der Luhmann bereits 1975 gesprochen hat; und dann gehören die vorgestellten Theorien – nicht zuletzt auch aufgrund des universalistischen Anspruchs – in einen globalen

6. Soziologische Beschreibungsmodelle

Selbstverständigungsdiskurs. Doch dieser Raum der Diskussionen sollte vom kulturellen Selbstverständnis getrennt werden. Identitäten werden nicht auf der Ebene der Weltgesellschaft artikuliert, sondern sind deutlich niedriger angesiedelt; allenfalls mögen sie durch den „kosmopolitischen Blick" gebrochen sein. Sie sind kulturell bestimmt und können nur aus kulturellen Diskussionen hervorgehen.

Neben Habermas und Luhmann gibt es eine Reihe weiterer Ansätze, die Kommunikation ins Zentrum der gesellschaftstheoretischen Überlegungen stellen. Erwähnt sei hier nur der Entwurf von Richard Münch (geb. 1945), der in einer Nähe zu beiden steht, gleichzeitig Distanz wahrt, aber das kulturelle Postulat aufgreift, das Identität erst hervorzubringen vermag. Münch hat in mehreren Büchern die kulturelle Dimension der Moderne in den Vordergrund gestellt, mithin den Theorieansatz von Max Weber aufgegriffen und die Notwendigkeit der Einbeziehung der kulturellen Dimension in die soziologische Reflexion betont. Ohne diese Einbeziehung bliebe die Reflexion leer, ohne den Rekurs auf die Gesellschaft die Kulturanalyse ihrerseits aber blind. Bei der Betrachtung der Moderne hebt er die Unterschiede in den einzelnen Kulturen hervor – gegen alle generalisierenden Tendenzen –, knüpft dabei an den systemtheoretischen Ansatz an, geht aber stärker auf Talcott Parsons (1902–1979) als auf Niklas Luhmann zurück. Er rückt ebenfalls die Kommunikation in den Mittelpunkt, geht von der simplen Tatsache ihrer enormen Zunahme aus und konstatiert einen Umschlag ins Qualitative, der dazu berechtige, von einer *Kommunikationsgesellschaft* zu sprechen, welche die alte Industriegesellschaft ersetzt habe. Der Name also wird zum Programm erhoben. Freilich unterliegt die Vermehrung und Verdichtung der Kommunikation auch einer eigenen Dialektik, indem sie einerseits immer neue Erwartungen schürt, andererseits diese aber immer wieder enttäuschen muss; solche Ambivalenz ist ihr Kennzeichen. Die Kommunikation übergreife alle bisherigen Formen und durchdringe alle Teilsysteme; folglich wird das Konzept der *Interpenetration* akzentuiert, deutlich stärker als bei Luhmann. Von diesem unterscheidet er sich insofern, als er den funktionalen Konservativismus vermeiden und die Systeme aufbrechen möchte, auch einen Wandel unterstellt, der gewollt und geplant werden könne, dabei – geradezu normativ – eine Integration der Teilsysteme ins Zentrum stellt, nicht nur als Postulat, sondern als beobachtbares Faktum. Zudem sieht er – als Kernpunkt seiner Theorie – in der Spannung von Ideal und Wirklichkeit ein

6. Soziologische Beschreibungsmodelle

historisches Grundmuster, das seit der Aufklärung wirksam sei, ja das als *das* Konstitutivum der Moderne gelten müsse und weltgeschichtlich seinesgleichen nicht kenne. Der unaufhebbare Widerspruch von Vernunft und Realität sei ihr Charakteristikum; und an ihm müsse sie sich abarbeiten. Der Anspruch auf Vernunft verlangt zwar nach einer Lösung, kann das Ziel aber niemals erreichen, weil jede Lösung neue Probleme erzeugt. Und dies sei der Motor, der sie antreibe. Auch die heutige Kommunikationsgesellschaft sei aus dieser Spannung hervorgegangen und müsse sie in eine Zukunft fortschreiben. Damit erscheint die Moderne nicht nur wie bei Habermas als unvollendetes, sondern als „unvollendbares" Projekt, das aus Paradoxien lebt, seine Kraft aber nicht eingebüßt hat, ja diese gerade daraus gewinnt, dass sie ihre eigene Negation immer wieder neu hervorbringt und überwindet. Medium der Entwicklung seien die Kommunikationen, die aber weder wie bei Habermas auf die normative Ebene zurückgenommen noch wie bei Luhmann auf die interne Steuerungsfunktion reduziert, sondern in ihrer konkreten Widersprüchlichkeit und historischen Dynamik gesehen werden. Gegenüber Habermas erscheint der Ansatz von Münch geradezu pragmatisch. Aus den Widersprüchen, in welche Kultur und Gesellschaft verstrickt seien, gewinne die Dialektik der Moderne ihre Energie; dazu gehört auch das Wechselspiel von Entfaltung und Zerstörung, das in allen Modernisierungsprozessen angelegt und das – ähnlich wie bei Beck gefordert – reflexiv aufzuarbeiten sei. Die Durchdringung der Systeme sei ein Ziel, das über die Kommunikationen zu erreichen sei; Politik bestehe in solcher Interpenetration, welche die vier grundlegenden Systeme – Ökonomie, Politik, Gesellschaft und Kultur – zueinander in ein Verhältnis setze. Die vier Bereiche sind durch ein je eigenes Medium – Geld, Macht, Einfluss und Sprache – charakterisiert, gleichwohl aber aufeinander bezogen, ja leben davon, dass sie nicht nur intern funktionieren, in der Abschottung voneinander, sondern den wechselseitigen Austausch vorantreiben. Solch kommunikative Korrelation bildet das Herzstück der nunmehr geöffneten Systemtheorie von Münch – insofern stellt seine Theorie einen Gegenentwurf zu Luhmann dar –, und Kommunikation und Interpenetration können zu neuen Schlüsselbegriffen avancieren.

Obgleich der Ansatz kulturgeschichtlich gesättigt ist und auch das Kriterium einer Rückbindung an die Praxis erfüllt, das eine öffentliche Wirksamkeit begünstigen mag, hat die Theorie den abgeschlossenen Zirkel der Soziologie nicht verlassen, den engen

6. Soziologische Beschreibungsmodelle

Raum der Wissenschaft nicht aufsprengen können. Den Weg in die Öffentlichkeit, den Habermas und Luhmann gefunden haben, hat Münch sich nicht erschlossen; fraglos hätte er zur Differenzierung einiges beitragen und das kultur-geschichtliche Profil in den Debatten um Identität und Integration schärfen können. Sein Beitrag ist in der wissenschaftsinternen Auseinandersetzung überaus geachtet, hat aber die breite Diskussion um ein kulturelles Selbstverständnis nicht beeinflussen können. Das kann nicht ohne Bedauern festgestellt werden, denn Münch hält an der historischen Differenzierung fest, verteidigt sie gegen die starken, systemisch ausgerichteten Kräfte – etwa auch im europäischen Integrationsprozess – und sieht die Schwierigkeiten der jeweiligen kollektiven Identitätsfindung recht genau, auch die Chancen, die sich in der Gegenwart ergeben, wenn jene Grundspannung – von Kultur und Gesellschaft – ausgetragen und die jeweilige Realität immer neu mit den Forderungen der Vernunft konfrontiert würde. So hätte eine Überwindung der Verengung in der öffentlichen Diskussion von ihm ausgehen können.

Münch hatte sich zwar an der Systemtheorie ausgerichtet, dennoch aber eine Fragestellung aufgegriffen, die erst im Anschluss an Habermas zu formulieren war, nämlich die dringliche Frage, welche Chance der normativ postulierte Diskurs in der konkreten Realität habe, wie er aussehen müsse, wenn er Erfolge zeitigen solle, ob mithin die Gesellschaft nach diesem Muster überhaupt steuerbar sei. Die geschichtliche Ausrichtung sieht die Kultur stets in einem weiten Rahmen und versucht die tieferen Wurzeln zu benennen, welche noch das heutige Geschehen bestimmen; darüber aber kommt der derzeitige Wandel, der bei Schulze unter dem Titel der Erlebnisgesellschaft gefasst worden war, zu kurz. Die Veränderungen der Kultur, die Schulze konstatiert und die auch im Konzept der Wissensgesellschaft thematisiert werden, erhalten bei Münch nicht das Gewicht, das ihnen zukommen müsste. Das mag damit zusammenhängen, dass Münch die Grundspannung von Ideal und Wirklichkeit betont und diese Relation auch gegen alle postmodernen Versuchungen aufrecht erhalten möchte, ja in der Polemik gegen die postmodernen Theoretiker – die einer Selbstauflösung der Moderne das Wort zu reden scheinen – die eigene Position findet und verteidigt. Dabei scheint es mitunter so, dass er diese Grundspannung blind verteidigt, die Brüche nicht sehen will, die im Inneren der Moderne selbst angesiedelt sind und in der Gegenwart sich verstärkt haben. Wenn diese Spannung außer Kraft gesetzt wäre, so

6. Soziologische Beschreibungsmodelle

wäre die Moderne an ein Ende gekommen. Insofern ist eine Selbstauflösung der Moderne durchaus denkbar. Ihre Fortsetzung aber kann nicht einfach behauptet werden und ist auch nicht schon durch die stetig anschwellende Kommunikation gegeben. Soll sie als Anspruch und Versprechen weiterhin Gültigkeit haben – und diese Position wäre sehr wohl gegen die postmoderne Theorie zu verteidigen –, so müsste sie die kulturellen Brüche aufarbeiten und in die Theorie hineinnehmen. Gefordert wäre also – wie oben schon mehrfach ausgeführt – eine reflexive Moderne, welche den gegenwärtigen Transformationsprozess nicht nur gesellschafts-, sondern auch kulturtheoretisch zu fassen hätte. Die Selbstreflexion der Kultur hat – so darf ohne Anmaßung gesagt werden – bis heute die Nachhaltigkeit nicht erreicht, die zu fordern wäre. Auch Münch leistet dies nicht. Ob die Moderne dieselbe bliebe, wenn sie diesen Prozess absolviert hätte, darf füglich bezweifelt werden.

Ein letzter Beitrag zum Thema sei deshalb zum Schluss noch genannt, aber nicht mehr diskutiert; dieser kommt zwar häufig über die sarkastische Polemik nicht hinaus, formuliert einen grundlegenden Sachverhalt aber mit großer Prägnanz. Der Philosoph Konrad Paul Liessmann (geb. 1953) hat in einem kleinen Buch – *Theorie der Unbildung. Die Irrtümer der Wissensgesellschaft* – eine Kritik der Wissensgesellschaft vorgelegt, welche sich genau dem hier angesprochenen Punkt zuwendet und die Einseitigkeit der gegenwärtigen Diskussion beklagt. Die Bildungspolitik der letzten Jahrzehnte reduziere Bildung auf Ausbildung, folge also weitgehend einem funktionalen und technokratischen Verständnis – die Menschen seien „für den Arbeitsprozess flexibel und für die Unterhaltungsindustrie disponibel zu halten" – und habe das große bürgerliche Ideal der tätigen Formung eines Selbst und der gleichzeitigen Arbeit an der überlieferten Kultur, wie insbesondere Humboldt es formuliert hatte, geradezu verraten. Die Zusammenhänge, welche erst ein solches Selbst konstituierten, gingen verloren und der Einzelne bewege sich hilflos in einem leeren Raum. Dem entspreche die Wissensproduktion in den Universitäten: Zwar werde ein immer differenzierteres Wissen in unendlichen Teilbereichen produziert und diskutiert, doch auch dort verzichte man auf das, was die neuere Wissenschaft – das wissenschaftliche Wissen – ausgemacht habe, die Zusammenschau, welche die Dinge aufeinander beziehe; dem Wissen fehle die „synthetisierende Kraft", und die „Gleichgültigkeit des gleich Gültigen" werde schmerzlich erfahren. Natürlich weiß Liessmann sehr genau, dass solcher Zusammenhang in der Moderne

6. Soziologische Beschreibungsmodelle

nicht in einem substanziellen Sinne zu haben ist, sondern allein als regulative Idee die Diskussionen tragen könne, als Verpflichtung auf eine zu erstrebende Wahrheit begriffen werden müsse, die niemals einzulösen sei, weil Wahrheit in einem inhaltlichen Sinne nicht zu gewinnen sei, sodass allenfalls die Reflexion auf die Bedingungen ihrer Möglichkeit weiterführe. Die Einsicht in dieses Paradox kann als Grundimpuls der neueren Wissenschaft gelten. Das Erschreckende der neueren Wissensgesellschaft aber sei, dass sie darauf verzichte und den Abschied vom Zusammenhang zum Credo erhebe. Darin besteht das, was Liessmann als Unbildung bezeichnet, die Selbstbescheidung im Zerfall, dem nicht mehr zu begegnen sei. Die Einrichtung in der fragmentierten Welt dürfe nicht allein als Ergebnis eines unglücklichen Verlaufs der Welt interpretiert, sondern müsse als Produkt eines Willens begriffen werden. Mag dahinter auch nicht die böse Absicht eines Widersachers stecken, der die Welt zugrunde richten möchte (was auch Liessmann nicht behauptet), so ist die Ausrichtung auf eine Intention doch fruchtbar; selbst wenn es für diese Intention kein Subjekt gibt, ermöglicht sie doch, das Phänomen selbst genauer zu fassen und in einer Theorie zu begreifen.

So greift denn auch der Versuch zu kurz, dies als Kulturpessimismus abzutun; gewiss kann die Trauer über den Verlust nicht in etwas Positives umgesetzt werden, und die Errungenschaften, die in der enormen Ausweitung und Differenzierung des Wissens liegen, werden vielleicht auch nicht ausreichend gewürdigt. Doch gestattet die *Theorie der Unbildung* den Blick auf ein Versäumnis, das die moderne Wissens- oder Kommunikationsgesellschaft kennzeichnet: Beide Bezeichnungen halten zweifellos ein zentrales Merkmal der heutigen Gesellschaft fest, sind aber nicht in der Lage, deren Selbstverständnis zu beschreiben, weil sie das Selbst gerade ausklammern. Wenn diese Ausklammerung theoretisch gefasst werden kann – und dafür bietet Liessmann einen Ansatz –, so dürfte ein entscheidender Schritt getan worden sein, um aus der Misere herauszukommen. Die Selbstreflexion, die in allen neueren Gesellschaftstheorien eine überaus starke Rolle spielt und nahezu überall als Postulat formuliert wird, kommt erst zu ihrem Ende, wenn sie auch den kulturellen Sektor einbezieht. Dies bedeutete *zum einen*, dass Kultur nicht als etwas schlechthin Gegebenes verstanden werden sollte, das simpel vorausgesetzt werden kann, sondern als etwas Hervorzubringendes und zu Verantwortendes begriffen werden müsste, also der ausdrücklichen Legitimation bedarf; auch erschöpft sich

6. Soziologische Beschreibungsmodelle

Kultur nicht in der Rückbesinnung auf die Werte des Grundgesetzes, wie in den neueren Diskussionen meist unterstellt wird, etwa in der Debatte zur Leitkultur, sondern geht weit darüber hinaus und umreißt den schwierigen Bezirk eine „vernünftigen" Identität. *Zum anderen* aber heißt dies, dass sowohl das Negative als auch das Positive der Entwicklung in einer Theorie zu fassen wären, um den Umgang damit nicht im Beliebigen verkommen zu lassen; vielmehr müsste genauer – über die kulturpessimistische Ranküne hinausgehend – gesagt werden, worin die Defizite bestehen und wie ein Prozess der Selbstreflexion der Kultur aussehen sollte. Dann auch wäre das Projekt einer reflexiven Identität zu verfolgen, die gewiss nicht präskriptiv, sondern kommunikativ zu gewinnen ist. Auch deren Umrisse können nicht vorgeschrieben, sie müssen verantwortet werden. Folglich wären die normativen Grundlagen der Kultur zu bedenken – auch die Frage einer Verbindlichkeit – und deren Rolle in einem möglichen Selbstverständnis zu beschreiben; auch dies führt in ein kommunikatives Wissen, das in der neuen Wissensgesellschaft nicht vernachlässigt werden darf. Zu diesem Vorhaben hat der Ansatz von Liessmann einen wesentlichen Beitrag geleistet, eben weil er Unbildung nicht bloß beklagt, sondern als Theorie zu fassen gesucht hat.

Schlussbemerkung

Der Abschluss des dritten Teils des Kompendiums mag Anlass zu einem kurzen Rückblick geben. Die drei ersten Bände hatten das politisch-soziale System der Bundesrepublik aus einer Binnenperspektive dargestellt; solche Perspektive war einem generellen Vorbehalt unterstellt, denn dem Beobachter von außen, dem ausländischen Studenten und künftigen Deutschlandexperten, war die Sicht ins Innere auf eine Weise zu gewähren, als sei er ein Beteiligter. Die Zugehörigkeit – das Angekommen-Sein in der deutschen Kultur – war einem grundsätzlichen Als-ob unterworfen, Distanz und Nähe hatten einander die Waage zu halten. Solch gebrochene Präsenz setzt ein begrifflich genaues Verständnis voraus und verlangt nach der Rekonstruktion der politisch-kulturellen Sinnsetzungsprozesse; deshalb waren die tragenden Deutungsmuster zu beschreiben und die historischen Rahmenbedingungen darzulegen. – Der vierte und letzte Band wird die Bundesrepublik in den Kontext der internationalen Beziehungen und Organisationen stellen, dabei verfolgen, welchen Wandel das nationalstaatliche Selbstverständnis in einer postnationalen und globalisierten Welt durchlebt. Die Rolle Deutschlands in den inter- und supranationalen Organisationen wird das Thema sein; das erfordert einen Perspektivenwechsel, denn nun wird von außen auf das Geschehen zu blicken sein.

Das Bild von Deutschland, das in den ersten Bänden gezeichnet wurde, war nicht immer freundlich, vielleicht im dritten Band sogar besonders unfreundlich. Das bedarf nicht der Rechtfertigung, wohl aber der Erläuterung. Gewiss ist es nicht die Aufgabe einer kulturwissenschaftlichen Landeskunde, ihren Gegenstand in ein rosiges Licht zu tauchen und eine Hochglanzbroschüre abzuliefern, denn für die Wissenschaft geziemt sich der kritische Blick. Und ebenso gewiss verdankt sich – so zumindest hoffe ich – die mitunter düstere Darstellung nicht der verbissenen Haltung des Autors, auch nicht einem haltlosen Pessimismus, der die Wirklichkeit unter dem allzu

Schlussbemerkung

strengen Blick des Ideals verwirft. Doch galt es eine Spannung aufrecht zu erhalten, die zwischen Ideal und Wirklichkeit angesiedelt ist, und ein Bild zu zeichnen, das nicht allein eine Oberfläche wiederzugeben, sondern diese an den eigenen, tieferen Ansprüchen zu messen hatte. Die Relation von Ambition und Realität musste der eigentliche Gegenstand der Darstellung sein; die Deskription musste um beide Pole kreisen, durfte keinen vernachlässigen und beiden gerecht werden. Die Herkunft des Anspruchs ist vielfältig und dieser selbst in sich gebrochen: Er stammt aus Kultur und Geschichte, geht auf die in der Verfassung verankerten Postulate zurück oder verdankt sich den in Vergangenheit und Gegenwart geführten Debatten. War solcher Anspruch in der Darstellung zudem so hoch wie möglich anzusetzen, um auf diese Weise die nötige Tiefenschärfe zu gewinnen, so konnte die Realität ihr zwangsläufig nicht mehr genügen, und es musste ein etwas dunkles Bild entstehen. Gleichzeitig aber erforderte dies die genaue Darlegung: Allein wenn der Anspruch konkret entfaltet wird, ist ein Verständnis denkbar, das den planen Oberflächenkonsens durchbricht und seinen Gegenstand in einem historisch weiten und kulturell gesättigten Raum verankert. Das bedeutete für die Darstellung zweierlei: Sie hatte einer empirischen und faktischen Ebene gerecht zu werden – den handfesten Strukturen und materiellen Gegebenheiten, einschließlich der juristischen Vorgaben – und diese zugleich in einen möglichst breiten Diskurszusammenhang einzuspannen.

Das mag die Lektüre mitunter erschwert haben – denn immer wieder war der jeweilige Diskussionsrahmen heranzuziehen und neu zu begründen – und hat vielleicht auch manche Überforderung bedeutet, doch ohne den theoretischen, manchmal philosophischen Horizont musste die Deskription in sich zusammenbrechen. Sie hätte der Faktenhuberei gefrönt, aber nicht das diskursive Verständnis ermöglicht, und eine kulturwissenschaftliche Landeskunde sollte genau dies vermeiden. Sollte ich den Bogen überzogen haben und die Anstrengung zu groß gewesen sein, so bitte ich um Nachsicht.

Und ein zweiter, wiederum doppelt aufgefächerter Gesichtspunkt sei angeführt: Die besondere Intention der Kritik und die Konstruktion des Lesers bedürfen der Erklärung. *Erstens* darf ein Verständnis, das Kritik ermöglichen soll, diese nicht dem Belieben überlassen, sondern muss die Rahmen nennen, in denen der Gegenstand seinen Ort hat. Fraglos kann Kritik sich nicht in dem erschöpfen, was von der Sache vorgegeben sein mag, doch wird sie

Schlussbemerkung

davon auszugehen haben. Danach erst können weitere Parameter herangezogen werden. Und *zweitens* supponiert jeder Autor einen Leser: Das mir vorschwebende Leitbild war der ausländische Student, der über sehr gute deutsche Sprachkenntnisse verfügt und aus großer Distanz auf Deutschland blickt, etwa aus arabischer, chinesischer, russischer Sicht, also in kulturellen Koordinaten lebt und denkt, welche den deutschen zunächst einmal fremd sind, manchmal extrem fremd und unverständlich. Bevor dieser Student aus dem Blickwinkel der eigenen Kultur die deutschen Verhältnisse zu beurteilen versucht – was natürlich unbedingt wünschenswert und als das eigentliche Ziel anzusprechen ist –, sollte er diese an den Ansprüchen messen, welche diese selbst sich vorgegeben hat; vielleicht ist das auch gleichzeitig möglich, jedenfalls aber nicht ohne die Rückkoppelung an die deutsche Perspektive. Und soll solche Kritik, die sich dem Einfluss des Landeskundelehrers entziehen muss und soll, irgend sachhaltig und gerecht sein, so muss die Darstellung zuvor so scharf und ehrlich wie möglich gewesen sein, darf nichts vertuschen und nichts beschönigen, sollte aber die Rahmen ausziehen, in denen die deutschen Dinge angesiedelt sind, und auch die Defizite benennen, die diese charakterisieren. Da ich als deutscher Lehrer die fremde Perspektive nicht okkupieren darf, aber gleichwohl zur kritischen Haltung auffordern will, ergibt sich für meine Darstellung ein eigentümlicher Status, der nicht aufzuheben, aber einzusehen, vielleicht auch für die Darstellung fruchtbar zu machen ist. Ob dies gelungen ist, vermag einzig der Leser zu entscheiden.

Bibliographie

Die in diesem Band behandelten Felder sind so umfangreich, dass bereits der Versuch, eine einigermaßen repräsentative und auch nur halbwegs komplette Bibliographie vorzulegen, zum Scheitern verurteilt ist; schmerzliche Lücken wären unvermeidlich und ohne Schwierigkeiten zu monieren. So bleibt nur der Verzicht auf Vollständigkeit und der Ausweg, eine Auswahl der – meist neueren – Literatur zu geben, auf die sich die Darstellung in besonderem Maße gestützt hat, bzw. Titel zu nennen, die zur weiteren Lektüre zu empfehlen sind.

Lexika

Brunner, Otto / Werner Conze / Reinhart Koselleck (Hrsg.) (1972ff): *Geschichtliche Grundbegriffe. Historisches Lexikon zur politisch-sozialen Sprache in Deutschland.* 8 Bde. Stuttgart: Klett-Cotta

Hans-Bredow-Institut für Medienforschung (Hrsg.) (2006): *Medien von A bis Z.* Wiesbaden: Verlag für Sozialwissenschaften

Jaeger, Friedrich u. a. (Hrsg.) (2003): *Handbuch der Kulturwissenschaft. Grundlagen und Schlüsselbegriffe.* 3 Bde. Stuttgart, Weimar: Metzler

Noelle-Neumann, Elisabeth / Winfried Schulz / Jürgen Wilke (Hrsg.) (²2003): *Fischer-Lexikon Publizistik. Massenkommunikation.* Frankfurt/Main: Fischer

Nohlen, Dieter (Hrsg.) (1992ff): *Lexikon der Politik.* 7 Bde. München: Beck

Schäfers, Bernhard / Wolfgang Zapf (Hrsg.) (1998): *Handwörterbuch zur Gesellschaft Deutschlands.* Opladen: Leske + Budrich

Schanze, Helmut (Hrsg.) (2001): *Handbuch der Mediengeschichte.* Stuttgart: Kröner

Schanze, Helmut (Hrsg.) (2002): *Metzler Lexikon Medientheorie / Medienwissenschaft. Ansätze, Personen, Grundbegriffe.* Stuttgart, München: Metzler

Statistisches Bundesamt (Hrsg.) (2006): *Datenreport 2006. Zahlen und Fakten über die Bundesrepublik Deutschland.* Bonn: Bundeszentrale für politische Bildung

Bibliographie
Öffentlichkeit und Medien

Arendt, Hannah (⁸1996): *Vita activa oder Vom tätigen Leben*. München, Zürich: Piper
Blanning, T. C. W. (2006): *Das Alte Europa 1660–1789. Kultur der Macht und Macht der Kultur*. Darmstadt: Wissenschaftliche Buchgesellschaft
Faulstich, Werner (1991): *Medientheorien. Einführung und Überblick*. Göttingen: Vandenhoeck & Ruprecht
Faulstich, Werner (1996ff): *Geschichte der Medien*. 5 Bde. Göttingen: Vandenhoeck & Ruprecht
Franck, Georg (2005): *Mentaler Kapitalismus. Eine politische Ökonomie des Geistes*. München: Hanser
Habermas, Jürgen (²1990): *Strukturwandel der Öffentlichkeit. Untersuchungen zu einer Kategorie der bürgerlichen Gesellschaft*. Frankfurt/Main: Suhrkamp
Hachmeister, Lutz/ Günther Rager (Hrsg.) (2005): *Wer beherrscht die Medien? Die 50 größten Medienkonzerne der Welt*. München: Beck
Hiebel, Hans H. u. a. (1999): *Große Medienchronik*. München: Fink
Hohendahl, Peter Uwe (Hrsg.) (2000): *Öffentlichkeit. Geschichte eines kritischen Begriffs*. Stuttgart, Weimar: Metzler
Luhmann, Niklas (²1996): *Die Realität der Massenmedien*. Opladen: Westdeutscher Verlag
Meyer, Thomas (2001): *Mediokratie. Die Kolonisierung der Politik durch das Mediensystem*. Frankfurt/Main: Suhrkamp
Meyn, Hermann (2004): *Massenmedien in der Bundesrepublik Deutschland*. Konstanz: UVK
Negt, Oskar / Alexander Kluge (1972): *Öffentlichkeit und Erfahrung. Zur Organisationsanalyse von bürgerlicher und proletarischer Öffentlichkeit*. Frankfurt/Main: Suhrkamp
Schiewe, Jürgen (2004): *Öffentlichkeit. Entstehung und Wandel in Deutschland*. Paderborn u. a.: Schöningh
Schmidt, Siegfried J. (2000): *Kalte Faszination. Medien, Kultur, Wissenschaft in der Mediengesellschaft*. Weilerswist: Velbrück
Sennett, Richard (²1983): *Verfall und Ende des öffentlichen Lebens. Die Tyrannei der Intimität*. Frankfurt/Main: Fischer
Weber, Stefan (Hrsg.) (2003): *Theorien der Medien. Von der Kulturkritik bis zum Konstruktivismus*. Konstanz: UVK
Wilke, Jürgen (Hrsg.) (1999): *Mediengeschichte der Bundesrepublik Deutschland*. Köln, Weimar, Wien: Böhlau

Kultur

Albrecht, Clemens u. a. (1999): *Die intellektuelle Gründung der Bundesrepublik. Eine Wirkungsgeschichte der Frankfurter Schule*. Frankfurt/Main, New York: Campus
Becker, Sabina (2003): *Bürgerlicher Realismus. Literatur und Kultur im bürgerlichen Zeitalter*. Tübingen, Basel: Francke
Beyme, Klaus von (1998): *Die Kunst der Macht und die Gegenmacht der Kunst. Studien zum Spannungsverhältnis von Kunst und Politik*. Frankfurt: Suhrkamp
Beyme, Klaus von (1998): *Kulturpolitik und nationale Identität. Studien zur Kulturpolitik zwischen staatlicher Steuerung und gesellschaftlicher Autonomie*. Opladen-Wiesbaden: Westdeutscher Verlag

Bibliographie

Bielefeldt, Heiner (2003): *Muslime im säkularen Staat. Integrationschancen durch Religionsfreiheit.* Bielefeld: transcript Verlag

Böckenförde, Ernst-Wolfgang (1991): *Recht, Staat, Freiheit. Studien zur Rechtsphilosophie, Staatstheorie und Verfassungsgeschichte.* Frankfurt/Main: Suhrkamp

Bollenbeck, Georg (1994): *Bildung und Kultur. Glanz und Elend eines deutschen Deutungsmusters.* Frankfurt/Main, Leipzig: Insel-Verlag

Bollenbeck, Georg (1999): *Tradition, Avantgarde, Reaktion. Deutsche Kontroversen um die kulturelle Moderne 1880–1945.* Frankfurt/Main: Fischer

Bollenbeck, Georg / Werner Köster (Hrsg.) (2000ff): *Kulturelle Moderne und bildungsbürgerliche Semantik.* 3 Bde. Wiesbaden: Westdeutscher Verlag

Cortina, Kai S. u. a. (Hrsg.): (2003): *Das Bildungswesen in der Bundesrepublik Deutschland. Strukturen und Entwicklungen im Überblick.* Reinbek bei Hamburg: Rowohlt

Demand, Christian (2003): *Die Beschämung des Philisters. Wie die Kunst sich der Kritik entledigte.* Springe: zu Klampen Verlag

Dröge, Franz / Michael Müller (1995): *Die Macht der Schönheit. Avantgarde und Faschismus oder Die Geburt der Massenkultur.* Hamburg: Europäische Verlagsanstalt

Faulstich, Werner (Hrsg.) (2002): *Die Kultur der fünfziger Jahre.* München: Wilhelm Fink

Faulstich, Werner (Hrsg.) (2003): *Die Kultur der sechziger Jahre.* München: Wilhelm Fink

Faulstich, Werner (Hrsg.) (2004): *Die Kultur der siebziger Jahre.* München: Wilhelm Fink

Faulstich, Werner (Hrsg.) (2005): *Die Kultur der achtziger Jahre.* München: Wilhelm Fink

Fohrbeck, Karla / Andreas J. Wiesand (1989): *Von der Industriegesellschaft zur Kulturgesellschaft? Kulturpolitische Entwicklungen in der Bundesrepublik Deutschland.* München: Beck

Fuhrmann, Manfred (1999): *Der europäische Bildungskanon des bürgerlichen Zeitalters.* Frankfurt/Main, Leipzig: Insel

Glaser, Hermann (1985ff): *Kulturgeschichte der Bundesrepublik Deutschland 1945–1989.* 3 Bde. München: Hanser

Glaser, Hermann (2000): *Deutsche Kultur. Ein historischer Überblick von 1945 bis zur Gegenwart.* Bonn: Bundeszentrale für politische Bildung

Grimm, Dieter (1987): *Recht und Staat der bürgerlichen Gesellschaft.* Frankfurt/Main: Suhrkamp

Hacke, Jens (2006): *Philosophie der Bürgerlichkeit. Die liberalkonservative Begründung der Bundesrepublik.* Göttingen: Vandenhoeck & Ruprecht

Häberle, Peter (Hrsg.) (1982): *Kulturstaatlichkeit und Kulturverfassungsrecht.* Darmstadt: Wissenschaftliche Buchgesellschaft

Heinrichs, Werner (1997): *Kulturpolitik und Kulturfinanzierung. Strategien und Modelle für eine politische Neuorientierung der Kulturfinanzierung.* München: Beck

Hoffmann, Hilmar / Wolfgang Schneider (Hrsg.) (2002): *Kulturpolitik in der Berliner Republik.* Köln: DuMont

Klein, Armin (2003): *Kulturpolitik. Eine Einführung.* Opladen: Leske + Budrich

Klinger, Cornelia (1995): *Flucht Trost Revolte. Die Moderne und ihre ästhetischen Gegenwelten.* München: Hanser

Kroll, Frank-Lothar (2003): *Kultur, Bildung und Wissenschaft im 20. Jahrhundert.* München: Oldenbourg

Bibliographie

Lammert, Norbert (Hrsg.) (2004): *Alles nur Theater? Beiträge zur Debatte über Kulturstaat und Bürgergesellschaft.* Köln: DuMont

Lammert, Norbert (Hrsg.) (2006): *Verfassung. Patriotismus. Leitkultur. Was unsere Gesellschaft zusammenhält.* Hamburg: Hoffmann und Campe

Lenman, Robin (1994): *Die Kunst, die Macht und das Geld. Zur Kulturgeschichte des kaiserlichen Deutschland.* Frankfurt/Main, New York: Campus

Lepenies, Wolf (2006): *Kultur und Politik. Deutsche Geschichten.* München: Hanser

Maase, Kaspar (1997): Grenzenloses Vergnügen. *Der Aufstieg der Massenkultur 1850–1970.* Frankfurt/Main: Fischer

Maihofer, Werner (1983): „Kulturelle Aufgaben des modernen Staates". In: Ernst Benda / Werner Maihofer / Hans-Joachim Vogel (Hrsg.): *Handbuch des Verfassungsrechts der Bundesrepublik Deutschland.* 2 Bde. Berlin, New York: de Gruyter

Mommsen, Wolfgang (1994): *Bürgerliche Kultur und künstlerische Avantgarde. Kultur und Politik im deutschen Kaiserreich 1870–1918.* Frankfurt/Main, Berlin: Propyläen

Mommsen, Wolfgang J. (2000): *Bürgerliche Kultur und politische Ordnung. Künstler, Schriftsteller und Intellektuelle in der deutschen Geschichte 1830–1933.* Frankfurt/Main: Fischer

Münch, Richard (1984): *Die Struktur der Moderne. Grundmuster und differentielle Gestaltung des institutionellen Aufbaus der modernen Gesellschaften.* Frankfurt/Main: Suhrkamp

Münch, Richard (^{2}1993): *Die Kultur der Moderne. Ihre Grundlagen und ihre Entwicklung in England und Amerika, Frankreich und Deutschland.* 2 Bde. Frankfurt/Main: Suhrkamp

Schilling, Klaus von (2002): *Scheitern an der Vergangenheit. Das deutsche Selbstverständnis zwischen Re-Education und Berliner Republik.* Berlin, Wien: Philo

Schlaffer, Heinz (2002): *Die kurze Geschichte der deutschen Literatur.* München: Hanser

Schulz, Andreas (2005): *Lebenswelt und Kultur des Bürgertums im 19. und 20. Jahrhundert.* München: Oldenbourg

Steinert, Heinz (1998): *Kulturindustrie.* Münster: Westfälisches Dampfboot

Gesellschaft

Abelshauser, Werner (2004): *Deutsche Wirtschaftsgeschichte seit 1945.* München: Beck

Arbeitsgruppe Alternative Wirtschaftspolitik (2005): *Memorandum 2005 – Sozialstaat statt Konzern-Gesellschaft.* Köln: PapyRossa

Beck-Gernsheim, Elisabeth (1998): *Was kommt nach der Familie? Einblicke in neue Lebensformen.* München: Beck

Boeckh, Jürgen / Ernst-Ulrich Huster / Benjamin Benz (Hrsg.) (2004): *Sozialpolitik in Deutschland. Eine systematische Einführung.* Wiesbaden: Verlag für Sozialwissenschaften

Butterwegge, Christoph (^{2}2005): *Krise und Zukunft des Sozialstaates.* Wiesbaden: Verlag für Sozialwissenschaften

Castel, Robert (2000): *Die Metamorphosen der sozialen Frage. Eine Chronik der Lohnarbeit.* Konstanz: Universitätsverlag Konstanz

Castel, Robert (2005): *Die Stärkung des Sozialen. Leben im Wohlfahrtsstaat.* Hamburg: Hamburger Edition

Bibliographie

Dahrendorf, Ralf (1968): *Gesellschaft und Demokratie in Deutschland*. München: Piper
Dahrendorf, Ralf (²1994): *Der moderne soziale Konflikt. Essay zur Politik der Freiheit*. München: dtv
Döring, Diether (2004): *Sozialstaat*. Frankfurt/Main: Fischer
Ehmer, Josef (2004): *Bevölkerungsgeschichte und historische Demographie 1800-2000*. München: Oldenbourg
Eppler, Erhard (2005): *Auslaufmodell Staat?* Frankfurt/Main: Suhrkamp
Geiger, Theodor (1987): *Die soziale Schichtung des deutschen Volkes. Soziographischer Versuch auf statistischer Grundlage*. Faksimile-Nachdruck der 1. Auflage 1932 mit einem Geleitwort von Bernhard Schäfers. Stuttgart: Ferdinand Enke
Geißler, Rainer (⁴2006): *Die Sozialstruktur Deutschlands. Zur gesellschaftlichen Entwicklung mit einer Zwischenbilanz zur Vereinigung*. Wiesbaden: Verlag für Sozialwissenschaften
Gerlach, Irene (2004): *Familienpolitik*. Wiesbaden: Verlag für Sozialwissenschaften
Gestrich, Andreas (1999): *Geschichte der Familie im 19. und 20. Jahrhundert*. München: Oldenbourg
Hanesch, Walter u.a. (2000): *Armut und Ungleichheit in Deutschland. Der neue Armutsbericht der Hans-Böckler-Stiftung, des DGB und des Paritätischen Wohlfahrtsverbands*. Reinbek: Rowohlt
Heitmeyer, Wilhelm (Hrsg.) (2002ff): *Deutsche Zustände. Folge 1-5*. Frankfurt/Main: Suhrkamp
Hentschel, Volker (1983): *Geschichte der deutschen Sozialpolitik 1880-1980*. Frankfurt/Main: Suhrkamp
Hradil, Stefan(⁷1999): *Soziale Ungleichheit in Deutschland*. Opladen: Leske + Budrich
Kaelble, Hartmut / Günther Schmid (Hrsg.) (2004): *Das europäische Sozialmodell. Auf dem Wege zum transnationalen Sozialstaat* (= WZB-Jahrbuch 2004). Berlin: Edition Sigma
Kaufmann, Franz-Xaver (1997): *Herausforderungen des Sozialstaates*. Frankfurt/Main: Suhrkamp
Kaufmann, Franz-Xaver (2003): *Sozialpolitisches Denken. Die deutsche Tradition*. Frankfurt/Main: Suhrkamp
Kaufmann, Franz-Xaver (2003): *Varianten des Wohlfahrtsstaats. Der deutsche Sozialstaat im internationalen Vergleich*. Frankfurt/Main. Suhrkamp
Kaufmann, Franz-Xaver (2005): *Sozialpolitik und Sozialstaat, Soziologische Analysen*. Wiesbaden: Verlag für Sozialwissenschaften
Kaufmann, Franz-Xaver (2005): *Schrumpfende Gesellschaft. Vom Bevölkerungsrückgang und seinen Folgen*. Frankfurt/Main: Suhrkamp
Kersting, Wolfgang (Hrsg.) (2000): *Politische Philosophie des Sozialstaats*. Weilerswist: Velbrück Wissenschaft
Lettke, Frank / Andreas Lange (Hrsg.) (2007): *Generationen und Familien. Analysen – Konzepte – gesellschaftliche Spannungsfelder*. Frankfurt/Main: Suhrkamp
Metzler, Gabriele (2003): *Der deutsche Sozialstaat. Vom bismarckschen Erfolgsmodell zum Pflegefall*. Stuttgart, München: Deutsche Verlags-Anstalt
Meyer, Thomas (2005): *Theorie der Sozialen Demokratie*. Wiesbaden: VS Verlag
Miegel, Meinhard (22004): *Die deformierte Gesellschaft. Wie die Deutschen ihre Wirklichkeit verdrängen*. Berlin: Ullstein

Bibliographie

Mückl, Wolfgang J. (Hrsg.) (2002): *Familienpolitik. Grundlagen und Gegenwartsprobleme*. Paderborn: Schöningh
Müller, Hans-Peter (1992): *Sozialstruktur und Lebensstile. Der neuere theoretische Diskurs über soziale Ungleichheit*. Frankfurt/Main: Suhrkamp
Nullmeier, Frank (2000): *Politische Theorie des Sozialstaates*. Frankfurt/Main, New York: Campus
Peuckert, Rüdiger (^{6}2005): *Familienformen im sozialen Wandel*. Wiesbaden: Verlag für Sozialwissenschaften
Pilz, Frank (2004): *Der Sozialstaat. Ausbau – Kontroverse – Umbau*. Bonn: Bundeszentrale für politische Bildung
Prantl, Heribert (2005): *Kein schöner Land. Die Zerstörung der sozialen Gerechtigkeit*. München: Droemer
Ritter, Gerhard A. (^{2}1991): *Der Sozialstaat. Entstehung und Entwicklung im internationalen Vergleich*. München: Oldenbourg
Ritter, Gerhard A. (2006): *Der Preis der Einheit. Die Wiedervereinigung und die Krise des Sozialstaates*. München: Beck
Schäfers, Bernhard (^{8}2004): *Sozialstruktur und sozialer Wandel in Deutschland*. Stuttgart: Lucius & Lucius
Schildt, Axel (2007): *Die Sozialgeschichte der Bundesrepublik Deutschland bis 1989/90*. München: Oldenbourg
Schmid, Josef (^{2}2002): *Wohlfahrtsstaaten im Vergleich. Soziale Sicherung in Europa. Organisation, Finanzierung, Leistungen und Probleme*. Wiesbaden: Verlag für Sozialwissenschaften
Schmidt, Manfred G. (21998): *Sozialpolitik in Deutschland. Historische Entwicklung und internationaler Vergleich*. Opladen: Leske + Budrich
Sinn, Hans-Werner (^{2}2005): *Ist Deutschland noch zu retten?* Berlin: Ullstein
Tönnies, Ferdinand (1991): *Gemeinschaft und Gesellschaft. Grundbegriffe der reinen Soziologie*. Neudruck der 3. Auflage. Darmstadt: Wissenschaftliche Buchgesellschaft
Wingen, Max (1997): *Familienpolitik. Grundlagen und aktuelle Probleme*. Bonn: Bundeszentrale für politische Bildung

Kulturelles und gesellschaftliches Selbstverständnis

Altvater, Elmar (^{4}2006): *Das Ende des Kapitalismus, wie wir ihn kennen. Eine radikale Kapitalismuskritik*. Münster: Westfälisches Dampfboot
Beck, Ulrich (1986): *Risikogesellschaft. Auf dem Weg in eine andere Moderne*. Frankfurt/Main: Suhrkamp
Beck, Ulrich (1988): *Gegengifte. Die organisierte Unverantwortlichkeit*. Frankfurt/Main: Suhrkamp
Beck, Ulrich (1993): *Die Erfindung des Politischen. Zu einer Theorie reflexiver Modernisierung*. Frankfurt/Main: Suhrkamp
Beck, Ulrich (2004): *Der kosmopolitische Blick oder: Krieg ist Frieden*. Frankfurt/Main: Suhrkamp
Beck, Ulrich (2007): *Weltrisikogesellschaft. Auf der Suche nach der verlorenen Sicherheit*. Frankfurt/Main: Suhrkamp
Bell, Daniel (1979): *Die nachindustrielle Gesellschaft*. Frankfurt/Main: Campus
Castells, Manuel (2004): *Das Informationszeitalter*. 3 Bde. Wiesbaden: Verlag für Sozialwissenschaften
Gorz, André (2004): *Wissen, Wert und Kapital. Zur Kritik der Wissensökonomie*. Zürich: Rotpunktverlag
Habermas, Jürgen (1981): *Theorie des kommunikativen Handelns*. 2 Bde. Frankfurt/Main: Suhrkamp

Bibliographie

Heinrich-Böll-Stiftung (Hrsg.) (2002): *Gut zu wissen. Links zur Wissensgesellschaft.* Münster: Westfälisches Dampfboot

Honneth, Axel (1994): *Desintegration. Bruchstücke einer soziologischen Zeitdiagnose.* Frankfurt/Main: Fischer Taschenbuch Verlag

Inglehart, Ronald (1995): *Kultureller Umbruch. Wertwandel in der westlichen Welt.* Frankfurt/Main, New York: Campus

Liessmann, Konrad Paul (2006): *Theorie der Unbildung. Die Irrtümer der Wissensgesellschaft.* Wien: Zsolnay

Luhmann, Niklas (1984): *Soziale Systeme. Grundriss einer allgemeinen Theorie.* Frankfurt/Main. Suhrkamp

Meyer, John W. (2005): *Weltkultur. Wie die westlichen Prinzipien die Welt durchdringen.* Frankfurt/Main: Suhrkamp

Münch, Richard (1991): *Dialektik der Kommunikationsgesellschaft.* Frankfurt/Main: Suhrkamp

Münch, Richard (1995): *Dynamik der Kommunikationsgesellschaft.* Frankfurt/Main: Suhrkamp

Schulze, Gerhard (1993): *Die Erlebnisgesellschaft. Kultursoziologie der Gegenwart.* Frankfurt/Main, New York: Campus

Spinner, Helmut F. (1994): *Die Wissensordnung. Ein Leitkonzept für die dritte Grundordnung des Informationszeitalters.* Opladen: Leske + Budrich

Spinner, Helmut F. (1998): *Die Architektur der Informationsgesellschaft. Entwurf eines wissensorientierten Gesamtkonzepts.* Bodenheim: Philo

Stehr, Nico (1994): *Arbeit, Eigentum und Wissen. Zur Theorie von Wissensgesellschaften.* Frankfurt/Main: Suhrkamp

Weingart, Peter (2001): *Die Stunde der Wahrheit? Zum Verhältnis der Wissenschaft zu Politik, Wirtschaft und Medien in der Wissensgesellschaft.* Weilerswist: Velbrück

Klaus von Schilling: **Das politisch-soziale System der Bundesrepublik Deutschland. Ein Landeskunde-Kompendium.**

Teil 1:	Demokratisches Selbstverständnis, politische Institutionen und Rechtssystem. 255 S. ISBN 978-3-939060-02-4.
Teil 2:	Parteien und Verbände. 300 S. ISBN 978-3-939060-06-2.
Teil 3:	Medien, Kultur und Gesellschaft. 357 S. ISBN 978-3-939060-10-9.
Teil 4:	Die Bundesrepublik in den internationalen Organisationen. (erscheint voraussichtlich im März 2008)

Dieses Lehrwerk [gemeint ist Teil 1] bietet eine differenzierte Einführung in die politische Landschaft Deutschlands, der [sic!] dazu befähigt, nicht nur das politische System der BRD zu erfassen, sondern es auch in seiner historischen Entwicklung zu verstehen und die kulturellen Implikationen nachzuvollziehen. Das Werk ist aus Vorlesungen an der Hochschule für Dolmetscher und Übersetzer hervorgegangen, entstand also mit dem Anspruch, „Deutschlandexperten" auszubilden. Nicht nur für „ausländische Studierende – und deren akademische Lehrer" ein sehr hilfreiches und informatives Werk, das in der Darstellung des politischen Systems aus größtmöglicher Distanz neben der Vermittlung der notwendigen Fakten auch den Blick auf die politische Kultur der BRD klärt und schärft. Die geplanten weiteren drei Bände sollen diesen ersten Teil weiterführen und – wenn sie ähnlich gelungen sind wie der erste Band – ein Bild der Bundesrepublik zeichnen, das zu einer kritischen und differenzierten Rezeption der politisch-kulturellen Diskussion und der Teilnahme an ihr befähigt. (aus: Christine Kramel, Info DaF 2/3 2007, S. 302)

Bestellungen über

www.saxa-verlag.de
info@saxa-verlag.de